수석교사와 함께하는 학생 배움중심의

중등 PCK 수업설계

수석교사와 함께하는 학생 배움중심의

중등 PCK 수업설계

국어 | 영어 | 수학 | 사회 | 과학 | 프랑스어 | 세계지리 | 기술·가정

박태호 | 신호정 | 김경애 | 김재우 | 서정임 | 송원춘 | 정영숙 | 최금종 | 한선영 지음

아카데미프레스

서문

2000년대 중반에 한국교육과정평가원이 주축이 되어 내용교수법 혹은 내용교수지식이라는 이름으로 PCK(Pedagogical Content Knowledge)를 교육 현장에 소개하였다. 더불어 영어, 수학, 사회, 과학 등 교과별 PCK 사례집을 발간하고, PCK 수업 컨설팅 전문가 양성 프로그램도 운영을 하였다. 당시는 전통적 수업 장학의 영향으로 활동중심의 수업, 방법중심의 수업, 평가자에 초점을 맞춘 보여주는 수업 등이 유행할 때였다. 이때에 특정 교과 내용을 특정 학생에게 가르치는 교수법을 교사의 수업 전문성으로 표방한 PCK의 등장은 신선함 그 자체였다.

잘 가르치는 교사를 표방하고 등장한 PCK에 대한 교육 현장의 반응은 긍정적이었다. 지역 교육청별로 PCK 수업 컨설팅 연구회가 만들어지고, 교과별 워크숍이 개최되었다. 일부 교육청에서는 PCK를 해당 교육청의 장학 이론이나 수업 컨설팅 이론으로 삼았고, PCK 교수 학습 과정(안) 작성법 대회를 개최하기도 하였다. 그러나 PCK에 대한 교육 정책 담당자나 교사들의 관심이 높아질수록 이론과 실제 혹은 총론과 각론 사이의 괴리도 점점 커져 갔고, 그 부담은 전적으로 현장 교사의 몫이 되었다.

PCK의 핵심 요소는 맥락 지식(Context Knowledge)과 교수 변환(눈높이 교수법)이다. 맥락 지식은 지금 이 자리에 있는 학생이 해당 교과의 내용에 대해 지니고 있는 선개념(기능), 오개념(기능), 난개념(기능)을 파악하는 지식이다. 교수 변환은 지금 이 자리에 있는 학생들이 해당 내용에 대해 지니고 있는 선개념(기능), 오개념(기능), 난개념(기능)을 학생의 눈높이에 맞게 변환하여 가르치는 지식이다. PCK를 창시한 Shulman(1986, 1987)을 비롯한 후속 연구자들은 교수 변환 도구의 유형으로 설명, 시범, 발문, 연습, 서사, 과제, 매체 등을 들었고, 우리는 수업 모형 중심의 큰 교수법과 대비되는 개념으로 사용하기 위해 이것을 '작은 교수법'으로 명명하였다. PCK의 핵심 요소인 맥락 지식과 교수 변환에 따르면 똑똑하지만 못 가르치는 교수 부진아, 열심히 가르치지만 학생 배움과 관계없이 가르치는 교수 부진아가 존재한다.

그러나 잘 가르치는 교사의 교수법을 중시하는 PCK 수업 설계는 교사주도의 수업으로 진행될 가능성이 높다. 아울러 교사의 가르침이 항상 학생의 배움으로 이어지는 것은 아니므로 PCK 역시 한계를 지닌다. 이에 우리는 구성주의 이론에 기초한 학생 공부법을 보완하였다. 여기에는 관찰, 추론, 조작, 메모, 요약, 토의와 토론, 발표 등이 해당되고, 우리는 이것을 학생 배움중심의 수업이라고 명명한다. 학생 배움중심의 수업을 실천하기 위해 CoRe를 활용한 교과별 PCK 수업 설계(안)을 구안하였다. 그런 다음에 교과별로 멘토와 멘티 혹은 컨설턴트와 컨설턴티가 함께 협력하여 학생 배움중심의 PCK 수업 설계(안)을 구안하고, 교실 수업에 적용한 다음에 수업자의 성찰 사례를 제시하였다.

이 책은 1부와 2부로 구성된다. 제1부에서는 전통적 수업 장학과 왜곡, PCK의 개념과 유래 및 요소, 학생 배움중심 수업 모형과 요소를 다룬다. 제2부에서는 학생 배움중심 PCK 수업 설계의 필요성과 교과별 수업 설계 사례를 제시한다. 『PCK 수업 설계 Ⅰ, 2014』에서는 경남교육청 소속 초등 수석 교사들이 주축이 되어 국어, 수학, 사회, 과학 수업 설계 사례를 제시하였다면, 『PCK 수업 설계 Ⅱ, 2014』 제2권에서는 경기도교육청 소속 초등 수석 교사들이 주축이 되어 체육을 제외한 영어, 도덕, 음악, 미술, 실과, 통합 교과의 수업 설계 사례를 제시하였다. 이 책 「수석교사와 함께 하는 학생 배움중심의 중등 PCK 수업 설계」에는 부산광역시교육청 소속 중등 수석 교사들이 주축이 되어 개발한 국어, 영어, 수학, 사회, 과학, 프랑스어, 세계지리, 기술·가정 교과의 수업 설계 사례가 제시되어 있다. PCK 수업 설계는 중등 교사에게 특히 더 필요한 수업 설계 이론이다. 교과별 내용 및 교수법에 대한 전문성을 바탕으로 하기 때문이다.

이 책이 나오기까지 많은 분의 도움이 있었다. 그 중에서도 이 책의 편집을 맡아 열과 성을 다한 아카데미프레스의 편집 위원과 어려운 출판 상황에서도 이 책이 세상에 나올 수 있도록 도움을 주신 아카데미프레스 대표님께 감사의 마음을 전한다.

차례

제1부 학생 배움중심의 PCK 수업 이해

제2부 학생 배움중심의 PCK 수업 설계

7 CoRe 활용 학생 배움중심의 세계지리 PCK 수업 설계 290

8 CoRe 활용 학생 배움중심의 기술·가정 PCK 수업 설계 324

제1부

학생 배움중심의 PCK 수업 이해

학생 배움중심의 PCK 수업 이해

1 전통적 수업 장학과 수업 왜곡

2 PCK의 개념과 요소

3 학생 배움중심의 수업 모형과 요소

1

전통적 수업 장학과 수업 왜곡

제1절 | 전통적 수업 장학의 특징과 수업 평가

1. 전통적 수업 장학의 특징

교실 수업 검열과 통제, 행정 명령과 지시로 대변되는 전통적 수업 장학으로는 교실 수업 개선 및 교원의 수업 능력 개선이라는 본래의 취지를 달성하기 어렵다. 전통적 수업 장학은 장학 담당자의 요구에 의해서 시작된다. 주로 상급자(교장, 교감, 부장, 장학사)가 하급자인 교사를 대상으로 수업자를 지도하고 감독하며 통제하고, 획일적 수업 평가 기준에 의거하여 모든 수업자에게 표준화된 수업을 요구한다. 하급자인 수업자는 상명하복의 관계에 따라 상급자의 요구를 일방적으로 수용한다. 아울러 수업자는 획일적인 수업을 요구하는 이러한 폐쇄적이고 수직적이며 위계적인 수업 장학 구조에서 생존하기 위해 수업 장학자의 의도에 부합하는 기획된 수업, 보여주는 수업을 한다. 전통적 수업 장학의 구조적 특징으로 인해 수업자는 '수업 설계(수업 설계(Plan)-수업 실행(Do)-수업 분석(See))'의 세 요소 중에서 수업 설계에 특히 많은 공을 들이는 풍토가 조성되었다(서근원, 2011). 그 결과 수업에 대한 교사의 성찰과 성장을 강조하는 수업 후 연구 문화보다는 완벽한 수업, 멋진 수업을 강조하는 연구 후 수업 문화가 조성되었다.

지금까지의 논의를 간단히 정리하면 아래와 같다.

◎ 전통적 수업 장학의 특징

목적	교사의 수업 능력 향상	관계	수직적, 폐쇄적, 위계적
시기	장학 담당자의 요구	대상	문제가 없는 기획된 완벽한 수업
주체	교장, 교감, 부장, 장학사(직급중심 수업 장학)	횟수	일회성 행사(기획된 수업 문화, 보여주는 수업 문화)
성격	지도, 감독, 지시, 통제 등	수업	Plan(설계)-Do(실행)-See(분석)(연구 수업)

2. 양적 접근과 수업 평가

전통적 수업 장학에서는 양적 접근법에 기초한 수업 평가를 중시한다. 때문에 실증주의 관점을 바탕으로 관찰자의 추측과 편견을 최대한 배제하기 위해 노력하고, 정량평가를 활용하여 수업 현상을 객관적으로 설명하고자 한다. 주로 평정 척도법이나 플랜더스의 언어 분석법 등의 평가 방법을 활용하여 수업 형태, 교사와 학생 간의 상호작용 유형과 양상, 수업 분위기, 교수법 등을 평가한다(박남수, 2004).

양적 접근에 기초한 수업 평가의 특징을 들면 다음과 같다. 첫째, 수업을 객관적으로 평가한다. 관찰자의 주관적 평가(추측과 편견 등의 주관)를 배제하고, 객관적 평가를 유도하기 위해 점검표처럼 표준화되고 규격화된 관찰 요소와 기준을 제시한다. 둘째, 수업을 '계량화/수량화'해서 평가한다. 평정 척도법 등을 활용하여 수업을 정량적으로 평가한다. 셋째, 수업을 '분석적'으로 평가한다. 점검표에 제시된 평가 항목에 따라 수업을 분석적으로 평가한다.

양적 접근은 표준화된 수업 요소를 바탕으로 수업 현상을 분석하고 계량화해서 객관성을 확보할 수 있는 장점이 있다. 하지만 분절적이고 수치화된 각 요소로 수업의 모든 장면을 담을 수 없고, 심지어 효율성의 논리만을 지나치게 추구하여 수업 맥락을 경시하거나 배제하는 경향이 있다. 양적 수업 평가 도구 중에서 교육 현장에서 주로 활용되는 것이 점검표(Checklist)이다. 점검표는 수업 관찰자에게 좋은 수업에 대한 표준적이고, 객관적 요소를 구조적이고, 체계적으로 제시하는 나침반의 역할을 하고, 관찰자가 고도의 훈련 과정 없이도 쉽게 이해하고, 효과적으로 활용할 수 있어 교육 현장의 선호도가 아주 높다.

다음은 Danielson 외(2009)가 교원의 수업 전문성 평가를 위해 제시한 점검표이다. 이 점검표는 수업 설계, 수업 환경, 수업 실행, 교직 전문성의 네 범주로 되어 있고, 각각의 범주마다 하위 요소가 제시되어 있다. 수업 실행은 100점 만점에 40점이고, 수업 설계와 수업 환경 및 교직 전문성은 20점이며, 각 범주마다 미흡, 초보, 우수, 탁월의 네 단계 평정 척도로 구성되어 있다.

◎ **교사의 수업 전문성 평가표**

일시		학년 반		교사	
교과		단원		차시	
학습 목표					

<table>
<tr><th rowspan="2">1. 수업 설계</th><th>미흡</th><th>초보</th><th>우수</th><th>탁월</th></tr>
<tr><th>1</th><th>2</th><th>3</th><th>4</th></tr>
<tr><td>A. 교과 내용과 교수법</td><td></td><td></td><td></td><td></td></tr>
<tr><td>B. 학생 이해</td><td></td><td></td><td></td><td></td></tr>
<tr><td>C. 학습 목표</td><td></td><td></td><td></td><td></td></tr>
<tr><td>D. 수업 자료</td><td></td><td></td><td></td><td></td></tr>
<tr><td>E. 수업 계획과 평가</td><td></td><td></td><td></td><td></td></tr>
<tr><td colspan="4">소계(20%)</td><td>/20</td></tr>
<tr><th rowspan="2">2. 수업 환경</th><th>미흡</th><th>초보</th><th>우수</th><th>탁월</th></tr>
<tr><th>1</th><th>2</th><th>3</th><th>4</th></tr>
<tr><td>A. 존중과 배려</td><td></td><td></td><td></td><td></td></tr>
<tr><td>B. 수업 문화</td><td></td><td></td><td></td><td></td></tr>
<tr><td>C. 학급 운영</td><td></td><td></td><td></td><td></td></tr>
<tr><td>D. 학생 통제</td><td></td><td></td><td></td><td></td></tr>
<tr><td>E. 공간 활용</td><td></td><td></td><td></td><td></td></tr>
<tr><td colspan="4">소계(20%)</td><td>/20</td></tr>
<tr><th rowspan="2">3. 수업 실행</th><th>미흡</th><th>초보</th><th>우수</th><th>탁월</th></tr>
<tr><th>2</th><th>4</th><th>6</th><th>8</th></tr>
<tr><td>A. 상호 작용</td><td></td><td></td><td></td><td></td></tr>
<tr><td>B. 질문과 토론</td><td></td><td></td><td></td><td></td></tr>
<tr><td>C. 학습 참여</td><td></td><td></td><td></td><td></td></tr>
<tr><td>D. 학습 평가</td><td></td><td></td><td></td><td></td></tr>
<tr><td>E. 수업 운영</td><td></td><td></td><td></td><td></td></tr>
<tr><td colspan="4">소계(40%)</td><td>/40</td></tr>
<tr><th rowspan="2">4. 교직 전문성</th><th>미흡</th><th>초보</th><th>우수</th><th>탁월</th></tr>
<tr><th>2</th><th>2</th><th>3</th><th>4</th></tr>
<tr><td>A. 수업 반성</td><td></td><td></td><td></td><td></td></tr>
<tr><td>B. 수업 기록</td><td></td><td></td><td></td><td></td></tr>
<tr><td>C. 가정과 소통</td><td></td><td></td><td></td><td></td></tr>
<tr><td>D. 전문 집단 참여</td><td></td><td></td><td></td><td></td></tr>
<tr><td>E. 전문성 확보</td><td></td><td></td><td></td><td></td></tr>
<tr><td colspan="4">소계(20%)</td><td>/20</td></tr>
<tr><td colspan="4">총계(100%)</td><td></td></tr>
</table>

수업자 이름		확인		평가자 이름		확인	

제2절 | 수업 왜곡

◎ 전통적 장학과 수업 왜곡

- 보여주는 수업을 좋은 수업으로 왜곡
- 학생 활동중심을 학생 배움중심으로 왜곡
- 똑똑한 교사를 잘 가르치는 교사로 왜곡
- 소집단 무임승차를 소집단 협동학습으로 왜곡
- 전달 수업을 소통 수업으로 왜곡
- 이른바 수업 달인을 진정한 수업 달인으로 왜곡

『표준국어대사전』에 따르면 왜곡은 현상을 사실과 다르게 해석하거나 그릇되게 해석하는 것을 말한다. 중국이 고구려와 발해를 자국의 역사라고 주장하고, 일본이 독도를 다케시마라고 주장하는 것이 대표적인 역사 왜곡 사례이다. 만약 이러한 역사 왜곡을 우리가 좌시하거나 방임한다면, 거짓이 진실로 둔갑을 하여 진실을 핍박하게 될 것이다. 이와 유사한 왜곡이 전통적 수업 장학에서도 발생했다. 좋지 못한 수업을 좋은 수업으로 왜곡한 것이다. 때문에 좋지 않은 수업이 좋은 수업으로 둔갑하면서 왜곡이 발생하고, 좋은 수업을 핍박하는 현상이 발생했다. 대표적인 왜곡 유형으로 교사의 화려한 개인기에 의존한 보여주는 수업을 좋은 수업으로 왜곡하기, 학생 활동중심 수업을 학생 배움중심 수업으로 왜곡하기, 똑똑한 교사의 수업을 잘 가르치는 교사의 수업으로 왜곡하기, 소집단 무임승차 수업을 소집단 협동학습으로 왜곡하기, 전달 수업을 소통 수업으로 왜곡하기, 이른바 수업 달인을 진정한 수업 달인으로 왜곡하기 등을 들 수 있다(박태호, 2009: 66~75).

1. 보여주는 수업을 좋은 수업으로 왜곡

1) 보여주는 수업

개선해야 할 수업 문화 중 하나가 보여주는 수업이다. 일상의 수업이 아닌 '특별한 날을 위한 특별 수업'으로 학교 단위의 수업 장학이나 수업 공개와 관련이 깊다. 여기에는 임상장학, 약식장학, 동료장학, 지구별 자율장학, 수업 연구 발표 대회, 학부모 대상 공개 수업 등이 해당된다(곽영순 · 강호선, 2005: 18; 김덕희, 2006). 보여주는 수업은 교사의 일상적 수업이 아닌 수업 장학자나 참관자를 의식한 특별 수업이라는 점에서 문제가 있다. 대부분의 교사들은 보여주는 수업을 위해 몇 주 전부터 공개 수업 관련 단원과 차시를 선정하고, 인터넷을 검색하면서 관련 자료를 수집하고, 학습 활동에 필요한 학습지를 제작하거나 교실 수업 환경을 정비한다(강기원, 2004: 71~73). 아래의 새내기 교사의 면담 내용을 보면 보여주는 수업 문화의 병폐를 짐작할 수 있다.

> "아이들과 함께 짜고 한 수업이 아직도 기억에 남아요. 좋지 않은 기억입니다. 장학사가 학교를 방문하기 하루 전이었어요. 저는 자료가 너무 많은 것을 싫어하거든요. 부담 없이 평소대로 수업을 하려고 준비를 하고 있었어요. 그런데 다른 학급에서는 오리고, 붙이고, 자르고 하면서 난리가 났어요. 그래서 제가 여쭈어 보았습니다. 장학사가 잠깐 보고 갈 것인데, 이렇게까지 할 필요가 있는지를 말이지요. 그러자 선생님께서 만약에 장학사가 방문을 했는데, 선생님이 더듬대고 있는 모습이나 충실하지 못한 자료를 보면, 선생님이나 학교 이미지에 좋지 않으니 자료도 많이 제작하고, 사전에 학생과 말을 맞추어 놓아야 한다는 충고를 하셨어요. 그래서 저도 아이들에게 자료를 찾아오라고 해서 붙이고, 표를 만들었어요. 장학사가 방문하는 날 3교시쯤에 우리 교실을 방문할 것 같아서 당일 1교시에는 학생들이 준비한 자료를 검사해서 부족한 부분을 보충하고, 2교시에는 수업 시간에 발표할 것을 미리 만들되, 2/3만 만들게 하고, 발표 자료도 미리 준비해서 수업을 무사히 잘 끝냈어요."(정정훈·김영천, 2005: 88)

일부 교사들은 보여주는 수업 문화로 인해 교육과정의 파행 운영을 초래하고, 일상의 수업이 아닌 가식적 수업을 준비했다는 점에서 마음의 부담을 느끼고, 갈등한다.[1] 아울러 보여주는 수업을 참관한 보통 교사들도 심리적 압박을 받는다. 자신들의 일상 수업과는 달리 학생 참여도가 높은 수업 장면, 교사 발문에 대해 적절하고 다양하게 반응하는 수업 장면, 우렁차고 명료한 목소리로 근거를 제시하면서 발표하는 수업 장면, 사소한 오차나 갈등 없이 일사불란하게 체계적으로 진행되는 수업 장면 등을 보면서, 평소의 고민이 너무나 완벽하게 해결된 특별 수업을 보면서 보통 교사들은 부러움을 느

---

1. 보여주는 수업의 극단적 예가 바로 수업 발표(실기) 대회 입선작이다. 강기원(2006: 242)에 따르면, 입상 교사들에 대한 동료 교사의 비판적 시각을 읽을 수 있다. "수업을 잘 했다고 하는 교사들의 평소 수업에 대해서 궁금합니다. 평소 수업을 수업 발표 대회 수준으로 진행을 한다는 것은 불가능하잖아요. 발표 대회가 아닌 학교 단위의 수업 장학을 준비하는 경우에도 하루 4~5시간씩 며칠 동안 준비를 해야 하는데, 모든 수업을 발표 대회 수준으로 준비를 해서 진행을 하는 것은 어렵다고 봅니다. 제 경우에는 수업을 하기 전에 해당 차시 목표라도 정확히 읽고, 내용 확인만이라도 하면 다행이라고 봅니다."

낀다. 또 이것을 표준화된 수업 장학 자료로 생각하면서 열등감도 느낀다. 이것이 '손해 보지 않는 문화'[2](정정훈 · 김영천, 2005: 88~89)와 결합되면서 교사의 삶과 단절된 비정상적인 '보여주는 수업'이 만들어진다. 수업 공개 당일에 펼쳐지는 한 편의 매끄러운 수업, 예술 같은 수업은 이러한 과정을 거쳐 만들어지고, 교사는 특별 수업의 전문가로 탄생한다.[3]

2) 좋은 수업

Zemelman, Daniels, Hyde(1998), NCATE(1998), Wenglinsky(2000)는 기존의 교육 개혁이 교사와 학생의 문제에 관심을 두지 않았기에 교실 문턱을 넘지 못했다면서, 교실 외부가 아닌 교실 내부 상황 개선에 교육 개혁의 초점을 맞추어야 한다고 했다. 그러면서 교과와 학습 내용에 대한 전문성을 획득하고, 학생을 열정적으로 가르치는 교사 양성을 교육 개혁의 최우선 과제로 삼아야 한다고 했다. 최근에는 이러한 추세를 반영하여 좋은 수업의 조건에 대한 연구를 활발히 진행하고 있다.

◎ Zemelman, Daniels, Hyde(1998: 7~16)의 명품 수업의 조건

① 학생중심 수업	⑦ 협동학습을 중시하는 수업
② 경험중심 수업	⑧ 민주적으로 운영하는 수업
③ 실생활을 반영하는 수업	⑨ 인지 경험을 중시하는 수업
④ 학생이 적극적으로 참여하는 표현중심 수업	⑩ 학생 발달 수준을 고려하는 수업
⑤ 반성학습을 지향하는 수업	⑪ 구성주의 학습을 중시하는 수업
⑥ 비계설정에 기초한 사회적 상호작용이 활발한 수업	⑫ 도전 정신을 장려하는 수업

Borich(2003)는 NBPTS(National Board for Professional Teaching Standards, 2001)와 INTASC(Interstate New Teacher Assessment and Support Consortium, 1992)의 의견을 참조하여 좋은 수업의 조건을 다음과 같이 제시했다.

2. 정정훈 · 김영천(2005)은 새내기 교사의 생존전략으로 소개했으나, 이 연구에서는 초등학교 수업 문화에도 적용 가능한 문화로 파악했다. 원전에서는 초등 교사가 비합리적 상황에 직면했을 때에 기존 교사들에 비해 동등하지 못한 대우를 받을 것을 염려하여 자신의 주장이나 의지를 관철하기보다는 다른 사람과 뜻을 같이하는 문화라고 했다.

3. 임성규(2008: 395)는 초등학교 문학(국어) 수업의 걸림돌 중의 하나로 남에게 보이기 위한 '공개 수업'의 문제를 거론했다. 전적으로 동감한다. 진정한 의미의 국어 수업 장학이 되려면, 특별한 날에 특정인을 위해 일회적으로 보여주는 1차시(40분) 중심의 공개 수업이 아닌, 1년 단위의 일상적 생활 수업으로 수업 장학 문화를 전환해야 한다.

◎ Borich(2003)의 좋은 수업의 조건

① 수업 내용이 명확한 수업 ② 교수법이 다양한 수업 ③ 학생의 학습 활동 참여가 활발한 수업 ④ 학습 분위기가 좋은 수업	⑤ 수준별 학습이 가능한 수업 ⑥ 수업을 효과적으로 운영하는 수업 ⑦ 학생 평가가 명확한 수업 ⑧ 고등 사고 능력을 향상시키는 수업

임찬빈 외(2004: 64−65)에서는 현장 교사들을 대상으로 좋은 수업의 조건에 대해 설문 조사를 했다. 이에 대해 현장 교사들은 수업 전 준비와 계획이 철저한 수업, 수업 목표에 도달하는 수업, 흥미롭고 재미있는 수업, 학생들이 적극 참여하는 수업, 교사와 학생 간의 상호작용이 활발한 수업, 교사와 학생 간의 래포가 형성된 수업, 학생 눈높이를 고려한 수업, 교과 내용에 적합한 수업 모형 및 방법을 적용하는 수업, 수업 자료 및 교구 등을 효과적으로 활용하는 수업, 교사가 반성하고 연구하는 수업을 좋은 수업의 조건으로 제시했다.

아울러 학습 목표를 명확하게 제시하는 수업, 80% 이상의 학생이 학습 목표에 도달하는 수업, 학생이 흥미와 재미를 느끼면서 학습 활동에 적극 참여하는 수업, 학생이 학습 활동의 주체가 되어 스스로 결론을 내리고 능동적으로 참여하는 수업, 상호 신뢰와 존중을 바탕으로 교사와 학생의 상호작용이 활발한 수업, 학생 특성과 발달 단계를 바탕으로 학생 배움을 유도하는 수업, 토의와 토론 및 발표 학습을 장려하는 수업, 학생의 고등 사고력과 문제 해결력을 촉진하는 수업, 교과 내용에 적합한 교수 학습 방법 및 모형을 적용하는 수업, 학습 내용 및 학습 과정에 적합한 교구와 교재를 효과적으로 활용하는 수업, 교재와 교구를 활용하여 학생의 창의성과 인성을 함양하는 수업, 학생 개개인의 특성과 진보 과정을 효과적으로 평가하는 수업, 교사의 연구와 성찰에 기초한 수업 등을 좋은 수업의 사례로 제시했다.

2. 학생 활동중심 수업을 학생 배움중심 수업으로 왜곡

학생 활동중심 수업과 학생 배움중심 수업은 현저하게 다르다. 학생 활동중심 수업에서는 교과 내용(지식)보다는 활동에 초점을 둔다. 때문에 지식을 소홀히 다루는 것을 감추기 위해 화려한 활동(수업 기교)에 집착을 하고, 그 결과 꽃은 화려하지만 열매가 맺히지 않는 수업이 이루어진다.

◎ 학생 활동중심 수업

교사 분주	학생 분주	가르침과 배움이 없음	지식을 가르치지 않음
사회자, 안내자	구경꾼, 부분 참여자	꽃은 화려하나 열매가 없음	울림이 없는 수업

학생 배움중심 수업에서는 학생의 학습 활동(배움)과 학생의 배움을 위해 헌신하는 교사의 교수 활동(안내자, 조력자, 상담자의 역할)을 중시한다. 학생의 배움을 중시하는 교사는 학생이 지닌 선개념에 기초하여 오개념과 난개념 목록을 만들고(진단), 그것을 해결하기 위한 다양한 전략(설명, 시범, 연습, 힌트, 스토리텔링 등)을 구안한다. 이러한 수업은 화려한 수업 모형 중심의 거대 담론보다는 작은 담론(설명, 시범, 연습 등)을 중시한다. 수수하지만 품위 있고 격조 높은 수업이며, 우리가 지향해야 할 바람직한 수업이다.

◎ 학생 배움중심 수업

교사 분주	학생 분주	교사의 교수법 성장 학생의 학습법 성장
가르침 진단(오개념, 난개념), 처방(설명, 시범, 연습 등)	배움 학습 곤란 내용, 학습 오류 내용	수수하고 품위 있고 격조 높은 수업

최근 토의 · 토론 수업에 대한 현장의 관심이 뜨겁다. 현장에서 주최하는 각종 교실 수업 개선 관련 워크숍에서는 이러한 분위기와 열망을 반영하여 토의 · 토론 수업을 최우선 과제로 다루고 있다. 토의 · 토론 수업은 학생의 고등 사고력과 문제 해결력 및 범교과 학습 능력의 향상에 크게 기여한다는 점에서 교실 수업 개선을 위한 현장의 관심과 열망 및 노력은 지극히 당연하고 바람직한 현상이자 대세이다.

그러나 학생 활동중심 토의 · 토론 수업에서는 토의 · 토론 절차와 기법에 초점을 맞춘다. 교사는 토의 · 토론을 진행하는 사회자 역할에 머무르고, 학생들은 토의 · 토론 절차에 따라 기계적으로 참여한다. 마치 역할놀이 수업 모형을 적용한 토의 · 토론 학습 같은 느낌이 된다. 이러한 수업에서 가장 문제가 되는 것이 중, 하위권 학생들이다. 자기주도 토의 · 토론이 가능한 상위권 학생들은 토의 · 토론에 필요한 고등 사고 능력(명료화, 가정, 추론, 대안, 결론, 메타 등)이나 학습 능력(이해, 참여, 표현, 소통, 공유, 협력, 지원 등)을 구비하고 있다. 그러나 타자주도(교사나 유능한 동료)에 의해서만 토의 · 토론 학습이 가능한 중, 하위권 학생들은 고등 사고 능력이나 학습 능력이 부족하다. 이때에 교사나 유능한 동료가 중위권, 하위권 학생들을 위한 비계설정(교사의 도움 제공)을 하지 않으면 무임승차 현상이 발생한다.

3. 똑똑한 교사의 수업을 잘 가르치는 교사의 수업으로 왜곡

Chevallard(1985)는 지식을 학문적 지식, 가르칠 지식, 가르친 지식(학습된 지식)의 세 가지 유형으로 구분한다. 여기서 학문적 지식은 교육 내용으로 재구성되기 이전의 학자 차원의 지식이고, 가르칠 지식은 교육 내용으로 선정하고 조직한 교사 차원의 지식이며, 가르친 지식(학습된 지식)은 교육 활동이 이루어진 후에 학생이 구성한 학생 차원의 지식이 된다. 학생을 잘 가르치는 교사는 학자의 입장이 아닌 교사의 입장이 되어(trans position) 학문적 지식을 교사 수준의 가르칠 지식으로 변환하고, 그런 다음에는 교사의 입장이 아닌 학생의 입장이 되어 교사가 가르칠 지식을 학생이 학습할 지식으로 변환하여 가르친다. 이것이 바로 Chevallard(1985)의 교수 변환(diadatic transposition)이다.

◎ 수정한 Chevallard(1985)의 교수 변환

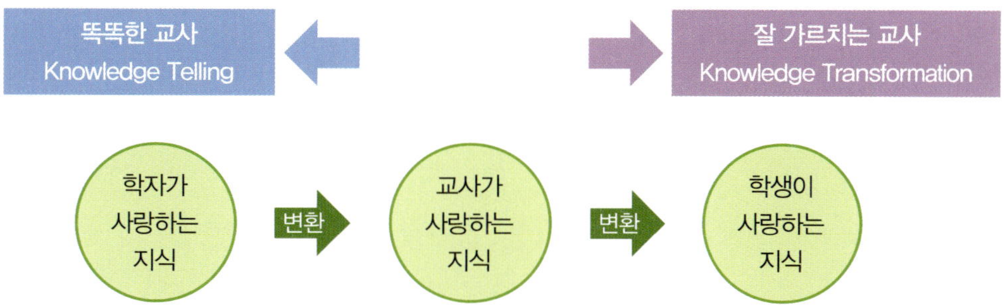

Chevallard(1985)의 이론을 원용하면 교사는 두 가지 지식을 구비해야 하다. '아는 지식'과 '주는 지식'이다. '아는 지식'은 교과 교육 관련 내용, 방법, 상황(학생, 교육과정, 사회적 맥락) 등에 대한 지식 즉 이론지를 말하고, '주는 지식'은 이러한 지식을 학생에게 직·간접적으로 전달, 제공, 촉진 및 공유하는 방법에 대한 지식 즉 실천지를 말한다. 아는 지식이 많은 교사는 똑똑한 교사이고, 주는 지식이 많은 교사는 잘 가르치는 교사이다. 좋은 교사는 똑똑한 교사를 넘어 잘 가르치는 교사로 나아가야 한다. 이것을 PCK와 교사 전문 지식의 관계를 논한 곽영순(2007: 28)[4]의 논의와 결합하여 제시하면 다음과 같다.

4. 곽영순(2007). 교육과정 개정에 따른 과학과 내용 교수 지식(PCK) 연구. 연구보고 RRI 2007-3-3. 한국교육과정평가원.

◎ 똑똑한 교사에서 잘 가르치는 교사로

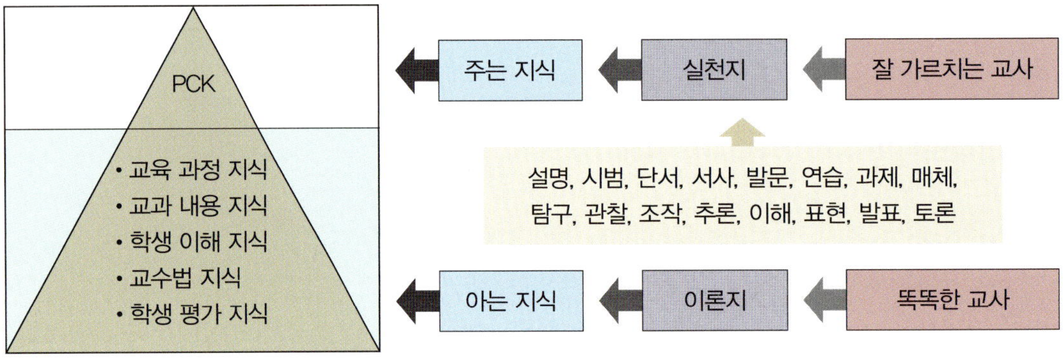

1) 똑똑한 교사의 수업

새내기 교사들은 임용고시 1차를 대비하면서 교육과정 해설서나 교과용 도서(교과서와 지도서) 등을 거의 암기하는 경지에 이르고, 교과 교육 관련 이론에 통달하며, 임용고시 2차를 대비하면서 수업 설계 관련 이론이나 모형 및 실연에 정통하게 된다. 이러한 관점에서 보면 새내기 교사들의 암묵지는 기존 교사들에 비해 월등히 뛰어나거나 거의 전문가 수준이라고 할 수 있다. 그러나 실천지를 동반하지 않은 암묵지는 교사에게만 의미가 있을 뿐 학생에게는 의미가 없다. 예를 들면, 아는 것이 많은 교사는 1차시 수업을 최신 이론으로 설계하고, 포장할 수 있다. 탐구학습, 반응중심 수업, 구성주의, 문제해결 학습 등으로 수업을 설계할 수 있다. 그러나 '주는 지식'이 동반되지 않는다면, 학생에게는 아무런 유익이 없다. 주는 것의 중요한 요소 중의 하나가 교사의 수업 대화이다. 탐구학습을 성공적으로 설계하고 실천하려면, 탐구학습 모형에 대한 '아는 것'과 학생의 지적 호기심을 자극하는 교사의 발문과 표정 언어 등과 같은 '주는 것'이 상호조화를 이루어야 한다. 이것이 해결되지 않으면, 점점 높아지는 교사의 학력 수준에 비해, 점점 떨어지는 학생과 학부모의 만족도를 설명할 수 없다. 아는 것과 주는 것이 균형을 이루는 수업 장학 문화를 조성해야 한다.

아는 지식이 많은 교사 즉 똑똑한 교사가 좋아하는 교수법 중의 하나가 Knowledg Telling, 즉 '토하는 교수법'이다. 토하는 교수법은 학생의 흥미와 능력 및 의지나 태도와는 관계없이 교사가 알고 있는 온갖 배경지식을 학생들에게 일방적으로 쏟아 붓고 교실을 나오는 수업 상황을 빗대어 표현한 것이다. 토하는 교수법에서는 학생의 배움이 아닌 교사의 가르침에 초점을 맞춘다. 주로 '상' 수준 학생과 눈을 맞추면서 수업을 하고, 그들의 이해 수준에 맞춰 진도를 나가며, 단 한 번에 깔끔하고 완벽하게 설명을 하는 것을 목표로 하여 학생이 교사의 설명을 잘 이해하지 못하면 전적으로 학생에게 책임을 돌린다. 아울러 교과 교육 분야에 대한 지식도 누적된 상태여서 자부심 또한 뛰어나며, 자신이 알고 있는 지식을 학생들에게 열정적으로 전달한다. 간혹 자신의 열정에 미치지 못하는 학생이 있으면, 이렇게 재미있는 공부를 싫어한다고 타박하기도 한다.

다음은 토하는 수업의 대표적인 예이다(박태호, 2011: 113~114). 김 교사는 문제해결학습 모형을 적용하여 '외래어, 외국어를 아름다운 우리말로 바꾸어 봅시다.'라는 수업을 한다. 이를 위해 학생들이 좋아하는 1박 2일 동영상 자료 중에서 외래어, 외국어 남용 사례를 편집하여 제시하면서 학생의 학습 동기를 유발한다. 그런 다음에 동영상 자료와 교과서 자료 일부를 연계시켜서 학습 목표를 예상하게 하고, 학습 활동을 안내한다. 교사가 계획한 세 가지 학습 활동은 '〈활동 1〉 생활 속에서 예 찾기', '〈활동 2〉 우리말로 바꿔보기', '〈활동 3〉 발표하기'이다. 이 중에서 주변의 간판 사진을 보며 외래어와 외국어를 찾는 〈활동 1〉의 수업 대화를 살펴보면 아래와 같다.

교사 선생님이 지난 시간에 우리 주변의 간판 사진을 조사하는 과제를 냈지요. 고맙게도 지원이가 학급 앨범에 사진을 올려 놓았어요. 우리 같이 봅시다. 지원이가 찾은 것을 같이 보겠습니다.

교사 여기가 어디야?

학생 롯데리아.

교사 롯데리아는 어느 동네에서 볼 수 있나?

학생 ○○동.

교사 응, ○○동 근처의 롯데리아 같아. 여긴 어디야?

학생 스쿨룩스.

교사 응, 스쿨룩스. 여러분들은 곧 중학생이 되니 교복을 입어야지. 샤브나라, 뷔페, 스탠드바, 유토피아라는 피시 방도 있어요. 또 라이프 크리닝도 있어요. 외래어, 외국어는 뭘까? 지원아, 여기가 어디야?

학생 ○○동이요.

교사 ○○동? (대영스포츠 간판을 보면서) 선생님이 여기 다녔는데, 뭐하려고? 벨리 댄스 배우려고 다녔어요. 시티 파이낸셜. 자, 여기에서 찾을 수 있는 외래어, 외국어 뭐 있겠어? 슈퍼, 이삭 토스트 이런 것도 찾을 수 있고.

김 교사는 학생 발달 수준을 고려하지 않았다. 1박 2일 동영상 자료나 외래어나 외국어로 표기된 동네 간판 사진 자료를 활용하여 학생의 흥미를 유발했으나, 해당 학생들이 외래어나 외국어에 대해 지니고 있는 선개념, 오개념, 어려운 문제 등을 고민한 흔적을 발견할 수 없다. '두 팀', '화천 라인', '보너스', '스포츠 채널', '에어컨', '럭셔리 무전여행', '기타 케이스', '콜(call)', '생 라이브', '스쿨룩스', '샤브나라', '벨리 댄스' 등은 해당 학교(열악한 교육 환경) 학생들의 발달 수준을 넘어선 외래어나 외국어이다. 이렇게 되면 하 수준이나 중 수준 학생들은 학습 활동에 참여할 수가 없다. 교사는 자연스럽게 자신의 발문에 응답하는 상 수준 학생만을 대상으로 수업을 하고, 경우에 따라서는 자문자답의 독백을 하면서 수업을 하게 된다. 학생을 진단하지 않는 수업은 학습 결손으로 이어질 수밖에 없다. 이 수업은 열심히 가르친 수업이지만 잘 가르친 수업은 아니라고 할 수 있다. 지금까지의 논의를 그림으로 제시하면 아래와 같다.

◎ 똑똑한 교사의 토하는 교수법(Knowledge Telling)

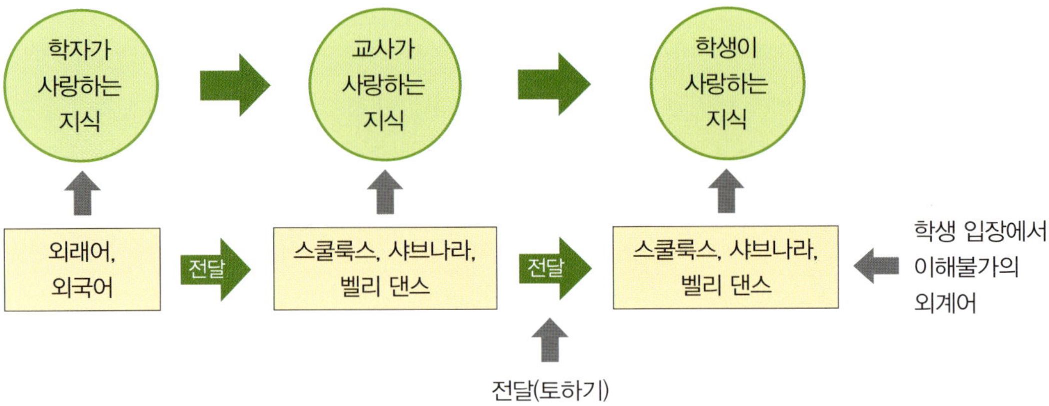

Shulman(1986, 1987)에 따르면 김 교사는 진단과 처방 능력이 부족한 미숙한 수업을 했다. 진단이란 특정 학생이 특정 단원에 대해 지닌 선개념, 오개념, 난개념이나 학습 흥미 등을 점검하는 것이고, 처방이란 설명, 시범, 서사, 발문, 논증, 단서, 연습, 과제, 매체 등을 활용하여 학생이 지닌 오개념과 난개념을 해결하는 것을 말한다. 김 교사는 학생들의 흥미나 능력, 해당 단원에 대해 지닌 오개념이나 난개념을 고민하지 않고, 교사 수준의 설명, 발문, 과제, 논증 등의 교수 활동을 열심히 하고 있다. 환자를 진단하지 않은 의사의 처방전이 의료 사고로 이어질 개연성이 높듯이, 학생을 진단하지 않은 교사의 교수 처방 역시 학습 부진아를 양산할 개연성이 높다.

2) 잘 가르치는 교사의 수업

주는 지식이 뛰어난 잘 가르치는 교사가 흔히 사용하는 교수법 중의 하나가 Knowledge Transformation이다. 잘 가르치는 교사는 학생의 수준을 고려한 눈높이 교수법, 즉 학생 수준에 맞게 지식을 변환(transformation)하여 가르친다. 이들은 학생이 지닌 선개념을 바탕으로 오개념과 난개념을 예상하고, 설명, 시범, 연습, 발문, 서사, 매체, 단서 등을 활용하여 부족한 지식을 가르친다. 이들은 학생이 기다리는 교사이다.

다음에 나오는 주 교사의 수업은 Knowledge Transformation(지식 변환 수업, 되새김질 수업)의 대표적인 예이다(박태호, 2011: 115~116). 주 교사는 창의성 계발 모형을 바탕으로 '외래어, 외국어를 아름다운 우리말로 바꾸어 봅시다.'라는 수업을 했다. 이 중에서 학생 눈높이를 고려한 수업 대화 장면을 제시하면 아래와 같다.

교사 잠깐 눈을 감으세요. 선생님이 모양을 싹 바꿔서 등장할 건데요. 등장할 때 선생님이 어떤 외래어나 외국어로 말을 하는지 한번 보세요. (모자를 쓴 뒤) 눈을 뜨고 선생님 모습을 한번 보세요. 선생님은 바캉스 철을 맞이해서 가족들과 함께 나들이를 가기 위해 맛있는 음식을 만들려고 했습니다. 그래서 떡볶이를 만들려고 했는데 떡볶이 재료가 없는 거예요. 그래서 재료 사려고 가게로 갔어요. 가게에 가서 맛있는 떡볶이 재료를 샀는데 뭘 샀겠습니까? 가래떡.

학생1 고추장.

교사 고추장은 선생님 집에 있어.

학생2 어묵, 어묵.

교사 오뎅, 파, 달걀 등을 사가지고 계산대에 갔습니다. 그런데 선생님이 급하게 오느라 돈을 조금밖에 안 가져온 거예요. 계산을 하고 보니까 돈이 조금 모자라요. 그래서 계산대에서 조금 디스카운트를 해달고 했는데 안 해준다는 거예요. 조금 섭섭했지만 필요 없는 것을 제외하고 금액을 딱 맞춰서 계산을 했어요.(교사는 모자를 벗고 학생들은 박수를 친다.) 조금 전의 선생님 옷차림은 센스가 있는 옷차림은 아니었죠? 또 평소 선생님 옷 스타일도 아니었죠?

위의 수업 장면에 따르면 주 교사는 외래어와 외국어 오남용 사례를 교사가 자체 제작했고, 스토리텔링 기법을 활용하여 수업을 한다. 학생들에게 잠시 눈을 감으라고 요구한 다음에 예쁜 모자를 쓰고 나타나자 학생들은 큰 소리로 웃으며 반응을 한다(①). 이때에 교사는 서사 기법을 활용하여 학생들의 주의를 집중시킨다(②). 바캉스에 가서 먹을 떡볶이 재료를 시장에 가서 사려고 하는데 어떤 재료를 사면 좋은지에 대해 학생들에게 자문을 구하는 방식으로 이야기를 풀어 나간다. 학생들이 바캉스라는 용어를 못 알아듣는 표정을 하자(③), 나들이란 말로 바꾸어 이야기를 다시 진행한다(④). 교사가 학생들을 바라보면서 떡을 추천하면, 학생들은 고추장으로 응대를 한다. 교사가 고추장은 집에 있다면서 사지 않겠다고 말을 하면, 학생들은 다른 재료를 추천한다. 학생들의 오개념(오뎅)을 예측하고(⑤), 어묵을 준비하고 있던 교사에게 특정 학생이 어묵이라고 말을 하자(⑥), 교사는 못 들은 척하면서 '오뎅'이라는 오개념을 제시한다(⑦). 여기서 교사가 나들이 분위기를 조성하기 위해 사용한 모자는 '실물'에, 떡볶이 재료 구매를 화제로 하여 이야기를 풀어간 것은 '서사'에, 바캉스와 오뎅은 외래어 '사례'에, 바캉스란 난개념 대신에 나들이를 사용한 것은 '단서'에 해당한다.

◎ 학생 진단에 기초한 잘 가르치는 교사의 교수 처방

학생 진단	교수 처방																	
	설명							시범	기억	서사	삽화	발문	논증	단서	연습	과제	매체	그래픽
	은유	유추	비유	예시	실물	그림	정의											
오개념				⑤	오뎅							⑦		⑥	어묵			
난개념				③	바캉스									④	나들이			
선개념																		
학습 흥미와 태도					①	모자				②	소풍+떡볶이							

Chevallard(1985)에 따르면 주 교사는 학생의 입장에서 지식을 교수학적으로 변환시켜 수업을 한다. 나들이 모자를 쓰면서 학생의 흥미를 끌고, 주의를 집중시켰고, 나들이와 떡볶이 재료를 소재로 한 서사 기법을 활용하여 학생의 주의를 집중시키면서 학생의 부분 참여를 유도했다. 특히 외래어에 대한 난개념을 예상하여 학생들이 바캉스란 말을 못 알아듣자 나들이란 우리말을 사용했다. 학생들이 지닌 오개념을 예상하여 '오뎅'이라는 외래어 대신에 '어묵'이라는 우리말을 준비했다. 학생의 흥미, 오개념과 난개념을 반영하여 수업을 설계하고 진행했다. 화려하지는 않지만 수수하고 품위 있는 수업, 격조 높은 수업을 한 것이다. 오개념과 난개념을 고려한 수업은 자연스럽게 중 수준이나 하 수준에 초점을 맞춘 수업으로 이어진다. 이것을 도식으로 제시하면 아래와 같다.

◎ 잘 가르치는 교사의 되새김질 교수법(Knowledge Transformation)

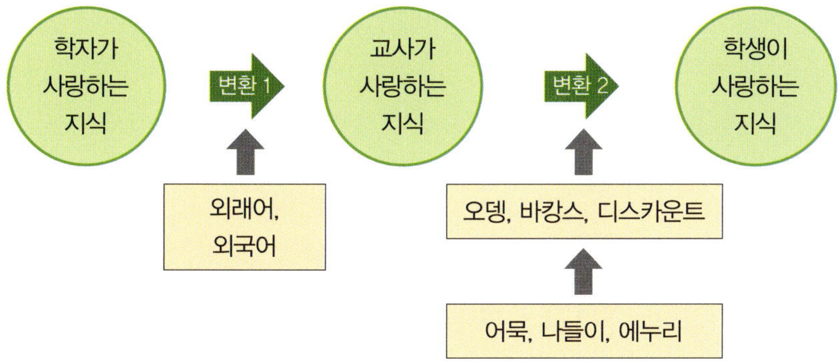

4. 소집단 무임승차 수업을 소집단 협동학습 수업으로 왜곡

1) 소집단 무임승차 허용 수업[5]

개선해야 할 수업 문화 중의 하나가 소집단 '무임승차 현상'이다. 무임승차 현상이란 소집단 협동학습을 수행하면서 학습 부진아가 방관자의 입장에서 학습 활동을 참관하는 구경꾼이나 학습 들러리로 전락하는 것을 말한다. 글쓰기 수업에서 관찰한 여전히 구경꾼의 무임승차 현상에 대해 살펴보자.

> "김 교사가 주의사항을 주면서 소집단 협동학습 활동을 안내했다. 6인 1조의 소집단 편성 후에 이끔이(모둠장, 리틀 마스터)가 소집단 활동을 안내했고, 다른 학생들은 경청했다. 이끔이를 포함한 세 명의 어린이가 발표를 주도했고, 다른 세 명의 어린이들은 경청했으나 반응하지는 않았다. 소집단 토론 후 각자 학습 내용을 자신의 학습지에 정리했다. 이때에 전문가나 초보자의 역할을 했던 이끔이와 세 명의 학생은 학습 활동에 주도적으로 참여했으나, 경청했던 학생 중에서는 한 명만이 학습 활동에 참여했고, 다른 두 명의 학생은 학습 과제를 해결하지 못하고 '여전히 구경꾼'의 입장을 고수했다. 이 중 한 학생이 특이한 행동을 했다. 다른 친구들이 정해진 시간 안에 학습지를 작성하기 위해 부지런히 글을 쓰고 있을 때에, 여전히 구경꾼인 학생은 필기구를 찾기 위해 필통을 열고 닫는 불필요한 행동을 반복하거나 한 글자 한 글자 정성을 들여서 천천히 쓰는 모습이 관찰되었다."

'여전히 구경꾼'은 글쓰기 학습 능력을 습득하지 못했다. 그러나 동료 학생의 글쓰기

5. 박태호(2009: 71~75)에서 요약 발췌.

상황에 맞추어 본인도 적극 참여하는 것처럼 보이는 시늉을 한다. 필통에서 필요 이상으로 필기구를 여러 번 찾는 행위, 글을 쓰면서 필요 이상으로 한 글자, 한 글자 정성을 들여 쓰는 행위가 이를 증명한다. 여전히 구경꾼의 경우, 모둠 구성원으로서 학습 활동에 필요한 신체 활동은 하고 있으나, 정작 학습 활동에 해당하는 인지 활동은 하지 못하고 있다.

소집단을 학습 통제의 수단으로 삼는 교실 수업 문화, 특히 팀 경쟁 학습을 선호하는 교실에서 여전히 구경꾼은 비난이나 원망의 대상이 된다.

> "전 모둠 활동이 정말 싫어요. 우리 모둠에 창호라는 아이가 있는데, 매일 숙제 안 해오고, 떠들고, 준비물도 안 가져와요. 창호 때문에 우리 모둠만 항상 걸려요. 그래서 친구들은 이번 모둠에서는 아예 점수 받는 것을 포기했어요. 아무리 잘 해와도 가능성이 없거든요. 진짜 빨리 자리를 바꾸고, 모둠도 바꿨으면 좋겠어요."(이혜순, 2006: 18)

이런 상황이라면 여전히 구경꾼은 소집단 협동학습의 걸림돌로 작용한다. 경우에 따라서는 모둠장이 학습 능력이 떨어지는 여전히 구경꾼을 압박하거나 미완의 학습지를 대신 완성하여 제출하는 경우도 있다. 이러한 수업 상황에서 소집단 협동학습의 궁극적 목적인 공동 사고에 따른 공동 문제 해결 과정을 기대하기는 어렵다.

여전히 구경꾼의 소집단 무임승차 현상의 원인은 무엇인가? 김 교사의 말을 들어보면 '중' 수준 대상의 획일적 수업 설계 문화가 그 중 한 요인으로 작용한다.

> "현장에서는 '중' 수준 학생을 대상으로 수업을 설계하고 실행하므로, 학습 부진 학생을 특별히 배려할 시간이 없습니다. 솔직히 말하면, 해당 학습 목표에 대한 학습 부진아의 학습 오류나 대처 방안에 대한 정보가 없습니다. 교재 연구할 시간도 없어서 수업 직전에 중요 학습 내용을 대충 훑어보고 수업에 임하는 형편이므로, 학습 부진아에 대한 지도는 꿈도 꾸지 못합니다."

김 교사는 소집단 협동학습 시에 발생하는 무임승차 현상을 자각하고는 있지만, 해결 방안에 대해서는 고민할 여력이 없다고 분명히 밝히고 있다. '중' 수준을 대상으로 한 교재 연구 시간도 없는 상황에서 학습 부진아를 위한 별도의 교재 연구 시간을 확보하기 어렵다는 것이다.

소집단 무임승차 현상에 대한 교사의 대응 전략은 무엇인가? 방임이나 압박이다. 대부분의 교사는 소집단 순회지도를 하면서 여전히 구경꾼의 무임승차를 방임하거나 무시한다. 이때에 교사는 자신의 역할을 상담자로 한정한다. 상담자는 초보 수준의 학생이 도움을 요청한 경우나 시급하게 개입할 필요가 있다고 판단될 때에만 학습 활동에 개입하는 역할을 하므로, 여전히 구경꾼은 교사의 지원 대상에서 자연스럽게 제외된다. 그러나 일부 교사는 소집단 무임승차 현상을 인식하고, 여전히 구경꾼과 대화를 시도한다. 김 교사의 대응 전략을 살펴보자.

> "교실을 순회 중이던 김 교사가 여전히 구경꾼을 발견하고, 다가가서 귓속말을 한다. 그러자 여전히 구경꾼인 학생이 특이하게 반응했다. 교사를 쳐다보지도 않고, 팔을 흔들면서 듣는 시늉만을 하는 것이다. 선생님과 면대면 대화를 하는 일상의 장면과는 다른 장면이다."

교사와 학생 사이에서 발생한 소통 곤란의 원인은 무엇인가? 학습 활동을 종용하거나 압박하는 말을 사용하거나 그들이 이해할 수 없는 수준의 대화를 사용했을 가능성이 높다. 여전히 구경꾼인 학생에게는 전문가나 안내자의 수업 대화(설명, 시범, 연계, 회상, 안내, 지시 등)가 필요하다. 그런데 교사는 초보자에게나 어울리는 상담자의 수업 대화(논증, 도전, 추리, 증명 등)를 사용했고, 이에 소통 곤란 현상이 발생한 것이다.

2) 소집단 무임승차 해소 수업

소집단 협동학습 시에 발생하는 '여전히 구경꾼의 무임승차 현상'을 극복할 수 있는 방안 중의 하나가 수준별 집단 조직이다. 하위권 학생들은 동질집단으로 구성하여 교사주도의 일제 학습을 하고, 중 · 상위권 학생들은 이질집단으로 구성하여 학생주도 수업을 한다. 중 · 상위권 학생으로 구성된 소집단에서는 전문가와 초보자 및 부분 참여자가 서로 짝을 이루어 협동학습이나 개별학습을 한다.

수준별 수업을 남 교사의 시 쓰기 수업에 적용했다. 남 교사는 여전히 구경꾼으로 구성된 소집단에서 교사주도의 일제 학습을 했다. 전문가와 촉진자의 역할을 수행하면서 '내 경험을 살려 시 쓰기'에 필요한 학습 내용과 활동을 다시 설명하고, 시범 보이면서 안내하고 지시했다. 이때에 교사는 학생의 배경지식을 활성화시키기 위해 '실마리 제공하기' 전략을 사용했다. 부모님께 혼난 경험을 상기시키고, 관련 배경지식을 회상시킬 때에 앞의 활동에서 친구들이 보여준 다양한 경험 자료를 활용하게 했다.[6] 교사의 반복

6. 학생들은 부모님께 혼난 경험이나 위로 받은 경험을 코팅지(자석 부착)에 한 문장으로 써서 칠판에 게시했고, 선생님의 지명이나 자발적 거수에 따라 관련 경험을 발표했다.

설명과 시범 및 안내와 실마리 제공으로 인해 여전히 구경꾼인 학생들은 점차 부분 참여자나 초보자의 수준으로 발전했다.

> "소집단 활동 시에 무임승차를 하던 학생들을 별도의 소집단으로 편성하고, 교사주도의 반복학습과 안내된 연습을 하자 조금씩 변하기 시작했다. 학습 활동에 전혀 참여하지 않고, 수업을 방해하거나 구경만 하던 학생들이 조금씩 변화하기 시작했다. 교사주도의 소집단 학습 초기에는 실마리를 많이 제공한 안내된 시 쓰기 학습지를 투입했다. 교과서 시를 주고, 일부 행을 비워 놓은 다음에 자신의 경험을 살려 시어를 쓰거나 행을 완성하게 했다. 이때에 칠판에 게시한 동료 학생의 경험 자료도 제시하여 참고할 수 있게 했다. 이어서 실마리를 제공하여 안내된 연습을 하고, 짝과 공동 사고하게 하는 활동을 2~3회 반복하면서 시를 쓰는 활동을 하자, 여전히 구경꾼인 학생이 부분 참여자와 근접한 수준이 되어 자신이 쓴 시를 친구들 앞에서 발표했다."

남 교사의 수업 사례[7]는 국어과 소집단 협동학습 시에 발생하는 여전히 구경꾼의 무임승차 현상을 극복할 수 있는 대안이 될 수 있다. 다만, 여전히 구경꾼 중심의 이질집단 편성에 대한 사회적 편견이나 일부 학습자의 저항 등에 대한 해결 방안이 선결되어야 한다. 남 교사가 수업에 적용한 수업 모형을 제시하면 아래와 같다.

◎ 소집단 수준별 학습 모형

수업 흐름	수준별 소집단 학습		
수업 집단	교사주도	상호주도	학생주도
교사 역할	전문가(안내자)	상담자	구경꾼
학생 역할	참관자(구경꾼)	초보자	전문가
수업 전략	설명 · 시범/참관 · 연습	동료 안내 · 연습	독자 연습 · 적용

5. 전달 수업을 소통 수업으로 왜곡

1) 전달 수업

전통적 수업의 대표적 유형 중의 하나가 전달 수업이다. 이 수업에서는 교사를 절대적 지식의 소유자이자 전달자로, 학생은 절대적 지식을 수용하는 빈 그릇이나 백지로

7. 안양 호성초등학교 남미자 선생님은 연구자와 함께 수업 설계를 한 후에 자신의 교실에 적용하고, 촬영했다. 이후 경기도교육청에서 주최한 교실 수업 개선 관련 워크숍(2006년 10월 경기도 세일초등학교)에서 사례 발표를 했다.

인식한다. 이러한 수업을 일명 '암죽식 수업' 혹은 '은행 적금식 수업'이라고도 한다. 전통적 전달 수업에서는 교사가 설명, 시범, 암기, 연습 등의 전체학습을 하고, 학생은 군대식의 경직된 수업 문화에서 교과서 문제 풀이와 자습처럼 수동적인 학습 활동을 한다. 경쟁과 석차에 기반한 능력별 수업, 결과중심의 평가에 기초한 상벌위주의 학생 강화와 통제가 전통적 수업의 대표적 특징이다.

한편 전통적 전달 수업에서는 반복(repeat)을 설명(explain)으로 왜곡하는 경우가 많다. 잘 가르치는 교사는 학생들이 특정 내용을 잘 이해하지 못할 때에 내용과 관련된 핵심 개념을 명확하게 제시하고, 그래도 알아듣지 못하면 절차를 더욱 구체화, 세분화할 수 있으며, 내용 관련 어휘를 보다 쉬운 용어로 대체할 수 있고, 학생 배경지식과 연계시킨다. 그러나 미숙한 교사는 방금 전에 사용했던 용어와 설명 방식과 순서를 반복하여 설명하면서 학생들의 이해 부족을 질타한다. 그리고 자신의 눈높이에 초점을 맞추어 학습 내용 관련 배경지식을 생산한다. 이들은 주로 토해내는 교수법을 쓰고, 진도 떼기식 수업을 한다.

2) 소통 수업

잘 가르치는 교사는 '스토리텔링' 교수 기법을 활용하여 수업을 한다. 스토리텔링(storytelling)은 이야기(story)와 말하기(telling)의 합성어이다. 스토리텔링은 청자의 생각이나 행동 변화를 목적으로 이야기를 전달하는 의사소통 전략이다. 과학적인 분석과 논리를 바탕으로 한 일방적 설득(패러다임적 사고)이 상대방의 반발심을 불러일으키는 밀어내기 전략에 해당된다면, 이해와 몰입, 공감에 기초하여 청중의 감성을 자극하는 스토리텔링은 상대방의 경계심을 해소하고, 더 많은 공감대를 형성하는 당기기 전략에 해당된다.

스토리텔링 수업에서는 학생에게 새로운 맥락과 경험을 제공하고, 새로운 관점으로 내용을 이해하고, 동료와 상호작용을 하면서 공동으로 지식을 구성하고, 탐색하고, 성찰하는 학습 환경을 조성하거나 지원할 수 있다(정옥년 · 김동식 역, 2013). 이때에 학생은 이야기를 매개로 변형된 개념을 자연스럽게 관찰하고, 탐구하고, 비교하고, 가설을 설정하고, 조직하고, 요약하고, 적용하고, 비판하면서 고등 사고 활동을 한다. 이것이 바로 학생의 경험에 기초한 능동적 지식 구성과 상호작용에 기초한 협동적 지식 구성을 강조하는 구성주의 학습 이론과 일치하는 수업인 것이다. 위대한 교사는 학습 내용을 청자와 소통할 때에 비유나 전설, 신화, 우화, 실생활 사례 등을 활용하여 스토리텔링을 한다(Andrew, Hull, Donahue, 2013: 10).

스토리텔링 수업은 스토리텔링을 수업 설계(도입-전개-정리)의 도구로 활용하거나 수업 전략의 일환(학습 동기 유발, 학습 내용 탐구, 평가 도구 등)으로 사용하는 것을 말한다. 교사가 스토리텔링과 교육과정을 연결하면 학생들은 스토리와 연결된 교육과정을 이해하고, 공감하며 몰입하면서 학습 활동에 적극 참여하여 자신의 생각과 의견을 표현한다.

(1) '플랜더스 이야기'를 활용한 스토리텔링 수업 사례

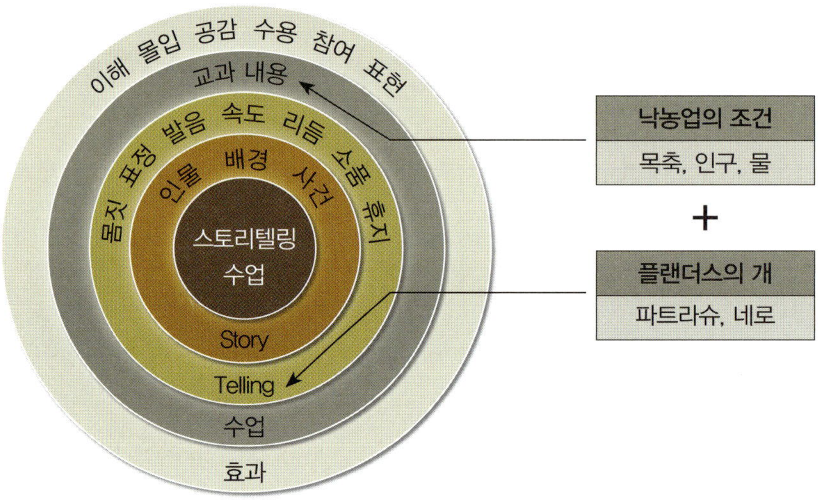

교사[8]는 '낙농업의 조건'이라는 학습 목표 도달과 관련된 학생의 학습 동기 유발을 위해 '플랜더스의 개'라는 디지털 자료를 보여 주면서 스토리텔링을 활용하여 수업을 한다. 먼저 '플랜더스의 개'에 나오는 삽화 하나를 보여 주면서 주인공 개의 이름을 묻는다. 일부 학생이 순간적으로 착각하여 '플랜더스'라고 대답하자 '파트라슈'라고 정정했고, 순간 교실에는 웃음꽃이 피어난다. 이어서 '우유 배달 했다.'라는 학생들의 대답을 바탕으로 파트라슈는 낙농업에 종사한 최초의 개라며 유머 화법을 구사한다. 그런 다음에 플랜더스의 개에 나오는 주요 장면인 '풍차', '낮은 구릉', '시냇물', '목초' 등을 상기시킨다. 이어서 세계지도를 칠판에 제시한 다음에 플랜더스가 어느 지역에 있는지 학생들이 유추하게 한다. 학생들은 교사가 제시하는 '아프리카 사막', '알래스카', '남미의 오지' 등의 자료를 바탕으로 플랜더스의 위치를 탐구하고, 결국에는 유럽에 위치한다는 것을 발견하게 된다. 이어서 교사는 스토리텔링에 기초한 학습 동기를 유발한 다음에 오늘의 학습 목표인 '낙농업의 조건 알기'를 소개한다.

8. 황규덕(안성여중) 선생님(에듀넷 우수 수업 동영상 탑재)

(2) '경포대의 추억'을 활용한 스토리텔링 수업 사례

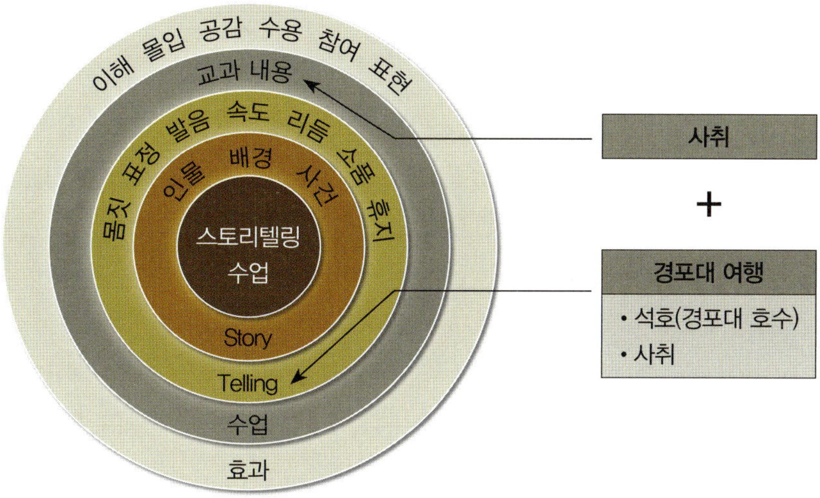

교사[9]는 대학생 시절의 추억과 사진 자료 및 음향 효과를 활용하여 학생의 주의집중을 유도했다. 남녀가 서로 어깨를 기대고 백사장에 앉아 푸른 동해를 바라보는 뒷모습을 사진 자료로 제시하면서 대학생 때에 여자 친구와 강원도에 놀러 갔던 일화를 들려준다. 동시에 흔히 방송 매체에서 추억을 회상할 때에 사용하는 경음악을 들려주며 분위기를 조성한다. 학생들이 큰 소리로 웃으면서 반응하자, 이번에는 바닷가를 다정하게 걷는 남녀(여자 얼굴은 모자이크 처리) 사진을 제시하면서 경포대의 추억을 회상한다. 당시에 여자 친구가 바닷가에 호수(경포호)가 있는 이유를 교사에게 물었고, 교사는 아직 전공을 이수하지 못한 관계로 미처 대답하지 못했다며 아쉬운 마음을 드러냈다. 그러면서 학생들에게 자신과 비슷한 경험을 할 수 있으므로 오늘 공부할 내용을 잘 배우면 좋겠다고 학습 동기를 유발한다.

이어서 교사는 만화 자료를 활용하여 사취의 개념을 설명했다. 사취가 형성되는 과정을 만화로 쉽고 재미있게 설명했고, 학생들의 이해를 돕기 위해 사취 사진을 제시했으며, 사취가 형성되는 과정을 종유석이 자라는 과정에 빗대어 설명했다.

9. 박사용(대원고) 선생님(한국교육과정평가원 교수학습 지원센터 탑재)

6. 이른바 수업 달인을 진정한 수업 달인으로 왜곡

'이른바 수업 달인'과 '진정한 수업 달인'은 다르다. 전자는 교육 공동체만이 인정하는 그들만의 '수업 달인'이다. 학교라는 공교육 울타리를 벗어나면 사회 구성원들은 그들의 수업 전문성을 인정하지 않는다. 이에 비해 진정한 수업 달인은 일반 달인들과 보편성을 공유한다. 모든 달인들은 명퇴나 정년을 하면 반드시 자신의 생업(生業)을 잇는다. 전직 판사나 검사는 변호사 사무실을 개업하고, 전직 대학병원 의사들은 동네 병원을 개업하며, 전직 국세청이나 법원 검찰직 공무원들은 세무사 사무실이나 법무사 사무실을 개업한다. 이것이 달인의 보편적 속성이다. 그렇다면 수업 달인은 명퇴나 정년을 하면 생업을 잇고 있는가? ○○교육청 혹은 ○○광역시 교육청에서 수업 달인 혹은 학교 경영의 달인으로 유명했던 교사나 관리자들은 명퇴나 정년 후에 자신의 생업을 잇고 있는가? 과연 우리 주변에서 ○○○수업 컨설팅 연구소, ○○○전직 수석 교사와 함께하는 국어 공부방, ○○○학교 경영 컨설팅 연구소처럼 전직의 전문성을 살리는 모습을 볼 수 있는가? 이에 대한 대답은 비관적이다.

이른바 수업 달인의 오명을 벗고 진정한 수업 달인으로 거듭나기 위해서는 무엇을 어떻게 해야 하는가? 달인의 보편적 특성을 주목해야 한다. 바로 '난제에 대한 도전과 해결이다'. 허준이나 화타는 난치병에 도전하고 해결했기에 후대 사람들은 그들을 의료의 달인이라고 부른다. 누구나 쉽게 진료하고 치료할 수 있는 감기분야의 '달인'이 존재하지 않는 것처럼 오직 난치병을 치료한 사람만이 의료의 달인이 될 수 있다. 그러나 난치병에 도전하여 수술을 1회 성공했다고 다 달인으로 인정할 수는 없다. 난치병에 대한 도전만큼이나 중요한 것이 수술 횟수에 대한 성공 횟수 즉 수술 성공 비율이다. 10% 성공률보다는 90% 성공률을 가진 사람을 더 전문가로 인정하는 것이 인지상정이다. 각 시도교육청에서 제공하는 우수 수업 동영상을 살펴보면, 주로 상 수준의 배움중심 수업이 주류를 이룬다(난치병 환자 대신에 감기 환자만을 치료하는 의사). 열심히 가르치는 교사와 열심히 배우는 일부 상 수준 학생들만이 주연이 되어 수업 무대의 중앙을 차지하고, 중위권이나 하위권 학생들은 참관자나 구경꾼이 되어 관객으로 전락한다. 대다수의 교사들은 이러한 수업을 선호한다. '청출어람이 청어람'이라는 말이나 '하나를 가르치면 열을 안다'는 말은 모두 우수한 상위권 학생들을 염두에 둔 말이다. 이른바 상 수준 중심의 수업 달인 동영상에서 상위권 외에도 중위권이나 하위권 대상의 학생을 잘 가르치는 것이 교사 수업 전문성의 핵심이고, 이것이 우리끼리가 아닌 사회 구성원 모두가 인정할 수 있는 교사의 수업 전문성이다.

2
PCK의 개념과 요소

제1절 | PCK의 유래와 개념

PCK는 교원의 수업 능력을 향상시키고, 교직을 전문직의 반열에 올려놓기 위한 노력의 산물이었다. 1980년대 미국의 학부모들과 교육계의 일부 인사들은 공립학교 교육 수준의 질적 저하 문제에 대해 심각한 우려를 표명했다. 당시에 교원의 학력 수준은 낮았고, 교원 양성 프로그램에서는 교과 내용을 중시했던 과거의 교육 방식과는 달리 교수법을 중시했다(Shulman, 2004: 199). 교직의 전문성에 대한 회의적 시각은 교육 개혁으로 이어질 수밖에 없었다. 교육 개혁을 지지하던 홈즈 그룹(Holmes Group, 1986)[10]이나 카네기 태스크 포스(Carnegie Task Force, 1986)는 우수 교사만이 지닌 실천적 지식을 토대로 새로운 교사 평가 체제를 구축했고, 이것을 기반으로 교직의 전문직화를 추구했다. 흔히 말하는 전문 직종의 의사나 변호사처럼 교사의 사회적 지위를 높이고, 학생과 학부모로부터 존경받는 풍토를 조성하는 것이 목표였다.

스탠포드 대학의 Shulman(1986)은 교직의 전문직화를 목적으로 카네기 프로젝트를 수행했다. 교사의 지식 기반을 교원 전문성 평가의 지표로 삼아 교사의 교과 내용에 대한 이해와 그것이 수업 현상에 미치는 효과에 초점을 둔 연구를 진행했다. 그런 다음 교사의 지식 기반 요소로 교과 내용 지식, 교육과정 지식, PCK(pedagogical content knowledge)[11]

10. 1986년에 주요 교육대학 학장들이 교사교육의 질을 높이기 위해 만든 모임이다. 홈즈 그룹의 주도하에 교사 교육 프로그램에 따른 입학기준을 높이고, 교원양성 기간도 연장했다. 미국 일부 주에서는 이들의 영향을 받아 학부 양성제가 아닌 대학원 양성제(5~6년)를 도입하기도 했다.

11. PCK는 'Pedagogical Content Knowledge'의 약자로 이에 대한 우리말 번역은 교수 내용 지식(김민희 2003; 민윤 2003), 교수학적 내용 지식(김용대, 2001; 박경민, 2001), 교수법적 내용 지식(방정숙, 2002), 내용 교수법(이화진 외, 2005) 등으로 다양하다. 2007년 한국교육과정평가원에서 PCK를 내용교수지식으로 명명한 이후 대다수의 연구자들이 이에 호응하고 있다. 그러나 내용교수지식이라는 용어는 PCK가 지닌 원어의 맥락적 의미를 온전하게 표상하지 못한다. Shulman(1986, 1987)은 PCK를 '특정 내용을 특정 학생들이 효과적으로 이해할

를 들었다(양윤정, 2007: 28–30). 교과 내용 지식(subject matter content knowledge)은 교과의 기본 개념이나 원리를 조직하는 여러 가지 방법에 관한 지식(실체론적 지식)과 참이나 거짓, 타당성이나 비타당성을 결정하는 방법에 대한 지식(구문론적 지식)이다. 교육과정 지식(curricular knowledge)은 특정 수준의 특정 교과와 주제를 가르치기 위해 개발한 다양한 유형의 프로그램, 교수 · 학습 자료 등이다. PCK는 교과 내용을 가르치는 방법에 대한 지식으로 교과 내용 지식과 교수법 지식의 특별한 결합체이다.

Shulman(1986, 1987)이 PCK를 소개하기 이전에도 교사 지식 기반에 대한 연구는 있었다. 1960년대 이전에는 주로 교과 내용 지식과 교수법 지식을 상호 독립적 영역으로 인식했고, 그 이후부터는 교과 내용 지식과 교수법 지식을 교사 지식의 영역에 포함시켰다. 이때에는 교과 내용 지식과 교수법 지식의 관계, 교사 지식과 교육 경험의 관계, 교사 지식이 학업 성취에 미치는 영향 등을 주로 연구했다(Abell, 2007). 그러다가 Shulman(1986, 1987) 이후부터 PCK가 새로운 교수 지식 요소로 설정된 것이다.

PCK 개념이 소개된 이후에 교수 방법이나 학습자 측면에만 초점을 맞추었던 교사 전문성 관련 연구들이 교육 내용이나 교사 측면에 초점을 맞추기 시작했다. 교사의 교육 내용은 무엇이고, 교육 내용을 학생들에게 어떤 방식으로 표현할 것이며, 교육 내용과 관련하여 학생들에게 어떤 질문을 해야 하고, 학생들이 지닌 오개념이나 난개념에 대해 어떻게 대처할 것인가의 문제가 교사 교육 연구의 핵심 과제로 떠올랐다.

◎ **PCK의 구성 요소**

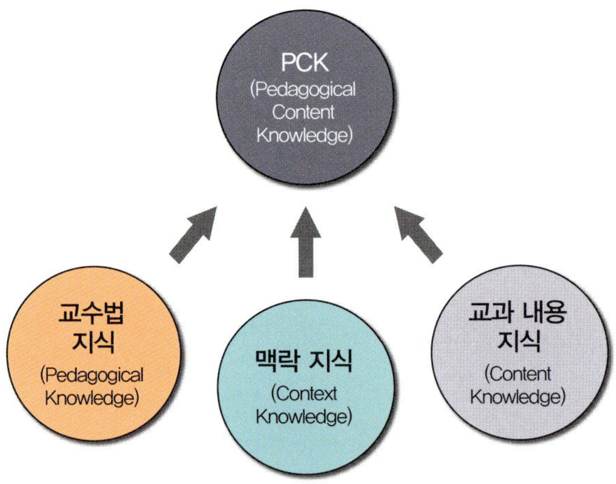

수 있도록 가르치는 방법에 대한 교사의 지식'으로 정의했다. 이후 진행된 후속 연구에서도 PCK의 구성 요소로 교과 내용 지식(Subject Knowledge), 교수법 지식(Pedagogical Knowledge), 맥락 지식(Context Knowledge)을 들고 있다. 이러한 관점에 따르면 탈맥락적 특성을 지니는 '내용교수지식'이라는 용어로는 맥락적 특성을 지닌 PCK를 온전히 표상할 수가 없으므로 원어인 PCK를 그대로 사용하고자 한다.

제2절 | PCK 위계

미국의 교육학자 William R. Veal과 James G. MaKinster(1999)는 대부분의 PCK 연구가 교사의 전문성 신장에 초점을 맞춘 것에 치중하여 교사의 PCK가 어떠한 역할을 하는지에 대해 정밀하게 설명하지 못하는 것에 주목했다. 그들은 Bloom 외의 '교육목표 분류학'의 방법을 차용해 다양한 학문, 교과 그리고 교과 내의 영역마다 가지고 있는 주제들 사이에서 PCK를 특수성의 수준에 따라 분류하는 연구를 했다. William R. Veal과 James G. MaKinster(1999)는 이전 연구에서 소개된 PCK 속성들을 모두 목록화한 다음 그 목록으로부터 가장 중요한 속성이 무엇인지 도출해 냈다. 그리고 선행 연구에서 다루어진 PCK의 유형들을 구분하고, 여기에 범주를 추가하여 다음 그림과 같은 PCK 분류 체계를 만들었다.

◎ PCK의 위계와 분류(William R. Veal & James G. MaKinster, 1999 수정)

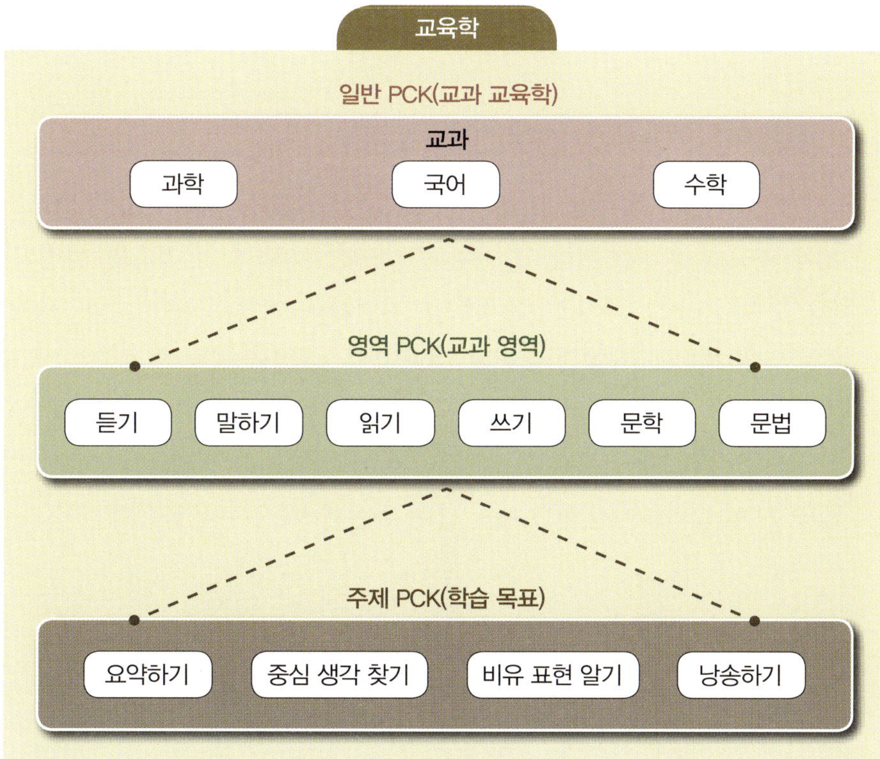

그림을 보면 PCK는 교육학의 하위 영역에 속하고, 다시 교과 PCK, 영역 PCK, 주제 PCK로 세분할 수 있다. 교과 PCK에서는 교과 수업 일반적인 또는 수업의 보편성에 해당하는 PCK를 다루고, 영역 PCK에서는 교과 영역과 관련된 PCK를 다루며, 주제 PCK에서는 단원이나 차시 관련 PCK를 다룬다.

이 분류를 바탕으로 교실 수업 장면을 분석하면, 대부분의 교사들이 주제 PCK보다는 일반 PCK나 영역 PCK에 의존하고 있음을 알 수 있다. 학생들에게 해당 차시 내용을 잘 가르치려면 해당 수업 내용과 직결되는 주제 PCK를 많이 활용해야 한다.

하지만 학교 현장에서 차시 수업의 중심에 있는 교수 · 학습 모형과 같은 큰 교수법은 이러한 주제 특정적인 PCK를 반영하기에는 한계가 있다. 국어과 교수 · 학습 모형은 위의 분류에 따르면 교과목 일반 PCK로 이것이 쓰기 수업의 주제 또는 교육 내용과 직접적으로 관련을 맺기는 어렵다. 과정 중심의 쓰기 지도 역시 쓰기의 과정을 분절적으로 나누고 각 단계에서 필요한 전략만을 지도하는 데 치중하여 구체적인 쓰기 주제를 효과적으로 다루지 못한다. 예를 들면, '문단 쓰기'가 수업의 주제라면 주로 문단에 담아야 할 내용을 생성하고 그것을 조직하고 초고를 만들어 내는 데 필요한 전략들을 과정별로 지도할 뿐, 문단의 개념이나 문단 쓰기의 원리 등은 직접적으로 다루지 않는다.

이러한 문제점을 비판하면서 박태호(2011)는 『국어 수업에 나타난 PCK 교수 변환 사례』에서 잘 가르치는 국어 수업을 위해서는 큰 교수법을 보완하는 작은 교수법 즉 교수 변환이 매우 중요함을 강조했다. 간단하게 말하면 차시 수업 내용과 관련된 학생들의 이해(선개념, 오개념, 난개념, 학습 흥미와 태도)를 진단하여 설명, 시범, 기억, 서사와 같은 작은 교수법을 통해 교수적 처방을 내리는 것이 PCK 중심의 국어과 수업의 핵심이라는 것이다. 여기서 말하는 작은 교수법은 그림에서 주제 PCK에 해당한다. 그러므로 쓰기 수업의 전문성은 교육학 지식이나 교과 일반 수준의 PCK를 통해 발휘되는 것이 아니라 적어도 영역 PCK, 나아가 주제 PCK를 많이 활용할 때에 구체화된다고 정리할 수 있겠다.

제3절 | PCK 요소

Grossman(1990)은 교사의 지식 기반 요소로 일반 교육학 지식, 교과 내용 지식, PCK, 상황 지식의 네 가지를 들고, 그 중에서 PCK가 교사의 교실 수업에 가장 큰 영향력을 미친다고 했다(Gess-Newsome, 1999). 그 다음 PCK의 구성 요소로 '교과 내용의 교수 목적에 대한 지식과 신념', '학생 이해에 대한 지식'(특정 교과의 특정 주제에 대한 학생의 이해와 그들이 지니고 있는 개념 및 오개념에 대한 지식), '교육과정 지식', '특정 주제에 대한 교수 전략 및 표상에 대한 지식'의 네 가지를 들었다(Lee, 2007 재인용).

Marks(1990)는 교사 지식과 PCK의 관계 규명에 초점을 맞추었던 Shulman(1987)과 Grossman(1990) 등과는 달리 PCK의 구성 요소 규명에 초점을 맞추었다. 이 연구자는 Shulman(1987)이 제시한 PCK 요소의 모호성을 비판하면서 교과 내용 지식과 수업 매체를 추가했다. 이 연구자에 따르면 PCK는 두 가지 지식으로 구성된다. 하나는 특정 교과의 내용 지식을 수업 상황에 맞게 변환시키는 지식이고, 다른 하나는 특정 상황의 특정 교과 내용 교수에 알맞게 교수법을 변환시키는 지식이다. Marks(1990)는 PCK가 교수법을 거의 모르는 교과 내용 전문가나 교과 내용을 거의 모르는 교수법 전문가에게서는 나타날 수 없는 실천적 차원의 지식이라면서 일명 '내용 의존적 교수 지식(content-specific pedagogical knowledge)'이라고 명명했다.

Cochran 외(1993)는 구성주의 이론에 기초하여 PCK의 개념을 수정했다(이연숙, 2006: 13~14; 이경은, 2007: 11). 지식을 고정적이고 폐쇄적 존재가 아닌 행위나 실천 속에서 역동적으로 구성되는 개방적인 존재로 파악하여 PCK와 구별되는 PCKg(pedagogical content knowledge knowing)라는 용어를 사용했다. PCKg는 교수법 지식, 교과 지식, 학습자 지식, 학습 환경 맥락에 대한 지식의 네 가지가 통합적으로 작용한다. Shulman(1987)의 PCK가 교수를 위한 교과 내용의 변환에만 초점을 두었다면, Cochran 외(1993)의 PCKg에서는 활성화된 과정으로서의 앎과 이해를 강조한다. 위의 연구자들은 PCKg가 특정 학습 맥락 내에서만 만들어지므로 맥락중심 교사 교육을 해야 한다고 주장했다.

Magnusson 외(1999)는 교과 교육과 관련 PCK 요소를 제안했다는 점에서 선행 연구와는 구별된다. 과학 수업 관련 PCK 구성 요소로 과학 수업에 대한 지향, 과학 교육과정에 대한 지식, 과학 평가에 대한 지식, 교수 전략에 대한 지식, 학생의 교과 내용 이해도에 대한 지식의 다섯 가지를 제시했다. 이것을 '펜타곤 모형'이라고 하는데, 대다수의 후속 연구자들은 이 모형을 지지한다.

지금까지의 논의를 정리하면 다음과 같다.

◎ 선행 연구에 제시된 PCK 구성 요소

PCK 요소 / 연구자	교육 목적	학생 이해	교육과정	표상 (교수 전략 포함)	평가
Shulman(1987)	D	O	D	O	
Grossman(1990)	O	O	O	O	
Marks(1990)		O		O	
Cochran et al(1993)		O		N	
Magnusson et al(1999)	O	O	O	O	O

D: 교수 지식 기반 요소이나 PCK 외부 요소
N: 명시적으로 밝히지는 않았지만 강조하기 위해 사용
O: PCK의 구성 요소로 제시

박성혜(2003), 문공주(2009: 20)는 PCK 구성 요소를 보다 구체적으로 설명했다. 교육 목적은 교사의 신념과 가치관에 따른 교육의 방향을 의미한다. 여기에는 과정중심 수업, 강의중심 수업, 개념중심 수업, 활동중심 수업, 발견학습, 과제기반 학습, 탐구학습, 안내된 탐구학습이 해당된다. 학생 이해는 학생의 개념 이해에 대한 지식이다. 학생이 특정 교과의 특정 내용에 대해 지닌 선개념, 오개념, 학습 곤란도, 학습 동기, 지적 · 신체적 발달 수준, 학습 전략, 학습자의 흥미와 관심 및 필요성 등에 대한 이해가 여기에 해당된다. 교수법 및 표상 전략은 특정 교과 내용을 효과적으로 가르치는 교수법과 학생 눈높이를 고려하여 내용을 변환시키는 것을 의미한다. 여기에는 다양한 교수법과 예시, 삽화, 시범, 실물, 일화와 전기, 그림, 발문, 설명 등이 해당된다. 교육과정은 학년별, 영역별 성취기준의 범주와 수준이 여기에 해당된다. 여기에는 교육과정 구성 원리, 교육과정 내의 내용 연계 원리, 범교과 내용 통합 원리, 교육과정 자료 활용 원리, 학년별 내용 전개 원리 등이 해당된다. 평가는 평가의 대상, 방법, 도구, 원리, 실행을 의미한다. 여기에는 교과 내용에 대한 평가 도구의 적합성, 학생 이해도 평가의 적절성, 평가 도구의 다양성(진단평가, 형성평가, 총괄평가) 등이 해당된다.

제4절 | PCK 펜타곤 모형

PCK 펜타곤 모형은 우수 교사가 구비해야 할 PCK 구성 요소 파악에는 도움이 되나 보다 구체적인 하위 요소 파악에는 여전히 미흡한 실정이다. 이 부분에 대해서는 과학과 PCK 측정 도구를 개발한 박성혜(2003)와 Park과 Oliver(2008)의 연구가 도움이 된다. 비록 과학과 PCK를 평가하는 도구이나 일부 내용을 수정 · 보완하면 교과 PCK 평가 요소로도 활용할 수 있다.

◎ PCK 펜타곤 모형

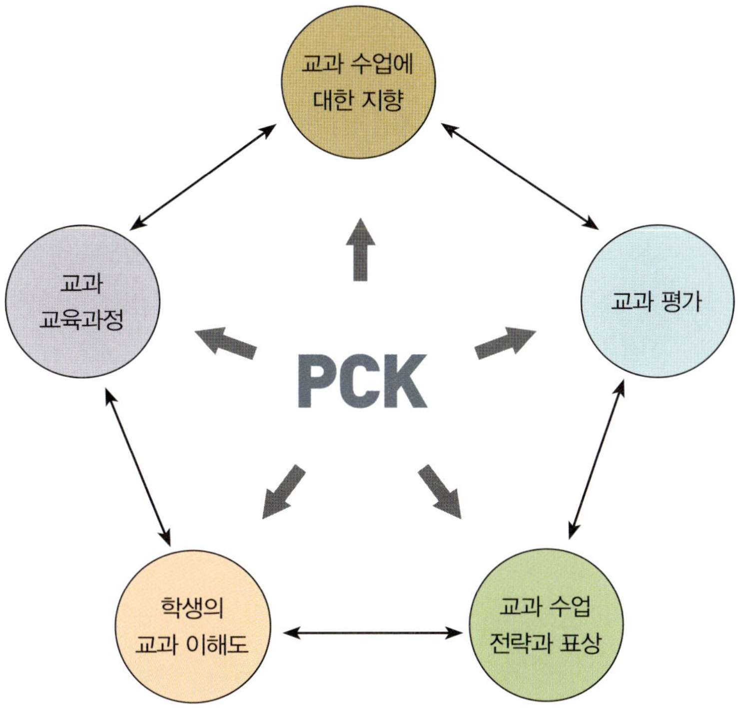

1. 교과 수업에 대한 지향

교과 수업에 대한 지향은 교과 수업을 바라보는 관점 혹은 인식에 해당된다. 교과 수업에 대한 교사의 지식과 신념이 해당 차시의 학습 목표 및 내용 선정과 학생 이해 수준 파악, 학생의 배움을 위한 교수 유형 및 자료 선정, 학습 결과 평가에 대한 교사의 의사 결정을 안내하는 '개념 지도'의 역할을 한다.

교과 수업 지향과 관련된 PCK 요소는 다음과 같다. ① 교과 목표 도달을 위해 과정중심 수업을 한다, ② 교과의 목표 도달을 위해 학문중심 수업을 한다, ③ 교과의 목표 도달을 위해 강의중심 수업을 한다, ④ 교과의 목표 도달을 위해 개념중심 수업을 한다, ⑤ 교과의 목표 도달을 위해 활동중심 수업을 한다, ⑥ 교과의 목표 도달을 위해 발견학습을 한다, ⑦ 교과의 목표 도달을 위해 과제 기반 학습을 한다, ⑧ 교과의 목표 도달을 위해 탐구학습을 한다, ⑨ 교과의 목표 도달을 위해 안내된 탐구학습을 한다.

2. 교과 교육과정에 대한 지식

교과 교육과정에 대한 지식은 교과에 대한 지식을 포함한다. 교과의 배경 학문은 무엇이고, 그것을 구성하는 철학이나 이론, 원리와 모형 및 전략의 실체는 무엇인지에 대해 지식을 바탕으로 교과 교육과정의 목표, 학년별 학습 내용의 수준과 범위, 교육과정을 반영한 교과서 구성 원리와 단원 전개 방식 등에 대한 지식을 추가하는 것이다.

교육과정 관련 PCK 요소는 다음과 같다. ① 교과 내용을 충분히 안다, ② 교과의 이론이나 법칙, 원리가 어떻게 개발되었는지를 안다, ③ 교과 내용에 대한 학생들의 예상 질문과 그에 대한 답변 내용을 안다, ④ 교과 내용을 구성하는 개념이나 원리, 이론을 안다, ⑤ 교과 교육과정 구성 원리를 안다, ⑥ 교과 교육과정 내의 내용이 어떻게 연계되는지를 안다, ⑦ 교과 교육과정 내의 주제들을 다른 개념에 적용할 수 있는지를 안다, ⑧ 교과서와 관련된 교육과정 자료를 다루는 방법을 잘 안다, ⑨ 교과 교육과정과 다른 교과와의 연계성을 잘 안다, ⑩ 교과 교육과정의 학년별 위계를 잘 안다, ⑪ 교과 교육과정의 실행 과정을 잘 안다.

3. 교과 평가에 대한 지식[12]

교사는 학생의 교과 학습 능력을 체계적이고 명확하게 평가한 결과를 바탕으로 자신의 수업 능력과 학생의 학습 능력을 개선할 수 있다. 이를 위해서 교사는 바람직한 평가관, 다양한 평가 방법과 도구를 구비해야 한다. 교과 학습 내용의 수준과 범위를 바탕으

12. 수업 목표 또는 교육과정에 명시된 수업 목표에 따라 그리고 교사가 해당 수업에서 지향하는 바에 따라 평가의 관점과 방법은 달라져야 한다.

로 평가 목표와 평가 도구를 결정해야 한다. 여기에는 선택형 평가, 서술형 평가, 논술형 평가, 포트폴리오 평가, 관찰 평가 등이 있다.

평가 관련 PCK 요소는 다음과 같다. ① 평가 도구가 특정 단원의 평가에 적합하다, ② 평가 방법은 특정 단원에 대한 학생 이해도 평가에 적합하다, ③ 평가 문항은 특정 단원에 대한 학생 이해도 평가에 적합하다, ④ 다양한 평가 방법을 활용하여 특정 단원에 대한 학생 이해도를 평가한다, ⑤ 진단평가, 형성평가, 총괄평가를 활용하여 특정 단원에 대한 학생 이해도를 평가한다, ⑥ 학생들은 특정 단원에 대한 특정 평가 방법을 이해한다.

4. 학생의 교과 내용 이해도에 대한 지식

학생들의 교과 이해도에 대한 지식은 특정 학생이 특정 단원의 지식을 습득할 때에 도움을 주기 위한 교사 지식이다. 여기에는 특정 단원의 지식에 대한 특정 학생의 흥미 파악, 선수학습 요소 파악, 오개념과 난개념 파악 등이 해당된다.

학생들의 교과 이해에 대한 지식 관련 PCK 요소는 다음과 같다. ① 학생들이 특정 단원에 대해 지니고 있는 배경과 경험의 차이를 이해한다, ② 학생들이 특정 단원에 대해 지니고 있는 선개념을 이해한다, ③ 학생들이 특정 단원을 학습하면서 무엇을 어려워하는지 안다, ④ 학생들이 특정 단원을 학습하면서 무엇을 잘 하는지 안다, ⑤ 학생들이 특정 단원을 학습하면서 무엇을 잘못 알고 있는지 안다, ⑥ 학생들이 특정 단원에 대해 지닌 태도와 습관을 안다, ⑦ 학생들이 특정 단원에 대해 지닌 적성과 흥미를 안다, ⑧ 학생들이 특정 단원에 대해 지닌 인지 발달 차이를 안다.

5. 교과 수업 전략과 표상에 대한 지식

교과 수업 전략은 특정 단원의 특정 내용 교수에 적합한 교수법을 의미한다. 여기에는 교사용 지도서에 제시된 문제해결 모형, 반응중심 수업 모형, 지식탐구 모형, 직접교수 모형 등이 해당된다. 국어 수업 표상으로는 특정 내용을 특정 학생의 발달 수준에 맞게 변환하여 가르치는 설명, 시범, 유추, 증명, 비유 등이 있다.

교과 수업 전략 및 표상에 관한 PCK 구성 요소는 다음과 같다. ① 학생들이 특정 단원의 특정 내용 학습에 흥미를 보이도록 다양한 교수법을 활용한다, ② 학생들에게 특정 단원의 특정 내용을 가르치기 위해 재미있는 교수법을 활용한다, ③ 학생들의 특정 단원의 특정 내용에 적합한 교수법을 활용한다, ④ 특정 단원의 내용에 대한 이해를 돕기 위해 예(관련된, 유사한, 낯선)를 든다, ⑤ 특정 단원의 내용에 대한 이해를 돕기 위해 삽화를 활용한다, ⑥ 특정 단원의 내용에 대한 이해를 돕기 위해 시범을 보인다, ⑦ 특정 단원의 내용에 대한 이해를 돕기 위해 실물을 활용한다, ⑧ 특정 단원의 내용에 대한 이해를 돕기 위해 일화나 전기를 활용한다, ⑨ 특정 단원의 내용에 대한 이해를 돕기 위해 발문(회상, 기억, 주의집중, 문제 상황 제시, 활동 유발, 추론, 비교와 대조)을 활용한다, ⑩ 특정 단원에 대한 이해를 돕기 위해 적합한 설명(은유, 유추, 비유)을 한다.

제5절 | 교과 내용에 따른 교수 변환(눈높이 교수법)

모든 학습자는 학습 활동 상황마다 독자적으로 과제를 해결하는 '실제 발달 수준'과 교사나 유능한 동료의 도움을 받으면서 과제를 해결하는 '잠정적 발달 수준'을 갖는다. 그리고 이 두 수준 사이에는 약간의 틈이 발생하는데 그 사이의 거리를 '근접 발달 영역'이라고 한다(Vygotsky, 1978). 근접 발달 영역은 학습과 인지 발달이 일어나는 역동적인 영역이다. 근접 발달은 학습이 발생하는 곳이면 어디에나 존재하며, 학습자에 따라 다르게 나타나고 심지어는 동일한 학습자라도 과제 수준과 과제 구조에 따라 여러 수준에 걸쳐 다양하게 나타날 수 있다(Tharp & Gallimore, 1988). 근접 발달 영역 내에서의 효과적인 교수 · 학습 활동을 촉진할 수 있는 방안 중의 하나가 비계설정(scaffolding)[13]이다. 비계는 건축 분야에서 사용되는 용어로 우리말 번역은 '비계' 혹은 '발판'이 된다.

Shulman(1987)은 근접 발달 영역 내의 비계설정과 유사한 개념으로 '변환'이라는 용어를 사용했다. 실제 발달 수준에 해당되는 학생은 나름대로 배경지식('아는 지식')을 갖고 있고, 이러한 배경지식은 교사가 제공하는 교수학적 변환의 과정을 거쳐야 잠정적 발달 수준에 해당되는 '알게 된 지식'을 가질 수 있다. 변환은 ① 준비, ② 표상, ③ 선택, ④ 조정의 네 요소로 구성된다(Shulman, 1987). ① 준비는 학생 발달 단계를 고려한 교과

13. 한순미(1999: 140~146)는 비계설정의 구성 요소와 목표에 대해 다음과 같이 이야기하고 있다. 비계설정의 구성 요소에는 공동의 문제해결, 상호 주관성, 따뜻함과 반응, 언어의 매개가 포함되며, 비계설정의 목표에는 아동을 근접 발달 영역 내에 머무르게 하기, 자기 조절 능력을 증진시키기가 포함된다.

내용의 구조화와 배열을, ② 표상은 유추, 은유, 예증, 예시, 설명, 시뮬레이션을 활용한 학생 이해의 인도를, ③ 선택은 표상된 내용에 알맞은 교수법 선정을, ④ 조정은 표상된 내용을 학생의 선개념, 오개념, 난개념을 고려하여 조정하는 것이다.

◎ 근접 발달 영역(ZPD)과 교수 변환

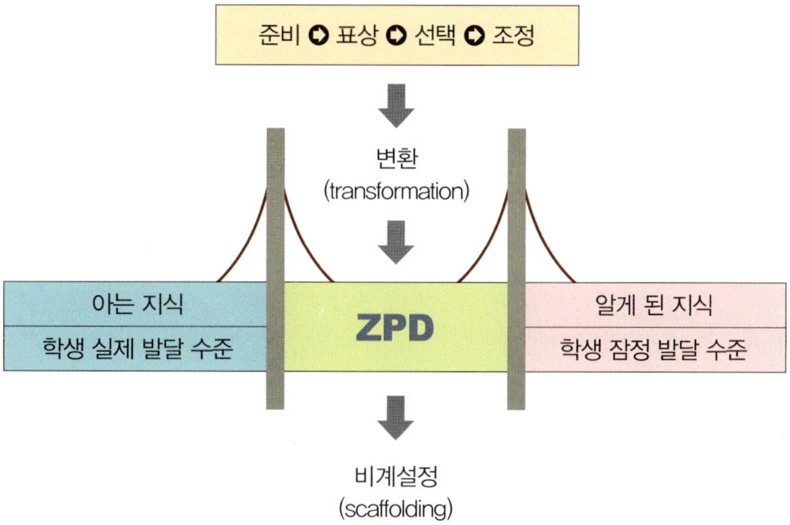

Shulman(1987) 이후 많은 연구자들이 교수 변환의 핵심 도구인 표상(representation)을 집중적으로 연구했다(한희정, 2010: 18~21).[14] Wilson(1988)은 교수법 지식의 핵심을 표상으로 파악하고, 수업에서 표상의 중요성을 강조했다. 그에 따르면 교사는 특정 학생과 특정 내용에 대해 소통할 때에 표상을 도구로 활용하는데, 여기에는 삽화, 설명, 발문, 과제 등이 포함된다. 한편, 교과 내용에 대한 표상 방식을 PCK의 핵심으로 보았던 Ball(1988)도 표상의 언어적 도구 유형으로 교과서, 교수 자료, 시범, 그래픽, 은유, 활동, 설명 등을 들었다. PCK를 어떻게 가르칠 것인가에 대한 지식으로 규정한 Chen과 Ennis(1995) 역시 표상의 언어적 도구 유형으로 유추, 예증, 예시, 설명, 시연, 학습 단서, 연습 등을 제시했고, Delaney(1997)는 자기이야기(self-stories)를 들었다. 자기이야기는 언어적 표상임과 동시에 시간과 공간을 넘나드는 특성이 있기 때문에 텍스트 중심 PCK가 지닌 단점을 보완해 줄 수 있다(박태호, 2011: 110~111).

14. 한희정(2010: 21)은 본문에서 논의하지 않은 일부 연구자들의 언어적 표상 도구 유형을 표에 제시했지만, 이 연구에서는 제외했다.

지금까지 Shulman(1987), Wilson(1988), Ball(1988), Chen과 Ennis(1995), Delaney(1997) 등이 제시한 PCK 표상 도구에 대해서 알아보았다. 이것을 정리하면 다음과 같다.

◎ **선행 연구자의 PCK 표상 도구 유형**

연구자	PCK 표상 도구																			
	은유	유추	예증	비유	예시	시연	교실활동	숙제	이야기	삽화	설명	발문	과제	교과서	교수자료	모델링	단서	연습	시뮬레이션	그래픽
Shulman(1987)[15]	V	V	V		V						V								V	
Wilson(1988)					V		V			V	V	V	V							
Ball(1988)	V						V				V			V	V	V				V
Chen과 Ennis(1995)		V	V		V	V					V						V	V		
Delaney(1997)									V											

한편 Park과 Oliver(2008)는 과학 수업을 대상으로 한 PCK 수업 사례 연구에서 표상의 언어적 도구 유형으로 설명(은유, 유추, 비유), 예시(관련된 예시, 유사한 예시, 관련성이 떨어지는 예시), 서사(이야기/일화, 전기), 삽화, 기억, 발문(사실/회상, 주의 집중, 문제 상황, 행동 유발, 추론, 비교), 논증(논리, 연역, 귀납)을 들었다. Park과 Oliver(2008)가 제안한 표상의 언어적 도구 유형은 유관항목을 중심으로 범주화하고, 실제 교실 수업에서 발생할 수 있는 수업 대화 유형을 구체적으로 반영한 점에서 한희정(2010)보다 더 체계적이다.

이 연구에서는 Park과 Oliver(2008), 한희정(2010)의 의견을 주축으로 삼되, 일부 항목을 수정·보완하고자 한다. 우선, Park과 Oliver(2008)가 제시한 설명의 하위 요소에 예증, 예시, 실물, 정의를 포함시킨다. 한희정(2010)이 제시한 숙제와 과제는 굳이 구분할 이유가 없으므로 과제로 통일하고, 교과서와 교수 자료는 그림 자료, 설명 자료, 연습 자료 등과 중복되므로 제외한다. 이 경우에 표상의 언어적 도구 유형으로 설명(은유, 유추, 비유, 예시, 실물, 그림, 정의), 시범, 기억, 서사, 삽화, 발문, 논증, 단서, 연습, 과제, 매체, 그래픽을 설정할 수 있다.

15. 한희정(2010: 21)은 Shulman(1987)이 제안한 표상의 언어적 도구로 은유, 유추, 예증, 예시, 교실활동, 숙제를 들고 있으나 필자가 조사한 문헌에서는 은유, 유추, 예증, 예시, 설명으로 제시되어 있어 수정했다.

Park과 Oliver(2008), 한희정(2010)은 선행 연구자들이 제시한 언어적 표상의 도구 유형을 체계적으로 제시했으나 개선해야 할 부분도 있다. 두 연구자 모두 '표상'을 변환의 일환으로 파악하지 않고, 표상의 언어적 도구 유형 파악 자체만을 중시했다. 때문에 표상된 내용에 적합한 교수법을 선정한 다음에 학생이 지닌 오개념과 선개념, 학습 곤란도 등을 고려하여 표상된 내용을 학생 발달 수준에 맞게 조정하는 활동이 생략되었다. 표상은 의사의 처방전과 같다. 환자를 진단하지 않고 처방을 하면 의료 사고로 이어질 개연성이 높은 것처럼, 학생을 진단하지 않고 처방을 하면 학습 결손으로 이어질 가능성이 높다. 이에 학생의 배경지식, 오개념, 곤란 유형, 학습 흥미와 태도 등을 진단하는 항목을 추가하고자 한다. 이것을 정리하여 표로 제시하면 아래와 같다.

◎ **PCK 표상 도구 유형**

개념	처방 전략(✓)									
	설명	시범	단서	연습	실습	발문	과제	서사	매체	기타
오개념										
난개념										

제6절 | CoRe를 활용한 PCK 수업 설계

1. 일반 수업 설계의 문제

수업 설계의 형식과 관련된 딜레마 중 가장 대표적인 것이 관습에 기초한 형식적 수업 설계이다. 학교에서는 수업 설계라는 용어 대신에 '세안'이나 '약안' 또는 '교수 학습 과정(안)'이라는 용어를 사용한다. 세안은 '단원 수업 설계'에 해당되고, 약안은 '차시 수업 설계'에 해당한다. 초등 교육 현장에서 관습적으로 사용되는 수업 설계(안)은 '1. 단원명 → 2. 단원 개관 → 3. 단원 목표 → 4. 단원 학습 계통 → 5. 단원 과제 분석 → 6. 실태 분석→ 7. 지도 방안 → 8. 지도 유의점 → 9. 평가 계획 → 10. 참고 자료'이다. 교사들은 이러한 관습적 수업 설계를 하면서 딜레마에 빠진다.

"수업 공개를 준비하면서 가장 힘들었던 것 중 하나가 세안 작성이다. 관리자들이 세안에 집착하는 이유를 생각하고, 그럴 때마다 관리자 입맛에 맞는 수업 설계를 할 것인지 아니면 내가 원하는 방식으로 수업 설계를 할 것인지를 고민한다. 그분들이 원하는 세안은 우수 연구대회 우수작 유형이다. 그러나 화려한 이론과 자료로 치장하고, 마치 수업자의 수업 기술을 뽐내는 듯한 느낌을 주기에 거부감이 들고, 그럴 때마다 선택의 기로에서 갈등한다.

6년 전 쯤에 장학지도 시에 공개수업을 했다. 교장 선생님의 체면과 관계있으니 공개 수업을 잘해야 한다는 부장 선생님의 말씀을 따라 정말 열심히 준비했다. 교감 선생님과 교무 선생님을 비롯한 여덟 분이 수업 연구대회 우수 교사의 수업 세안을 주시면서 수업 설계 시에 적극 반영하기를 원하셨다. 그분들의 말씀대로 추천 자료를 참고하여 세안을 작성한 다음에 학년 선생님과 협의를 했다. 학년 부장 선생님은 앞부분에 장학사가 잘 모르는 첨단 이론을 넣어서 수업을 설계하라고 했다. 그래야 열심히 한 것처럼 보인다는 것이다. 내가 하고 싶은 수업과 화려한 이론이 도대체 어떤 관계인지 궁금했다."(H 교사의 일화)

H 교사는 자신이 원하지 않는 관습적인 세안 작성법을 그대로 따라야 하는 현실에서 고민한다. 이러한 고민은 비단 H 교사 개인의 고민만은 아니다. 대부분의 교사들이 ① 설정, ② 분석, ③ 설계, ④ 개발, ⑤ 실행으로 진행되는 관습적 수업 설계의 일반 절차에 따라(김인식 외, 2000), 단원을 개관하고, 단원 학습 계통도를 작성하며, 단원 과제를 분석하고, 실태 분석에 기초한 지도 계획을 수립한다. 그리고 이러한 관습은 예비 교사에게도 암묵적으로 전수된다. 그러나 예비 교사는 교재관, 학생관, 사회관 부분을 피아제나 비고츠키, 콜버그나 에릭슨 등과 같은 교육학자들의 이론으로 도배하는 것에 대해 회의적인 반응을 보인다. 아울러 단원 학습 계통도 및 학습 과제 분석을 그래픽 조직자를 사용하여 깔끔하고 멋지게 처리하도록 요구하는 현장 관행이나 특정 단원과 무관한 교과 일반 선호도나 학생 흥미도를 형식적으로 파악하는 탈맥락적인 실태 분석에 대해서도 회의적인 반응을 보인다.

이제 수업 열정에 기댄 관습적 수업 설계 경향을 탈피해서 수업 전문성에 기초한 수업 설계를 고민할 때이다. 이 연구에서는 PCK 수업 설계에서 그 해결 방안을 찾고자 한다.

2. CoRe를 활용한 PCK 수업 설계

내용 표상(CoRe: Content Representation)은 Laughran 외(2001)가 수업 전문성이 우수한 과학 교사의 PCK를 표상하기 위해 개발한 도구이다. 이들은 우수 교사의 PCK를 표상하기 위해 여덟 개의 질문 목록을 개발했고, 이것을 내용 표상(CoRe)이라고 한다. 내용 표상(CoRe)은 무엇을 어떻게, 왜 가르치는가에 대한 진술문 형태로 제시된다. 교사는 이러한 질문에 대한 해결 방안을 모색하면서 학습(단원) 내용, 학습 필요, 관련 지식, 관련 교과에 대한 학생 이해, 상황 이해, 교수 방법, 학생 평가 등에 대한 정보를 수집, 분석, 평가하게 되고, 이것이 바로 우수 교사가 PCK를 획득하는 과정과 유사하다. 때문에 내용 표상(CoRe)을 활용하여 수업을 설계하면 우수 교사가 특정 교과의 특정 주제에 대한 PCK를 기반으로 수업을 설계하는 것처럼, 일반 교사도 과학적이고, 체계적으로 수업을 설계할 수 있고, 수업 능력이 부족한 교사의 교과 수업 전문성을 향상시킬 수 있다.

이에 CORE를 활용한 여덟 가지 질문 목록과 PCK 5대 요소를 결합하여 PCK 수업 설계 요소를 추출하고자 한다 '① 학생들에게 가르치려고 하는 내용은 무엇인가?', '② 이 내용(개념)을 학생들이 학습하는 까닭은 무엇인가?', '③ 이 내용(개념)과 관련하여 교사만 알고 있고 학생에게는 아직 가르치지 않은 내용은 무엇인가?'라는 CORE 요소는 교육과정 PCK와 연계된다. '④ 이 내용(개념)을 지도할 때 고려해야 할 핵심 지식은 무엇인가?(선개념, 오개념, 난개념)'는 학생 이해 PCK와 연계된다. '⑤ 이 내용(개념)을 지도할 때에 사용하는 교수 방법과 이유는 무엇인가?', '⑥ 이 내용을 지도할 때에 고려해야 할 유의점은 무엇인가?', '⑦ 이 내용(개념)을 지도할 때에 영행을 미칠 수 있는 요인들은 무엇인가?'는 수업 방향 및 수업 전략 PCK와 연계된다. '⑧ 이 내용(개념)에 대한 학생들의 이해도나 어려움을 평가하는 방법은 무엇인가?'는 학생 평가 PCK에 해당된다. 이 중에서 ⑥과 ⑦은 개념이 중복되어 혼란스럽다는 현장 의견을 반영하여 ⑥으로 통일했다.

이것을 일반 수업 설계 요소와 비교하여 제시하면 다음과 같다.

PCK 요소	CoRe(내용 표상) 요소	PCK 수업 설계 요소	일반 수업 설계 요소
교과 교육과정	① 학생들에게 가르치려고 하는 내용은 무엇인가?	㉮ 학습 내용	1. 단원명 3. 단원 목표 4. 단원 학습 계통 5. 단원 과제 분석
	② 이 내용(개념)을 학생들이 학습해야 하는 까닭은 무엇인가?	㉯ 학습 필요	2. 단원 개관
	③ 이 내용(개념)과 관련하여 학생에게 아직 지도하지는 않았으나 교사가 알아야 할 내용은 무엇인가?	㉰ 교수 자료	10. 참고 자료
학생 교과 이해	④ 이 내용(개념)을 지도할 때 고려해야 할 핵심 요소는 무엇인가?	㉱ 학생 이해 선개념(선수 학습 내용) 난개념(학습 곤란 내용) 오개념(학습 오류 내용)	6. 실태 분석
교과 수업 전략 및 표상 & 교과 수업 방향	⑤ 이 내용(개념)을 지도할 때에 사용하는 교수법과 이유는 무엇인가?	㉲ 교수 방법(큰 담론) 수업 모형	7. 지도 실제
		㉳ 표상(작은 담론) 설명, 시범, 연습, 단서, 서사, 발문, 매체, 과제	
	⑥ 이 내용을 지도할 때에 고려해야 할 유의점은 무엇인가?	㉴ 지도 유의점 학생 발달 수준 수업 전문성 수준	8. 지도 유의점
학생 평가	⑦ 이 내용(개념)에 대한 학생들의 이해도나 어려움을 평가하는 방법은 무엇인가?	㉵ 학생 평가	9. 차시 평가

PCK 수업 설계 요소와 일반 수업 설계 요소를 비교하면, ④번과 '6'번, ⑤번과 '7'번의 두 항목만 크게 차이가 난다. 일반 수업 설계의 '6'번이 해당 교과에 대한 선호도나 학생 반응 등처럼 차시 목표와 관계없는 수업 관련 일반 실태를 분석한다면, PCK 수업 설계의 ④는 해당 단원이나 차시와 관련된 오개념(기능), 난개념(기능), 선개념(기능)에 대한 실태를 분석한다. 일반 수업 설계의 '7'번이 수업 모형처럼 큰 교수법을 바탕으로 교수 학습을 설계했다면, PCK 수업 설계의 ⑤는 설명, 시범, 연습, 관찰, 추론, 요약, 발표, 토론 등의 작은 교수법을 활용하여 수업을 설계한다.

3
학생 배움중심의 수업 모형과 요소

제1절 | 학생 배움중심의 수업 개념

학생 배움중심 수업은 '학생중심', '배움중심', '수업'의 세 요소로 구성된다.

학생중심 수업에서는 학생이 학습 활동의 주체가 되어 학습 내용을 선정하고, 자신의 경험을 바탕으로 새로운 내용을 배우기 위해 도전하며, 배우고 익힌 내용을 말과 글로 표현하고, 자신의 학습 과정을 평가하고 조정하는 활동을 중시한다.

배움중심은 학습 활동의 초점을 학생의 배움에 맞춘 것이다. 그렇다면 학생은 언제 배움이 일어났다고 할까? 아마 자신이 모르는 것을 새로 알게 되었을 때(개념이나 기능), 어려워하던 것을 완전하게 알게 되었을 때(난개념이나 난기능), 잘못 알고 있는 것을 정확하게 알게 되었을 때(오개념이나 오기능)에 배웠다고 할 것이다. 여기서 새로운 개념(기능), 난개념(기능), 오개념(기능)이 학생 배움의 내용이 된다.

수업은 전략과 원리로 구별할 수 있다. 수업 전략은 다시 '자기주도 학습'과 '타자주도 학습'으로 대별할 수 있다. 자기주도 학습 능력이 우수한 학생은 경청, 관찰, 조사, 탐구, 추론, 해석, 요약, 토의, 발표 등의 활동을 하면서 스스로 학습을 한다. 이에 비해 자기주도 학습 능력이 떨어지는 학생은 교사나 동료의 도움에 기초한 안내된 타자주도 학습을 한다. 이때에 교사나 유능한 동료는 학생이 배움의 과정 중에 주춤하거나 멈칫할 때에 스스로 도전하여 문제를 해결하고 한 단계 도약할 수 있도록 설명, 시범, 힌트, 서사, 연습, 발문 등의 도움을 제공한다. 자기주도 학습과 타자주도 학습이 활발하게 이루어지고, 매끄럽게 진행될 수 있도록 촉매제와 윤활유의 역할을 하는 수업 원리는 '공감'과 '지원'으로 구분할 수 있다. 자기주도 학습 능력이 우수한 학생에게는 스스로 공부할 수 있도록 수용하기, 칭찬하기, 신뢰하기, 존중하기, 표현하기와 같은 공감 활동을 주로 하고, 자기주도 학습 능력이 부족한 학생에게는 타인의 도움을 받아 스스로 공부할 수 있도록 개발하기, 연결하기, 협동하기, 참여하기, 도전하기, 반성하기와 같은 지원 활동을 주로 한다.

제2절 | 학생 배움중심의 수업 모형과 설계 맵

1. 학생 배움중심의 수업 모형

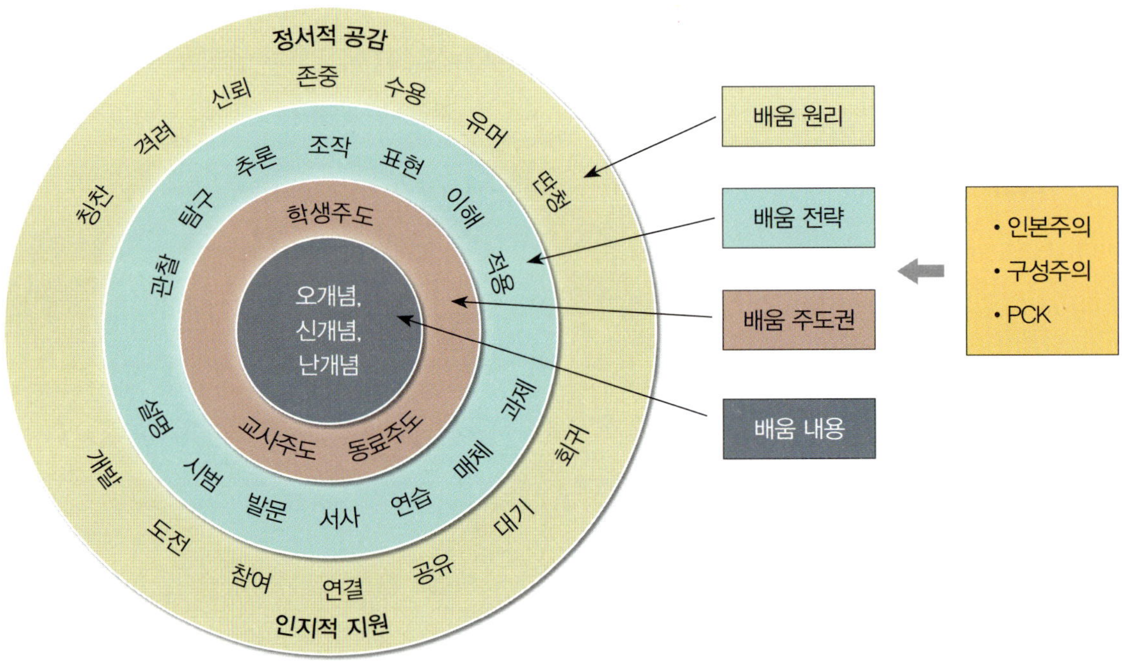

2. 학생 배움중심의 수업 설계 맵

교과		학년-학기		단원	

구분					
배움 이유					
배움 내용	학습 목표				
	학습 내용(신개념/신기능)				
	학생 배움 저해 요소	오개념(기능)			
		난개념(기능)			
배움 전략		항목	활동	항목	활동
	자기주도	□ 관찰		□ 조사	
		□ 가설		□ 탐구	
		□ 경청		□ 추론	
		□ 해석		□ 요약	
		□ 조작		□ 발표	
		□ 독해		□ 토의	
		□ 예상		□ 변환	
		□ 측정		□ 결론	
		□ 표현		□ 기타	
	타자주도	□ 설명		□ 과제	
		□ 시범		□ 매체	
		□ 연습		□ 서사	
		□ 발문		□ 그림	
		□ 단서		□ 기타	
배움 주도권	교사주도 학생 참관				
	교사주도 학생 부분 참여				
	학생주도 교사 부분 참여				
	학생주도 교사 참관				
배움 원리	공감	□ 신뢰하기		□ 칭찬하기	
		□ 수용하기		□ 존중하기	
		□ 격려하기		□ 딴청부리기	
		□ 유머 활용하기		□ 기타	
	지원	□ 연결하기		□ 참여하기	
		□ 개발하기		□ 되돌리기	
		□ 도전하기		□ 표현하기	
		□ 나누기		□ 기타	

제3절 | 학생 배움중심의 수업 요소

1. 학생 배움중심의 수업 주도권

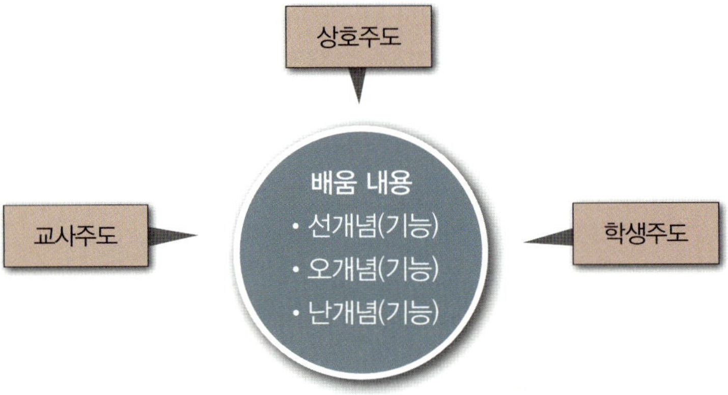

Florio-Ruane과 Lensmire, Timothy(1989)에 따르면 교수(가르침)와 학습(배움)의 주도권 양상을 교사주도, 상호주도, 학생주도의 세 유형으로 구분할 수 있다. Spiro 외(1988)는 교실 수업 측면에서 볼 때에 교사주도, 상호주도, 학생주도 배움을 상호배타적 관점이 아닌 상호보완이나 상호교섭의 관점에서 파악하는 것이 효과적이라고 했다.

◎ 수업 현상과 배움의 주도권

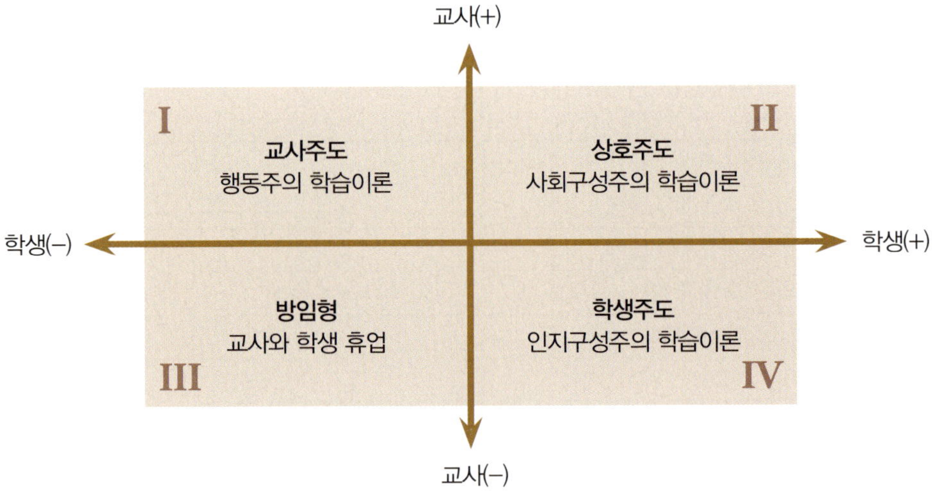

이 그림을 보면 교수(가르침) · 학습(배움) 현상의 탐구 범주는 네 구역으로 이루어져 있다. 교사의 높은 참여와 학습자의 낮은 참여(I), 교사의 높은 참여와 학습자의 높은 참여(II), 교사의 낮은 참여와 학습자의 낮은 참여(III), 교사의 낮은 참여와 학습자의 높은 참여(IV) 구역이다. 일반적으로 (I) 구역을 전통적인 객관주의 수업, (II)와 (IV) 구역을 구성주의 수업으로 명명하고, (III) 구역은 가르침과 배움이 발생하지 않는 방임형 수업이라는 점에서 제외한다.

1) 행동주의 학습과 교사주도 배움

현대 수업 이론가들은 (I) 구역을 전달식 수업, 암죽식 수업, 은행 적금식 수업이라면서 강력히 비판한다. 행동주의 학습에 따르면 지식은 학생 외부에 객관적으로 존재하는 진리이고, 학생은 그러한 진리를 마치 백지가 먹물을 빨아들이듯이 무비판적으로 수용하는 존재이며, 수업은 객관적으로 존재하는 진리를 반복 훈련에 따라 교사가 학생에게 가르치고 배우는 활동이 된다. 여기서 교사는 객관적 지식을 학생의 머릿속에 주입하는 전달자의 역할, 부모가 암죽을 만들어 아기에게 이유식을 먹이는 것처럼 학생에게 지식을 세분화하고 가공하여 떠먹이는 역할, 고객의 돈을 예치하여 저축을 하는 은행원처럼 학생의 머릿속에 지식을 차곡차곡 쌓는 역할을 한다. 이러한 수업에서는 교사 지시에 의한 강의와 일제 학습, 부분에서 전체로의 교수 · 학습, 교과서와 연습장 중심의 교수 · 학습, 수업 참여의 수동성, 학습 목표 도달 확인을 위한 정답 확인 질문의 사용 등이 우세하다(최현섭 · 박태호 · 이정숙, 2000).

2) 사회구성주의 학습과 상호주도 배움

(II) 구역인 사회구성주의 학습에서는 담화 공동체의 사회적 중재에 따른 개인의 능동적 지식 구성을 중시한다. 학습의 사회 · 문화적 관점을 주장하는 사회구성주의자들은 지식이 학습자에 의해서 능동적으로 구성되는 것이 아니라, 사회 · 문화적 실행에 참여하는 가운데 구성된다는 입장을 갖는다(Vygotsky, 1978; Wertsch, 1992; 강인애, 1997). 이들은 인지, 즉 사고를 개인의 주관적인 심리 과정으로만 한정하여 파악하는 인지구성주의를 비판한다. 그리하여 학습을 사회 · 문화적 실행 속에서 이루어지는 전문가와 초보자의 도제 관계로 파악한다. 여기서 초보자인 학습자는 도제 과정을 통해 전문가로부터 문화적 의미를 전수받게 된다. 결국 인지구성주의에서는 학습을 자기주도적 조절과 상호작용으로 파악하는 반면에 사회구성주의에서는 인지적 도제에 의한 전수의 과정으로

파악하고 있음을 알 수 있다.

사회구성주의 학습 이론에서는 학습을 지적으로 우수한 공동체 구성원들 간의 사회적 상호작용을 통한 내면화 과정으로 파악한다(박태호, 1996). 인지 발달의 측면에서 볼 때에 학습은 사회적 수준에서 개인적 수준으로 진행된다. 사회적 수준의 학습은 전문가인 교사나 유능한 학습자들과의 대화적 상호작용을 통해 이루어지며, 이들은 사회적 중재 활동을 통해 자기주도 학습 능력을 신장시킨다. 교사주도로 이루어지는 사회적 수준의 학습은 교사와 학습자의 협동학습의 단계를 거쳐 개인적 수준의 학습으로 나아간다. 이때에 학습자는 사회적 대화를 통해 습득했던 '사회적인 말'을 개인적 수준으로 내면화하게 된다. 여기서 내면화된 사회적인 말을 '사고' 혹은 '내적 대화'라고 한다. 학습자는 책임 이양의 틀 속에서 이루어진 학습 활동을 경험하면서 획득한 내적인 대화를 통해 자신의 인지와 행동을 조정하게 되는 것이다. 내적인 대화는 자기주도 사고의 효시가 되며, 이것이 완전하게 내면화되었을 때에는 자기주도성을 획득하게 되는 것이다. 사회적 중재 활동을 통한 자기주도 학습은 근접 발달 영역 내에서 일어난다(Vygotsky, 1978; Wertsch, 1986). 모든 학습자는 학습 활동 시 독자적으로 과제를 해결할 수 있는 실제 발달 수준과 잠정적 발달 수준을 갖는다. 이 두 수준 사이에는 약간의 틈이 발생하는데, 그 사이의 거리를 '근접 발달 영역'이라고 한다. 교수 · 학습은 근접 발달 영역 내에서 발생하므로 그것을 만들어 주고 그 사이의 거리를 좁히는 교수 활동에 초점을 두어야 한다. 근접 발달 영역은 학습과 인지 발달이 일어나는 역동적인 영역이다. 근접 발달 영역은 학습 상황이 존재하는 곳이면 어디에나 존재하며, 학습자에 따라 다르게 나타나고 심지어는 동일한 학습자라도 과제 수준과 구조에 따라 여러 수준에 걸쳐 다양하게 나타난다(Gallimore & Tharp, 1992).

사회구성주의 수업에서 학생은 대화를 통해 의미를 구성하고, 교사는 학생들이 대화를 통해 새로운 의미를 구성하도록 도움을 주어야 한다. 이 수업에서는 전문가나 유능한 동료의 안내에 따른 연습 활동에 기초한 토의 · 토론 학습, 상호교수, 협동학습 등이 주류를 이룬다.

3) 인지구성주의 학습과 자기주도 배움

(IV) 구역에서는 학습을 개인의 주관적 경험에 기초한 능동적 지식 구성으로 설명한다. 인지구성주의 관점을 과학적이고 체계적으로 연구한 학자로 Piaget를 들 수 있다. Piaget는 지식의 객관적인 속성을 부정하는 반경험주의 혹은 반행동주의 입장을 취했다.

때문에 그의 발생론적 인식론은 주관주의적 관점에 속한다고 할 수 있다. 대부분의 연구자들은 이것을 인지구성주의(cognitive constructivism)라고 한다. 인지구성주의의 인식론적 입장을 극명하게 드러낸 연구자 중의 한 사람이 Von Glasersfeld이다. 그는 Piaget의 이론을 수용하여 급진적 구성주의를 주장했다(Von Glasersfeld, 1989). 여기서 '급진적'이라는 것은 지식의 객관적 속성을 강조했던 전통적인 인식론의 사고 유형과 관습을 해체하는 대신에 지식이란 오직 인간의 경험 세계에 의해서만 조직되고 만들어져 의미가 부여된다는 관점을 제시했다는 점에서 붙여진 것이다. 그는 바로 이러한 지식관을 바탕으로 급진적 구성주의에 대한 개념을 정의했다. 위의 정의에 의하면 지식은 인간의 감각 기관이나 의사소통을 통해서만 인지 주체에 의해 인식된다.

인지구성주의자들은 학습이 능동적인 자기조절의 과정을 통해서 개인적으로 구성된다는 믿음을 갖는다. 이러한 관점에 의하면 학습은 전적으로 개인의 문제이며, 학습자는 자신의 배경지식이나 신념 체계 등을 이용하여 학습 활동에 능동적으로 참여하여 서로 다른 방법으로 지식을 구성해 낸다(Glasersfeld, 1984: 21). 이때의 학습은 각 개인의 구성 과정에 따라 달라지므로 각 개인이 학습한 지식은 그 개인에게는 유의미할 수도 있지만, 그것이 공동체의 구성원들이 모두 수용할 수 있을 정도로 보편적인 지식이라고 보기에는 어렵다는 점에서 취약점을 갖는다.

Piaget에 의하면 학습은 인간과 환경의 상호작용의 결과이다. 상호작용에서 중요한 개념이 바로 '평형화'이다. 학습자는 환경과 상호작용을 하면서 내적인 갈등을 겪게 되고, 그것을 해결하기 위해 노력하는데, 이때에 작용하는 정신 기제가 바로 동화와 조절이다. 인지구성주의자들은 학습의 기본 조건으로 인지적 갈등 상태를 들고 있으며, 이러한 갈등 상태에서 동화와 조절이 일어나고 그것이 학습 활동을 촉진시키는 계기가 된다는 입장을 갖는다. 이러한 관점에 의하면, 학습이란 각 개인이 자신들의 인지 구조 속에서 지식을 재구성하는 것을 의미하며, 교사와 동료 학습자는 개인의 인지적 갈등을 촉진하는 역할을 한다고 볼 수 있다.

인지구성주의 학습에서는 학생이 학습 활동의 주체가 되어 탐구학습, 문제해결 학습, 프로젝트 학습 등을 수행한다.

4) 통합적 관점과 학생 배움의 주도권

교수(가르침)와 학습(배움)을 상호배타적인 이분법의 측면에서 파악하는 것은 매우 위험한 발상이다. 한때는 지식의 객관성을 중시하는 객관주의와 지식의 상대적 주관성을 중시하는 구성주의를 상호배타적인 관점에서 파악하기도 했었다. 그러나 '전통적 수업'과 '구성주의 수업'을 '전통' 대 '대안'이라는 이항 대립 구도가 아닌 상호교섭의 차원에서 파악하는 것이 더 효과적이라는 논의가 점차 설득력을 얻고 있다.

Spiro 외(1988)는 지식을 기초 지식, 고등 지식, 전문 지식의 세 가지 유형으로 분류한 후, 기초 지식은 지식 구성 과정을 과도하게 요구하는 것이 아니므로 객관주의 수업 환경에서 배우는 것이 좋고, 고등 지식은 단편적 지식의 습득이 아닌 지식과 지식의 관계에 대한 반영적 추상의 과정이나 사회 공동체 구성원 간의 합의 과정을 요구하므로 구성주의 수업 환경에서 배우는 것이 좋다고 했다.

◎ 객관주의와 구성주의 수업의 상호교섭 양상

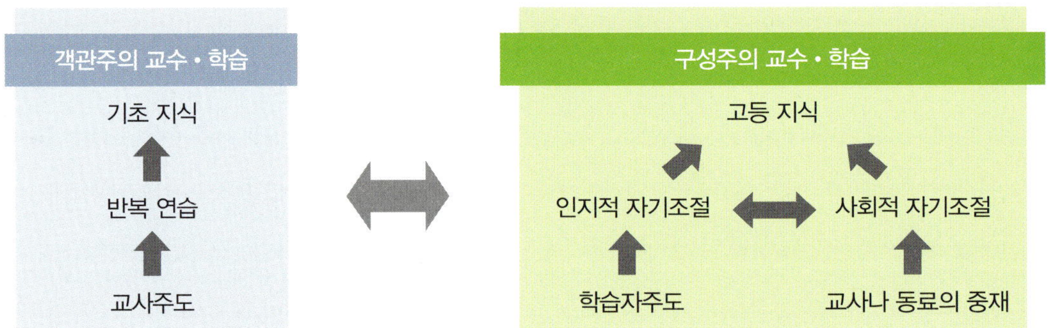

이 그림에 의하면, 교수·학습의 과정은 지식의 유형에 따라 달라질 수 있으므로 전통적 수업과 구성주의 수업을 이항 대립의 관계가 아닌 상호교섭의 관계로 파악하는 것이 타당하다. 강인애(1997: 129) 역시 '객관주의와 구성주의의 화합'을 제시하면서 구성주의는 객관주의가 지난 수백 년 동안 이루어 놓은 공적을 무시해서는 안 된다고 이야기하고 있다. 이러한 접근 방식은 지식의 객관성이나 상대성, 교수 주체인 교사나 학습 주체인 학생, 학습 결과나 학습 과정의 다양성을 인정할 수 있는 이론적 기반을 제시한다.

교실 수업에서 교사주도, 상호주도, 학생주도를 통합적 관점에서 수용하여 좋은 수업의 구조를 제시한 연구자가 있다. Fisher와 Frey(2008)는 수업 중 발생하는 교사와 학생의 역할 교대를 바탕으로 좋은 수업의 구조를 교사주도 학생 참관 수업(I do, You watch), 교사주도 학생 부분 참여 수업(I do, You help), 학생주도 교사 부분 참여 수업(You do, I help),

학생주도 교사 참관(You do, I watch) 수업의 네 가지 유형으로 제안했다. 이것을 그림으로 표현하면 아래와 같다.

◎ 명품 수업의 구조

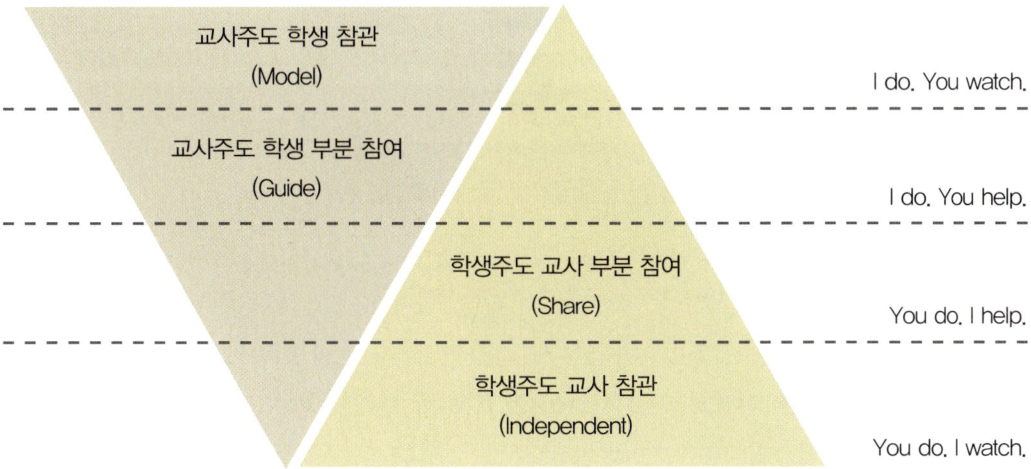

교사주도 학생 참관 단계에서 교사는 전문가(Expert)[16]의 역할을 하고, '회상(Recalling), 시범(Modeling), 열거(Recounting), 연결(Connecting)' 등의 수업 대화를 사용한다. 교사주도 학생 부분 참여 단계에서 교사는 촉진자(Facilitator)[17]의 역할을 하고, '탐구(Exploring), 상술(Expounding), 질문(Questioning), 사색(Speculating), 가설(Hypothesizing)' 등의 수업 대화를 사용한다. 학생주도 교사 조력 단계에서 교사는 상담자(Counsellor)[18]의 역할을 하고, '도전(Challenging), 추론(Reasoning), 증명(Justifying)' 등의 수업 대화를 사용한다. 학생주도 교사 참관 단계에서 교사는 평가자(Evaluator)나 비평가(Critic)의 역할을 하고, '서사(Narrating), 묘사(Describing), 평가(Evaluating)' 등의 수업 대화를 사용한다(박태호, 2009).

16. 전문가(Expert), 아나운서(Announcer), 지시자(Director), 관리자(Manager), 협상가(Negotiator), 지휘자(Conductor) 등의 다양한 용어로 사용되나 여기서는 전문가(Expert)로 통일한다.

17. 촉진자(Facilitator), 제공자(Provider), 협력자(Collaborator), 조력자(Arbitrator), 사회자(Chairperson), 학습자(Learner) 등의 다양한 용어로 사용되나 여기서는 촉진자(Facilitator)로 통일한다.

18. 상담자(Counsellor)와 도움 제공자(Scaffolding) 중에서 상담자로 통일한다.

2. 학생 배움중심의 수업 내용

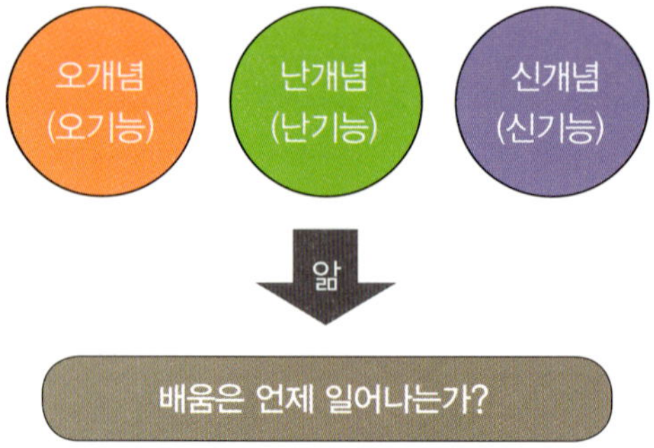

우리는 언제 배움이 일어났다고 하는가? 아마 몰랐던 것을 새로 알게 된 경우, 잘못 알았던 것을 정확히 알게 된 경우, 막연하게 알았던 것을 완전히 알게 된 경우가 여기에 해당될 것이다. 학생이 배경지식이나 경험에 기초한 선개념(선기능)을 바탕으로 오개념(기능)과 난개념(기능)을 배우고 익힐 때에 주춤하는 부분이 발생한다. 이 부분이 학생 배움의 저해 요소이자 배움 내용이 된다. 예를 들면, 우리나라의 명절과 기념일의 개념과 종류에 대해 공부를 한다고 가정하자. 일부 학생은 명절과 기념일을 혼동하거나 양력과 음력을 구분하지 못할 수도 있고, 식품 업계에서 상술로 만든 '~데이'를 기념일로 착각할 수도 있으며, 명절 중에서 설날과 추석을 제외한 단오와 한식을 모르는 경우가 있을 수도 있다. 이것이 바로 학생 배움의 저해 요소이고, 여기에는 오개념(기능)과 난개념(기능) 등이 포함된다. 한편, 학생들은 1~2학년군에서 추석과 태극기 다는 날을 배웠으므로, 선개념에 대한 학생 이해도를 파악한 다음에 본시 학습에 미칠 영향을 파악하여 대책을 수립한다. 지금까지의 논의를 정리하면 아래와 같다.

◎ 배움 내용의 요소

<table>
<tr><td rowspan="5">배움 내용</td><td colspan="2">학습 목표</td><td>우리나라의 명절과 기념일 알기</td></tr>
<tr><td colspan="2">개념(기능)</td><td>명절의 개념과 종류
기념일의 개념과 종류</td></tr>
<tr><td rowspan="3">배움 저해 요소</td><td>선개념
(기능/태도)</td><td>추석(1~2학년군)
태극기 다는 날(1~2학년군)</td></tr>
<tr><td>오개념</td><td>기념일과 명절 혼동
양력과 음력 인식 부족
~데이를 기념일로 잘못 인식</td></tr>
<tr><td>난개념</td><td>명절에서 설날과 추석에 비해 한식과 단오를 잘 모름</td></tr>
</table>

선개념(기능)

본시 학습 내용(개념/기능)인 '우리나라의 명절과 기념일'과 관련된 선수 학습 내용을 먼저 살펴보아야 한다. 그런 다음에 이미 배운 내용 중에서 본시 학습을 방해하는 내용이 있는지 살펴보아야 한다. 만약 있다면 보충지도를 하여 학생 이해도를 향상시킨 후에 본시 학습을 지도해야 학업 성취도가 높아진다. 또한 본시 학습 내용과 관련된 오개념(난개념)이나 오기능(난기능)이 형성된 경우에는 반드시 이를 바로잡아야 한다.

선개념(기능) 1 통합 교과의 국어 1~2학년군의 선수학습 내용

통합 교과 1~2학년군의 6단원 '가을(추석)'은 12개 주제, 총 20차시로 구성된다. 통합 교과 외에도 국어 1~2학년군 '4-가, 4단원, '어떻게 정리할까요?'에서는 본시 학습 내용과 관련이 있는 '설빔'에 관한 내용으로 설날에 입는 옷, 마음가짐 등을 다루고 있다. 선수 학습 내용 중에서 학생들이 반드시 알고 있어야 할 개념은 추석에 하는 일, 태극기를 다는 기념일'이고, 반드시 알아야 할 기능은 '우리나라의 대표적 명절과 기념일을 조사하고, 기록하고, 발표하기'이다.

오개념(기능)

본시 학습 중에 잘못 이해할 가능성이 있는 내용이 무엇인지 파악해야 한다. 이것을 오개념(기능)이라고 한다. 흔히 볼 수 있는 오개념(기능)의 예는 다음과 같다.

오개념(기능) 1 공휴일로 지정된 기념일을 명절로 잘못 알고 있다.

_ 공휴일로 지정된 현충일을 국경일로 잘못 생각한다.

_ 친숙한 기념일을 명절과 혼동하는 경우가 있다.

난개념(기능)

본시에서 학습해야 할 내용이다. 새로운 개념이나 기능 학습을 방해하는 요소가 있다면 이것이 난개념이나 난기능이 된다.

난개념(기능) 1 추석, 설날 외 명절의 특징에 대한 이해

_ 추석, 설날 명절은 많은 경험과 선수 학습으로 인해 이해가 쉬우나, 그 외 정월대보름, 한식, 단오, 동지 명절에 대한 이해가 어렵다.

_ 특히 한식은 불을 피우지 않고 찬 음식을 먹으며 이 날 각 가정에서는 제사 음식을 마련하여 성묘를 하기도 하는 일에 대한 이해가 어렵다.

_ 단오와 관련하여 대표적으로 하는 일에 대한 이해가 어렵다.

3. 학생 배움중심의 수업 전략

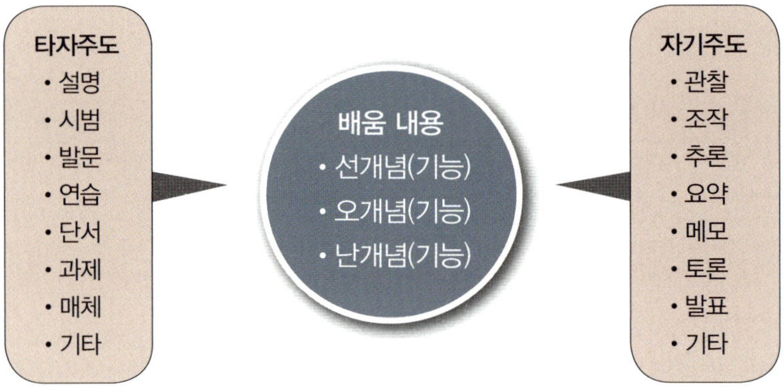

학생을 두 유형으로 대별하면, 스스로 깨치는 학생과 다른 사람이 깨우쳐 줘야 깨치는 학생이다. 여기에서는 전자를 자기주도 학습자, 후자를 타자주도 학습자로 명명하고자 한다. 자기주도 학습자는 사물과 현상을 스스로 관찰하고 탐구하며 관련 자료를 바탕으로 추론을 하거나 조작 활동을 하면서 배움의 저해 요소를 해결하고 배움의 결과를 표현하고 공유하며 소통한다. 이에 반해 타자주도 학습자는 타인의 도움을 바탕으로 자기주도 학습을 시작한다. 누군가의 설명을 듣거나 시범을 관찰하고, 누군가의 발문에 대답하거나 누군가가 제시한 연습 문제를 풀면서 자기주도 학습 능력을 점차 획득한다.

기념일에 대한 오개념 지도 예시

기념일에 대한 오개념 지도 방안입니다. 먼저 기념일의 개념을 살펴봅니다. 사전적 정의에 따르면 기념일이란 축하하거나 기릴 만한 일이 있을 때에 해마다 그 일이 있었던 날을 기억하는 날입니다(**정의**). 이 정의에 따르면, 결혼기념일, 개교기념일, 생일 등은 기념일에 해당합니다. 다만, 오늘 공부할 내용은 '나라에서 정한 기념일'이므로 빼빼로데이나 블랙데이처럼 상술을 목적으로 특정 단체에서 정한 기념일은 자연스럽게 제외합니다(**시범**). 그런 다음에 친구와 짝을 지어 잘못 알고 있는 기념일을 찾아서 바르게 고치고, 친구들 앞에서 발표하게 합니다(**연습과 발표**). 이것을 표로 제시하면 아래와 같습니다.

◎ 기념일에 대한 오개념 교수법

개념	• 기념일이란 축하하거나 기릴 만한 일이 있을 때, 해마다 그 일이 있었던 날을 기억하는 날이다. • 오늘 공부할 기념일은 나라에서 정한 기념일이다.
오개념	• 상술에 의한 기념일(~데이)이나 결혼기념일, 생일, 개교기념일을 나라에서 정한 기념일과 혼동하는 경우가 있다.
배움 전략 (교수법)	• 나라에서 정한 기념일의 개념을 정의한다(**설명**). • 정의를 바탕으로 오개념 수정을 시범 보인다(**시범**). • 소집단이나 짝 활동을 바탕으로 오개념을 수정하게 한다(**연습**).

1) 설명

설명이란 어떤 일이나 대상의 내용을 상대편이 잘 알 수 있도록 밝혀 말하는 것이다. 설명을 한다는 것은 언어나 도표, 상징을 이용하여 상대방이 어떤 현상에 대한 지식과 이해를 높이도록 도움을 주는 것이다. 교육의 측면에서 보면, 교과 내용에 대한 학생 이해도를 증진시키기 위한 포괄적 해설이 된다. 설명에는 두 가지 요소가 작용한다. 설명할 내용과 방법이다. 전자에는 개념, 요소, 원리, 절차, 법칙이 해당되고, 후자에는 실물과 행동, 모형, 그림, 예화, 도표, 알고리즘, 언어나 상징을 이용한 묘사 등이 해당된다.

이병석(1999: 108~122)은 좋은 설명 방식으로 '예시 자료를 활용한 설명'과 '학습을 용이하게 하는 설명'의 두 가지 유형을 들었다. 전자에는 ① 적절한 시각 자료를 예시 자료로 선택하여 학생의 이해를 촉진시키는 수업, ② 학생에게 친숙한 경험이나 배경지식을 예시 자료로 활용하는 수업, ③ 동일한 내용에 대해서도 다양한 관점으로 접근할 수 있는 예시 자료를 활용하는 수업, ④ 하나씩 차근차근 예를 들면서 가르치는 수업의 네 가지를 제시했다.

그리고 학습을 용이하게 하는 설명 방식으로 ① 학습 목표 도달에 필요한 내용과 절차를 미리 알려주는 수업, ② 새로운 교과 내용을 가르치기 전에 관련 배경지식이나 기초 개념을 알려주는 수업, ③ 설명 초기에 학생의 관심을 끄는 머리말을 사용하는 수업, ④ 새로운 교과 내용을 설명하면서 하나씩 차근차근 가르쳐 주는 수업, ⑤ 주요 학습 내용을 미리 분석하고, 관련성을 파악하게 하는 수업, ⑥ 학생들에게 친숙한 일상 용어를 사용하여 복잡한 교과 내용을 쉽게 가르치는 수업, ⑦ 단순 도표나 차트, 선, 도형 등을 이용하여 체계적이고 쉽게 가르치는 수업, ⑧ 학생의 반응을 살피면서 눈높이에 맞게 가르치는 수업, ⑨ 학생의 주의를 집중시키면서 설명을 하는 수업 등을 제시했다.

◎ 좋은 설명 점검표

좋은 설명 전략	만족도			개선 사항
	미흡	보통	우수	
발음이 명료하고, 목소리가 적절하다.				
적절한 몸짓을 하고 눈을 맞춘다.				
상투 표현이나 비속어는 사용을 금한다.				
학습 목표와 학습 활동을 하나씩 차근차근 알려준다.				
중요 내용과 어휘는 요약하고 반복 강조한다.				
이해력이 떨어지면 쉽게 풀어 설명한다(예시, 문장, 구문 등).				
질문 대신에 학습 목표를 제시하여 도전하게 한다.				
선행학습과 관련지어 새로운 정보를 제시한다.				
판서나 유인물로 정보를 간단명료하게 제시한다.				
학습 규칙을 정하고, 일관성 있게 사용한다.				

2) 시범

시범 보이기는 교사가 특정 수업 상황이나 내용에 대해 자신의 느낌이나 생각, 행동을 학생에게 가시적으로 보여주는 것이다. Duffy, Roehler, Herrman(1988)에 따르면 시범 보이기 유형은 크게 세 가지이다. 생각을 혼자 중얼거리는 TA(Thinking Aloud) 기법, 교사와 학생이 함께 중얼거리며 서로 대화를 하는 ta(talking aloud) 기법, 일절 말하지 않고 행동 시범을 보여주는 PM(Performance Modeling) 기법이다.

생각그물을 활용한 아이디어 생성 과정을 시범 보이는 5학년 쓰기 수업을 보면, 사고 구술법을 활용하여 생각그물 작성 과정을 시범 보이는 장면을 관찰할 수 있다. 여기에 사용된 사고 구술법은 TA 기법과 ta 기법이다(Roehler & Duffy, 1991).

교사 ① 어, 다발짓기할 때에 이것도 여러분이 너무나 잘 아는 거지만 혹시나 모를까봐 다시 한 번 선생님이 알려줄게요. ② 선생님이 얘기하는 말을 잘 들어 보세요. 그냥, 음 〈일시 지속〉 선생님이 저렇게 얘기하는구나 하지 말고, 선생님이 중얼거리는 거야. ③ 뭐를 중얼거리는 거냐면, 선생님이 생각을 중얼중얼거리는 거야. 아! 그러니까 선생님이 생각을 어떻게 하고 있네, 생각을 어떻게, 어떤 과정을 거쳐서 하고 있나 잘 보세요. ④ 다발짓기를 할 때 맨 처음에 내가 이런 글을 쓸 거야. 어떤 글을 쓸 거냐 하면, 나는 그냥 아까 생각그물 만들 때 뭘 했지? 개미에 대해서 쓸 거지. 개미가 그냥 그리고 이런 느낌을 그냥 써보려고 해. 여기다 딱 표시를 해봤어. 그리고 처음에는, 처음에는, 개미 얼굴을 그려볼까? 한번? 더듬이 뭐 이래도 좋고, 꼬리? 어머! 호호. 이렇게 해도 좋고. 뭐 여러분 마음대로 하세요. ⑤ 처음에 어떤 것을 할 거냐면 음, 내가 개미를, 개미를 기르게 된…….

학생 ⑥ 동기.

교사 ⑦ 어! 여러분들은 어떻게 그렇게 잘 알아요? 내 마음을?

다발짓기를 활용하여 생각묶기를 지도하는 수업 장면이다. TA 기법은 교사가 전문가로서 설명과 시범을 보이고, 학생이 구경꾼의 역할을 할 때에 주로 사용하는 사고 구술법이고(④, ⑤), ta 기법은 교사가 전문가로서 설명과 시범을 보일 때에 일부 유능한 학생이 초보자로 참여하여 교사와 함께 설명을 하거나 시범을 보이고, 나머지 학생은 구경꾼으로서 편안하게 전문가의 설명을 듣거나 시범을 관찰할 때에 사용하는 사고 구술법이다(⑥, ⑦).

3) 질문과 탐문

(1) 질문

Bloom(1956)은 인지 수준을 ① 지식, ② 이해, ③ 적용, ④ 분석, ⑤ 종합, ⑥ 평가의 여섯 단계로 구분했다(변홍규, 1996: 641–65). 이것을 발문 수준의 분류 기준으로 삼으면, ① 지식 발문은 학생이 이전에 학습한 사실이나 개념, 일반화된 것 또는 이론을 기억하거나 회상하도록 요구하는 발문이다. ② 이해 발문은 학생이 특정 개념이나 정보를 자신의 방식대로 표현하고 설명하도록 요구하는 발문이다. ③ 적용 발문은 특정 정보나 개념의 활용을 요구하는 것으로 학생들이 기존 지식이나 이해를 새로운 상황에 맞게 적용하거나 그것을 이용하여 문제를 해결하도록 요구하는 발문이다. ④ 분석 발문은 특정 개념이나 해결 방안 혹은 개념이나 자료를 요소나 부분으로 나누거나 관련성을 찾도록 요구하는 발문이다. ⑤ 종합 발문은 학생에게 여러 개의 아이디어나 요소를 종합하여 새로운 것으로 창조하도록 요구하는 발문이다. ⑥ 평가 발문은 학생이 특정 기준을 사용하여 사물에 대해 판단을 내리도록 요구하는 발문이다.

◎ **발문 수준 점검표**

발문 수준	발문 유형	주요 활동	발문 번호(√)											주요 장면 요약
			1	2	3	4	5	6	7	8	9	10	합계	
저수준	지식(암기)	• 정의 • 암기 • 설명												
	이해	• 의역 • 요약 • 부연												
	적용(변환)	• 적용 • 활용												
고수준	분석(관계)	• 구별 • 관계												
	종합(창조)	• 정보 • 구성 • 생산												
	평가(판단)	• 대안 • 선택 • 결정												

고수준의 질문은 학생의 이해를 확장시키고, 자신의 생각과 동료의 생각을 비교하게 하여 고등 사고 능력을 향상시킨다. 그러나 고수준의 질문만을 하면 일부 상 수준 학생만 참여한다. 이것을 방지하려면 질문에 대답할 시간, 동료의 답변에 반응할 시간, 이해를 확장하고 심화시킬 시간을 충분히 제공해야 한다.

◎ **발문 전략 점검표**

발문 전략	평가 척도			사례 및 수정 보완
	미흡	보통	우수	
1. 발문 후 학생 대답을 듣기 전에 최소 3초 대기한다.				
2. 학생이 응답할 시간을 충분히 주고 기다린다.				
3. 학생이 응답하기 전에 자신의 언어로 연습하게 한다.				
4. 가급적 폐쇄적 발문보다는 개방적 발문을 활용한다.				
5. 사고 구술법을 활용하여 학생 사고 활동에 도움을 준다.				
6. 질문을 만들어 친구와 묻고 대답하는 활동을 하게 한다.				
7. 가급적 저차원 발문보다는 고차원 발문을 사용한다.				
8. 동료 답변에 대해 보충하거나 추가 질문을 하게 한다.				
9. 힌트를 제공하여 학생이 보다 쉽게 대답하게 한다.				
10. 학생에게 반대를 위한 반대 질문을 만들게 한다.				

(2) 탐문

탐문은 질문 뒤에 나오는 질문이다. 탐문은 초기 반응을 심화·확장시키거나, 명료화하게 하거나, 일탈된 반응을 다시 원점으로 되돌리거나, 초기 반응을 정교하게 다듬는 질문이다. 박태호(2004)는 탐문[19]의 유형을 ① 초점화하게 하기, ② 입증하게 하기, ③ 명료화하게 하기, ④ 정교화하게 하기, ⑤ 확장하게 하기의 다섯 가지로 구분했다.

① **초점화하게(refocusing) 하기**는 학생의 첫 반응이 교사의 핵심 질문에서 이탈되어 초점을 바로잡고자 할 때에 사용한다. ② **입증하게 하기**는 학생이 교사의 발문에 반응했을 때 관련 정보의 출처를 밝히도록 요구하여 정보의 정확성을 한층 높이고자 할 때에 사용한다. 일반적으로는 '________을 어떻게 알았는가?'의 형식으로 물으면 된다. ③ **명료화하게 하기**는 학생의 첫 반응이 틀리지는 않지만 다소 불분명하거나 부적절한 용어로 표현하여 기대에 못 미칠 경우에 사용한다. ④ **정교화하게(elaboration) 하기**는 교사의 발문에 답한 학생 응답이 정답의 범주에는 포함되나, 너무 기본적이거나 간결할 경우에 더 구체적인 대답을 요구할 때에 사용한다. ⑤ **확장하게 하기**는 동일 내용에 대한 학생의 다양한 반응을 요구할 때에 사용한다.

◎ 탐문 점검표

질문 번호	교사 질문		학생 응답에 대한 교사 반응				교사 탐문					
	수렴	확산	인정	부분 인정	인정 거부	모름/무응답	탐문 없음	초점화	명료화	입증화	확장화	정교화
1												
2												
3												
⋮												
총												

4) 서사(스토리텔링)

스토리텔링 수업 설계 유형은 ① 도입 학습 스토리텔링, ② 전개 학습 스토리텔링, ③ 정리 학습 스토리텔링, ④ 도입-전개-정리 학습 스토리텔링의 네 가지 유형으로 분류할 수

19. 박태호(2004)에서는 반응대화라는 명칭을 사용했다.

있다(백조현 · 박수홍 · 강문숙(2010: 123) 부분 수정). 도입 학습에는 주의집중, 학습 동기 유발, 학습 활동 안내가 포함된다. 전개 학습에는 내용 전달과 이해, 수업 전략, 발문과 토론, 효과적 의사소통, 점검과 대처, 수업 자료, 수업 운영이 포함된다. 정리 학습에는 평가와 관리가 포함된다.

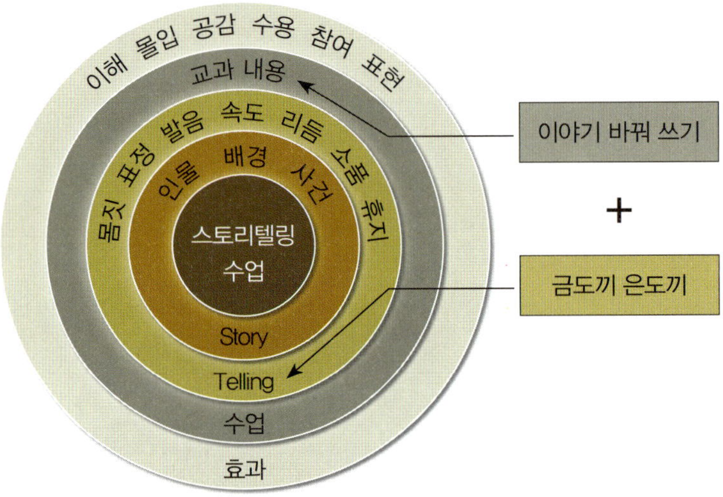

위의 그림은 윤 교사의 스토리텔링 수업 장면을 도식화한 것이다. 이 차시의 학습 목표는 '친구와 이야기를 새롭게 꾸며볼 수 있다.'이고, 제7차 교육과정에 따라 개발된『쓰기』교과서 둘째 마당 '우리가 꿈꾸는 세상'의 3/6차시이다. 윤 교사는 '궁금이상자'를 활용하여 학생의 주의를 집중시키고, '금도끼 은도끼' 이야기를 변용한 스토리텔링을 활용하여 학습 목표를 확인하고, 학습 동기를 유발했다. 이어지 '금도끼 은도끼' 스토리텔링 수업 대화 장면을 보면, 지금까지의 논의와 구체적으로 연결된다.

교사 선생님이 금도끼 은도끼 이야기를 들려줄 텐데요. 여러분이 알고 있는 이야기와는 조금 달라졌습니다. 어떤 부분이 달라졌는지 귀 기울여 잘 들어 보세요. 옛날 어느 날, 나무꾼이 나무를 하고 있었어요. 그런데 너무 더워져서 윗옷을 벗어 놓고 나무를 했어요. 나무하기를 다 끝마치고 주위를 둘러보아도 윗옷이 보이지 않는 것이었어요. 그래서 나무꾼이 엉엉 울고 있었을 때 산신령이 뿅! 하고 나타났어요. "이 도끼가 네 도끼냐?", "아니옵니다. 저는 도끼를 잃어버린 게 아니라 윗옷을 잃어 버렸습니다."라고 했어요. 그러자 산신령이 "그럼, 이만 난 들어가 보겠다."라고 했어요. 그때였어요. 산신령한테

강한 바람이 슝 불더니 산신령의 윗옷이 벗겨졌어요. (나무꾼이 잃어버린 옷을 입고 있는 산신령의 모습이 나타난다.)

교사 자, 여러분이 알고 있는 금도끼 은도끼와 무엇이 달라졌나요? 슬기.

학생 네, 원래 동화에는 그 도끼가 없어지는 것인데 옷이 없어지는 것으로 바뀌었습니다.

교사 네, 방금 들은 이야기를 잘 생각해서 오늘 쓰기 시간에는 어떤 공부를 하게 될 것 같아요? 민혁이.

학생 네! 이야기를 새롭게 바꾸어 쓰는 것을 해볼 것 같습니다.

5) 단서(힌트, 실마리)

실마리 제공하기는 학생이 전혀 대답을 못 하거나 일부분만 대답했을 때 혹은 틀리게 대답을 한 경우에 학생의 학습 활동 참여를 조장하기 위해 사용하는 언어적/비언어적 수업 대화 전략이다(Hume, Michael, Rovick, & Evens, 1996; McArthur et al., 1990). 학생이 교사의 발문에 대답을 하지 못하고 머뭇거리거나 지나치게 막연해할 때에는 실마리를 제공해야 한다. 이때에 교사는 정답에 가까운 실마리를 제공하기보다는 학생 스스로 과제를 해결할 수 있도록 필요한 정보를 다양하게 제시해야 한다.

6) 풀기

학습 활동 참여는 문제 풀이로부터 시작된다. 학생은 배우고 익힌 내용을 연습하거나 적용할 때에 적극적으로 반응한다. 교사의 질문에 응답하거나 교과서와 학습지의 연습문제를 풀면서, 유인물에 제시된 절차에 따라 토론과 토의 활동을 하면서 자연스럽게 학습 활동에 참여한다.

Rosenshine과 Stevens(1986)는 학생의 학습 활동 참여 유도 방안으로, ① 다양한 문항의 질문 준비하기, ② 요점, 보충 내용 관련 질문 준비하기, ③ 학생 자신의 언어로 학습 내용이나 절차 요약하기, ④ 칠판이나 유인물에 학습 문제를 제시하고, 교실을 순회하면서 학생 발달 수준 점검하기, ⑤ 친구와 정답 검토하기, ⑥ 정리 부분에서 모둠별로 주요 내용 요약하여 발표하게 하기의 여섯 가지를 제안했다. 이것을 표로 제시하면 다음과 같다.

◎ 문제 풀기와 학습 활동 참여 유도

문제 풀이 유도 활동	문제 풀이 유도 목적				
	동기 유발	특정 활동 종료 후	수업 전환	과제로 인한 지연	무제한 (학생 재량)
질문					
교과서나 학습지의 연습문제					
유인물 연습문제					
OHP나 칠판의 연습문제					
기타					

7) 토론

진정한 토론은 모든 학생이 주제에 대해 서로의 생각을 공유하고, 교사는 토론이 원만히 진행되도록 안내하며, 학생은 토론 활동에 적극 참여할 때에 발생하고, 토론을 하면서 주제에 대한 이해를 확장시키고 심화시킨다. 유능한 교사는 토론을 할 때에 학생이 동료의 반응을 존중하도록 지속적으로 교육을 하고, 동료의 논평에 대해 질문하도록 유도하며, 토론 평가표를 활용하여 토론의 양적 측면과 질적 측면을 종합적으로 기록하고, 해석한다. 아울러 학교 블로그 등에 토론 주제를 게시하여 학생의 적극적인 참여를 끌어낸다.

학생의 토론 능력을 향상시키는 기법 중의 하나가 소크라테스의 산파술이다. 소크라테스의 문답식 토론 유형에는 사고 탐색, 가정 탐색, 추론 탐색, 대안 탐색, 결론 탐색, 메타 질문이 있다. 사고 탐색은 응답 사고 능력을 향상시키는 발문 전략이고, 가정 탐색은 드러나지 않는 가정을 조사하는 사고 능력을 향상시키는 발문이며, 추론 탐색은 주장에 대한 근거 제시 및 반박 활동과 관련된 사고 능력을 향상시키는 발문이다. 대안 탐색은 논제를 다양한 관점에서 해석하고 평가하는 데 도움을 주는 발문이고, 결론 탐색은 논제에 대한 함축과 결론 제시 능력을 향상시키는 발문이며, 메타 질문은 다양한 발문의 효용성을 판단하는 발문이다.

◎ 문답법을 활용한 토론 전략

항목		평가 척도 (√)			
		미흡	보통	우수	탁월
사고 탐색	그렇게 말하는 까닭은?				
	다시 한 번 더 설명을 한다면?				
	앞에서 말한 내용과 지금 말하는 내용의 관계는?				
가정 탐색	내 생각을 수정한다면 정답은 무엇인가?				
	또 다른 가정도 가능한가?				
추론 탐색	그렇게 생각하는 까닭은?				
	이것을 어떻게 알았지?				
	의견을 뒷받침하는 사실은?				
대안 탐색	이것을 또 다른 관점에서 본다면?				
	이러한 관점이 다른 것에 비해 우수한 까닭은?				
	이 관점의 강점과 약점은 무엇인가?				
결론 탐색	다음에는 어떤 일이 발생할 것인가?				
	이전에 알고 있는 내용이 어떻게 변화되었는가?				
메타 질문	질문의 요지는 무엇인가?				
	질문이 사고 발달에 어떤 도움을 주었는가?				
	사고력 향상에 도움이 되는 질문은?				

몇몇 교실에서는 일부 학생들이 토론을 주도하면서 다른 학생의 참여를 막는 경향이 있다. 교사는 이러한 상황을 방지하고, 모든 학생이 토론에 적극 참여하여 상호 협력하는 환경을 조성해야 한다. 이때에 활용할 수 있는 방법 중의 하나가 토론 참여 유도표와 점검표이다.

◎ 학생의 토론 참여 유도표

활동	자료	참여도			반성 및 수정
		미흡	보통	우수	
모둠별 참여 • 교사가 모둠별 질문 • 기다리기 • 특정 모둠 지명 발표 • 질의응답 • 일부 모둠 응답 내용 요약					
반응 카드 활용 참여 • 교사가 말이나 글로 질문 • 학생은 반응 카드로 응답 • 다양한 카드 활용 가능 – 예/아니오 카드 – 글자가 색인된 카드 – 글자를 적을 수 있는 빈 카드					
수신호 활용 참여 • 교사 질문 • 엄지손가락으로 반응 – 정답은 올리기 – 오답은 내리기 – 자신 없으면 수평으로 하기					
무작위 참여 • 무작위 추천 및 참여 유도 – 나무 막대기 – 숫자 – 탁구공 등					

8) 매체

매체 활용 역시 수업의 질을 결정한다. 매체 자료의 유형에는 청각 자료, 언어 자료, 시각 자료, 촉각 자료가 있다.

◎ 매체 자료의 유형

청각 자료	언어 자료	시각 자료	촉각 자료
• 교사 설명 • 교사와 학생 질문 • 오디오나 비디오 청취 • 따라 읽기 • 학생들의 소집단 토론	• 판서 • OHP • 낭독 • 소집단 교재 읽기 • 필기	• 차트, 그래프, 삽화 • 도표나 그림 관찰 • 영화나 비디오 감상 • 실물이나 모형 관찰	• 표본 검토 • 기구 사용 • 제작과 구성(붙이기, 잘라내기, 그리기) • 자료 배열과 순서 조합

좋은 수업은 위에서 제시한 매체를 학습 유형에 맞게 적용하고 활용하는 수업이다. 예를 들면, 소집단 활동을 하면서 하나의 차시 학습 목표에 대해 금강 모둠에서는 청각 자료(카세트테이프나 발표)를, 한라 모둠에서는 보기 자료(칠판의 도표 활용, 영화 감상 및 컴퓨터 자료 활용)를, 설악 모둠에서는 촉각 자료(표본이나 기구 사용, 제작)를 활용하여 학습할 수 있다. 이에 대해 Marx와 Walsh(1988)는 소집단별로 서로 다른 유형의 매체를 활용하여 학습 활동을 전개하면, 학생 자신이 학습 활동을 통제하고 제어하는 느낌을 갖게 된다(설양환 · 박태호 외 역, 2005: 172).

◎ **매체 활용 점검표**

5분 간격	구두 자료	쓰기 자료	시각 자료	촉각 자료
1				
2				
3				
4				
5				
6				
7				
8				
9				
10				
합계				
백분율				
시간(분)				

4. 학생 배움중심의 수업 원리

학생 배움중심 수업 원리로 정서적 공감과 인지적 지원을 들 수 있다.[20] 정서적 공감 원리에는 칭찬하기, 격려하기, 존중하기, 수용하기 등이 해당되고, 주로 학생 입장을 정서적으로 공감하고 지지하는 역할을 한다. 인지적 지원 원리에는 개발하기, 도전하기, 참여하기, 연결하기, 책임 공유하기, 작게 나누어 질문하기(세분) 등이 해당되고, 주로 지식과 기능의 개발과 소통 및 표현을 지원하는 역할을 한다.

배움 원리를 반영한 기념일에 대한 오개념 지도 예시

배움 원리를 반영한 기념일에 대한 오개념 지도 방안입니다. 먼저 기념일의 개념을 살펴봅니다. 사전적 정의에 따르면 기념일이란 축하거나 기릴 만한 일이 있을 때에 해마다 그 일이 있었던 날을 기억하는 날입니다(**설명**). 이 정의에 따르면, 결혼기념일, 개교기념일, 생일 등은 기념일에 해당합니다. 다만, 오늘 공부할 내용은 '나라에서 정한 기념일'이므로 빼빼로데이나 블랙데이처럼 상술을 목적으로 특정 단체에서 정한 기념일은 자연스럽게 제외합니다(**시범**). 그런 다음에 친구와 짝을 지어 개교기념일이나 나라에서 정한 기념일을 제외하는 이유를 친구 앞에서 발표하게 합니다(**연습과 발표**).

설명, 시범, 연습과 발표로 진행되는 학생 배움활동 도중에 학습 활동 참여 상황을 고려하여 공감과 지원 활동을 할 수 있다. 발표력이 좋은 학생에게는 **수용**하고 **칭찬**하는 활동을, 다소 부족한 학생에게는 **존중**하면서 **격려**하는 활동을, 긴장된 분위기를 완화하기 위해 **유머** 화법을 구사하고 **딴청부리**는 활동을 할 수 있다. 이러한 공감 활동 외에도 기념일과 학생 경험을 **연결**시키는 활동을, 새로운 내용 학습에 **도전**하고 **표현**하는 활동을, 친구와 **공동**으로 과제를 해결하는 활동을 할 수 있다. 공감과 지원에 기초한 '기념일에 대한 오개념 교수법'을 제시하면 다음과 같다.

20. 박태호(2009: 51~60)에서 요약 발췌 및 추가.

◎ **기념일에 대한 오개념 교수법 및 원리**

개념	• 기념일이란 축하하거나 기릴 만한 일이 있을 때, 해마다 그 일이 있었던 날을 기억하는 날이다. • 오늘 공부할 기념일은 나라에서 정한 기념일이다.
↓	
오개념	• 상술에 의한 기념일(~데이)이나 결혼기념일, 생일, 개교기념일을 나라에서 정한 기념일과 혼동하는 경우가 있다.
↓	
배움 전략 (교수법)	• 나라에서 정한 기념일의 개념을 정의한다(**설명**). • 정의를 바탕으로 오개념 수정을 시범 보인다(**시범**). • 소집단이나 짝 활동을 바탕으로 오개념을 수정하게 한다(**연습, 발표**).
↓	
배움 원리	공감: ▫칭찬 ▫격려 ▫존중 ▫수용 ▫유머 ▫딴청 ▫기타 지원: ▫도전 ▫개발 ▫연결 ▫공유 ▫대기 ▫표현 ▫기타

1) 정서적 공감 원리

(1) 칭찬하기

칭찬하기는 적절한 반응에 대해 긍정적인 평가를 하는 전략이다(Brophy, 1986). 칭찬하기는 언어를 매개로 하여 이루어지는 긍정적 피드백의 한 유형이다. 교사는 칭찬을 하면서 학생이 자유분방한 분위기에서 적극적으로 대답할 수 있도록 유도를 해야 한다. Brohpy와 Good(1986)에 따르면, 대부분의 교사가 칭찬을 하면서 보낸 시간은 하루 일과의 2%에 불과하다고 한다. 칭찬의 교육적 효과에 비해, 실제 교실 수업에 적용된 칭찬하기 비율은 매우 미약하다고 할 수 있다.

칭찬은 칭찬 방식과 칭찬 유형으로 구분할 수 있다. 칭찬 방식에는 ① 말로 하는 칭찬, ② 고개를 끄덕이거나 등을 두드리는 것과 같은 신체를 활용한 칭찬, ③ 글로 하는 칭찬이 있다. 칭찬 유형에는 ① 중립적 확언, ② 놀람이나 기쁨, 흥분 표현, ③ 가치 설명, ④ 사용과 확장, 정보 입수의 칭찬이 있다. ① 중립적 확언에는 '좋아', '훌륭해', '그렇지' 등이, ② 놀람이나 기쁨, 흥분 표현에는 '너는 천재다', '탁월해' 등이, ③ 가치 설명에는 '학급 어린이들에게 정답인 이유를 설명하고, 원인이나 요소를 분석해서 증명하기' 등이, ④ 사용이나 확장, 정보 입수에는 '다음 수준으로 학생 반응을 인도하거나 후속 단계에 도달할 수 있도록 칭찬 사용하기' 등이 해당된다.

(2) 격려하기

격려하기란 부정확하게 답변을 하거나 오답을 한 학생을 격려하여 그 학생이 원하는 내용으로 반응하도록 인도하는 수업 대화 전략이다(조벽, 2001: 112~114; Graesser et al., 1995; Person, 1994). 학생이 과제 수행에 필요한 지식, 기능/전략, 태도에 관해 오류를 범하거나 부적절한 행동을 하면 지적을 하여 교정해야 한다. 만약 이에 대해 언급을 하지 않으면 학생은 오답을 정답으로 알게 될 가능성이 있으므로 교사는 오류 상황을 파악하는 즉시 개입하여 교정해야 한다.

문제는 교정 방식에 있다. 지나치게 무안을 주거나 이와는 반대로 지나치게 칭찬을 하면 안 되기 때문이다. 학생의 오류를 교정할 때에는 틀린 이유를 명확히 밝히되 교사가 보다 적극적으로 개입하여 '~하니까 그렇게 생각할 수 있겠군', '그런 점도 있지', '○○○의 생각도 옳은데 그 생각에는 어떤 내용이 빠져 있나 하면~' 등의 표현을 사용할 수 있다(이용숙 · 조영태, 1987: 253).

(3) 유머 활용하기

유머 활용하기는 긴장과 이완의 심리를 적절히 활용하여 진행하는 수업 대화 전략이다. 교실 수업은 목표 지향적이라는 점에서 팽팽한 긴장이 흐르기 쉽다. 그러나 긴장할수록 학습 효과는 떨어진다(민현식, 2001: 82~83). 또 고차원적인 사고 능력을 기른다고 해서 너무 심각한 질문만을 하게 되면 수업 분위기가 딱딱해져서 학생이 흥미를 상실할 우려가 있다(이용숙 · 조영태, 1987: 243). 이때 유머 활용하기 전략을 활용하면 효과적이다. 또 수업 중 교사의 발문에 대해 부적절한 반응을 한 학생이 친구들 앞에서 무안함을 느끼지 않고, 학습 활동을 마무리하도록 유머를 사용하면 효과적이다.

(4) 맞장구치기(수용하기)

맞장구치기는 교사가 학생의 말을 듣는 도중이나(Clark & Schaefer, 1989), 듣고 난 후에 사용하는 피드백 전략이다(장은아, 1999). 맞장구치기에는 언어적, 비언어적 행위가 포함되고, 이것을 사용하는 목적은 학생의 문제 해결 능력 신장과 명확한 표현의 유도에 있다. 맞장구치기의 유형에는 적극적 유형의 맞장구, 중도적 유형의 맞장구가 있다. 약간 적극적 유형에는 '좋았어', '그래', '잘했어', '적극적으로 고개 끄덕이기' 등이 포함되고, 중도적 유형에는 '으-음', '아-아아', '어-어어', '눈짓' 등과 같이 명확하게 의사표현을 하면서 맞장구를 치는 것은 아니지만 동조하고 있다는 느낌이 들게 하는 것들이 포함된다.

맞장구치기는 다음의 세 가지 기능을 가진다. 첫째, 교사가 맞장구를 칠 때, 학생은 자신이 하고 있는 말을 교사가 주의 깊게 듣고 있으며, 자신이 말하는 내용을 교사가 이해하고 있다는 생각을 하게 된다(Clark & Schaefer, 1989). 둘째, 중도적 혹은 적극적 차원에서 이루어지는 맞장구치기를 접하는 학생은 심리적으로 편안함을 느끼거나 학습 동기가 유발되고, 경우에 따라서는 스스로 자신의 생각을 조절하면서 발표하는 자기조절 사고 능력을 기를 수 있다. 셋째, 맞장구치기는 대화를 지속시킬 수 있는 동기를 제공한다. 대화 도중 고개를 끄덕이거나 미소를 짓는 교사의 비언어적 행위나 '좋아' 등과 같은 언어적 행위는 우호적 분위기에서 대화를 지속시킬 수 있는 윤활유 역할을 한다.

(5) 존중하기

학생 개인을 하나의 인격체로 인정하고, 학습권을 존중한다. 학생이 학습 활동 도중에 오개념(기능)이나 난개념(기능) 때문에 주춤거리는 상황이 발생할 때에 부정적인 언어를 사용하여 명령, 지시, 억압, 강요, 비난 등을 하지 않고, 학생이 따뜻하고 편안한 상태에서 학습 활동에 참여할 수 있도록 배려하는 것이다.

2) 인지적 지원 원리

(1) 작게 나누어 말하기(슬라이싱(Slicing); 분화)

작게 나누어 말하기는 초기 대화 목적과 내용은 바꾸지 않고 학습자의 수준에 맞게 범위를 작게 조정하거나 쪼개어 대화를 나누는 전략이다(Brophy, 1986). 이 전략을 사용할 때에는 한 번에 한 가지씩, 체계적인 절차를 밟되 학생이 쉽게 말하게 해야 한다.

(2) 책임 공유하기

책임 공유하기란 동료와 사전에 답변을 의논하고, 그 결과에 대해서도 공동 책임을 지는 것(조벽, 2001: 110), 오답 제시에 대한 책임을 학생 개인이 아닌 교사나 동료가 함께 지는 것을 말한다. 학습 능력이 우수한 학생이나 부진한 학생 모두 수업 중 답변하기 어려운 문제로 고민하는 경우가 있다. 이때에 동료 학생과 사전에 의논을 하면 부담이 줄어든다. 정답을 몰랐지만 동료와 의논을 하면서 부담이 줄고, 오답을 제시한 경우에도 책임이 분산되어 부담을 덜 느낀다.

(3) 기다리기

기다리기란 교사가 학생에게 발문을 할 때에 학생이 발문 내용을 충분히 생각하고 답을 하도록 시간적 여유를 주는 전략이다. 연구 결과에 따르면 발문 후에 학생의 반응을 기다리는 교사의 대기 시간은 학생 반응의 질과 양에 영향을 준다(Rowe, 1974).

발문 후 3~5초 정도에 걸쳐 의도적으로 기다리기 전략을 사용한 결과 학생에게는 ① 응답시간의 증가, ② 자발적이고 정확한 응답의 증가, ③ 부정확한 응답의 감소, ④ 학생 자신감의 증가, ⑤ 심사숙고하여 발표하는 사례 증가, ⑥ 교사주도의 대화 감소에 따른 학생주도의 대화 증가, ⑦ 더 많은 증거 제시를 이용한 추론 및 진술하기, ⑧ 학생주도의 질문 증가, ⑨ 학습 부진 학생들의 수업 참여도 증가 등이 일어났다. 교사에게는 ① 토의 과정 유연, ② 발문양의 감소, ③ 다양한 유형의 발문 사용 증가, ④ 학습 부진 학생들에 대한 교사의 기대 증가 등이 일어났다(권낙원 역, 2001: 381~382).

(4) 딴청부리기

딴청부리기는 수업 시간에 학습 동기를 유발할 때, 선수학습 관련 내용을 확인하기 위해 배경지식을 활성화할 때, 학습자에게 긴장감을 조성하면서 새로운 내용을 학습시킬 때에 사용하는 수업 대화 전략이다. 일명 모르는 척하기 전략, 잡아떼기 전략이라고 할 수 있다. “선생님이 잘 모르니까 여러분들이 도와주세요.”, “창수가 이야기한 것이 정말 맞아요?”, “선생님이 작년에 5학년 형님들을 가르칠 때, 형님들도 굉장히 어려워하던 문제인데, 여러분들이 이 문제를 풀 수 있어요?”, “선생님은 잘 기억이 나지 않는데 ○○○의 뜻이 무엇이죠?”와 같은 수업 대화가 여기에 해당된다.

(5) 연결하기

선수학습 내용과 후속 학습 내용 연결하기, 학생 경험과 학습 내용 연결하기, 배경지식과 학습 내용 연결하기, 동료의 생각과 내 생각 연결하기, 현재의 학습 내용과 다른 교과의 학습 내용 연결하기, 교과서의 내용과 교과서 밖의 내용 연결하기 등이 해당된다.

(6) 도전하기

본인의 학습 능력보다 난이도가 약간 높은 과제에 정면으로 맞서 문제를 해결하게 하거나 새로운 목표 달성을 위해 과제 수행에 적극적으로 참여하는 것을 말한다. 학생 스스로 학습 활동의 주체가 되어 목표와 과제를 선정하고, 해결 방안을 모색할 때에 최선의 학습 효과를 얻을 수 있다. 이때에 교사나 유능한 동료는 학생이 복잡한 과제에 대해 지속적으로 도전하도록 비계설정을 해야 한다.

(7) 표현하기

학생이 학습 활동의 주체가 되어 동료와의 상호작용을 바탕으로 지식을 구성하고, 공부한 내용을 자신의 생각과 언어로 진술하여 친구 앞에서 다양한 방법으로 자유롭게 발표하게 하면 더 효과적이다. 학습 활동 표현 방법에는 말하기, 쓰기, 그리기, 춤, 역할놀이, 음악, 율동 등이 포함된다.

(8) 개발하기

학습 목표 도달에 필요한 학습 능력(지식 및 기능과 태도)을 발전시키는 것이다. 새로운 관점, 가능성 및 아이디어를 추구하거나 계속 발전시키도록 격려하고 유도한다.

(9) 되돌리기

학생이 오개념이나 난개념을 배우면서 주춤할 때에 이전 학습으로 돌아가서 다시 학습하는 것을 말한다. 이때에는 이전 학습에서 배운 내용을 복습할 수도 있고, 이전 학습 내용보다 더 쉬운 내용으로 다시 학습할 수도 있으며, 교사주도로 동료주도 등 다양한 학습 유형이 가능하다. 아울러 e-러닝에 기초한 학습도 가능하다.

(10) 더 나아가기

학생이 기본 학습 활동을 종료한 후에 심화 학습을 하는 것이다. 학생 수준보다 다소 높은 도전 과제를 제시하는 것이 좋고, 자기주도나 동료주도 등의 다양한 활동이 가능하다.

제2부

학생 배움중심의 PCK 수업 설계

1 CoRe 활용 학생 배움중심의 국어 PCK 수업 설계

학습 내용 01

학생들이 학습해야 할 내용은 무엇인가?

국어

고등학교 2학년 국어의 [Ⅱ-3-(2) 문법 요소 중 높임 표현] 단원은 우리말의 특징 중 하나인 높임 표현의 종류 및 구현 방법에 관하여 학습하는 단원이다.

학년 학기	고등학교 2학년 2학기
단원(차시)	Ⅱ-3-(2) 문법 요소 중 높임 표현(2/5차시)
학습 주제	높임 표현 구현 방법

- 학년과 학기는 고등학교 선택 과목으로 학교별 교육과정 편성과 교사의 단원 재구성 지도 계획에 따라 달라질 수 있다.
- 단원 명칭은 교과서의 해당 대단원 시작 쪽에서 알 수 있다. 해당 차시는 중단원 총 차시 중 교사가 구성한 차시 순에 따른다.
- 학습 주제는 본시에 학습할 주제를 교사가 재구성하여 설정할 수 있다. 본 수업은 소단원 5차시 중 2차시에 해당한다.

단원의 지도 내용

- 문장의 짜임을 이해하기
- 정확한 문장을 사용하기
- 의미 구성에 기여하는 문법 요소의 개념과 표현 효과을 탐구하기

본시의 학습 문제

- 높임 표현의 다양한 사용 양상을 탐구하기

본시의 학습 요소

- 높임 표현의 구현 방법

02 이 내용을 학습해야 하는 까닭은 무엇인가?

이 단원을 학습해야 하는 까닭은 한국교육과정 평가원 및 교육부에서 정한 성취 기준에 잘 나타나 있다. 이 단원은 우리말의 특징 중 하나인 높임 표현을 올바르게 사용하기 위하여 학습하는 단원이다. 미래 사회에 주도적으로 대응하고 학교 교육의 경쟁력을 높이기 위해서는 무엇보다 교과 교육에서 질 높은 교수·학습 활동이 이루어져야 한다. 이를 위해서는 교수·학습 과정에서 교사와 학생 간의 상호 작용과 학습자 간의 협력 및 체험 학습이 가능하도록 하는 교육적 기반을 교과 교육에서 마련할 필요가 있다. 무엇보다 교과 교육에서 교수·학습 부담을 적정화하여 교사와 학생 간, 학생과 학생 간에 보다 적극적인 상호 작용과 직접적 경험을 토대로 하는 학습이 활발하게 전개되어야 한다.

교육과정 내용	성취 기준	성취 수준		핵심 성취 기준 선정 근거
310412. 의미 구성에 기여하는 문법 요소의 개념과 표현 효과를 탐구한다.	**[핵심 성취 기준]** 310412-1. 종결 표현, 피동 · 사동 표현, 높임 표현, 시간 표현, 부정 표현, 인용 표현 등 의미 구성에 기여하는 각 문법 요소의 개념과 기능을 설명할 수 있다.	상	주요 문법 요소가 쓰인 문장을 만들고 그 기능과 효과를 설명할 수 있다.	310412는 문법 요소의 개념과 표현 효과를 탐구하도록 하는 내용으로, 두 개의 성취 기준으로 나뉜다. 310412-1은 의미 구성에 기여하는 여러 문법 요소의 개념과 기능에 대한 지식을 갖추는 성취 기준이고, 310412-2는 글의 갈래별로 각 문법 요소가 어떠한 효과를 발휘하는지에 대한 지식을 갖추는 성취 기준이다. 310412-1에 제시된 여러 가지 문법 요소에 대한 이해가 바탕이 되어야 정확하고 효과적인 표현을 할 수 있다는 점, 310412-2는 교사가 수업 시 학생 수준에서 가르치기 쉽지 않다는 점, 이러한 내용은 지나치게 세부적인 성취 기준이라고 볼 수 있다는 점, 아직까지는 소위 '장르 문법'에 관한 학계의 연구 성과가 충분하지 않다는 점 등을 고려하여, 310412-1을 핵심 성취 기준으로 선정한다.
		중	주요 문법 요소의 개념과 기능을 실제 문장을 통해 설명할 수 있다.	
		하	주요 문법 요소의 개념이나 기능을 실제 문장을 통해 설명하는 데 어려움을 겪는다.	
	310412-2. 글의 갈래별로 의미 구성에 기여하는 각 문법 요소가 어떠한 효과를 발휘하는지 설명할 수 있다.	상	기사문, 광고문, 시, 소설 등 다양한 갈래의 실제 국어 자료들에서 주요 문법 요소가 어떠한 효과를 발휘하는지 구체적이고 풍부한 예를 통해 비교 · 대조하여 설명할 수 있다.	
		중	기사문, 광고문, 시, 소설 등 다양한 갈래의 주어진 국어 자료들에서 주요 문법 요소가 어떠한 효과를 발휘하는지 설명할 수 있다.	
		하	기사문, 광고문, 시, 소설 등 다양한 갈래의 실제 국어 자료들에서 주요 문법 요소가 어떠한 효과를 발휘하는지 설명하는 데 어려움을 겪는다.	

※ 학생평가지원포털(http://asa.kice.re.kr/index.do) 사이트에 가면 국가 수준 성취 기준에 대하여 안내받을 수 있다.

교육과정 교과 지식 03

이 학습 내용과 관련하여 교사가 알아야 할 내용은 무엇인가?

본시 학습 내용을 지도하기 위해서 교사가 알아야 할 것은 본시와 관련한 학습의 계열과 교과 핵심 지식 및 기능이다.

학습의 계열

학습의 계열은 본시 학습에서 가르칠 범위를 결정하는 데 도움을 준다.

구분	내용
선수 학습	• 교육과정 중학교 성취 기준 (2949-1). 높임법의 문법 요소를 이해하고 담화 상황에 맞게 사용할 수 있다.
본시 학습	• 교육과정 고등학교 (핵심) 성취 기준 (310412-1). 종결 표현, 피동 · 사동 표현, 높임 표현, 시간 표현, 부정 표현, 인용 표현 등 의미 구성에 기여하는 각 문법 요소의 개념과 기능을 설명할 수 있다.
후속 학습	• 교육과정 고등학교 성취 기준 (310412-2). 글의 갈래별로 의미 구성에 기여하는 각 문법 요소가 어떠한 효과를 발휘하는지 설명할 수 있다.

여건에 따라 성취 기준을 핵심 성취 기준만으로 재구성하여 가르칠 수 있다.

교과 핵심 지식 및 기능

본시 학습에서 학생들에게 꼭 가르쳐야 할 핵심 지식(기능)의 내용이다.

핵심지식 1 높임 표현의 구현 방법

- 상대 높임의 구현 방법: 종결어미
- 주체 높임의 구현 방법: 선어말어미, 주격 조사, 특수 동사
- 객체 높임의 구현 방법: 부사격 조사, 특수 동사

학생 진단 04

이 내용을 학습할 학생들이 겪을 어려움은 무엇인가?

본시 학습 내용에 대한 성취도를 높이기 위해서는 학습 내용의 핵심 지식(기능)과 이에 대한 학생들의 이해도 및 이를 높이는 데 걸림돌이 무엇인지에 대해 학생 실태를 파악하고, 대비책을 마련해 두는 것이 필요하다. 여기서는 학습 내용의 핵심 지식을 먼저 알아보고, 이에 대한 학생의 이해도 및 기능 습득에 어떤 어려움이 있는지 살펴본다.

난개념(난기능), 오개념(오기능)과 핵심 지식과의 연계 지도 방안을 찾기 위해 학생들의 선수 학습 개념을 사전 설문 조사나 진단 평가 형식으로 알아볼 수 있다.

본시 학습 주제에 대한 진단 평가 결과

문항		알고 있는 학생 수	비고
1	중학교 때 배운 높임 표현의 종류 3가지를 알고 있다.	4/27(명)	일반계 고등학교이나 3가지의 선개념을 대부분의 학생들이 잘 모르고 있으므로 간단한 학습이 필요하다. 선개념임에도 불구하고 난개념에 해당하는 내용이다.
2	전 시간에 배운 문법 요소 7가지 중 5가지 이상을 알고 있다.	12/27(명)	
3	한국어의 특질을 3가지 이상 알고 있다.	5/27(명)	

※ 학생 진단 평가 결과에 따라 교육과정 내용을 재구성할 수 있다.

선개념

선개념은 본시 학습 내용과 관련하여 학생들이 이미 알고 있는 개념이나, 어떤 부분은 알지만 어떤 부분은 모르기도 한 개념이다. 핵심 지식을 획득하기 위해 선개념을 바탕으로 난개념, 오개념과 연결하여 배움 전략을 수립하고 지도한다.

선개념 1 문법 요소

높임 표현은 문법 요소(종결, 높임, 시간, 피동, 사동, 부정, 인용 표현)들 중 하나임을 알고 본시 수업에 임하게 한다.

선개념 2 높임 표현의 종류

상대 높임, 주체 높임, 객체 높임이 있음을 중학교 때 학습하였으나, 잘 모르는 학생도 많이 있으므로 질문을 통하여 확인하여 가볍게 정리하고 중심 개념 학습에 들어간다.

국어

선개념 3 한국어의 특질

서술어가 문장의 끝에 온다, 높임법이 발달되어 있다, 한자어가 많다, 첨가어이다 등인데, 상 수준의 학생 대상 수업에 필요한 개념이다.

진단 평가 결과, '선개념1, 2'에 대한 재학습을 한 후, 본시 수업에 들어갈 수 있다. '선개념3'은 상 수준의 학생을 대상으로 하는 수업에 필요하다.

신개념

신개념은 이 단원에서 배울 새로운 학습 내용(개념)이다.

신개념 1 상대 높임의 구현 방법을 안다.

신개념 2 주체 높임의 구현 방법을 안다.

신개념 3 객체 높임의 구현 방법을 안다.

난개념

난개념은 본시에서 학습해야 할 내용 중에서 학생들이 이해하기 어려워하는 내용으로, 효과적인 배움 전략과 배움 원리를 실행함으로써 이를 해결하고 학습 목표에 도달하게 된다. 난개념은 선개념 중에도 있을 수 있다.

난개념 1 압존법

PPT로 예문을 제시하고, 바른 표현을 짝과 함께 찾게 하여 압존법의 개념을 깨우치게 한다.

난개념 2 간접 높임

교과서 예문, 판서, 딴청부리기, 짝 활동 등을 통해 간접 높임에 대해 학습하게 한다.

난개념 3 객체 높임의 대상

객체 높임에서 높임의 대상인 객체란 어떤 것인지 PPT 예문에서 찾게 한다.

오개념

오개념은 본시에서 학습해야 할 내용 중에서 학생들이 갖고 있는 선개념 중에서 잘못 알고 있거나, 본시 학습 중에 잘못 이해할 가능성이 있는 내용이다. 교사의 치밀한 전략이 필요한 부분이다.

오개념 1 압존법의 예외

압존법을 지키지 않아도 허용하는 경우를 PPT 예문을 통해 이해하게 한다.(상 수준의 학생)

오개념 2 직접 높임과 간접 높임

- '있다'와 '계시다'의 쓰임에 대해 PPT로 예문을 제시하여 바른 표현을 찾게 한다.
- '말씀'이 높임말뿐만 아니라, '낮춤말'로도 쓰임을 예문의 비교를 통해 학습하게 한다.

오개념 3 객체 높임 표현의 구현 방법

PPT로 예문을 제시하고, 짝 활동을 통해 높임을 위해 사용한 요소를 찾게 하여 객체 높임 표현의 구현 방법을 깨우치게 한다.

흥미, 태도

본시 학습 목표 도달을 위해 관련한 학생들의 흥미와 태도를 파악할 필요가 있다.

흥미 1 TV나 물건을 사고팔 때, 높임법을 잘못 사용하는 경우를 종종 경험하므로 본시 수업 내용에 대한 관심이 높다.

태도 1 발문과 탐문으로 이어지는 수업 대화에 참여하기를 좋아한다.

태도 2 교사의 설명과 강의 중심의 수업보다는 학생 참여 활동과 짝 가르치기 활동하기를 좋아한다.

교수 처방 05

이 학습 내용을 지도할 때 사용하는 교수법과 사용 이유는 무엇인가?

본시 수업 내용은 우리말의 특징 중 하나인 '높임 표현의 종류' 및 '높임 표현의 구현 방법'이다. 앞에서 살펴본 대로 학생들의 난개념, 오개념을 지도하기 위해서는 학생 이해도 및 수준에 따른 적절한 표상 방법을 활용한 교수 처방이 필요하다. 본 수업의 대상 학생들은 일반계고 2학년 학생들로, 주요한 개념에서 교사의 설명에 대한 의존도가 높지만, 강의식 수업보다는 부분적이지만 학생 참여가 이루어지는 수업을 선호한다. 그러므로 학생들이 일상 언어생활에서 사용하는 높임 표현과 관련된 매체를 활용하여 흥미를 유발하고, 발문을 예문 중심으로 하여 학생들의 수업 참여도를 높이며, 짝 가르치기 등을 하여 메타인지가 활성화되는 수업 전략을 사용한다.

1. 배움 열기 단계에서의 학생 진단과 교수 처방

배움 열기 단계(10')

학습 과정 (학습 집단)	교수 · 학습 활동	배움중심 PCK 전략			자료(★) 및 유의점(※)
		배움 주출	배움 전략	배움 원리	
배움 열기 (전체)	• **전시 학습 내용 상기하기** – 우리말의 특징, 문법 요소, 높임 표현의 종류 – ★[수준별 上] 한국어의 특징 • **학습 동기 유발하기** – 잘못된 높임 표현 동영상 • **학습 목표, 수업 흐름 확인하기**	난개념	매체 발문	연결 칭찬 맞장구	★교사 PPT, 동영상, 신호등 카드 ★학생 교과서, 노트 ※전시 학습 내용 확인 후 난개념은 간단히 설명

선개념 1 난개념 1 중학교 때 높임 표현의 종류에 대한 학습을 하였고, 지난 시간에는 문법 요소에 대한 학습을 하였다.

본시 학습과의 연결을 위해 전시 학습의 핵심 내용(높임 표현의 종류, 문법 요소)을 제시해 환기시킨다.

※ 중학교 때 배웠음에도 불구하고 모르고 있는 학생이 더 많다. 이럴 경우 선개념이지만 난개념에 해당하므로 설명을 다시 할 필요가 있다.

⊙ 전시 학습 상기하기

교사 앞 시간에 배운 문법 요소 중, 오늘은 높임 표현에 대하여 공부하겠습니다.

★ [수준별 上] 한국어의 특징에는 어떤 것들이 있나요?(원 연결)

학생 (예상 답변) 서술어가 문장의 끝에 옵니다, 높임법이 발달되어 있습니다, 한자어가 많습니다, 첨가어입니다.

교사 중학교 때 높임 표현에 대하여 배웠죠? 그러면 높임법에는 어떤 것이 있나요? 다들 신호등 카드를 냅니다. 세 가지 모두를 말할 수 있는 학생은 파랑, 두 가지를 말할 수 있는 학생은 노랑, 한 가지나 모르겠다는 학생은 빨강 신호등 카드를 들어 주셔요.(매체 1)

☞ 신호등 카드를 활용하여 전시 학습 내용을 확인하고 있다.

※ 신호등 카드는 토론 수업에서 찬성, 반대, 중립 확인이나, 질문 후 반응 확인 등에 활용할 수 있다.

매체 1 – 신호등 카드

학생 (예상 답변) 상대 높임, 주체 높임, 객체 높임이 있습니다.

교사 상대 높임법은 무엇을 높이는 것입니까?

학생 말 듣는 사람

교사 주체 높임법은 무엇을 높이는 것입니까?

학생 동작의 주체

교사 객체 높임법은 무엇을 높이는 것입니까?

학생 … (객체를 설명하지 못하는 경우가 많다.)

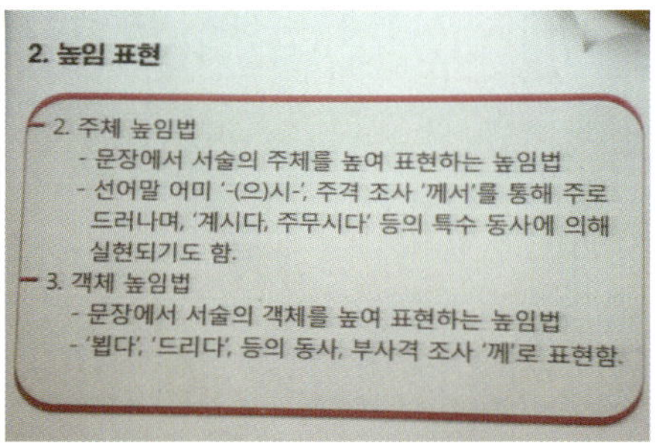

매체 2 – 선개념 확인(높임 표현의 종류)

교사 (PPT 화면을 제시한다.) 중학교 때 학습한 높임 표현의 종류입니다.(매체 2) 이 중, 객체 높임이 어렵지요? 좋아요, 객체 높임에 대해서는 수업 중 다시 자세히 학습하도록 하겠습니다.

⊙ 학습 동기 유발하기

교사 (동영상을 활용해 학습 목표로 연결한다.) 이것은 높임 표현을 잘못 사용하는 경우의 영상 자료입니다.(매체 3)

학생 (학생들이 웃기도 하며 어색하다고 반응한다.)

교사 어색하죠?(원 맞장구) 여러분도 높임 표현을 잘못 사용하여 곤란을 겪은 경우가 있었겠지요. 누구 한 명만 경험을 이야기해 볼 사람?

학생 (경험을 이야기한다.)

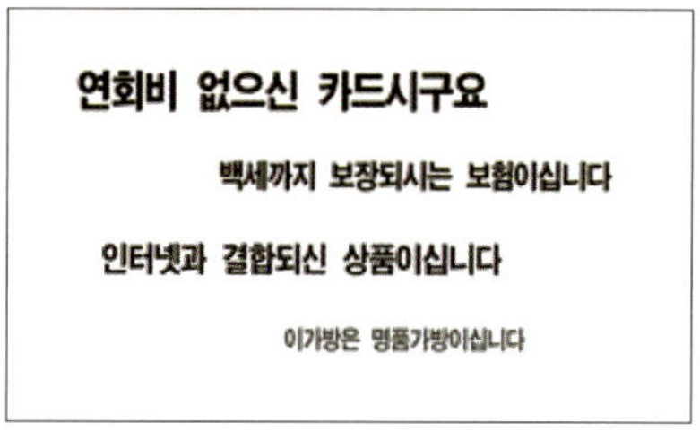

매체 3 – 동기 유발(잘못 사용하는 높임 표현)

⊙ 학습 목표 확인하기

교사 (원 칭찬) 재미있네요. 다음은 오늘 수업의 학습 목표입니다.(매체 4) 오늘은 높임 표현을 상황에 맞게 사용하는 것에 대하여 공부하겠습니다. 그러면 다 같이 학급 게시판에 붙여 놓은 학습 목표를 읽어 봅니다. 시작!

학생 (다 같이 읽는다.)

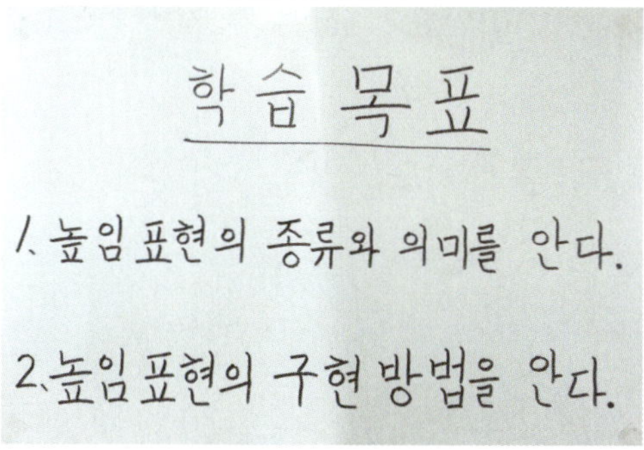

☞ 학습 목표는 PPT로 수업 시작(배움 열기) 단계에서 한 번만 제시할 것이 아니라, 손글씨로 직접 써서 칠판 옆 학급 게시판에 부착하여 수업 중간 중간 학생들이 상기하게 한다.

※ 학습 목표는 성취 기준이나 성취 목표라는 용어와 같이 사용하기도 한다. 그러나 일반적으로 성취 기준은 대단원, 혹은 중단원의 학습 후 도달점을, 학습 목표는 소단원 학습 후 도달점을 의미한다.

매체 4 – 학습 목표

⊙ 수업 참여도 및 집중력 높이기

교사 (유머) 자~ 그러면 먼저 ⑥반 박수 한 번 치고 수업을 시작할까요? 대학 안 갈 사람은 박수 안 쳐도 됩니다. 가장 빠르고 강하게 ⑥반 박수 시작!

학생 (신나게 박수를 친다.)

★ 반별 박수 치기와 같은 것을 학기 초에 만들어 수업 시작 때 실시하면 수업 참여도와 집중력을 높일 수 있다.

2. 배움 활동 1단계에서의 학생 진단과 교수 처방

배움 활동 1단계에서는 상대 높임 표현에 대해 학습한다.

배움 활동 1단계(10′)

학습 과정 (학습 집단)	교수 · 학습 활동	배움중심 PCK 전략			자료(★) 및 유의점(※)
		배움 주춤	배움 전략	배움 원리	
배움 활동1 상대 높임 (전체, 짝)	• **상대 높임의 의미** – 청자를 높임, 상대를 낮춤 • **상대 높임의 구현 방법** – 종결어미 • **상대 높임의 종류** – 격식체와 비격식체 • **압존법** – ★[수준별 上] 압존법의 예외	오개념 오개념	발문 설명 매체 발표 비교	격려 도전 발표 칭찬 공유 딴청	★ 교사 PPT ★ 학생 교과서, 노트, 신호등 카드 ※ 짝 활동을 통한 신개념 학습

오개념 1 상대 높임의 대상을 청자를 높이는 것만으로 잘못 알고 있는 경우가 많다. 발문, 기다리기 등을 활용하여 오개념을 바르게 지도한다.

난개념 1 압존법에 대하여 생소하게 여기는 학생이 많다. 발문, 딴청부리기 등을 통해 난개념을 학습한다.

교사 상대 높임은 누구를 높일까?

학생 **[전체 활동]** 네, 청자를 높이는 것입니다.(학생들은 주로 청자를 높이는 것이라고만 대답하는 경우가 많다.)

교사 과연 그럴까요? 물론 청자를 주로 높입니다만, 청자인 상대를 낮추는 경우도 포함한다는 것을 조심하기 바랍니다.

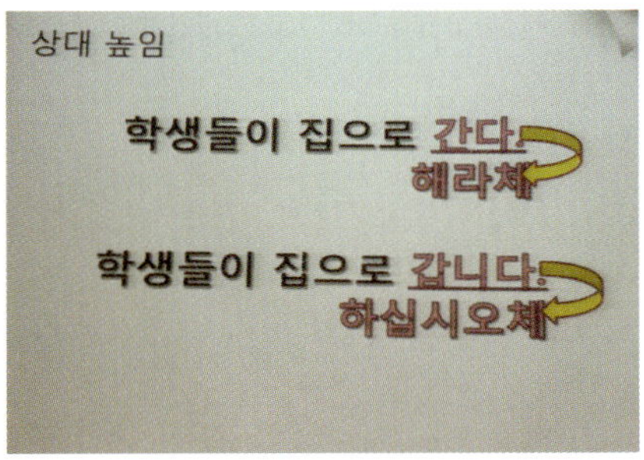

매체 5 – 상대 높임 예문

교사 예문에서 상대방을 높이기 위해 사용한 방법은 무엇일까요?(**매체 5**) 위, 아래 문장의 차이점을 비교해 보고 말해 보셔요.(**원 비교**)

학생 위에서는 '간다'를 사용했는데, 아래에서는 '갑니다'를 사용했습니다.

교사 정확하게 말했습니다. 이처럼 상대 높임에서는 종결어미를 사용하여 구현합니다. 그러면 상대 높임의 갈래에는 어떤 것이 있을까요? 선생님이 칠판에 만든 빈칸을 짝과 함께 협력하여 채워 보기 바랍니다.

학생 (협동 학습을 한다.)[짝 활동] (원 도전, 공유)

교사 (5분 뒤) 자, ○○○ 학생, 앞으로 나와서 빈칸을 채워 보세요.(다 하고 난 뒤 격려하고, 틀렸거나 부족한 부분은 다른 학생이 하게 한다.)

학생 (발표한다.)

교사 아주 잘 했습니다.(원 칭찬) 그런데 여기서 격식체와 비격식체란 무엇을 말할까요?

학생 격식체는 의례적인 상황에서, 비격식체는 일상적인 상황에서 사용합니다.

교사 비격식체는 네 가지이나, 격식체는 두 가지임에 주의하셔요. 그런데 상대 높임에서 '압존법'이 무엇인지 들어 본 적이 있는 사람? 존대가 깔린다는 의미일 것 같기도 하고….(원 딴청)

학생 (대부분 모른다.)

교사 압존법이란, 서술의 주체가 말하는 이보다 높다고 하더라도 듣는 이가 주체보다 높을 때는 그 주체를 높이지 않는 것을 말합니다. 저 예문에서와 같이 손자가 할아버지와 대화할 때 아버지를 높이지 않는 경우가 바로 압존법이랍니다.(매체 6, 설명–정의, 예시)

★ [수준별 上]

교사 그런데 예외로 압존법을 지키지 않아도 되는 공간이 있어요. 어디일까요?

학생 회사에서 사원이 사장님께 부장님의 이야기를 할 때 부장님을 높일 수도 있어요.

교사 아주 설명을 잘 했어요. 사실 선생님도 예가 잘 생각이 안 났는데….(원 딴청부리기, 칭찬)

상대 높임 판서

짝 학습(하브루타): 효과가 전체나 개별 학습보다 현저히 높음이 실험 결과로 나타났다.

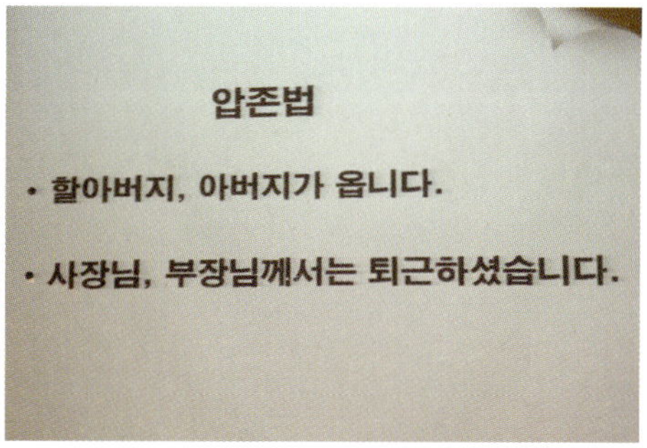

매체 6 – 압존법

3. 배움 활동 2단계에서의 학생 진단과 교수 처방

배움 활동 2단계에서는 주체 높임에 대하여 학습한다.

배움 활동 2단계(10')

학습 과정 (학습 집단)	교수 · 학습 활동	배움중심 PCK 전략			자료(★) 및 유의점(※)
		배움 주춤	배움 전략	배움 원리	
배움 활동 2 주체 높임 (전체, 짝)	• **주체 높임의 의미** – 서술(동작)의 주체를 높임 • **주체 높임의 구현 방법** – 선어말어미, 조사, 특수 동사 – ★[수준별 上] 고어의 주체 높임 • **간접 높임** – 높임 대상인 주체의 신체, 소유물, 친분 관계, 성품, 심리 등을 높임 – 낮춤말로 쓰이는 '말씀'	선개념 난개념 오개념	발문 매체 탐구 발표 설명	대기 연결 도전 발표 칭찬 공유	★ 교사 PPT ★ 학생 교과서, 노트 ※ 짝 활동을 통한 난개념 및 오개념 학습

난개념 1 간접 높임에 대한 이해가 부족한 경우가 많다. 교과서 예문을 통하여 설명하고, 부족하면 더 많은 예문을 들어 이해를 돕는다.

오개념 1 '간접 높임'에서 '말씀'을 높임말로만 알고 있는 학생이 많다. 판서를 통하여 예문을 제시하고 '말씀'이 낮춤말로도 쓰인다는 것을 알게 한다.

교사 다음 동영상을 보셔요.(**매체 7**) 아르바이트생과 손님의 대화에서 어색한 부분은 어디이며, 그 이유는 무엇일까요?(**동기 유발, 원 탐구**)

매체 7 – 동기 유발 – 주체 높임

학생 '나오셨습니다'가 어색한데요.

교사 어색한 이유는?

학생 '커피'를 높였기 때문입니다.

교사 맞습니다. 이것 말고도 '뜨거우니까 조심하시고요', '물은 반대편에 있으십니다' 등. 이 경우는 주체 높임 표현을 잘못 사용한 경우인데, 이처럼 높임법을 잘못 사용하면 어색한 문장이 되고 맙니다.

교사 주체 높임은 누구를 높이는 것입니까? 누구 말해 볼 사람?

학생 네, 동작의 주체를 높이는 것입니다.

교사 맞습니다. 서술의 주체를 높이는 것입니다. 그러면 주체 높임의 방법은 어떻게 구현할까요? 교과서 ○○○ 페이지를 펴 봅니다. 중간 부분의 세 문장에서 선생님과 할아버지, 할머니를 높이기 위해 사용한 방법은 각각 무엇입니까?(**원 탐구**)

학생 '–(으)시–', '가셨다', '주무시다'를 사용했습니다.

교사 맞습니다. 첫 문장에서는 선생님을 높이기 위해 선어말어미 '–(으)시–'를 사용했습니다. 두 번째 문장에서는 할아버지를 높이기 위해 역시 '–(으)시–'를 사용했습니다. 그런데 자세히 보면 주격 조사 '께서'도 사용했음을 알 수 있습니다. 마지막 문장에서는 할머니를 높이기 위해, 특수 동사 '주무신다'를 사용했습니다.

★ [수준별 上] 정철의 '속미인곡'에서는 주체를 높이기 위해 '드시다'에 해당하는 특수 어휘 '셰시다'를 사용했음을 알 수 있습니다. 또한 '자다'의 높임말 '주무시다' 대신 '자시다'를 사용하기도 했습니다.(매체 8)

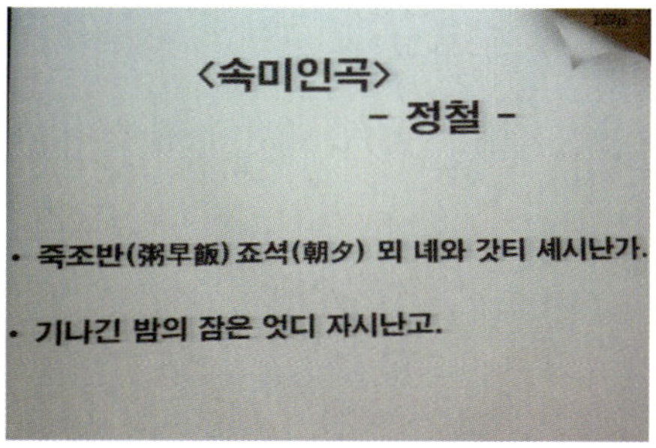

매체 8 – 고어의 주체 높임

그러면 여러분, 혹시 간접 높임에 대해 들어 본 적이 있나요? 교과서 ○○○ 페이지 아래쪽을 보면, 위에는 할머니를 높이기 위해 '계신다'를 사용했지만, 아래 문장에는 어떻게 되어 있나요?

간접 높임 교과서

학생 '있으시다'를 사용했습니다.

교사 그렇지요, '있으시다'를 사용했지요? 이 둘의 차이는 무엇일까요? 다들 짝과 의논하여 차이를 발견한 사람이 먼저 말해 보셔요.

학생 (좀처럼 발견하지 못한다.)

교사 높임의 대상을 먼저 찾아보면 될 것 같은데… (연결, 원 딴청부리기) 자~ 앞 문장에서 '계신다'의 주체는 누구입니까?

학생 '할아버지'입니다.

교사 그렇죠, '할아버지'이지요. 그렇다면 다음 문장의 '있으시다'의 주체는?

학생 '손자'입니다.

교사 맞습니다, '손자'이기 때문에 간접적으로 높이게 된 것입니다. 이처럼 간접 높임의 경우에는 특수 동사를 사용하지 않고, 주체 높임 선어말어미인 '–시'를 사용해야 합니다. 꼭 기억해 두기 바랍니다.

교사 지금 선생님이 칠판에 적은 문장에서 교장 선생님을 높이기 위해 교장 선생님의 '말' 대신 '말씀'으로 표현한 것도 간접 높임이 됩니다. 그런데 말씀은 높임말로만 쓰일까요?

학생 네.

교사 아닙니다. '말씀'은 낮춤말로도 쓰입니다. 어떤 경우가 있을까요?**(탐문)** (칠판에 문장을 적는다 → "선생님, 제 말씀 좀 들어 보셔요.") 이 문장에서는 자신을 겸손하게 표현하기 위해 '말씀'을 낮춤의 의미로 사용했습니다.

4. 배움 활동 3단계에서의 학생 진단과 교수 처방

배움 활동 3단계에서는 객체 높임에 대하여 학습한다.

배움 활동 3단계(10')

학습 과정 (학습 진단)	교수 · 학습 활동	배움중심 PCK 전략			자료(★) 및 유의점(※)
		배움 주춤	배움 전략	배움 원리	
배움 활동 3 객체 높임 (전체, 짝)	• **객체 높임의 의미** – 주어의 행위가 미치는 대상인 부사어나 목적어를 높임 • **객체 높임의 구현 방법** – 조사, 특수 동사 – ★ [수준별 上] 중세 국어의 객체 높임	선개념 난개념 신개념 오개념	발문 매체 설명	딴청 공유 도전	★ 교사 PPT ★ 학생 교과서, 노트 ※ 짝 활동을 통한 난개념 및 오개념 학습

난개념 1 객체 높임의 대상인 객체가 무엇을 가리키는지 모르는 학생들이 많다. 예문을 통하여 주어의 행위가 미치는 대상인 객체란 부사어나 목적어임을 알게 한다.

오개념 1 객체 높임의 구현 방법으로 특수 동사만 있는 것으로 잘못 이해하고 있는 학생이 많다. 예문에서 짝과 먼저 찾기 시합을 하게 하여 해결한다.

교사 객체 높임에서 높임의 대상인 객체란 문장에서 서술의 객체, 즉 주어의 행위가 미치는 대상을 말합니다. 다음 문장에서 높임의 대상인 객체에 해당하는 것은 어느 것일까요?**(매체 9)**

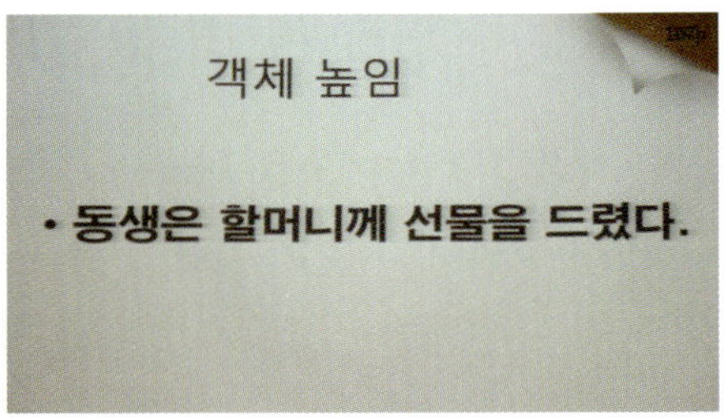

매체 9 – 객체 높임 예문

학생 '할머니'입니다.

교사 그러면 할머니를 높이기 위해 사용한 말은 어느 것입니까?

학생 '드리다'를 사용했습니다.

교사 맞습니다. 그런데 객체 높임을 실현하는 방법은 또 있을 것 같기도 한데…. 무엇일까요? 짝과 함께 찾아보셔요.(원 딴청부리기, 도전)

학생 (잘 모르는 경우가 많다.)

교사 '에게' 대신 '께'를 사용했습니다. 이처럼 객체를 높이기 위해서는 특수 동사와 조사를 사용하게 됩니다.

매체 10 – 중세 국어의 객체 높임 선어말어미

★ [수준별 上] 그런데 중세 국어에서는 객체 높임법이 아주 발달되어 있습니다.('석보상절'과 '용비어천가'에 나오는 객체 높임 선어말어미를 제시하여 설명한다.)(매체 10)

5. 배움 정리 단계에서의 학생 진단과 교수 처방

배움 정리 단계에서는 학습한 내용의 전체 정리 및 학습에 대한 반성을 한다.

배움 정리 단계(10')

학습 과정 (학습 집단)	교수 · 학습 활동	배움중심 PCK 전략			자료(★) 및 유의점(※)
		배움 주춤	배움 전략	배움 원리	
배움 정리 (전체, 짝)	• **정리하기** – 높임 표현의 종류와 구현 방법 – 잘못된 높임 표현 고치기 • **형성 평가** – 수능 기출 문항 • **학습 활동 내용 공유** – 오늘 학습하면서 알게 된 것 이야기하기(와우 아이디어 박스 활용 • **다음 차시 학습 내용 예고** – 시간 및 사동, 피동 표현	선개념	매체 발표 토의 과제	반성 격려 도전	★ 교사 PPT, 형성 평가지, 아이디어 박스 ★ 학생 교과서, 노트 ※ 정리하기에서는 전개 단계 학습 시 난개념이나 오개념이 학습되었는지를 학습 목표 달성과 연계하여 확인한다.

난개념 ① 높임 표현의 종류 및 구현 방법: 핵심 내용을 PPT로 정리한다.

난개념 ② 와우 아이디어 박스를 활용한다.

난개념 ③ 고등학교 선택 과목으로 수능형 문항 적응 훈련이 필요하므로 전체 내용을 총괄할 수 있는 수능형 문항을 통해 적응 훈련을 한다.

형성 평가를 마친 후 학습한 내용과 느낌을 짝끼리 이야기하고 의견을 공유한다.

⊙ 정리하기

교사 오늘 수업을 통해 여러분은 실생활에서 잘못 사용하고 있는 높임 표현을 발견하고 바로잡을 수 있어야 합니다. 그럼 수업을 정리하는 의미에서 다음 중, 잘못된 높임 표현의 문장을 찾아서 고쳐 봅니다. 다섯 개 중, 세 개가 잘못되었습니다.(매체 11)

학생 (지명된 학생이 앞으로 나와서 고친다.)(발표, 원 공유)

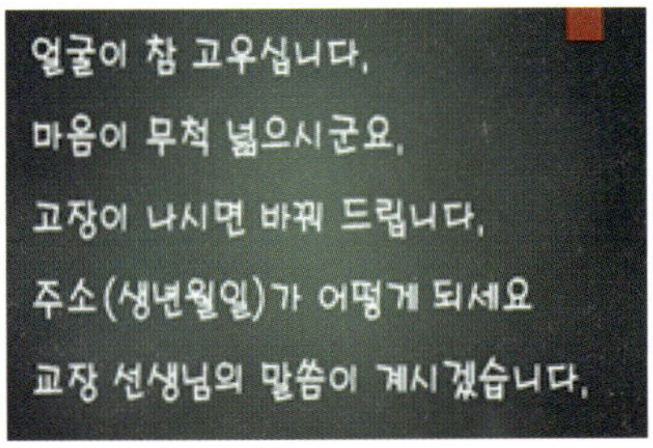

매체 11 – 정리하기 '잘못된 높임법'

⊙ 형성 평가

교사 (정리 PPT 제시) 아주 잘 했어요. 이제 핵심 내용을 같이 대답해 봅시다. (이어서 수능형 문제 화면 제시) 오늘 학습 내용을 총괄할 수능형 문제를 짝과 같이 풀어 볼까요?(원 도전)

학생 (짝과 문제를 푼 후 정답을 말한다.)(토의, 원 공유)

교사 (학생을 지명하며 정답의 이유를 묻는다.)(탐문)

학생 (대답한다.)

교사 (학생의 설명을 보완한다.)(부연)

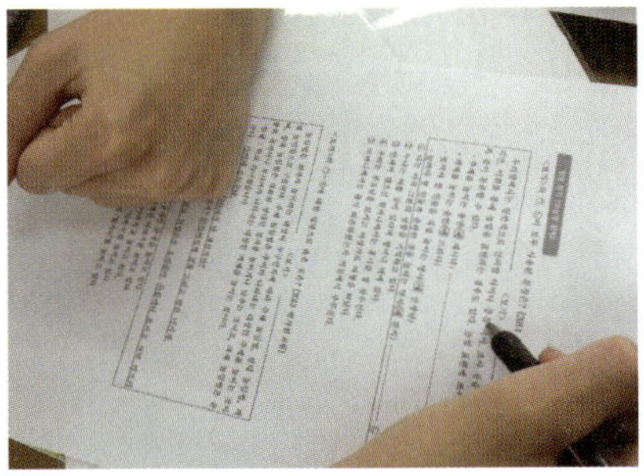
형성 평가 – 수능 기출 문제 풀기

⊙ 학습 활동 공유 및 차시 예고

교사 오늘 학습하면서 알게 된 것, 느낀 점을 와우 아이디어 박스의 사진을 활용하여 짝에게 이야기해 보기 바랍니다.(매체 12, 원 반성)

교사 내 짝은 정말 창의적으로 연결을 잘 했다고 느낀 사람 짝을 추천해 보셔요.

학생 (발표한다.)(발표, 원 공유)

교사 오늘은 여기까지 하겠습니다. 다음 시간에는 문법 요소 중, 시간 및 사동, 피동 표현에 대해 학습하겠습니다.

그림 a

[와우 아이디어 박스]로, 창의성과 같은 우뇌 개발을 위한 200장으로 된 사진 카드

그림 b

학생 발표 예: "높임법을 잘못 사용하면 인간관계가 철조망처럼 황량해지고, 바르게 사용하면 풀잎에 맺혀 있는 이슬처럼 영롱해집니다."

매체 12 - 학습 활동 공유

지도 유의점 06

이 학습 내용을 지도할 때 고려해야 할 유의점은 무엇인가?

학생 발달 수준에 따른 학습 활동

본시 수업과 관련한 학생 발달 수준을 고려하기 위해서는 다음의 내용을 확인한다.

- 중학교 과정 학습에서 높임 표현에 대해 어느 정도의 개념을 습득하고 있는지를 전시 학습 단계와 동기 유발 단계에서 확인한 후, 이를 바탕으로 본시 학습 내용으로 연결한다.
- 전시에 학습한 높임 표현의 종류, 문법 요소 등을 잘 이해하고 있는지는 발문하면서 확인하고, 미흡한 경우 힌트 등을 통해 사고할 수 있도록 촉진한다.
- 학습 목표 도달을 위해 수업 핵심 지식을 학습한 직후 짝 가르치기와 같은 학생 주도 활동을 통해 메타인지를 활성화하는 단계를 반드시 거치도록 한다.

수업 전문성 수준에 따른 학습 내용

- 교육부에서 개발한 성취 기준은 학생들이 학습하는 이유를 밝혀 주는 것이며, 학습 목표 설정의 기준이 된다. 학교의 학생 학력 실태에 따라 학년초 교과협의회, 성적관리위원회를 통해 성취 기준의 정정도 가능하다. 이를 위해서는 학생 학력 진단이 먼저 정확히 이뤄져야 한다.
- 성취 기준에 따른 학습 목표에 도달하기 위해 반드시 교과서에 따라 진행할 필요는 없다. 성취 기준에 도달할 수 있는 내용이라면 다양하게 교사의 재량으로 구성할 수 있다. 전문성이 있는 교사일수록 교과서를 하나의 예시 자료로 보고, 해당 학교 학생들의 흥미, 태도, 선개념, 난개념, 오개념 실태 진단을 통해 적절한 재구성과 수업 설계를 한다.

학생 평가

07 이 학습 내용에 대한 학생들의 이해도나 어려움을 평가하는 방법은 무엇인가?

평가를 통해 학생들은 자신의 장단점을 진단하고 보완할 수 있는 학습 계획을 수립할 수 있으며, 교사는 교수 방법의 효율성을 진단할 수 있다. 평가의 타당성을 높이기 위해서 각 영역의 내용을 포괄적이고 균형 있게 다루며, 학생의 학습 활동 수행 과정과 결과를 보고, 교과에 대한 이해, 기능, 태도 등에 대해 종합적으로 판단하는 평가 방식이 되어야 한다.

평가 영역	평가 관점	평가 시기	평가자	평가 방법	평가 척도
지식	높임 표현의 종류를 알고 있는가?	도입 단계	교사	발문	상중하
기능	높임 표현의 구현 방법을 알고 있는가?	전개/정리 단계	교사/동료	관찰/수행	상중하
태도	스스로 가르치기, 짝에게 열심히 설명하기, 짝의 설명을 열심히 경청하기, 학습지 정리를 잘 하는가?	전 단계	교사/동료	관찰	상중하

교사는 수업 중 학생들의 이해 정도와 평가 결과를 분석하여 난개념과 오개념을 결정하고, 이에 따른 효율적인 배움 전략을 수립하여 다음 수업에 적용한다.

PCK 본시 교수·학습 과정안

국어 | II–3–(2) 문법 요소

국어과 PCK 수업 설계

학습 내용

- **교과:** 국어(독서와 문법)
- **학년–학기:** 고등학교 2 – 2학기
- **단원:** II–3–(2) 문법 요소 중 높임 표현
- **차시:** 2/5
- **주제:** 높임 표현 구현 방법

학습 필요

- 잘못 표현된 높임 표현을 고치고, 올바른 높임법을 사용함

교수 처방

〈배움 전략〉	〈배움 원리〉
□ 설명 – 비유	■ 공감 – 칭찬
■ 설명 – 예시	□ 공감 – 신뢰
□ 설명 – 그림	□ 공감 – 수용
■ 설명 – 정의	□ 공감 – 존중
□ 설명 – 실물	■ 공감 – 격려
■ 설명 – 비교	□ 공감 – 표현
□ 설명 – 대조	■ 공감 – 유머
□ 시범 □ 관찰	□ 지원 – 개발
□ 서사 ■ 탐구	■ 지원 – 딴청
■ 발문 □ 추론	□ 지원 – 나누기
□ 연습 □ 요약	■ 지원 – 맞장구
□ 단서 □ 조작	■ 지원 – 대기
■ 과제 □ 메모	■ 지원 – 공유
■ 매체 ■ 발표	■ 지원 – 도전
■ 토의	□ 지원 – 참여
	■ 지원 – 연결
	■ 지원 – 반성

학생 평가

- 잘못된 높임 표현 문장 고치기
- 지필, 서술, 관찰, 교사 및 동료 평가

학습 흐름

1. **배움 열기 단계**
   - 문법 요소 중, 높임 표현, 동기 유발
2. **배움 활동 단계**
   - 상대 높임, 주체 높임, 객체 높임
3. **배움 정리 단계**
   - 예문을 통한 높임 표현 정리

학생 진단

- **선개념:** 문법 요소, 높임법의 종류
- **난개념:** 객체 높임
- **오개념:** 말씀, 있으시다/계시다
- **신개념:** 높임법의 구현 방법

학생 배움중심의 수업 설계 약안

교과	국어(독서와 문법)	단원(차시)	II-3-(2) 문법 요소(2/5차시)
성취 기준	310412-1. 의미 구성에 기여하는 문법 요소(종결 표현, 피동 · 사동 표현, 높임 표현, 시간 표현, 부정 표현, 인용 표현) 중, 높임 표현의 개념과 기능을 설명할 수 있다.		
학습 목표	1. 높임 표현의 종류와 의미를 안다. 2. 높임 표현의 구현 방법을 안다.		

학습 과정 (학습 집단)	교수 · 학습 활동	PCK 전략			자료(★) 및 유의점(※)
		배움 주춤	배움 전략	배움 원리	
배움 열기 (전체)	**• 전시 학습 내용 상기하기** – 우리말의 특징, 문법 요소, 높임 표현의 종류 – ★[수준별 上] 한국어의 특징 **• 학습 동기 유발하기** – 잘못된 높임 표현 동영상 **• 학습 목표, 수업 흐름 확인하기**	난개념	매체 발문	연결 칭찬 맞장구	★ 교사 PPT, 동영상, 신호등 카드 ★ 학생 교과서, 노트 ※ 전시 학습 확인 후 난개념은 간단히 설명
배움 활동 1 상대 높임 (전체, 짝)	**• 상대 높임의 의미** – 청자를 높임, 상대를 낮춤 **• 상대 높임의 구현 방법** – 종결어미 **• 상대 높임의 종류** – 격식체와 비격식체 **• 압존법** – ★[수준별 上] 압존법의 예외	오개념 오개념	발문 설명 매체 발표 비교	격려 도전 발표 칭찬 공유 딴청	★ 교사 PPT ★ 학생 교과서, 노트, 신호등 카드 ※ 짝 활동을 통한 신개념 학습
배움 활동 2 주체 높임 (전체, 짝)	**• 주체 높임의 의미** – 서술(동작)의 주체를 높임 **• 주체 높임의 구현 방법** – 선어말어미, 조사, 특수 동사 – ★[수준별 上] 고어의 주체 높임 **• 간접 높임** – 높임 대상인 주체의 신체, 소유물, 친분 관계, 성품, 심리 등을 높임 – 낮춤말로 쓰이는 '말씀'	선개념 난개념 오개념	발문 매체 탐구 발표 설명	대기 연결 도전 발표 칭찬 공유	★ 교사 PPT ★ 학생 교과서, 노트 ※ 짝 활동을 통한 난개념 및 오개념 학습
배움 활동 3 객체 높임 (전체, 짝)	**• 객체 높임의 의미** – 주어의 행위가 미치는 대상인 부사어나 목적어를 높임 **• 객체 높임의 구현 방법** – 조사, 특수 동사 – ★[수준별 上] 중세 국어의 객체 높임	선개념 난개념 신개념 오개념	발문 매체 설명	딴청 공유 도전	★ 교사 PPT ★ 학생 교과서, 노트 ※ 짝 활동을 통한 난개념 및 오개념 학습
배움 정리 (전체, 짝)	**• 정리하기** – 높임 표현의 종류와 구현 방법 – 잘못된 높임 표현 고치기 **• 형성 평가** – 수능 기출 문항 **• 학습 활동 내용 공유** – 오늘 학습하면서 알게 된 것 이야기하기 (와우 아이디어 박스 활용) **• 다음 차시 학습 내용 예고** – 시간 및 사동, 피동 표현	선개념	매체 발표 토의 과제	반성 격려 도전	★ 교사 PPT, 형성 평가지, 아이디어 박스 ★ 학생 교과서, 노트 ※ 정리하기에서는 전개 단계 학습 시 난개념이나 오개념이 학습되었 는지를 학습 목표 달성과 연계하여 확인한다.

형성 평가

1. 〈보기〉의 ㉠, ㉡이 모두 사용된 문장은? [2014 수능]

보기

우리말에서는 일반적으로 선어말어미나 종결어미, 조사 등을 통해 높임을 표현하지만, 어휘를 통해 높임을 표현하는 경우도 있다. 높임 표현에 쓰이는 어휘들은 다음과 같이 분류할 수 있다.

- 주체를 높이는 용언(㉺ 계시다) ------------------------------------ ㉠
- 객체를 높이는 용언(㉺ 드리다)
- 높여야 할 인물을 직접 높이는 명사(㉺ 선생님)
- 높여야 할 인물과 관련된 것을 높이는 명사(㉺ 진지) ------------------ ㉡

① 나는 아직 그분의 성함을 기억하고 있다.
② 누나는 여쭐 것이 있다며 할머니 댁에 갔다.
③ 연세가 많으신 할머니께서는 홍시를 잘 잡수신다.
④ 우리는 부모님을 모시고 바닷가로 여행을 떠났다.
⑤ 어머니께서는 몹시 피곤하셨는지 거실에서 주무신다.

2. 〈보기〉의 ㉠~㉤에 대한 설명으로 옳은 것은? [2013 평가원 6월]

보기

높임법은 화자가 높이려는 대상이 누구인지에 따라 주체 높임법, 상대 높임법, 객체 높임법으로 구분된다. 주체 높임법은 주어가 나타내는 대상인 주체를 높이는 것이며, 상대 높임법은 대화의 상대인 청자를 높이거나 낮추는 것이고, 객체 높임법은 문장의 목적어나 부사어가 나타내는 대상인 객체를 높이는 것이다.

동생: 학교 다녀왔습니다.
누나: ㉠ 이제 오는구나.
동생: 누나밖에 없어? ㉡ 아버지 안 계신거야?
누나: 응, 너 저녁 안 먹었지? ㉢ 아버지께 전화 드리고 얼른 나가자.
동생: 무슨 일인데?
누나: ㉣ 아버지께서 너 데리고 식당으로 오라셨어. ㉤ 할머니 모시고 저녁 먹으러 가자고 그러시더라.

① ㉠은 '-는구나'를 사용하여 상대인 동생을 높이고 있다.
② ㉡은 '계시다'를 사용하여 객체인 아버지를 높이고 있다.
③ ㉢은 '께'를 사용하여 주체인 '아버지'를 높이고 있다.
④ ㉣은 '께서'를 사용하여 객체인 '아버지'를 높이고 있다.
⑤ ㉤은 '모시다'를 사용하여 객체인 '할머니'를 높이고 있다.

정답 1. 3 2. 5

교사의 관찰 체크리스트

학습 과제 :

학년: 반: 담당교사: (인)

<table>
<tr><th colspan="2">평가 내용</th><th>형성 평가</th><th colspan="3">활동 1 내용</th><th colspan="3">활동 2 내용</th></tr>
<tr><td rowspan="3">성취
수준</td><td>상</td><td>80% 이상</td><td colspan="3"></td><td colspan="3"></td></tr>
<tr><td>중</td><td>60% 이상
~
80% 미만</td><td colspan="3"></td><td colspan="3"></td></tr>
<tr><td>하</td><td>60% 미만</td><td colspan="3"></td><td colspan="3"></td></tr>
<tr><th>번호</th><th>이름</th><th>상/중/하</th><th>상</th><th>중</th><th>하</th><th>상</th><th>중</th><th>하</th></tr>
<tr><td>1</td><td></td><td></td><td></td><td></td><td></td><td></td><td></td><td></td></tr>
<tr><td>2</td><td></td><td></td><td></td><td></td><td></td><td></td><td></td><td></td></tr>
<tr><td>3</td><td></td><td></td><td></td><td></td><td></td><td></td><td></td><td></td></tr>
<tr><td>4</td><td></td><td></td><td></td><td></td><td></td><td></td><td></td><td></td></tr>
<tr><td>5</td><td></td><td></td><td></td><td></td><td></td><td></td><td></td><td></td></tr>
<tr><td>6</td><td></td><td></td><td></td><td></td><td></td><td></td><td></td><td></td></tr>
<tr><td>7</td><td></td><td></td><td></td><td></td><td></td><td></td><td></td><td></td></tr>
<tr><td>8</td><td></td><td></td><td></td><td></td><td></td><td></td><td></td><td></td></tr>
<tr><td>9</td><td></td><td></td><td></td><td></td><td></td><td></td><td></td><td></td></tr>
<tr><td>10</td><td></td><td></td><td></td><td></td><td></td><td></td><td></td><td></td></tr>
<tr><td>11</td><td></td><td></td><td></td><td></td><td></td><td></td><td></td><td></td></tr>
<tr><td>12</td><td></td><td></td><td></td><td></td><td></td><td></td><td></td><td></td></tr>
<tr><td>13</td><td></td><td></td><td></td><td></td><td></td><td></td><td></td><td></td></tr>
<tr><td>14</td><td></td><td></td><td></td><td></td><td></td><td></td><td></td><td></td></tr>
<tr><td>15</td><td></td><td></td><td></td><td></td><td></td><td></td><td></td><td></td></tr>
<tr><td>16</td><td></td><td></td><td></td><td></td><td></td><td></td><td></td><td></td></tr>
<tr><td>17</td><td></td><td></td><td></td><td></td><td></td><td></td><td></td><td></td></tr>
<tr><td>18</td><td></td><td></td><td></td><td></td><td></td><td></td><td></td><td></td></tr>
<tr><td>19</td><td></td><td></td><td></td><td></td><td></td><td></td><td></td><td></td></tr>
<tr><td>20</td><td></td><td></td><td></td><td></td><td></td><td></td><td></td><td></td></tr>
<tr><td>21</td><td></td><td></td><td></td><td></td><td></td><td></td><td></td><td></td></tr>
<tr><td>22</td><td></td><td></td><td></td><td></td><td></td><td></td><td></td><td></td></tr>
<tr><td>23</td><td></td><td></td><td></td><td></td><td></td><td></td><td></td><td></td></tr>
</table>

학생 자기 성찰 평가 및 동료 평가서

국어

학습 과제 :

자기 성찰 평가

학년: 반: 번: 이름:	
모둠 친구들	
나의 역할	

1. 나의 역할에 최선을 다했나? ☆☆☆☆☆
2. 친구들을 도우며 활동에 참여했나? ☆☆☆☆☆
3. 모둠원의 역할 분담(과제 분담)이 골고루 이루어졌나? ☆☆☆☆☆
4. 모둠원이 모두 적극적으로 참여했나? ☆☆☆☆☆
5. 모둠별 활동을 수행하며 생긴 어려움과 갈등을 민주적으로 해결했나? ☆☆☆☆☆
6. 이번 학습 활동을 통해 배운 것(자유롭게 기록하기)

동료 평가

학년: 반:

모둠명	발표 내용에서 인상적이거나 좋았던 부분에 대한 한 줄 평	점수(절대평가)
		☆☆☆☆☆
		☆☆☆☆☆
		☆☆☆☆☆
		☆☆☆☆☆
		☆☆☆☆☆
		☆☆☆☆☆

2 CoRe 활용 학생 배움중심의 영어 PCK 수업 설계

학습 내용 01

학생들이 학습해야 할 내용은 무엇인가?

영어

중학교 1학년 영어 [Lesson 5. Stories for Everybody]* 단원은 be동사와 일반동사 과거형의 쓰임을 이해하고 지난 일에 대하여 자신의 생각이나 상황을 정확하게 말하고 쓸 수 있는 것을 목적으로 한다.

학년 학기	중학교 1학년 1학기
단원(차시)	Lesson 5. Stories for Everyday(7/9차시)
학습 주제	Language in Use (be동사와 일반동사의 과거형으로 문장 만들기)

- 중학교에서 동사의 과거형 표현하기는 대체적으로 1학년 1학기에 다루어지며 수업 내용 및 본문 내용은 교과서와 교사의 단원 재구성 지도 계획에 따라 달라질 수 있다.
- 단원 명칭은 교과서의 해당 대단원 시작 쪽에서 알 수 있다. 해당 차시는 대단원 총 차시 중 교사가 구성한 차시 순에 따른다.
- 학습 주제는 본시에 학습할 주제를 교사가 재구성하여 설정할 수 있다. 본 수업은 한 단원 9차시 중 7차시로 문법 요소를 다루는 차시이다.

단원의 지도 내용

- 상대방에게 축하하거나 위로하는 연습을 하고, 우화를 읽고 그 속에 담긴 교훈을 찾아보기
- 감정 말하기(I'm worried), 축하하기(Congratulations), 위로하기(Don't worry) 표현 익히기
- be동사의 과거형과 일반동사의 과거형을 이해하고 문장 만들기

* 교과서: 두산동아(김), Middle School English 1

본시의 학습 문제

- be동사, 일반동사의 불규칙변화 과거형을 이해할 수 있다.
- be동사, 일반동사의 과거형(규칙변화, 불규칙변화)을 써서 문장을 쓸 수 있다.

본시의 학습 요소

- be동사, 일반동사의 과거형의 불규칙변화 이해하기
- be동사, 일반동사의 과거형을 써서 어린 시절 모습을 영어로 표현하기

학습 필요

02 이 내용을 학습해야 하는 까닭은 무엇인가?

영어

본시 학습을 해야 하는 까닭은 교육부에서 개발한 성취 기준을 통해 알 수 있다. 과목별 성취 기준은 '학생평가지원포털(assess.kice.re.kr)'에 탑재된 '중학교 성취평가제 운영의 실제–영어'에서 확인할 수 있다.

본시의 성취 기준은 다음과 같다.

성취기준

영중9412–1. 주변의 실물, 그림, 사진 등을 보고 대상을 묘사하는 문장을 완성할 수 있다.

교육과정 내용	성취 기준	성취 수준	
①–2. 주변의 실물, 그림, 사진, 도표 등을 보고 문장을 완성한다.	영중9412–1. 주변의 실물, 그림, 사진 등을 보고 대상을 묘사하는 문장을 완성할 수 있다.	상	실물, 그림, 사진 등에 있는 대상의 모습을 자세하게 묘사하는 문장을 어법에 맞게 적절한 어휘를 사용하여 완성할 수 있다.
		중	실물, 그림, 사진 등에 있는 대상의 모습을 묘사하는 문장을 주어진 낱말이나 어구를 활용하여 완성할 수 있다.
		하	실물, 그림, 사진 등에 있는 대상의 모습을 간단히 묘사하는 문장의 빈칸에 주어진 낱말을 선택적으로 넣어 완성할 수 있다.

본시의 성취 기준 선정 근거는 다음과 같다.

- 주변의 실물, 그림, 사진 등을 보고 묘사하는 문장을 완성하는 것은 표나 그래프를 보고 내용을 파악하는 것보다 기본적인 활동이며, 교수 · 학습 활동에 있어 영중9412–2보다 포괄적인 활동이다.
- 영중9442–1을 통해 부분적으로 달성될 수 있는 성취 기준이 아니라, 교수 · 학습 활동 '쓰기' 영역의 기본적인 성취 기준이므로 반드시 필요한 핵심 성취 기준이다.
- 중학교 수준의 쓰기 교수 · 학습 활동을 통해 달성될 수 있는 기본적인 성취 기준이다.

교육과정 교과 지식 03

이 학습 내용과 관련하여 교사가 알아야 할 내용은 무엇인가?

본시 학습 내용을 지도하기 위해서 교사가 알아야 할 것은 본시와 관련한 학습의 계열과 교과 핵심 지식 및 기능이다.

학습의 계열

학습의 계열은 본시 학습에서 가르칠 범위를 결정하는 데 도움을 준다.

구분	내용
선수 학습	**교육과정 성취 기준** **영중9411-2.** 주어진 낱말이나 어구가 들어가는 문장을 완성할 수 있다. • **일반동사의 현재형 쓰임을 이해한다.** – 중학교 1학년 두산(김). Lesson 1. Everyone is Special • **be동사, 일반동사의 규칙변화 과거형을 이해한다.** – 중학교 1학년 두산(김). Lesson 5. Stories for Everybody
본시 학습	**교육과정 성취 기준** **영중9412-1.** 주변의 실물, 그림, 사진 등을 보고 대상을 묘사하는 문장을 완성할 수 있다. • **be동사, 일반동사의 불규칙변화 과거형을 이해한다.** • **어린 시절 모습의 사진에 대하여 영어로 쓸 수 있다.** – 중학교 1학년 두산(김). Lesson 5. Stories for Everybody
후속 학습	**교육과정 성취 기준** **영중9451-1.** 일상생활에 관한 자신의 과거 경험에 대해 간단히 쓸 수 있다. • **현재완료의 용법을 이해한다.** – 중학교 2학년 두산(김). Lesson 6. My favorite short story

교과 핵심 지식 및 기능

본시 학습에서 학생들에게 꼭 가르쳐야 할 핵심 지식(기능)의 내용이다.

핵심지식 ① be동사, 일반동사 과거형의 불규칙변화 알기

- 과거형 동사의 규칙변화와 불규칙변화의 이해
  - listen → listened, love → loved, study → studied, stop → stopped (규칙변화)
  - eat → ate, buy → bought, go → went, get → got, wear → wore (불규칙변화)

핵심지식 ② be동사, 일반동사의 과거형을 활용하여 문장 만들기

- 사진 모습을 과거형 동사를 이용하여 문장으로 표현하기
  - was / were (나이를 나타내는 표현) I was ____ years old.
    ('기분이 --했었다'의 표현) I was ______________.
  - wore ('어떤 옷을 입고 있었다'의 표현) I wore ______________.
  - went (--에 갔었다.) I _________ ____________.

- 사진의 상황에서 요구하는 다양한 과거동사 표현
  - played, met, saw, took, went, did, listened…

학생 진단

04 이 내용을 학습할 학생들이 겪을 어려움은 무엇인가?

본시 학습 내용에 대한 성취도를 높이기 위해서는 학습 내용의 핵심 지식(기능)과 이에 대한 학생들의 이해도 및 학습의 걸림돌이 무엇인지에 대해 학생 실태를 파악하고, 대비책을 마련해 두는 것이 필요하다. 여기서는 핵심 지식에 대한 학생의 이해도 및 기능 습득에 어떤 어려움이 있는지 살펴본다.

난개념(난기능), 오개념(오기능)과 핵심 지식과의 연계 지도 방안을 찾기 위해 학생들의 선수 학습 개념을 사전 설문 조사나 진단 평가 형식으로 알아볼 수 있다.

본시 학습 주제에 대한 진단 평가 결과

분석 결과(상 ⊙, 중 ◑, 하 △)

문항		분석 결과	본시 학습 진단 평가지
1	현재형과 과거형 구분	⊙	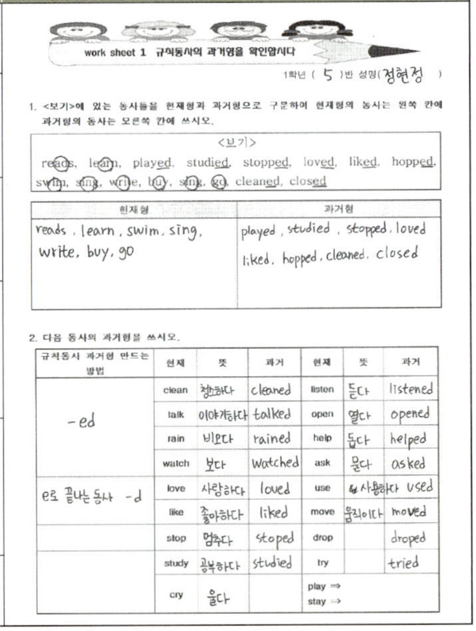
2	일반동사 과거형의 규칙변화 1 (동사 뒤에 －ed 붙이기)	⊙	
3	일반동사 과거형의 규칙변화 2 (e로 끝나는 동사는 동사 뒤에 d만 붙이기)	◑	
4	일반동사 과거형의 규칙변화 3 (단모음+단자음으로 끝나는 동사는 자음을 한 번 더 쓰고 ed 붙이기)	◑	
5	일반동사 과거형의 규칙변화 4 (자음 + y로 끝나는 동사는 y를 i로 고치고 ed 붙이기)	△	
6	일반동사 과거형의 불규칙변화	△	

work sheet 1 규칙동사의 과거형을 확인합시다

1학년 (5)반 성명(정현정)

1. <보기>에 있는 동사들을 현재형과 과거형으로 구분하여 현재형의 동사는 왼쪽 칸에 과거형의 동사는 오른쪽 칸에 쓰시오.

<보기>
reads, learn, played, studied, stopped, loved, liked, hopped, swim, sing, write, buy, sing, go, cleaned, closed

현재형	과거형
reads, learn, swim, sing, write, buy, go	played, studied, stopped, loved, liked, hopped, cleaned, closed

2. 다음 동사의 과거형을 쓰시오.

규칙동사 과거형 만드는 방법	현재	뜻	과거	현재	뜻	과거
-ed	clean	청소하다	cleaned	listen	듣다	listened
	talk	이야기하다	talked	open	열다	opened
	rain	비오다	rained	help	돕다	helped
	watch	보다	watched	ask	묻다	asked
e로 끝나는 동사 -d	love	사랑하다	loved	use	사용하다	used
	like	좋아하다	liked	move	움직이다	moved
	stop	멈추다	stoped	drop		droped
	study	공부하다	studied	try		tried
	cry	울다		play ⇒ stay ⇒		

선개념

선개념은 본시 학습 내용과 관련하여 학생들이 이미 알고 있는 개념이다. 핵심 지식을 획득하기 위해 선개념을 바탕으로 난개념, 오개념과 연결지어 배움 전략을 수립하고 지도한다.

선개념 1 일반동사의 과거형은 현재형과 모양이 다르다는 것을 안다.

선개념 2 대부분의 학생이 일반동사 과거형의 규칙변화 방법 4가지를 알고 있지만 일부 학생은 잘 모른다.

난개념, 난기능

난개념은 본시에서 학습해야 할 내용 중에서 학생들이 이해하기 어려워하는 내용으로, 효과적인 배움 전략과 배움 원리를 실행함으로써 이를 해결하고 학습 목표에 도달하게 한다.

난개념 1 • 모음과 자음의 구분을 어려워한다. 그래서 「모음+y」 동사의 과거형 만들기에서 y를 i로 고치고 'ed' 붙이는 것을 잘 못한다.

예) study → studied / play → played의 구분을 어려워한다.

• 단모음과 단자음의 구분을 어려워한다. 그래서 「단모음+단자음」 동사의 과거형 만들기에서 자음을 한 번 더 쓰고 '–ed' 붙이는 것을 잘 못한다.

예) stop → stopped / hop → hopped

난개념 2 • 제시된 동사의 과거형이 규칙변화인지 불규칙변화인지 구분을 어려워한다.

• 무조건 동사 뒤에 –ed를 붙이려고 한다.

예) run → runned

난개념 3 일반동사의 불규칙변화 과거형 발음하는 것을 어려워한다.

난기능 1 사진의 상황에 맞는 동사를 영어로 표현하는 것을 어려워한다.

난기능 2 동사의 현재형과 과거형의 철자는 같지만 발음이 서로 다른 것을 어려워한다.

예) read [ri:d]–현재형 / read [red] – 과거형

오개념, 오기능

오개념은 본시에서 학습해야 할 내용 중에서 학생들이 갖고 있는 선개념 중에서 잘못 알고 있거나 본시 학습 중에 잘못 이해할 가능성이 있는 내용으로, 교정을 위해 교사의 적극적인 지원이 필요한 부분이다.

오개념 1 went와 want의 발음과 뜻을 정확하게 구분하지 못하고 went로 표현해야 하는데 want로 잘못 표현하는 경우가 많다.

오개념 2 학생들이 'I'm ____.' 의 표현이 익숙해져 있어서 과거형으로 나이를 표현할 때 'I was ____.'로 표현하지 않고 습관적으로 'I'm ____.' 혹은 'I am ____.'으로 잘못 표현한다.

흥미, 태도

본시 학습 목표 도달을 위해 관련한 학생들의 흥미와 태도를 파악할 필요가 있다.

흥미 1 학급 내 영어 실력의 수준차가 심하여 성적이 좋지 않은 학생은 개별학습보다는 모둠별 협력학습을 통하여 서로 도움을 주고 받는 것을 좋아한다.

흥미 2 일반적인 매체의 그림보다는 교사, 학생들 자신, 혹은 친구들과 연관된 학습 자료를 활용할 때 학생들이 더 많은 관심을 보인다.

흥미 3 확인 학습을 위하여 실시하는 형성 평가에서 학습지 형식의 형성 평가도 중요하지만 다양한 게임 형식으로 이루어지는 스마트기기 사용에 학생들이 열심히 참여한다.

태도 1 교사가 설명하고 무조건 외우게 하는 교사 중심의 수업보다는 학생들이 학습지를 통하여 문제를 미리 풀어 보고 답을 찾는 것을 좋아한다. 그리고 학생들의 활동 상황에 대하여 교사가 칭찬과 적절한 보상을 해 주는 과정 평가를 선호한다.

교수 처방 05

이 학습 내용을 지도할 때 사용하는 교수법과 사용 이유는 무엇인가?

영어

본시 수업 내용은 'be동사, 일반동사의 과거형 불규칙변화를 알고 어린 시절 자신의 모습을 영어로 표현하기'이다. 앞에서 살펴본 대로 학생들의 난개념, 오개념을 지도하기 위해서는 학생 이해도 및 수준에 따른 적절한 내용 표상 방법을 활용한 교수 처방이 필요하다. 본 수업의 대상 학생들은 중학교 1학년 학생들로, 수준별 수업이 아니라 다양한 수준의 학생들로 구성된 혼합학급 모형이다. 그래서 교사의 주도적인 설명보다는 모둠별로 서로 가르치고 도움을 받는 협동학습으로 수업을 진행하며 학생들이 직접 참여하는 다양한 활동으로 수업을 구성한다.

특히 언어학습은 listening, speaking, reading, writing의 4 skills이 함께 이루어지는 수업이 되어야 한다. 그러므로 be동사, 일반동사 과거형의 불규칙변화를 익히고 나면 짝과 함께 그림카드를 활용하여 대화 나누기, 즉 listening & speaking이 이루어지게 하며 학생들의 어린 시절 사진 모습을 영어로 표현하는 활동을 통해 writing을, 친구들의 영작문을 함께 살펴보면서 reading을 실시한다.

1. 배움 열기 단계에서의 학생 진단과 교수 처방

배움 열기 단계(8')

학습 과정 (학습 집단)	교수 · 학습 활동	배움중심 PCK 전략			자료(★) 및 유의점(※)
		배움 주춘	배움 전략	배움 원리	
인사	• Greetings(Small Talk)				
전시 학습 상기 (모둠/전체)	• Review – 일반동사 과거형의 규칙변화 확인 – 동사의 과거형 표현하기	선개념	토의 요약 매체 연습	칭찬	★ 화이트보드 ★ PPT
동기 유발 (개별)	• Motivation – What did you eat? 질문을 통해 신개념 파악하기	난개념	매체 발문 추론	딴청 칭찬	★ 사진 자료

학습 과정 (학습 집단)	교수 · 학습 활동	배움중심 PCK 전략			자료(★) 및 유의점(※)
		배움 주춤	배움 전략	배움 원리	
학습 목표 제시 (전체)	• Objective – be동사, 일반동사 과거형의 불규칙변화를 알 수 있다. – 과거형 동사를 활용하여 어린 시절 모습을 영어로 표현할 수 있다.	매체		격려	★ PPT

선개념 1 전시에 일반동사의 과거형 만드는 방법(규칙변화 1~4)을 학습하였다.

- 본시 학습과의 연결을 위해 전시 학습 핵심 내용을 모둠별로 정리하는 과정을 통해 환기시킨다.
- 지난 차시에 배운 내용을 학생들의 발표 형식으로 복습한다.
- 점심시간의 메뉴 사진을 활용하여 학습 동기 및 학습 목표를 연결한다.

⦿ Review: 전시 학습 상기하기

교사 What did you learn last class? Can you remember?

학생 Yes, past verb.

교사 How many ways to make them?

학생 Four!

교사 Good!(원 칭찬) Then write about how to make the past verb on the white board with your group.

모둠별로 과거형 만드는 방법 정리하기

학생 [모둠 활동] (과거형 만드는 방법에 대하여 모둠별로 토의하여 정리한다.)(토의, 요약)

교사 (교사는 학생들의 활동을 파악하면서 되돌리기할 것인지를 확인한다.)

학생 [모둠 활동] (helper 1의 도움을 받거나 학습지의 내용을 확인하면서 함께 정리한다.)

교사 Good!(원 칭찬) You summarized them very well. (PPT를 제시하며) Let's review how to make past verb.(매체)

학생 (PPT 자료를 보며 대답한다.)(연습)

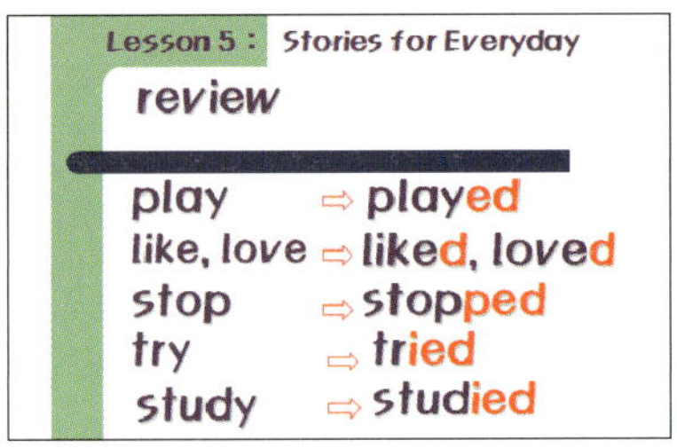

전시 학습 상기 PPT

⦿ Motivation: 동기 유발하기

교사 (사진을 제시하며) I'll show you a picture. What is this?(매체)

오늘 점심 메뉴 사진 자료

학생 (제시한 사진을 보며) lunch, 점심, 김치, 국, 전, 돼지고기, 밥, 반찬이요.

교사 Right. There are rice, soup, and side dishes.

교사 So, what did you eat on lunch time? (발문) Answer it with a full sentence in English. And you must use past verb.

학생 I eated rice, Kimchi, soup … (추론)

교사 (학생들이 eated로 답한 것을 칠판에 쓴다.) Yes, eated. Is this 'eated' right or wrong?

학생 (선수 학습을 한 소수의 학생들은 wrong으로 답하지만 그 외 학생은 대답하지 않는다.)

교사 To make a past verb, we should add '–ed' behind verb. So the past form of 'eat' is 'eated'. (원 딴청) Right? (wrong으로 답한 학생들에게 딴청을 부리며 질문한다.)

학생 (구체적으로 설명할 수 있는 학생도 있을 수 있다. 대부분의 학생은 대답하지 않는다.)

교사 Yes. 'eated' is wrong. Then what is the past form of eat?

학생 (ate로 답하거나 대답을 못할 수도 있다.)

교사 The answer is ate.

학생 (학생들은 다소 이상하다는 표정을 짓는다.)

교사 (다른 사진을 제시하며) I'll show you another picture. Who is this? And what is she doing? (매체)

꽃을 보고 있는 사진 자료

학생 English teacher, Mrs.Han. 꽃 보고 있어요.

교사 Say English. How do you say '보다' in English?

학생 see. / look.

교사 Then how do you say '보았다'?

학생 'seed' or 'saw'. 난개념 확인

교사 (학생이 대답한 seed와 saw를 칠판에 적는다.) Which is right?

학생 (확실하게 알고 있는 학생은 saw로 답한다.)

교사 Why the answer is saw? We use –ed to make past verb. So I think the answer is seed.(원 딴청)

학생 (구체적으로 설명할 수 있는 학생도 있을 수 있다.)

교사 The answer is 'saw' not 'seed'. Seed is wrong. So you can say Mrs. Han saw the flowers. 선

생님이 꽃을 보고 난 뒤, 몇 개를 샀어요. '사다'를 영어로 하면?

학생 buy.

교사 Good!(원 칭찬) 그럼 '샀다'는 영어로? buyed?

학생 No. (buyed는 아닐 것이라는 것을 눈치 채고 no로 답하는 학생이 많다.)

교사 The answer is bought. (교사는 칠판에 bought를 판서한다.) There are many past verbs like ate, saw, bought not using -ed. 이렇게 지난번 시간에 배운 대로 -ed를 붙이지 않고 ate, saw, bought처럼 전혀 다른 형태로 변화하는 동사가 많이 있습니다. Today, what do we learn?(발문)

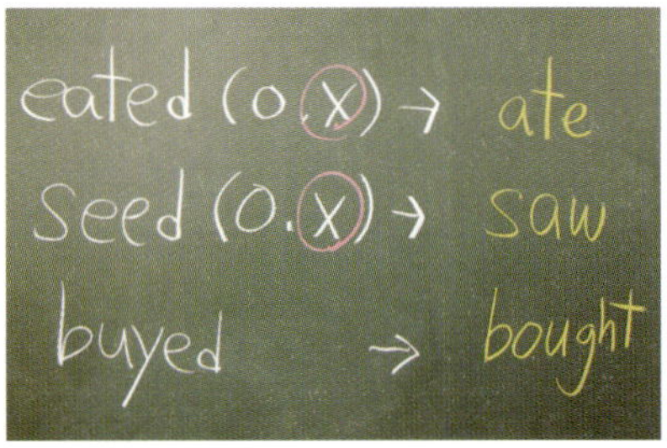

칠판 판서 내용

학생 저런 동사들요.

⊙ Objective: 학습 목표 제시하기

교사 Today we will learn irregular change past verbs like these. Let's check today's objectives.(매체)

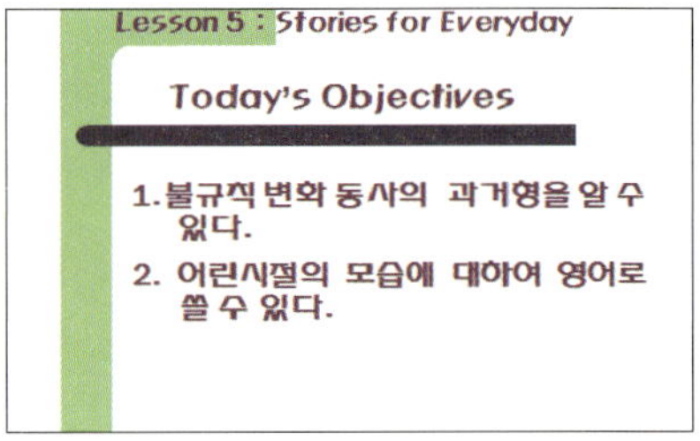

학습 목표 제시 PPT

학생 (큰 소리로 학습 목표를 함께 읽는다.)

교사 After learning irregular change past verb, you will write about your figure of your childhood in English. Okay?

학생 Oh, no. 어려워요.

교사 It's not difficult. You can do it. (원 격려)

2. 배움 활동 1단계에서의 학생 진단과 교수 처방

배움 활동 1단계에서는 be동사, 일반동사 과거형의 불규칙변화를 학습하고 불규칙변화 동사가 포함되어 있는 그림카드를 활용하여 서로 묻고 답하는 Listening & Speaking을 학습한다.

영어

배움 활동 1단계(19')

학습 과정 (학습 집단)	교수 · 학습 활동	배움중심 PCK 전략			자료(★) 및 유의점(※)
		배움 주춤	배움 전략	배움 원리	
학생 활동 (모둠)	• **불규칙변화 동사의 과거형 미리 살펴보기** – 학습지를 활용하여 모둠원들이 불규칙변화 동사의 과거형 찾아보기	난개념	과제, 토의 관찰, 예측	나누기 참여 공유 칭찬, 격려	★ 워크시트1
정답 확인 및 반복 학습	• **정답 확인하기** – 교사가 질문하고 학생 답하기 – 반복 연습하기 – 규칙변화 동사와 불규칙변화 동사 구분하기	난기능 오개념	매체, 설명 시범, 연습	칭찬	
대화문 연습(짝)	• Listening & Speaking Drill – 그림학습지를 활용하여 불규칙변화 동사 대화문 연습하기	난기능	매체, 시범 연습, 관찰	칭찬 서로 가르치기	★ 워크시트2 교사 평가
확인 학습 (전체/개별)	• Checking the students' activity – 교사와 전체 학생, 교사와 개인 학생, 학생과 학생 대화 나누기	오개념	매체, 발문 복습, 발표	칭찬 도전	※ 영어만 사용하여 문장 연습을 할 수 있도록 지도

신개념 ① be동사와 일반동사의 불규칙변화 과거형을 새로 배운다. be동사, 일반동사의 불규칙변화 과거형은 이해보다는 반복 학습을 통한 암기가 중요하다.

- 교사의 일방적인 설명보다는 학생들이 모둠별로 학습지를 통해 미리 과거형을 예측하고 찾아보게 한다. (이때 모둠별로 학습하는 과정 자체에 보상 스티커를 부여하여 학생들이 적극적으로 참여하도록 유도한다.)
- 서로 묻고 답하는 Listening & Speaking 활동으로 자연스럽게 불규칙변화 동사를 외울 수 있도록 한다.
- 그동안 많이 써 왔던 동사를 중심으로 설명하고, 한 번만에 다 파악하지 못하더라도 과거형을 반복하여 접하게 되면서 형태에 익숙해질 것이라고 격려한다.

난개념 ① 불규칙변화 동사의 과거형은 외우면 문제가 해결되지만 어느 동사가 규칙변화의 동사인지 불규칙변화의 동사인지 구분하는 것을 어려워한다.

영어사전에 수록되어 있는 불규칙변화표를 참고하여 변화표의 동사를 제외하고는 모두 규칙변화의 동사임을 설명하고 불규칙변화 동사가 나올 때마다. 반복 학습을 통해서 외우는 것이 중요하다는 것을 강조한다.

난기능 ① 동사의 현재형과 과거형의 철자는 같은데 발음을 다르게 하는 것을 어려워한다.

교사의 시범 발음과 반복 학습을 통하여 과거형의 발음을 외우게 한다. 또한 본 차시 외에도 수시로 과제와 형성 평가를 통하여 불규칙변화 동사를 접하게 한다.

오개념 ① went와 want의 발음과 뜻을 정확하게 구분하지 못하고 went로 표현해야 하는데 want로 잘못 표현하는 경우가 많다.

반복 연습과 확인 학습으로 학생들이 went와 want를 잘못 사용하지 않도록 지도한다.

⊙ 불규칙변화 동사 과거형 찾아보기

교사 (워크시트1을 학생들에게 배부한다.) Find the past verb and fill up the blanks for 5 minutes.

학생 **[모둠 활동]** (모둠원들이 서로 의견을 나누고 토의하고 협업하며 학습지를 해결한다.) **(과제, 예측, 토의, 원 나누기, 참여, 공유)** (먼저 학습지를 완성한 모둠은 모둠명을 외친다.)

교사 (과제를 마친 모둠의 학습지를 관찰, 검토하여 완벽하게 한 모둠에게는 칭찬과 보상의 스티커를 부여하고 오류가 있는 모둠에게는 틀린 부분을 지적하고 다시 수정할 수 있도록 격려한다.)**(관찰, 원 칭찬, 격려)**

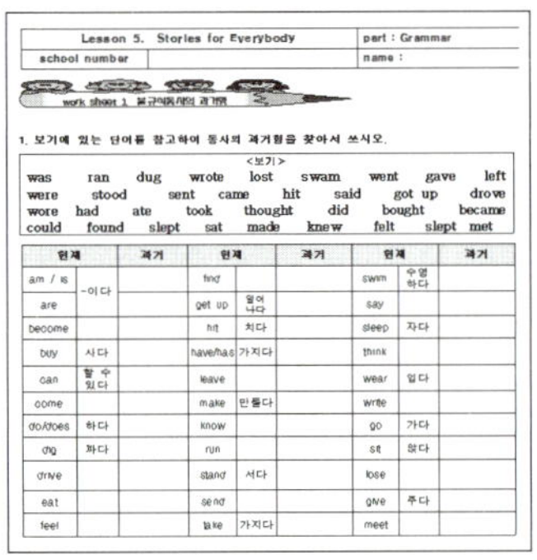
Lesson 5. Stories for Everybody | part : Grammar
school number | name :

<보기>
was ran dug wrote lost swam went gave left
were stood sent came hit said got up drove
wore had ate took thought did bought became
could found slept sat made knew felt slept met

현재	과거	현재	과거	현재	과거

워크시트1

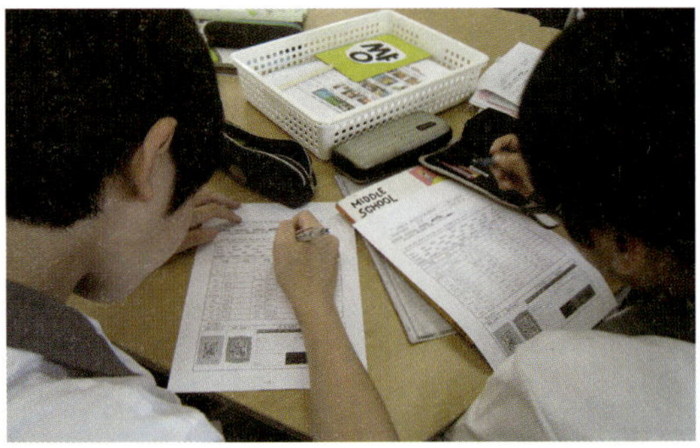

모둠별로 불규칙변화 동사 찾아보기

⊙ 정답 확인하기

교사 (학습지의 불규칙변화표를 칠판에 제시) Let's check your answers and study more irregular change past verbs. What is the past verb of am / is? **(매체)**

학생 was

현재	과거	현재	과거	현재	과거
am / is	was	find	found	swim	swam
are	were	get up	got up	say	said
become	became	hit	hit	sleep	slept
buy	bought	have / has	had	think	thought
can	could	leave	left	wear	wore
come	came	make	made	write	wrote
do / does	did	know	knew	go	went
dig	dug	run	ran	sit	sat
drive	drove	stand	stood	lose	lost
eat	ate	send	sent	give	gave
feel	felt	take	took	meet	met

불규칙변화표

교사 What is the past verb of go?

학생 went or want 오개념 확인

교사 Many students make a mistake here. The answer is 'went' not 'want'. What does want mean?

학생 '원하다' 혹은 '갔다' 오개념 확인

교사 You must distinguish 'went' and 'want'. And what is the past verb of read? 난개념 확인

교사의 시범을 따라 하는 학생들

학생 [rI:d] or [red]…

교사 The spellers are same. but the pronunciation is different. present verb is [rI:d], past verb is [red]. Repeat after me. (시범) [rI:d] / [red]

교사 (불규칙변화 동사표에 있는 동사를 교사가 선창하고 학생들이 따라 읽게 한다.) (설명, 시범)

학생 (교사의 모범 읽기를 따라 한다.) (연습)

교사 Good. (원 칭찬) It's not easy to remember irregular change past verbs. So your duty is to memorize these past verbs.

⦿ Listening & Speaking Drill: 불규칙변화 동사 대화문 연습하기

교사 (PPT 자료 제시) Look at this picture. What is this? (매체)

PPT 자료

학생 Kimbab.

교사 Right. I'll show you an example. ○○, stand up, and answer to me. What did you eat yesterday?

학생 (PPT의 그림을 보면서) I ate Kimbab. (시범)

교사 Good. (원 칭찬) Did you understand?

학생 Yes.

교사 (수준별로 학습지 배부) There are two kinds of worksheet 2. Helper 1 and Helper 2, take worksheet A. Achiever and Challenger, take worksheet B. Practice each other with a picture card for 5 minutes. If you have something not to know, please raise your hands. I'll help you. And helper 1, 2 must help your group members.

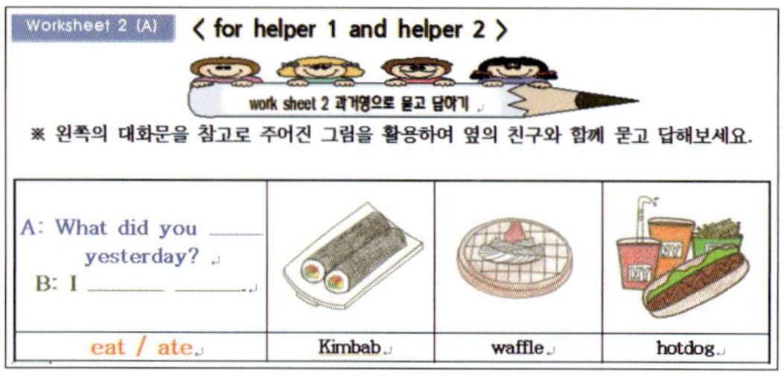

Worksheet 2 (A) < for helper 1 and helper 2 >

work sheet 2 과거형으로 묻고 답하기

※ 왼쪽의 대화문을 참고로 주어진 그림을 활용하여 옆의 친구와 함께 묻고 답해보세요.

A: What did you ___ yesterday? B: I ___ ___.			
eat / ate	Kimbab	waffle	hotdog

워크시트 2-A

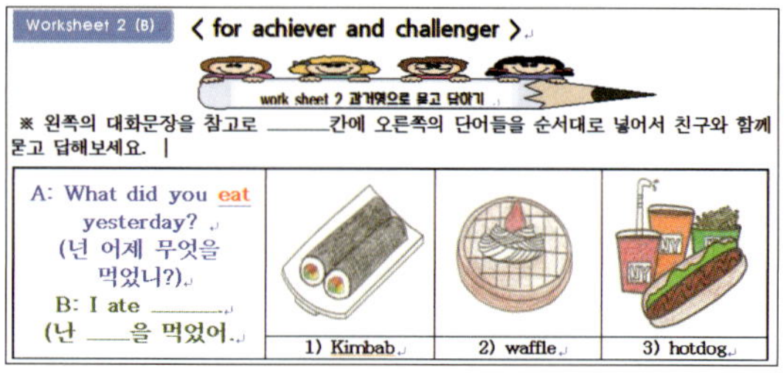

Worksheet 2 (B) < for achiever and challenger >

work sheet 2 과거형으로 묻고 답하기

※ 왼쪽의 대화문장을 참고로 ___칸에 오른쪽의 단어들을 순서대로 넣어서 친구와 함께 묻고 답해보세요.

A: What did you eat yesterday? (넌 어제 무엇을 먹었니?) B: I ate ___. (난 ___을 먹었어.)			
	1) Kimbab	2) waffle	3) hotdog

워크시트 2-B

학생 [짝 활동] (그림카드를 가지고 짝과 함께 서로 묻고 답한다.) (연습, 원 서로 가르치기)

[짝 활동] A: What did you eat / drink / go / wear / do (yesterday, last weekend)?

B: I ate waffle. / hotdog ...

I drank milk. / juice /

I went Haeundae.

I wore boots. I swam. ....

helper 1, 2, achiever, challenger란?

- 본 학급은 수준별로 편성된 학급이 아니고 다양한 수준의 학생들로 구성되어 있는 일반모형의 혼합학급이다. 학급 내 수준별 수업을 실시하기 위하여 학생들의 수준을 크게 helper 1, helper 2, achiever, challenger의 4 수준으로 구분하여 모둠을 구성하였다.
- helper 1: 상위권 / helper 2: 중상위권 / achiever: 중위권 / challenger: 하위권(상위권의 학생들은 중, 하위권의 친구들에게 가르치기 활동을 통하여 학습을 강화할 수 있고, 하위권의 학생들은 상위권의 도움으로 학습에 적극적으로 참여하게 된다.)

교사 (학생들이 어려워하는 발음이 있거나 연습하는 데 어려움이 있는 팀들에게는 개별 지도를 한다.)

(관찰) 난개념 확인 (모둠별 연습이 끝난 모둠에게는 보상 스티커를 주고 해당 모둠원 몇 명과 대화를 주고받으면서 학생들의 활동 상황을 관찰한다.)

그림카드로 서로 묻고 답하는 짝 활동

⊙ Checking the students' activity: 학생 활동 점검하기

교사 Good. You did a good job. (원 칭찬) I want to check your activity. I'll ask, and you answer to me. (사진을 제시하면서 학급 전체 학생들에게 묻는다.)

What did she drink / go / wear? (매체, 발문)

학생 (사진을 보면서) She drank juice. / She went to a store. / She wore sun glasses. (복습)

교사와 학생 전체 연습하는 모습

PPT 자료

교사 Good. (㉆ 칭찬) (하위권 학생, challenger 한 명을 지적하여 사진을 제시하면서 묻는다.) What did you do?

학생 (하위권 학생은 사진을 보면서) I played soccer. (㉆ 도전) (만약 학생이 played the soccer라고 답하면 운동 명 앞에는 the을 붙이지 않는다는 것을 설명한다.) 오개념 확인

교사 Good. Any volunteer? (발표하고 싶은 학생 두 명을 골라서 서로 대화하게 한다. 시간의 여유가 있으면 두세 팀을 더 발표시킨다.) A and B. A asks and B answers to A by using the picture card. Okay? Go ahead.

학생 [짝 활동] A: What did you drink yesterday? (발표)

B: I drank orange juice.

교사 Good. clap the students. (㉆ 칭찬)

지도 유의 사항

1. 시간 내에 활동을 확인할 수 있도록 타이머 등을 교실 전면에 제시한다.
2. be동사, 일반동사 불규칙변화의 과거형을 찾는 학습지는 학생들이 쉽게 해결할 수 있도록 구성하여야 한다.
3. Listening & Speaking Drill 활동 시, 영어만 사용하여 문장 연습을 할 수 있도록 지도한다.
4. Listening & Speaking Drill 활동 시, 교사는 순회 지도하면서 학생들의 상황을 관찰하고 질문과 난기능에 대해 지원하며, 학습 이탈 학생이 없도록 한다.
5. Listening & Speaking Drill 후, 교사와 학급 전체, 교사와 개인 학생, 학생과 학생 순의 발표를 통하여 학습 활동이 잘 이루어졌는지 확인한다.

3. 배움 활동 2단계에서의 학생 진단과 교수 처방

배움 활동 2단계에서는 1단계에서 배운 불규칙변화 동사와 규칙변화 동사의 과거형을 활용하여 사진 속의 어린 시절 모습에 대하여 영어로 표현하는 것을 학습한다.

배움 활동 2단계(10')

학습 과정 (학습 집단)	교수 · 학습 활동	배움중심 PCK 전략			자료(★) 및 유의점(※)
		배움 주춤	배움 전략	배움 원리	
교사 설명 (전체)	• **교사의 어린 시절 사진 제시 및 영작하기** – 나이, 모습, 옷, 느낌, 행동 등의 간단한 질문을 통해 영작하기 유도	오개념	매체 발문 예시	칭찬 유머 다시 묻기 되돌리기	★ PPT 자료
영작하기 (개별)	• **Writing: 어린 시절 모습 영작하기** – 스마트기기 배부 및 사용 방법 안내 – 사진을 찍어서 gallery에 저장하기 – 저장한 사진 스마트패드 note 빈 화면에 붙이기 – 사진의 모습에 대하여 과거형 동사를 활용한 5개 이상의 문장으로 영작하기	난기능 난개념 오개념	매체 설명 조작 과제 연습 대조 질문	연결 서로 가르치기 나누기 되돌리기	★ 사진 자료 스마트패드 교사 평가 동사의 과거형을 바르게 표현하는가? ※ 상황별로 모르는 동사가 많이 있을 수 있으므로 문법적 오류보다는 동사의 과거형 표현에 중점을 두어야 함.
발표하기 (개별)	• **Speaking & Reading: 자신의 영작문 발표하기와 친구들의 영작문 읽기** – 발표하기 – 학생들의 오류 수정하기	난기능 난개념	발표 질문 복습	참여 칭찬 공감 격려	동료 평가

선개념 1 일반동사 과거형의 규칙변화를 완전히 알지 못하고 부분적으로 알고 있다.

일반동사의 규칙변화 4가지 중에서 학생들이 다소 어려워하는 동사가 나올 때마다 반복을 통하여 확인한다.

난개념 1 표현하고자 하는 동사가 규칙변화의 동사인지 불규칙변화의 동사인지 구분하는 것을 어려워한다.

동사가 제시될 때마다 규칙변화인지 불규칙변화인지 학생들에게 질문하는 과정을 통하여 확인하고 강조한다.

난개념 ② 학생들의 어린 시절 모습은 다양하게 제시될 수 있다. 학생들은 이미 배운 단어도 있지만 배우지 않은 단어에 대하여 어려워한다.

모둠별로 사전을 비치하여 활용할 수 있도록 하며 교사의 도움을 받아 해결하게 한다.

오개념 ① 일반동사의 과거형 규칙변화 중에서 「자음+y」와 「모음+y」의 구분을 잘 못하여 studyed, plaied로 잘못 표기하는 경우가 많다.

자음, 모음에 대한 설명, 연습, 예시를 통해 학생들이 이해하도록 한다.

난개념 ③ 사진의 상황에 맞는 동사를 영어로 표현하는 것을 어려워한다.

반드시 사용해야 하는 동사를 미리 제시하고 사진 속의 움직임을 나타내는 다양한 동사는 교사의 도움을 받거나 사전을 활용하도록 한다.

난기능 ① 스마트기기를 평소에 다루어 보았지만 기기 조작에 어려움을 느끼는 소수의 학생들이 있다.

스마트기기 조작 시 교사가 개별 지도를 하거나 모둠원의 서로 가르치기 도움을 받아서 할 수 있도록 지도한다.

⊙ 교사의 어린 시절 사진 제시 및 영작하기

교사 (교사의 어린 시절 사진 제시) Who are these? (매체) Guess who?

학생 I don't know. (사진을 보고 다양하게 대답한다.)

교사 (사진을 가리키며) This is me. And this girl is my cousin.

학생 Wow… U…

교사 Guess how old we were.

학생 8, 9, 11(다양하게 대답한다.)

교사 We were 6 years old. What did we wear? (발문)

학생 Hanbok, Korean dress.

교사 How about our hair, short or long?

학생 It is short.

교사 Good.(원 칭찬) Do you think Mrs. Han was pretty and cute? (원 유머)

학생 Yes. / No.(원 유머)

교사 Oh, no. I think I was very cute. Then Let's make 5 sentences about this picture.
How do you say '나이가 6살이었습니다.' in English?

학생 I am 6 years old. 오개념 확인

교사 am? (원 다시 묻기) '-이다'가 아니고 '-였습니다'. 과거 문장말예요? not am. was. you must say was. be동사의 과거형은 was입니다. (원 되돌리기)

교사 First, age, I was 6 years old. (문장 순서대로 PPT 자료를 제시한다.)
Second, dress, How do you say '~을 입고 있었다'? '입다'의 현재형은?

학생 wear.

교사 past verb of wear?

학생 (불규칙변화에서 찾는다.) wore.

교사 Good. (원 칭찬) I wore Korean dress, Hanbok. / My hair was short. / We are cousin. / I was very cute. (문장 순서대로 PPT 자료를 제시한다.) (예시)

교사의 어린 시절 모습 사진 자료

영작하기 예시 문장 PPT

⊙ Writing: 어린 시절 모습 영작하기

교사 You learned irregular change past verbs. And we wrote 5 sentences about teacher's childhood by using past verbs. Now you will write about your childhood. (원 연결) Did you bring your younger face photo?

학생 Yes.

교사 Good. (원 칭찬). (스마트패트를 보여 주면서) Today we will use smart pad. I think you know how to deal it. Take one by one. (매체)

학생 (바구니에 있는 스마트패드를 하나씩 가진다.)

교사 (스마트패드를 이용하여 어린 시절 사진을 찍고 gallery에 저장한 후, 스마트패드의 note의 빈 화면에 사진 붙이기를 하도록 설명한다.) (설명)

학생 (교사의 설명에 따라 어린 시절의 사진을 찍고 note의 빈 화면에 붙이기를 한다.) (조작) (스마트패드 사용을 다소 어려워하는 학생들은 교사의 지도나 친구들의 도움으로 해결한다.) (원 서로 가르치기)

교사 Now, write 5 or 6 sentences about your picture for 5 minutes. Your childhood is past. So you must use past verbs. If you have any words not to know, you can use a dictionary, a computer or ask for me.

학생 (사진 속에 있는 자신의 모습에 대하여 과거형 동사를 이용하여 영어 문장을 쓴다.) **(과제, 연습)**

어린 시절 영작하기

교사 Achiever and challenger, you may write like my writing in the p.p.t. using 나이, 옷, 머리의 길이, 모습… (학생들의 수준에 따라 하위권의 학생들에게는 교사의 영작을 모델링해서 자신의 영작을 하게 하고, 중, 상위권 학생들은 교사의 도움을 받거나 사전을 이용하여 표현하고 싶은 대로 영작하게 한다.) **(원 나누기)**

학생 (모르는 단어는 사전을 찾거나 컴퓨터를 이용하거나 교사의 도움을 받아 영작을 한다.) **(과제, 연습)**

교사 Time is up. Now show your writing to your next friend and revise friend's writing.

학생 **[짝 활동]** (helper 1은 challenger, helper 2는 achiever의 영작을 살펴보면서 오류를 수정해 주고 확실하지 않은 것은 교사에게 질문한다.) **(대조, 과제, 연습, 질문, 원 서로 가르치기)**

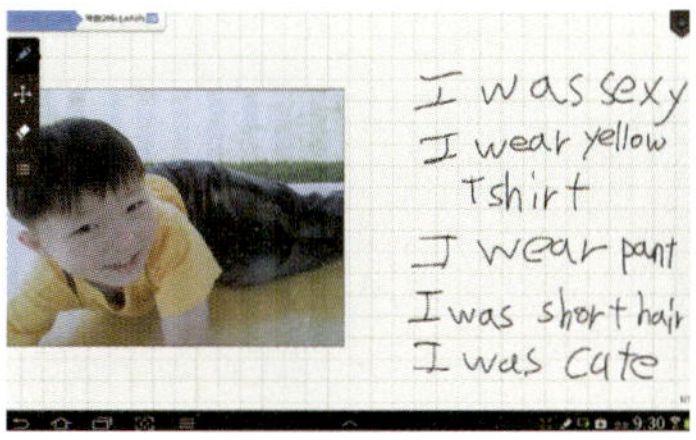

수정 전

서로 가르치기를 통해 오류 수정하기

오류 수정 후

교사 (학생들의 질문을 통해 난개념, 오개념을 바로잡아 주고 상황에 따라 되돌리기를 실시한다.)

난개념 확인 오개념 확인 난기능 확인

영어

⦿ Speaking & Reading: 자신의 영작문 발표하기와 친구들의 영작문 읽기

교사 You did a good job.(**원 칭찬**) Don't you want to see your friends' childhood photo? I want to see them very much. Let's see your works on school box program. (모든 학생들의 결과물을 'school box program' 전체 화면에 띄운다.)

학생 Wow! (친구들의 작품에 관심을 보인다.)

교사 Who wants to say about your picture? Any volunteer?

학생 (손을 들고 발표한다.) "I was 8 years old. I wore kindergarten uniform. I went on a picnic with friends. I ate lunch in the park." (**발표, 원 참여**)

교사 모든 문장마다 불규칙변화의 동사 was, wore, went, ate를 잘 활용하였고 문법적 오류도 없고 아주 잘 하였습니다. (**원 칭찬**) was, wore, went, ate는 무엇의 과거형이죠? (**질문**)

학생 was는 am, wore는 wear, went는 go, ate은 eat입니다. (**복습**)

교사 Oh, 오늘 배운 내용을 아주 잘 기억하고 있습니다. very good! I will give you 3 points. (**원 칭찬**) 계속해서 볼까요?

학생 (다른 친구들의 작품을 함께 보면서 공감하고 서로 참여한다.) (**원 공감, 참여**)

학생들의 작품 모으기

칭찬 및 오류 수정하기

공감하고 서로 참여하기

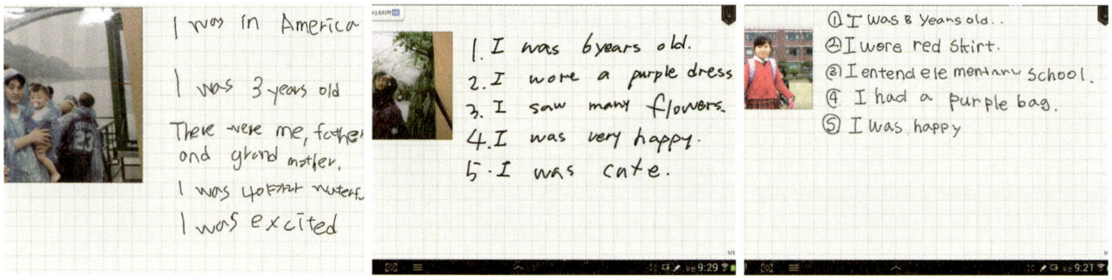

학생들의 영작문

교사 (challenger 중의 한 명을 지명하여 발표하게 한다.) ○○, Can you read your writing?

학생 (자신감 없이 일어선다.) Um…

교사 Cheer up! You can do it. I can help you. (**원 격려**)

학생 (작은 목소리로 자신의 영작문을 읽는다.) "I was five years old. I was cute. My hair was short. I stood in my country house room 5." (발표)

교사 Very Good. All of you are excellent. (㉾ 칭찬)

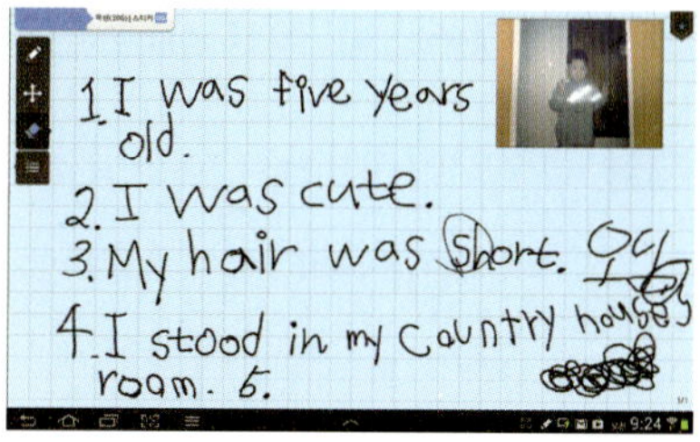

challenger 학생 영작문

4. 배움 정리 단계에서의 학생 진단과 교수 처방

배움 정리 단계에서는 학습한 내용을 전체 정리하고 형성 평가 실시, 학습에 대해 성찰한다.

배움 정리 2단계(8')

학습 과정 (학습 집단)	교수 · 학습 활동	배움중심 PCK 전략			자료(★) 및 유의점(※)
		배움 주춤	배움 전략	배움 원리	
내용 정리 (전체)	• **Summarizing: 학습 내용 정리** – 묻고 답하기 활동을 통한 학습 내용 정리		매체, 복습 요약		★ PPT
형성 평가 (개별)	• **Formative Test: 형성 평가** – Qr 코드를 통해 영어 학습 사이트 접속 – 다양한 유형의 문제 풀기	난기능	설명, 매체 조작, 연습 지원	도전 도약	
인성 요소 (전체) 과제 부여	• **인성 요소 제시 및 과제 부여** – 인성 요소 제시: 지금 이 순간이 훗날 멋진 과거의 추억이 될 수 있도록 재미있고 의미 있는 학창시절이 되기를 당부 – 과제 부여: 불규칙변화 동사의 과거형 외워 오기	난기능 난개념	과제	공감, 표현 수용, 반성	★ Qr 코드 스마트패드 Quizlet 사이트 **자기 평가** 자신이 불규칙동사의 과거형을 얼마나 알고 문제를 얼마나 잘 푸는가?
차시 예고	• **차시 예고** – 토끼와 거북이 우화		매체		

난개념 ① 불규칙변화 동사의 현재형과 과거형을 연결하는 유형의 문제는 쉽게 해결할 수 있지만 과거형을 영어 철자로 쓰는 것은 어렵다.

불규칙변화 동사의 과거형을 한꺼번에 알게 하는 것은 학생들에게 많은 어려움을 줄 수 있으므로 과제로 부여하여 철자를 외우게 하고 be동사, 일반동사 과거형의 불규칙변화가 나올 때마다 철자를 확인하는 반복 학습을 통하여 자연스럽게 외우게 한다.

⊙ Summarizing: 학습 내용 정리하기

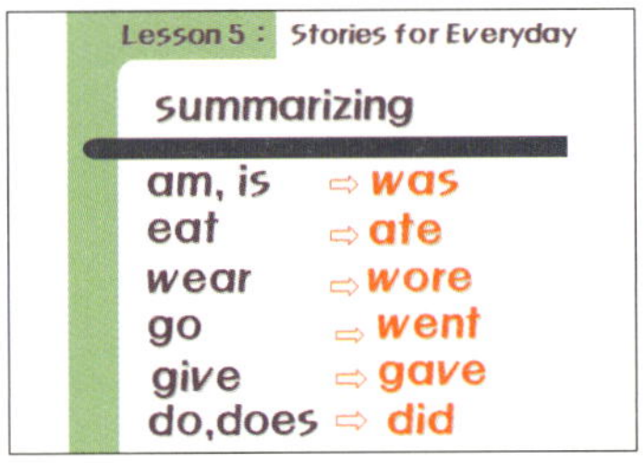

학습 내용 정리 PPT

교사 (PPT 제시) Let's summarize what we learned this class. I will say present verb. Change it into past verb. Okay? **(매체)**

학생 (교사의 질문에 큰 소리로 답한다.)

교사 What is the past form of am, is?

학생 was.

교사 Right. eat / wear / go / give / do, does ?

학생 (순서대로) ate, wore, went, gave, did. **(복습)**

교사 Good. 한 번 더 요약하면 am은 was, eat은 ate, wear는 wore, go는 went, do는 did입니다.**(요약)** 오늘 영작하면서 여러분이 주로 사용하였던 불규칙변화 동사의 과거형을 잘 기억하고 있군요. 이것 외에 다른 동사들도 반드시 외워야 합니다.

⊙ Formative Test: 형성 평가

교사 Today we will have a special formative test. Take a smart pad and read the Qr 코드 in the basket. **(설명, 매체)**

학생 (교사의 설명을 듣고 Qr 코드를 읽는다.) **(조작)**

교사 What happened after reading 'Qr 코드'?

학생 Quizlet 사이트에 들어가요.

교사 Right. You enter the Quizlet site. From now on, solve the questions. (※오른쪽의 Qr 코드를 스캐닝하면 바로 사이트로 연결된다.) There are several kinds of questions. You can choose what you like from easy question to difficult one.

학생 (교사의 설명을 듣고 다양한 형태의 문제를 자신의 수준에 따라 푼다. 기본적인 문제를 풀고 나면 수준이 좀 더 높은 문제로 도약할 수 있고 자신이 문제를 푸는 속도에 따라 순서가 정해지므로 도전할 수 있다.)**(연습, 원 도전, 도약)**

교사 (교사는 학생들의 문제 푸는 상황을 살펴보면서 학습 이해도를 확인하고 개별 지도를 한다.) **(지원)**

형성 평가 Qr 코드

Qr 코드 스캐닝

Quizlet 사이트

영어

Quizlet 사이트의 단어 학습 내용

- 수업 시간에 배운 불규칙변화 과거형 동사를 활용하여 flash card / learn / speller / scatter / test 등의 다양한 유형으로 학생들이 학습할 수 있게 구성되어 있다.
- 교사가 직접 단원의 단어들을 활용하여 학습 자료를 제작할 수 있다.

⦿ 과제 부여, 인성 요소 살펴보기 및 차시 예고

교사 How about this site?

학생 Interesting! It's like a game.

교사 Right. (Quizlet 사이트를 소개하면서) You can enter this site at home by your cell phone. Can you solve the speller questions easily?

학생 No, It's a little difficult.

교사 Right. But try to challenge more different questions. So you must memorize the spellers by yourself. Today your homework is to memorize irregular change past verbs of the worksheet. And next class, you will have a test. Okay?

학생 Yes.

교사 I felt happy with watching your younger photos. Because you looked very cute, pretty, and handsome. I think you grew up very well. And I hope you do your best for your future life. What will you do for your future from now on?

학생 Study hard, Do exercise for health, Not to play computer games too much… Read a book… (원 공감, 표현)

교사 Good. (많은 공감을 느끼게 하기 위하여 한국어로 설명한다.) 여러분의 멋진 미래를 위하여 중학교 시절을 의미 있게 보내는 것이 중요하다고 생각해요. 방금 여러분이 말한 것처럼 책도 많이 읽고, 운동도 많이 하고, 친구들과 좋은 경험도 많이 하기를 바랍니다. 그래서 이 다음에 중학교 시절의 사진을 보면서 행복할 수 있도록 말입니다. 지금 이 순간은 여러분의 미래를 위하여 아주 중요한 시간이기 때문입니다. (인성 요소 제시) Will you try to do your best?

학생 Yes. (원 공감, 수용, 반성)

교사 (토끼와 거북이 그림을 제시하면서) Look at this slide. What is this? (매체)

학생 Rabbit and turtle.

교사 Right. We will learn about the story of rabbit and turtle. Let's call it a day. Thanks for my class. Good-bye!

차시 예고 그림 자료 PPT

지도 유의점

06

이 학습 내용을 지도할 때 고려해야 할 유의점은 무엇인가?

학생 발달 수준에 따른 학습 활동

본시 수업과 관련한 학생 발달 수준을 고려하기 위해서는 다음 내용을 확인한다.

- 일반동사 과거형의 규칙변화에 대하여 어느 정도 알고 있는지를 전시 학습 단계와 동기 유발 단계에서 확인한 후, 이를 바탕으로 본시 학습 내용으로 연결한다.
- 어린 시절 사진 속의 모습을 영어로 표현하는 단계에서 학생들의 영어 실력 차이를 느끼게 된다. 이때 영어사전을 활용하거나 친구들 간의 서로 가르치기, 교사의 개인지도를 통하여 학생들이 학습 활동에 적극적으로 참여하도록 유도한다.
- 학습 목표 도달을 위해 수업 핵심 지식을 학습한 후, be동사, 일반동사 과거형 불규칙변화를 학생들이 직접 외우는 것이 필수적 활동이다. 이를 위해 스마트기기를 활용하여 사이트에 접속하고 다양한 수준의 문제로 구성된 형성 평가를 실시한다.

수업 전문성 수준에 따른 학습 내용

- 교육부에서 개발한 성취 기준은 학생들이 학습하는 이유를 밝혀 주는 것이며, 학습 목표 설정의 기준이 된다. 학교의 학생 학력 실태에 따라 학년 초 교과협의회, 성적관리위원회를 통해 성취 기준의 정정도 가능하다. 이를 위해서는 학생 학력 진단이 먼저 정확히 이뤄져야 한다.
- 성취 기준에 따른 학습 목표에 도달하기 위해 반드시 교과서에 따라 진행할 필요는 없다. 성취 기준에 도달할 수 있는 내용이라면 다양하게 교사의 재량으로 재구성할 수 있다. 전문성이 있는 교사일수록 교과서를 하나의 예시 자료로 보고, 해당 학교 학생들의 흥미, 태도, 선개념, 난개념, 오개념 실태 진단을 통해 적절한 재구성과 수업 설계를 한다.

학생 평가

07 이 학습 내용에 대한 학생들의 이해도나 어려움을 평가하는 방법은 무엇인가?

평가를 통해 학생들은 자신의 장단점을 진단하고 보완할 수 있는 학습 계획을 수립할 수 있으며 교사는 교수 방법의 효율성을 진단할 수 있다. 평가의 타당성을 높이기 위해서 각 영역의 내용을 포괄적이고 균형 있게 다루며, 학생의 학습 활동 수행 과정과 결과를 보고 교과에 대한 이해, 기능, 태도 등에 대해 종합적으로 판단하는 평가 방식이 되어야 한다.

본시의 평가 계획을 알아보면 다음과 같다.

- be동사, 일반동사 불규칙변화 과거형을 얼마나 알고 있는가? (인지적 영역)
- 그림을 보고 과거형의 동사를 활용하여 영어로 대화를 주고받을 수 있는가? 사진을 보고 과거형 동사를 활용하여 영어로 문장을 표현할 수 있는가? (기능적 영역)
- 짝 활동, 모둠별 활동에 열심히 참여하는가? (정의적 영역)

<table>
<tr><th colspan="2">평가 관점</th><th colspan="3">학습 목표 달성을 위한 학습 활동 과정에 적극적으로 참여하는가?</th><th>평가 시기</th><th>평가자</th><th>평가 방법</th></tr>
<tr><td rowspan="3">인지적 영역</td><td>평가 항목</td><td colspan="3">be동사, 일반동사 불규칙변화 과거형을 얼마나 알고 있는가?</td><td rowspan="3">정리 단계
정기고사</td><td rowspan="3">자기/
교사</td><td rowspan="3">형성 평가
지필 /서술</td></tr>
<tr><td rowspan="2">평가 척도</td><td>상</td><td>중</td><td>하</td></tr>
<tr><td>완전히 이해함</td><td>거의 대부분 이해함</td><td>이해가 미흡함</td></tr>
<tr><td rowspan="3">기능적 영역</td><td>평가 항목</td><td colspan="3">• 그림카드를 활용하여 과거형 문장으로 대화를 주고받을 수 있는가?
• 사진을 보고 과거형 동사를 활용하여 영어로 표현할 수 있는가?</td><td rowspan="3">전개 단계</td><td rowspan="3">교사</td><td rowspan="3">관찰/
과정</td></tr>
<tr><td rowspan="2">평가 척도</td><td>상</td><td>중</td><td>하</td></tr>
<tr><td>매우 잘 수행함</td><td>수행 정도가 보통임</td><td>수행 정도가 미흡함</td></tr>
<tr><td rowspan="3">정의적 영역</td><td>평가 항목</td><td colspan="3">모둠별 활동에 열심히 참여하는가?</td><td rowspan="3">도입 단계
전개 단계</td><td rowspan="3">교사/
동료/
자기</td><td rowspan="3">관찰/
과정</td></tr>
<tr><td rowspan="2">평가 척도</td><td>상</td><td>중</td><td>하</td></tr>
<tr><td>매우 잘 수행함</td><td>수행 정도가 보통임</td><td>수행 정도가 미흡함</td></tr>
</table>

PCK 본시 교수·학습 과정안

영어 Lesson 5. Stories for Everybody

영어과 PCK 수업 설계

학습 내용
- **교과:** 영어
- **학년-학기:** 중학교 1-1
- **단원:** Stories for Everybody
- **차시:** 7/9
- **주제:** be동사, 일반동사의 불규칙변화 과거형을 알고 어린 시절 모습을 영어로 표현하기

학습 필요
- 영어의 기본적인 문법 요소는 말하기, 쓰기 기능에 있어서 중요한 부분을 차지하고 있다. 과거표현을 배우고 난 후 학생들의 어린 시절 모습을 영어 문장으로 쓰는 학습을 통하여 쓰기 능력을 신장시킨다.

학생 평가
- 불규칙변화 과거형 동사
- Quizlet 사이트를 활용한 형성 평가, 교사 관찰 평가, 자기 평가

교수 처방

〈배움 전략〉		〈배움 원리〉
□ 설명 – 비유		■ 공감 – 칭찬
■ 설명 – 예시		■ 공감 – 신뢰
■ 설명 – 그림		■ 공감 – 수용
□ 설명 – 실물		■ 공감 – 격려
■ 설명 – 비교		■ 공감 – 표현
□ 설명 – 대조		■ 공감 – 유머
■ 시범	■ 관찰	■ 지원 – 딴청
□ 서사	■ 탐구	■ 지원 – 나누기
■ 발문	■ 추론	□ 지원 – 대기
□ 단서	■ 조작	■ 지원 – 공유
■ 연습	■ 요약	■ 지원 – 도전
■ 과제	■ 메모	□ 지원 – 참여
■ 매체	■ 발표	■ 지원 – 연결
■ 토의	■ 복습	■ 지원 – 반성
		■ 지원 – 도약
		■ 되돌리기
		■ 서로 가르치기

학습 흐름
1. **배움 열기 단계**
   - 전시 학습 상기, 동기 유발, 불규칙변화 동사의 과거형이 있다는 것 인식하기
2. **배움 활동 단계**
   - 불규칙변화 과거형으로 서로 묻고 답하기 표현 연습하기
   - 어린 시절 사진을 보고 자신의 모습에 대하여 영어로 표현하기
3. **배움 정리 단계**
   - 불규칙변화의 과거형 동사 정리하기

학생 진단
- **선개념:** 동사의 규칙변화 과거형 표현하기
- **난개념:**
  1) 규칙변화와 불규칙변화 동사의 구분
  2) 「모음+y」, 「자음+y」, 「단모음+단자음」 동사의 과거형 만드는 방법
- **오개념:** -y로 끝나는 동사는 무조건 y를 i로 고치고 ed를 붙인다고 생각함

학생 배움중심의 수업 설계 약안

교과	영어(중 1 필수과목)	단원(차시)	Lesson 5. Stories for Everybody(7/9)
성취 기준	영중9412-1. 주변의 실물, 그림, 사진 등을 보고 대상을 묘사하는 문장을 완성할 수 있다.		
학습 목표	1. be동사, 일반동사 불규칙변화의 과거형을 알 수 있다. 2. 어린 시절 모습을 영어로 표현할 수 있다.		

단계	학습 내용	교수 · 학습 활동	PCK 전략			자료(★) 및 유의점(※)
			배움 주춤	배움 전략	배움 원리	
배움 열기 (8')	전시 학습 상기 동기 유발	• Review – 규칙변화 동사의 과거형 복습하기 • Motivation – 그림 및 질문을 활용하여 불규칙변화 동사의 과거형 인식하기	선개념 난개념	토의, 요약 매체, 연습 매체, 발문 추론	칭찬 딴청 칭찬	★ 화이트보드 PPT ★ 사진 자료
	학습 목표 제시	• Objective		매체	격려	★ PPT
배움 활동 1 (19')	학생 활동	• **불규칙변화의 과거형 미리 살펴보기** – 학습지를 활용한 모둠활동	난개념	과제, 토의 관찰, 예측	나누기 참여, 공유 칭찬, 격려	★ 워크시트1
	정답 확인	• **정답 확인하기** – 교사가 질문하고 답하기	난기능 오개념	매체, 설명 시범, 연습		
	대화문 연습(짝)	• Listening & Speaking – 불규칙변화 동사를 활용한 대화문 연습하기	난기능	매체, 시범 연습, 관찰	칭찬 서로 가르치기	★ 워크시트2 교사 평가
	확인 학습	• Checking the student's activity – 교사–전체/교사–학생/학생–학생 순으로 대화 나누기	오개념	매체, 발문 복습, 발표	칭찬 도전	
배움 활동 2 (10')	교사 설명 (전체)	• Model Writing – 예시로 영작하기 (나이, 옷, 행동 등)	오개념	매체, 발문 예시	칭찬, 유머 되돌리기 다시 묻기	★ PPT 스마트패드 사진 자료
	영작하기	• Writing: **어린 시절 모습 영작하기** – 스마트패드 활용하기 – 사진에 대하여 5개 이상의 문장으로 영작하기	난기능 난개념 오개념	매체, 설명 조작, 과제 연습, 대조 질문	연결 서로 가르치기 되돌리기 나누기	교사 평가
	발표하기	• Speaking & Reading: **영작문 발표하기 및 친구들의 글 읽기** – 발표하기 – 수정하기	 난기능 난개념	발표, 질문 복습	참여, 칭찬 공감, 격려	동료 평가
배움 정리 (8')	내용 정리	• Summarizing – be동사, 일반동사 불규칙변화 과거형 정리하기		매체, 복습 요약		★ PPT ★ Qr 코드 스마트패드 Quizlet 사이트 자기 평가
	형성 평가	• Formative Test – Qr 코드를 통해 영어 학습 사이트 접속하기	난기능	설명, 매체 조작, 연습 지원	도전 도약	
	인성 요소 과제 부여	• **인성 요소 제시 및 과제 부여**		과제	공감, 표현 수용, 반성	★ PPT
	차시 예고	• **차시 예고** – 토끼와 거북이 우화		매체		

형성 평가

1. Quizlet 사이트를 활용하여 다양한 형식의 문제 풀기

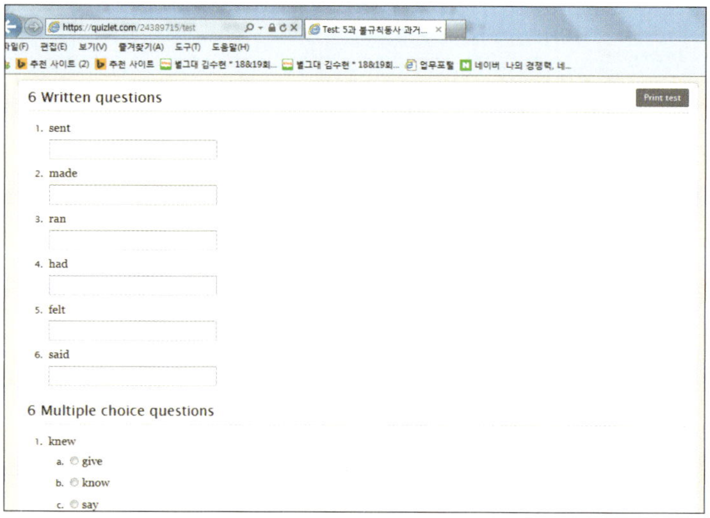

워크시트1

1. 보기에 있는 단어를 참고하여 동사의 과거형을 찾아 쓰시오.

보기

was / ran / dug / wrote / lost / swam / went / gave / left / were / stood sent / came / hit / said / got up / drove / wore / had / ate / took / thought did / bought / became / could / found / slept / sat / made / knew / felt / slept met / 오다 / 말하다 / 잃어버리다 / 만나다 / –되다 / 찾다/ 먹다/ 느끼다 / 운전하다/ 떠나다 / 알다 / 달리다/ 보내다 / 생각하다 / 쓰다

현재	현재	과거	현재	현재	과거	현재	현재	과거
am/is	–이다		find			swim	수영하다	
are	–이다		get up	일어나다		say		
become			hit	치다		sleep	자다	
buy	사다		have/has	가지다		think		
can	할 수 있다		leave			wear	입다	
come			make	만들다		write		
do/does	하다		know			go	가다	
dig	파다		run			sit	앉다	
drive			stand	서다		lose		
eat			send			give	주다	
feel			take	가지다		meet		

교사의 관찰 체크리스트

학습 과제 :

학년:　　　반:　　　　　　　담당교사:　　　　　　　　　　(인)

평가 내용		형성 평가	활동 1 내용			활동 2 내용		
성취 수준	상	80% 이상						
	중	60% 이상 ~ 80% 미만						
	하	60% 미만						
번호	이름	상/중/하	상	중	하	상	중	하
1								
2								
3								
4								
5								
6								
7								
8								
9								
10								
11								
12								
13								
14								
15								
16								
17								
18								
19								
20								
21								
22								
23								

학생 자기 성찰 평가 및 동료 평가서

학습 과제 :

영어

자기 성찰 평가

학년: 반: 번: 이름:	
모둠 친구들	
나의 역할	

1. 나의 역할에 최선을 다했나? ☆☆☆☆☆
2. 친구들을 도우며 활동에 참여했나? ☆☆☆☆☆
3. 모둠원의 역할 분담(과제 분담)이 골고루 이루어졌나? ☆☆☆☆☆
4. 모둠원이 모두 적극적으로 참여했나? ☆☆☆☆☆
5. 모둠별 활동을 수행하며 생긴 어려움과 갈등을 민주적으로 해결했나? ☆☆☆☆☆
6. 이번 학습 활동을 통해 배운 것(자유롭게 기록하기)

동료 평가

학년: 반:

모둠명	발표 내용에서 인상적이거나 좋았던 부분에 대한 한 줄 평	점수(절대평가)
		☆☆☆☆☆
		☆☆☆☆☆
		☆☆☆☆☆
		☆☆☆☆☆
		☆☆☆☆☆
		☆☆☆☆☆

3 CoRe 활용 학생 배움중심의 수학 PCK 수업 설계

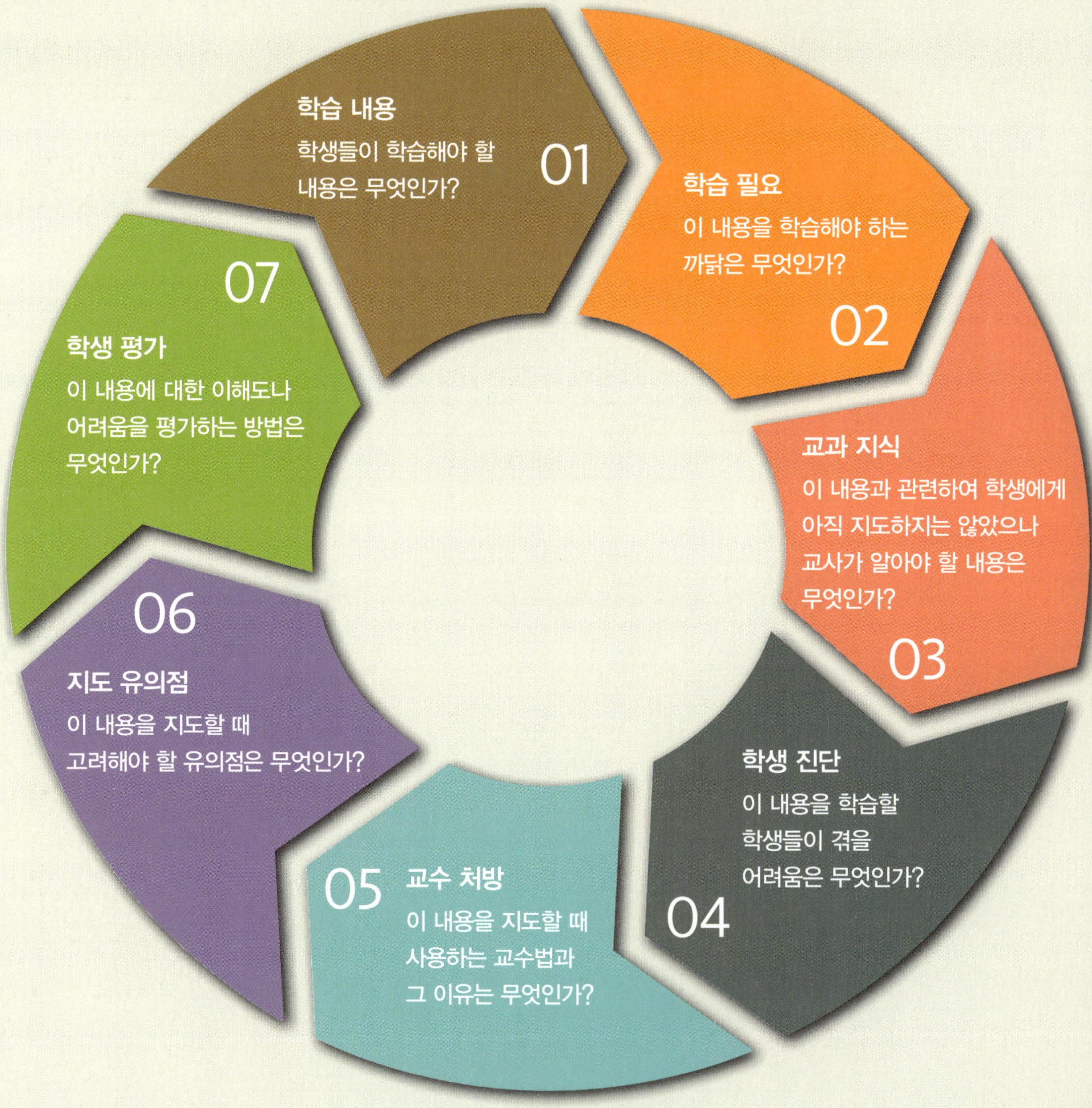

학습 내용 01

학생들이 학습해야 할 내용은 무엇인가?

수학

중학교 1학년 수학의 [Ⅱ. 문자와 식] 단원은 여러 가지 문제 상황을 수식으로 표현하여 해결하는 능력, 수량 사이의 관계를 탐구하여 문제를 형식화하거나 일반화하는 능력, 문제를 구조적 관점에서 다룰 수 있는 능력을 기르는 것을 목적으로 한다.

학년 학기	중학교 1학년 1학기
단원(차시)	Ⅱ. 문자와 식 1. 문자의 사용과 식의 계산(7/10차시)
학습 주제	02. 일차식과 그 계산 – 일차식의 덧셈과 뺄셈

- 학년과 학기는 학교별 교육과정 편성과 교사의 단원 재구성 지도 계획에 따라 달라질 수 있다.
- 단원 명칭은 교과서의 해당 대단원 시작 쪽에서 알 수 있다. 해당 차시는 중단원 총 차시 중 교사가 구성한 차시 순에 따른다.
- 학습 주제는 본시에 학습할 주제를 교사가 재구성하여 설정할 수 있다. 본 수업은 중단원 10차시 중 7차시에 해당한다.

단원의 지도 내용

- 항, 단항식, 계수, 차수, 상수항 등의 용어의 정의 알기
- 다항식×수, 다항식÷수를 계산하고 일차식의 뜻을 알고 일차식 찾기
- 동류항의 뜻을 알고 동류항 찾기
- 동류항끼리 모아서 분배법칙을 이용하여 일차식의 덧셈과 뺄셈 계산하기

본시의 학습 문제

• 일차식의 덧셈과 뺄셈의 원리를 이해하고 그 계산을 한다.

본시의 학습 요소

• 일차식의 덧셈과 뺄셈 계산하기
• 게임 속의 수학적 원리 탐색하기

학습 필요

02 이 내용을 학습해야 하는 까닭은 무엇인가?

수학

본시 학습을 해야 하는 까닭은 교육부에서 개발한 성취 기준을 통해 알 수 있다. 과목별 성취 기준은 '학생평가지원포털(assess.kice.re.kr)'에 탑재된 '중학교 성취평가제 운영의 실제–수학'에서 확인할 수 있다.

본시의 성취 기준은 다음과 같다.

성취기준

수92013. 일차식의 덧셈과 뺄셈의 원리를 이해하고, 그 계산을 할 수 있다.

본시의 성취 기준 선정 근거는 다음과 같다.

성취 기준 선정 근거

- 문자와 식 영역은 다항식 가운데 기본이라 할 수 있는 것으로서 일차식으로 나타내고 그것의 값을 구하는 수92011, 수92012와 일차식의 가감을 다루는 수92013으로 구성되어 있다. 이 세 성취 기준은 일차방정식을 학습하는 데 기반이 된다.
- 수92011은 초등학교에서 □, △를 이용하여 주어진 상황을 식으로 나타내는 수44022와 두 수 사이의 대응 관계를 x, y를 사용하여 식으로 나타내는 수64031의 연장으로 볼 수 있다. 또한 이것은 다양한 상황을 일차 방정식으로 나타내고 해결하는 수92023을 달성하기 위한 예비 과정으로 충분히 연습할 필요가 있다.
- 수92012는 주어진 식의 문자에 지정된 구체적인 수를 대입하여 값을 계산하는 과정으로 방정식의 해의 의미나 함숫값을 구하는 과정과 연결된다. 따라서 방정식을 활용하여 실생활 문제를 해결하는 수92023이나 함수와 관련된 내용을 다루는 수93011에서 관련지어 다룰 수 있다.
- 수92013은 수92022, 수92023을 달성하는 데 필요한 준비 과정으로서, 동류항 등과 같이 다항식을 다루기 위한 기본 개념을 다루고 있다. 그리고 이 성취 기준은 이후에 제시되는 이차방정식의 덧셈과 뺄셈의 원리를 담고 있으므로 충분히 익힐 필요가 있다.

교육과정 교과 지식 03

이 학습 내용과 관련하여 교사가 알아야 할 내용은 무엇인가?

본시 학습 내용을 지도하기 위해서 교사가 알아야 할 것은 본시와 관련한 학습의 계열과 교과 핵심 지식 및 기능이다.

학습의 계열

학습의 계열은 본시 학습에서 가르칠 범위를 결정하는 데 도움을 준다.

선수 학습	**교육과정 성취 기준** **수91023.** 정수와 유리수의 사칙계산의 원리를 이해하고, 그 계산을 할 수 있다. **초등학교 1~2학년군 수학** Ⅱ. 수와 연산 2. 두 자리 수의 덧셈과 뺄셈, 3. 곱셈 **중학교 1학년 수학** Ⅰ. 수와 연산 02. 정수와 유리수의 덧셈과 뺄셈 03. 정수와 유리수의 곱셈과 나눗셈
본시 학습	**교육과정 성취 기준** **수92013.** 일차식의 덧셈과 뺄셈의 원리를 이해하고, 그 계산을 할 수 있다. **• 일차식의 덧셈과 뺄셈** 중학교 1학년 수학 Ⅱ. 문자와 식 1. 문자의 사용과 식의 계산 02. 일차식과 그 계산
후속 학습	**교육과정 성취 기준** **수92041.** 미지수가 2개인 일차방정식과 그 해의 의미를 이해한다. **수92043.** 미지수가 2개인 연립일차방정식을 활용하여 다양한 실생활 문제를 해결할 수 있다. **수92051.** 다양한 상황을 이용하여 일차부등식과 그 해의 의미를 이해한다. **수92054-1.** 일차부등식을 활용하여 다양한 실생활 문제를 해결할 수 있다. **중학교 2학년 Ⅱ. 방정식과 부등식** **수92071.** 이차방정식과 그 해의 의미를 이해하고, 이를 풀 수 있다. **수92072.** 이차방정식을 활용하여 여러 가지 문제를 해결할 수 있다. **중학교 3학년 Ⅱ. 이차방정식** **수학1111.** 다항식의 덧셈과 뺄셈을 할 수 있다. **수학1241.** 부등식의 성질을 이해하고, 절댓값을 포함한 일차부등식을 풀 수 있다. **고등학교 수학 Ⅰ. 다항식 Ⅱ. 방정식과 부등식**

학교별 교육과정 편성에 따라 본시 학습과 후속 학습 간 학년 순이 바뀌거나 후속 학습이 빠질 수 있으므로 교육과정 편성을 고려하여 성취 기준을 달성하고 가르칠 범위를 결정한다.

교과 핵심 지식 및 기능

본시 학습에서 학생들에게 꼭 가르쳐야 할 핵심 지식(기능)의 내용이다.

수학

핵심지식 1 일차식의 덧셈, 뺄셈

- 일차식의 덧셈은 동류항끼리 모아서 계산한다.
- 동류항끼리의 덧셈과 뺄셈은 분배법칙을 이용하여 간단히 한다.
- 괄호가 있는 경우에는 괄호를 먼저 풀고 동류항끼리 계산한다.
- $(2x-5y)-(3x+7y)=2x-5y-3x-7y$ (괄호를 푼다)

$=2x-3x-5y-7y$ (덧셈의 교환법칙)

$=(2-3)x+(-5+7)y$ (동류항끼리 계산)

$=-x+2y$

핵심지식 2 게임 속의 수학적 원리 탐색하기

일차식의 덧셈, 뺄셈을 활용한 매직비드의 원리를 탐색하여 실생활 속 수학의 유용성을 익힌다.

$(10a+b)-(a+b)=10a+b-a-b$

$=10a-a+b-b$

$=9a$

학생 진단

04 이 내용을 학습할 학생들이 겪을 어려움은 무엇인가?

본시 학습 내용에 대한 성취도를 높이기 위해서는 학습 내용의 핵심 지식(기능)과 이에 대한 학생들의 이해도 및 이를 높이는 데 걸림돌이 무엇인지에 대해 학생 실태를 파악하고, 대비책을 마련해 두는 것이 필요하다. 여기서는 핵심 지식에 대한 학생의 이해도 및 기능 습득에 어떤 어려움이 있는지 살펴본다.

난개념(난기능), 오개념(오기능)과 핵심 지식과의 연계 지도 방안을 찾기 위해 학생들의 선수 학습 개념을 사전 설문 조사나 진단 평가 형식으로 알아볼 수 있다.

본시 학습 주제에 대한 진단 평가 결과

문항		분석 결과	
1	거듭제곱으로 나타내기	⊙	• 숫자이거나 문자이거나 관계없이 거듭제곱으로 나타내는 것은 우수한 것으로 나타남.
2	정수의 사칙계산	⊙	• 정수의 사칙계산은 대부분의 학생이 정확하게 계산하는 것으로 보아 잘 하는 것으로 볼 수 있음.
3	분배법칙	◑	• (1)은 분배법칙을 이용하여 능수능란하게 계산함. • (2)는 분배법칙을 이용하지 않고 각각을 계산한 다음에 덧셈을 이용하는 학생이 더 많은 것으로 나타남. 학생들은 (1)만 분배법칙으로 생각하는 경향이 있음.
진단 평가 자료	**진단 평가** 1. 다음을 거듭제곱을 써서 나타내어라. (1) $2\times2\times2$ (2) $(-2)\times(-2)$ (3) $-(2\times2\times2)$ (4) $-\{(-2)\times(-2)\}$ (5) $x\times x\times x$ (6) $(-2)\times x\times3\times x$ 2. 다음을 계산하여라. (1) $1-(-3)$ (2) $2^2+(-3)\times5$ (3) $(-24)\div(6\times3)$ (4) $(-1)\times(-7)+3\times(-2)$ 3. 다음을 분배법칙을 이용하여 계산하여라. (1) $12\times\left(\frac{1}{3}-\frac{1}{2}\right)$ (2) $1.4\times3.7+1.4\times1.3$		

선개념

선개념은 본시 학습 내용과 관련하여 학생들이 이미 알고 있는 개념이다. 핵심 지식을 획득하기 위해 선개념을 바탕으로 난개념, 오개념과 연결 지어 배움 전략을 수립하고 지도한다.

선개념 1 정수의 사칙계산을 잘 할 수 있다.

선개념 2 동류항의 뜻을 알고 단항식에서는 동류항을 잘 찾지만 다항식에서 동류항을 혼동한다.

선개념 3 동류항끼리의 덧셈과 뺄셈은 분배법칙을 이용하여 계산하는데 분배법칙을 어려워한다.

난개념, 난기능

난개념은 본시에서 학습해야 할 내용 중에서 학생들이 이해하기 어려워하는 내용으로, 효과적인 배움 전략과 배움 원리를 실행함으로써 이를 해결하고 학습 목표에 도달하게 된다.

난개념 1 일차식의 덧셈, 뺄셈과 일차식의 곱셈, 나눗셈을 혼동하여 어려워한다.

$3x+2x=5x$를 $3x+2x=5x^2$으로 계산한다.

난개념 2 간단한 일차식의 덧셈, 뺄셈의 원리를 분배법칙과 관련지어 계산하기를 어려워한다.

$3x+2x=5x$를 $3x+2x=5$로 계산한다.

오개념, 오기능

오개념은 본시에서 학습해야 할 내용 중에서 학생들이 갖고 있는 선개념 중에서 잘못 알고 있거나 본시 학습 중에 잘못 이해할 가능성이 있는 내용으로, 교정을 위해 교사의 적극적인 지원이 필요한 부분이다.

오개념 1 일차항과 상수항을 동류항으로 생각한다.

$3x+7=10x$로 계산한다.

오개념 2 일차식의 계산 결과를 수의 계산처럼 하나의 값으로 나타내려고 한다.

$2x+3y=5xy$로 계산한다.

흥미, 태도

본시 학습 목표 도달과 관련한 학생들의 흥미와 태도를 알아본다.

흥미 ① 일차식의 덧셈, 뺄셈을 이용한 게임의 원리를 탐색하도록 한다.

흥미 ② 발문을 이용하여 학생들 스스로 일차식의 덧셈, 뺄셈의 원리를 찾아내도록 유도한다.

태도 ① 교사의 설명과 강의 중심의 수업보다는 모둠별 토의 활동을 통하여 문제해결 방향을 찾는 것을 선호한다.

교수 처방 05

이 학습 내용을 지도할 때 사용하는 교수법과 사용 이유는 무엇인가?

본시 수업 내용은 '일차식의 계산'이다. 앞에서 살펴본 대로 학생들의 난개념, 오개념을 지도하기 위해서는 학생 이해도 및 수준에 따른 적절한 내용 표상 방법을 활용한 교수 처방이 필요하다. 본 수업의 대상 학생들은 중학교 1학년 학생들로 발문 중심 수업 대화를 바탕으로 자신의 의견을 발표하고 발표한 의견을 듣고 거기에 설명을 덧붙이기를 좋아하는 학생 참여 수업을 선호한다.

선수 학습 확인에서는 짝끼리 토의 활동과 모둠별 설명하기를 통하여 동류항의 개념을 구체화하도록 한다. 학생들이 보통 일차식의 곱셈과 나눗셈의 계산은 아주 쉽게 잘 하는데 일차식의 덧셈, 뺄셈을 학습하고 나면 일차식의 곱셈, 나눗셈과 덧셈, 뺄셈을 혼동하여 계산을 엉뚱하게 하는 경우가 많다. 따라서 본 차시의 선수 학습 확인에서는 동일한 항으로 구성된 단항식의 곱셈, 덧셈 문제를 제시하여 계산하게 하고 그 결과를 대조해 보게 함으로써 그 차이를 인지하게 하고자 한다.

배움 열기에서는 일차식의 덧셈, 뺄셈의 원리를 익히게 하기 위해서 동류항끼리 배열된 간단한 일차식 문제를 제시하여 모둠끼리 토의 · 토론을 통하여 원리를 익히는 되돌리기 전략을 사용한다.

배움 활동에서는 덧셈의 교환법칙을 이용하여 동류항끼리 모아 분배법칙을 이용하여 계산하는 연습을 통하여 일차식의 덧셈과 뺄셈을 배우게 한다. 이런 것들을 연결하기 전략으로 정리한 다음 괄호가 있는 일차식의 문제들을 모둠별 활동을 통하여 도전하는 전략을 활용할 것이다. 그런 다음 매직비드 게임을 실행하고 그 원리를 찾아내는 점프 과제에 도전하게 할 것이다. 모둠별 토의 학습으로 학생들끼리 점프 과제의 게임의 원리를 탐색한 다음 그 결과를 모둠별로 설명하고 그것을 대조해 보게 함으로써 메타인지를 활성화하고 학습 효과를 극대화하려고 한다.

1. 배움 열기 단계에서의 학생 진단과 교수 처방

배움 열기 단계(8')

학습 과정 (학습 집단)	교수 · 학습 활동	배움중심 PCK 전략			자료(★) 및 유의점(※)
		배움 주춤	배움 전략	배움 원리	
전시 학습 상기	**• 전시 학습 상기하기** – 용어의 정의 확인 – 동류항끼리의 덧셈과 뺄셈 – 관련 문제 풀기	선개념 난개념	토의, 정의 연결, 설명 예시, 연습	나누기 참여 칭찬	※ 모둠별 협력학습 ★ PPT 자료
학습 목표 제시(전체)	**• 학습 목표 제시하기**				
동기 유발	**• 학습 동기 유발하기** – 매직비드 게임하기		매체, 추론 게임, 발문	추론	★ 플래시 자료

선개념 ① 정수의 사칙계산을 잘 할 수 있다.

선개념 ② 동류항끼리의 덧셈과 뺄셈은 분배법칙을 이용하여 계산하는데 분배법칙을 어려워한다.

동류항의 뜻은 짝–모둠 토의 활동을 통한 되돌리기 전략과 질문하기로 구체화하고 동류항끼리의 덧셈과 뺄셈은 간단한 예시 문항을 제시하여 연습해 보게 함으로써 분배법칙을 이용하여 계산하기와 연결하게 한다.

난개념 ① 일차식의 덧셈, 뺄셈과 일차식의 곱셈, 나눗셈을 혼동하여 계산한다.

난개념 ② 간단한 일차식의 덧셈, 뺄셈의 원리를 분배법칙과 관련지어 계산하기를 어려워한다.

학생들은 단항식의 곱셈계산은 쉽게 잘 한다. 그런데 동류항의 덧셈을 배우고 나면 단항식의 곱셈과 덧셈을 혼동하기 시작한다. 따라서 전시 학습 확인 문제에서 동일한 항으로 구성된 단항식의 덧셈과 곱셈을 계산해 보게 하여 서로 대조하여 공부해 보게 함으로써 단항식의 덧셈과 곱셈의 차이를 깨달을 수 있게 한다.

⦿ 전시 학습 상기하기

학생 참여 중심의 협동학습(짝의 선수 학습 내용을 듣고 모둠원에게 설명하기)

① 배분한 포스트잇에 지난 시간에 배운 것 중 하나 적기 (되돌리기)

[짝 활동] ② 짝끼리 자신이 기억하는 내용을 설명하고 (포스트잇 참고) 질문하기

[모둠 활동] ③ 방금 짝에게 배운 내용을 다른 모둠원들에게 설명하기(연결하기)

교사 (타이머가 울리면) 각 모둠에서 친구들한테 학습한 것들 중 생각나는 것 한 가지를 발표해 보겠습니다. 발표해 볼 사람 손들어 보세요.(손을 든 학생 중 지명한다.)

학생 (지명받은 학생이 대답한다.) ○○○이가 단항식과 단항식의 곱셈은 숫자는 숫자끼리, 문자는 문자끼리 곱하고 곱셈기호를 생략한다고 말했습니다.

교사 ○○○이가 단항식과 단항식의 곱셈에 대해 정확하게 설명했지요. (원 칭찬, 연결하기) 또 다른 것을 발표해 볼 사람 손들어 보세요. (손을 든 학생 중 지명한다.)

학생 (지명받은 학생이 대답한다.) ○○○이가 단항식과 수의 나눗셈은 곱셈으로 고쳐서 계산한다고 했습니다.

교사 ○○○이가 단항식과 수의 나눗셈은 곱셈으로 고쳐서 계산한다고 정확하게 설명했습니다. 계속 단항식이라는 말이 나오는데 단항식은 뭔가요? (원 칭찬, 정의)

학생 (단항식의 뜻에 대해 같이 대답한다.) 항이 하나뿐인 다항식입니다.

교사 모두들 단항식의 뜻을 정확하게 알고 있네요. (원 칭찬, 연결하기) 짝에게 설명하다 보면 개념이 더 명확해지지요. 또 다른 것을 발표해 볼 사람 손들어 보세요.(손을 든 학생 중 지명한다.)

학생 (지명받은 학생이 대답한다.) ○○○이가 문자와 차수가 같은 항을 동류항이라고 했습니다.

교사 문자와 차수가 같다는 말은 무슨 뜻인가요? (원 되돌리기)

학생 문자가 같다는 말은 문자의 종류가 같다는 말이고 차수가 같다는 말은 문자의 곱해진 횟수가 같다는 말입니다.

교사 그렇다면 $2x$와 x^2은 동류항이지요? (원 발문, 딴청부리기, 연결하기)

학생 아닙니다. 문자는 같지만 차수가 다릅니다.

교사 동류항에 대해 정확하게 잘 알고 있네요. 그렇다면 $2xy$와 $5yx$는 동류항인가요? (원 발문, 되돌리기)

학생 $2xy$와 $5yx$는 동류항입니다.

교사 그렇다면 동류항끼리의 덧셈은 어떻게 계산하나요? (원 발문, 추론)

학생 분배법칙을 이용하여 계산합니다.

교사 일차식의 곱셈, 나눗셈, 일차식의 뜻, 동류항, 동류항의 덧셈 등 모두 정확하게 잘 알고 있네요! 그럼 방금 말한 것들을 실전에서 얼마나 잘 하는지 도전해 보겠습니다. 시간은 1분 주겠습니다.(PPT 화면을 제시한다.) (원 예시, 연습, 도전하기)

난개념과 오개념을 점검하기 위한 선수 학습 확인(개별학습)

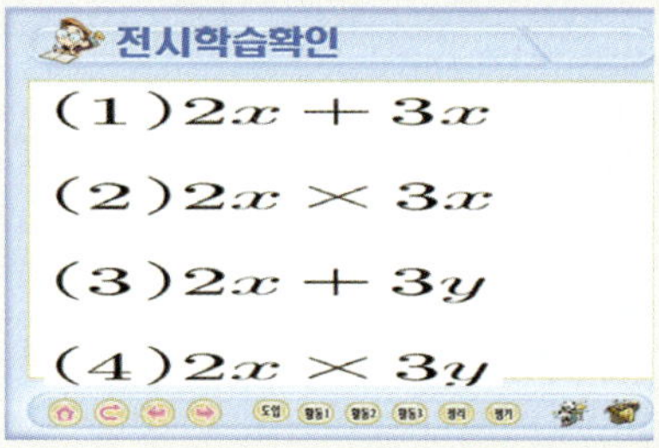

① 전시 학습 문제를 PPT로 제시하기(도전하기)

② 개인별로 공책에 풀기(시간 1분)

③ 동류항끼리의 덧셈, 곱셈 대조하기

(1) $3x+2x=(3+2)x=5x$

(2) $3x\times 2x=3\times x\times 2\times x$
$=3\times 2\times x\times x=6x^2$

④ 동류항이 아니면서 항이 같은 두 단항식의 덧셈과 곱셈 대조하기

(3) $2x+3y$ 동류항이 아니기 때문에 더 이상 계산할 수 없다.

(3) $2x\times 3y=2\times 3\times x\times y=6xy$

교사 일차식과 수의 곱셈만 배울 때는 잘 했는데 동류항의 덧셈을 배우고 나면 곱셈과 혼동하여 (1)번은 $3x+2x=(3+2)x\times x=5x^2$으로 (2)번은 $3x\times 2x=(3\times 2)x=6x$로 계산하는 학생들이 있습니다. 어디가 틀렸습니까? (원 예시, 추론) 난개념 확인

학생 (1)번은 숫자는 숫자끼리 더하고 문자는 문자끼리 곱했습니다. 분배법칙을 이용해서 동류항끼리 모아 $5x$로 계산해야 합니다. (2)번은 숫자끼리 곱한 것은 맞는데 문자는 덧셈처럼 분배법칙으로 계산했습니다. 곱셈이니까 문자끼리도 곱하면 x^2이 되어 $6x^2$이 되어야 합니다.

교사 (3)번은 $2x+3y$는 숫자는 숫자끼리 계산하고 문자는 문자끼리 곱하여 생략하면 $2x+3y=6xy^2$가 되지요? (원 발문, 딴청부리기, 연결하기) 난개념 확인

학생 아닙니다. $2x+3y$는 덧셈이고 $2x$, $3y$는 동류항이 아니기 때문에 더 이상 계산할 수 없습니다. (근거 제시하기)

교사 단항식의 곱셈과 덧셈을 혼동하고 어려워해서 딴청을 부렸는데, 정확하게 알고 있네요. 잘했습니다. $2x+3y$는 더 이상 계산할 수 없습니다. (원 칭찬, 연결하기) 그러면 (4)번은 곱셈이니까⋯ (학생과 함께 풀고 설명하며 칠판에 기록한다.)

학생 $2x\times 3y=2\times x\times 3\times y=2\times 3\times x\times y=6xy$입니다.

교사 지금까지 동류항끼리 덧셈과 곱셈, 동류항이 아니지만 똑같은 항끼리의 덧셈과 곱셈을 서로 비교해 보았습니다. 대조해 보고 혼동하지 않도록 합시다. (원 격려)

⊙ 학습 목표 제시하기

교사 조금 전에 확인한 것처럼 지난 시간에는 일차식의 뜻, 단항식의 곱셈과 나눗셈, 동류항의 뜻, 동류항끼리의 덧셈에 대해 공부했는데 이번 시간에는 무엇을 배울까요? (원 추론)

학생 (생각해 보고 유추해 낸다.) 단항식의 곱셈과 나눗셈을 배웠으니 덧셈과 뺄셈?

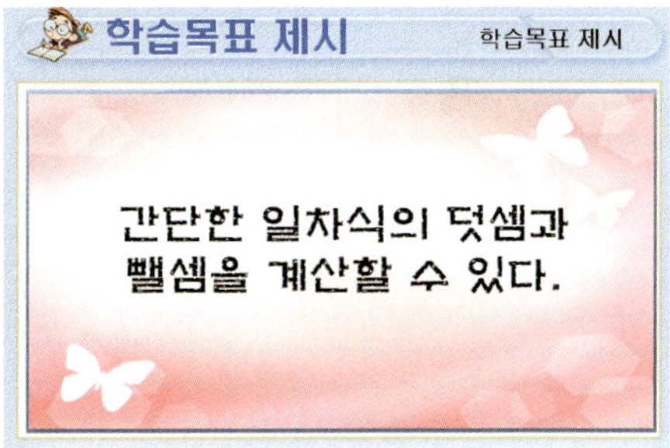

학습 목표 제시

교사 맞습니다. (원 칭찬) 오늘은 일차식의 덧셈과 뺄셈을 계산하는 방법에 대해 학습하겠습니다. 학습 목표 한번 읽어 볼까요?

학생 (큰 소리로 학습 목표를 함께 읽는다.)

⊙ 학습 동기 유발하기

교사 오늘의 학습 목표를 달성하기 전에 먼저 게임을 하나 해 보겠습니다. 여러분이 각자 생각하고 있는 두 자리 수와 관련된 그림을 알아맞히겠습니다.(매체) 여러분이 각자 생각하고 있는 수는 모두 같나요? (원 발문, 추론)

학생 아닙니다. 모두 다릅니다.

교사 여러분이 생각하고 있는 숫자는 모두 다르지만 화면에 제시된 그림 중에서 어떤 그림을 보고 있는지 선생님이 맞혀 보겠습니다.

학생 (교사의 설명을 들으며 절차에 따라 시행할 준비를 한다.)

교사 준비됐나요?

학생 (각자 생각하고 계산한 후) 네!

학습 동기 유발을 위한 매직비드 게임

① 매직비드 방법 설명하기

② 각자 자신의 오리지널 넘버를 선택하기

③ 자신의 오리지널 넘버 옆의 그림 보기

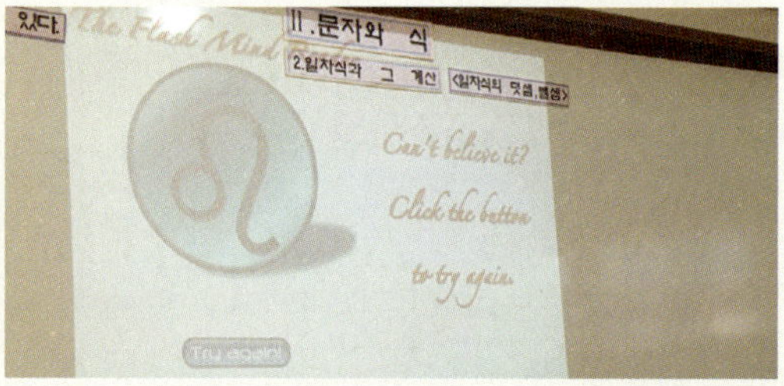

④ 화면에 제시된 그림과 선택의 일치 여부 확인하기

매직비드 게임 방법

① 두 자리 자연수(10~99) 중 하나를 선택한다.(예를 들어 23을 선택하면)
② 선택한 두 자리 자연수의 각 자리의 수의 합을 구한다.(2+3=5)
③ ①-②의 결과 옆의 그림을 본다.(23-5=18 옆의 그림을 본다.)
④ 게임의 원리를 예를 들어 설명한 다음 학생들이 ①②③의 단계를 선택할 수 있도록 시간을 준다.
⑤ 매직비드의 공 부분을 클릭하면 괴기한 소리와 함께 화면이 바뀌면서 특정한 그림이 하나 제시된다.
⑥ 학생이 화면에 제시된 그림과 ③의 결과 옆의 그림이 일치하는지 확인한다.
⑦ 결과 제시 화면 아래의 Try again 버튼을 누르면 처음부터 다시 시행할 수 있다. 이때 화면의 그림은 임의로 바뀐다. 1~2번쯤 되풀이한다.

교사 지금 나온 그림은 ~입니다. 맞았나요? (원 게임)

학생 (깜짝 놀라며) 네!

교사 한번 더 해 보겠습니다.(매직비드 자료 화면의 정답 아래를 클릭하면 화면이 바뀐다.)

학생 (매직비드 화면에서 ①-②-③ 단계의 결과로 나온 수 옆의 그림을 본다.)

교사 지금 여러분이 보고 있는 그림은 ~이지요.(정답을 말하며 매직비드 화면의 구슬 부분을 클릭하면 괴기한 소리와 함께 정답 화면이 크게 뜬다.)

학생 어? 우와! (화면을 보고 게임의 결과가 맞는지 확인하고 놀란다.)

교사 (두 번쯤 시행 후) 여러분이 생각하고 있는 숫자가 모두 같지는 않지요? 그럼에도 불구하고 모두 같은 그림이 나오고 선생님이 그걸 맞혔지요! 오늘 수업은 이 게임의 원리와 관계있습니다. 오늘 수업을 하고 나면 이 게임 속에 숨어 있는 수학적 원리를 설명할 수 있을 것입니다.

수학

2. 배움 활동 1단계에서의 학생 진단과 교수 처방

배움 활동 1단계에서는 간단한 일차식의 덧셈, 뺄셈에 대해서 학습한다.

배움 활동 1단계(20′)

학습 과정 (학습 집단)	교수 · 학습 활동	배움중심 PCK 전략			자료(★) 및 유의점(※)
		배움 주춤	배움 전략	배움 원리	
배움 활동 1 상수항이 없는 일차식의 덧셈, 뺄셈 (전체 → 모둠 → 개별)	• **개념 열기: 상수항이 없는 일차식의 덧셈, 뺄셈** $8x-6y+3x+2y$ $=8x+3x-6y+2y$ $=(8+3)x+(-6+2)y$ $=11x-4y$	선개념 오개념	예시, 비교 설명, 요약 관찰, 탐구 되돌리기	연결 분류	★PPT 자료
	• **개념 익히기(1): 모둠별 협력학습 후 발표** 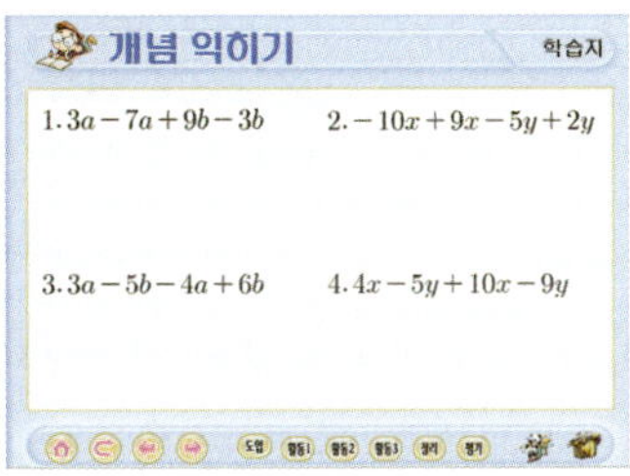	선개념 신개념 난개념 오개념	매체, 관찰 발문, 토의 설명, 발표 딴청부리기	나누기 도전 공유 참여	★PPT 자료 활동지

학습 과정 (학습 집단)	교수 · 학습 활동	배움중심 PCK 전략			자료(★) 및 유의점(※)
		배움 추출	배움 전략	배움 원리	
	• **학습 목표 확인하기** – 일차식의 덧셈과 뺄셈은 동류항끼리 모아서 계산한다.				
(예제1) 전체	• **(예제1) 상수항이 있는 일차식의 덧셈, 뺄셈** (1) $(x+5)+(2x-3)$ (2) $(2y-1)-(7y-1)$	신개념 오개념 난개념	설명, 연결 관찰, 추론 비교, 예시	도전 연결	★ 교과서
	• **개념 익히기(2): 모둠별 협력학습 후 발표**				
【문제10】 모둠별 토의 학습	**【문제10】 풀이** (1) $(2a-4)+(3a+11)$ (2) $(b-2)-(5b+3)$ (3) $(-3x+5)+(5x-8)$ (4) $(5y+7)-(-2y+4)$	오개념 난개념	설명, 연결 관찰, 탐구 토의, 발표 격려 되돌리기	도전 참여 연결	★ 교과서

신개념 ① 새로운 내용(일차식의 덧셈과 뺄셈)을 배워야 한다.

일차식의 덧셈과 뺄셈 학습에서는 상수항이 아닌 동류항이 있는 문제를 가지고 분배법칙을 이용하여 계산하는 것을 연습하고 난 다음, 괄호가 있고 상수항이 있는 일차식의 덧셈까지 모둠별 협력학습을 통하여 관찰하고 탐구하도록 한다.

선개념 ① 동류항끼리의 덧셈과 뺄셈은 분배법칙을 이용하여 계산할 수 있다.

덧셈의 교환법칙을 이용하여 동류항끼리 모은 다음 분배법칙을 이용하여 동류항끼리 계산하게 하고 분배법칙은 정수의 사칙계산을 이용하여 바로 계산하게 한다.

난개념 ① 일차식의 덧셈, 뺄셈과 일차식의 곱셈, 나눗셈을 혼동하여 어려워한다.

$$3x+7x=10x^2\ (\times) \Rightarrow 3x+7x=10x\ (\bigcirc)$$

일차식의 덧셈(뺄셈)은 동류항끼리 모아 분배법칙을 이용하여 계산하고 단항식의 곱셈(나눗셈)과 혼동하지 않도록 예시를 들어 설명한다.

난개념 ② 일차식의 덧셈, 뺄셈의 원리를 분배법칙과 관련지어 계산하기를 힘들어한다.

$$3x+2x=5\ (\times) \Rightarrow 3x+2x=5x\ (\bigcirc)$$

동류항끼리는 분배법칙의 원리를 이용하여 계산하게 하고 계수를 계산할 때는 정수의 사칙계산의 원리를 이용하여 바로 계산하도록 한다.

오개념 1 일차항과 상수항을 동류항으로 생각한다.

$$3x+7x=10x\text{로 계산 }(\times) \Rightarrow 3x+7x=10x\ (\bigcirc)$$

교실에서 쉽게 볼 수 있는 책과 볼펜을 예시를 들어 설명하는 되돌리기 전략을 사용하여 일차항과 상수항은 동류항이 아님을 알게 한다.

오개념 2 일차식의 계산 결과를 수의 계산처럼 하나의 값으로 나타내려고 한다.

$$2x+3y=5xy\text{로 계산 }(\times) \Rightarrow 2x+3y\text{는 계산 불가 }(\bigcirc)$$

수의 계산과는 다르게 일차식의 계산 결과는 다항식으로 나타날 수 있음을 주어진 문제들의 결과를 관찰하고 탐구하는 과정 속에서 스스로 터득하도록 연습한다.

⦿ 배움 활동 1: 상수항이 없는 일차식의 덧셈, 뺄셈

교사 조금 전에 $2x+3x=(2+3)x=5x$였지요. 그럼 $8x-6y+3x+2y$는 어떻게 계산해야 할까요? (원 예시, 되돌리기)

학생 동류항끼리(x는 x끼리, y는 y끼리) 모아서 분배법칙으로 계산합니다.

교사 $8x-6y+3x+2y$에서 동류항끼리 모으면?

학생 $8x-6y+3x+2y=8x+3x-6y+2y$입니다.

교사 동류항끼리 모은 것을 분배법칙으로 계산하면?

학생 $8x-6y+3x+2y=8x+3x-6y+2y=(8+3)x+(-6+2)y=11x-4y$입니다.

교사 잘했습니다. (원 칭찬) $11x-4y$처럼 가장 높은 차수가 1인 다항식을 뭐라고 했지요?

학생 일차식이라고 했습니다.

교사 일차식의 뜻을 정확하게 알고 있네요. 그럼 방금 우리가 계산한 것이 일차식의 덧셈입니다. 일차식의 계산은 어떻게 하는지 요약, 정리해 볼까요? (원 칭찬, 요약)

학생 동류항끼리 모아 분배법칙을 이용하여 계산합니다.

교사 그렇습니다. 일차식은 동류항끼리 모아서 분배법칙의 원리를 이용하여 계산합니다. 정리해 보면 일차식에서는 문자는 같은 문자끼리 즉, x는 x끼리, y는 y끼리 모아서 계수만 정수의 사칙계산으로 계산합니다. 난개념 확인

그런데 $11x-4y$를 더 계산할 수 있나요? 오개념 확인

학생 동류항이 아니기 때문에 더 이상 계산할 수 없습니다.

교사 맞습니다. 지금까지 우리가 했던 정수의 계산과 한번 비교해 볼까요? $-2+1-5+3=-3$이고 $8x-6y+3x+2y=11x-4y$입니다. 잘 관찰해 보면 어떤 차이가 있나요?(**원 칭찬, 비교**)

학생 정수의 계산 결과는 항이 하나이고 일차식의 계산 결과는 항이 2개입니다.(이 답이 나오도록 유도한다.)

교사 정확하게 말했습니다. 정수 계산은 답이 반드시 하나의 수로 나오지만 일차식의 계산 결과는 반드시 하나가 되는 것이 아닙니다. **오개념 확인**

그럼, 활동지의 원리 탐구 문제를 모둠끼리 토의해서 탐구해 보고 일차식의 덧셈과 뺄셈의 원리를 찾아보세요. 시간은 5분입니다.(활동지 배부 및 타이머 작동)

학생 (모둠별로 토의하며 활용지의 원리 탐구 문제를 푼다.)

교사 (타이머가 울리면) 발표해 볼까요? 발표할 사람?(손을 든 학생 중 네 명을 지명한다.)

학생 (지명받은 학생이 나와서 풀이하고 설명한다.) (**원 토의, 발표**)

(1) $3a-7a+9b-3b$
$=(3-7)a+(9-3)b$
$=-4a+6b$

(2) $-10x+9x-5y+2y$
$=(-10+9)x+(-5+2)y$
$=-x-3y$

(3) $3a-5b-4a+6b$
$=3a-4a-5b+6b$
$=(3-4)a+(-5+6)b$
$=-a+b$

(4) $4x-5y+10x-9y$
$=4x+10x-5y-9y$
$=(4+10)x+(-5-9)y$
$=14x-14y$

학생 참여 중심의 모둠별 토의학습(활동지)

[모둠 활동] 활동지 모둠별 탐구 활동

[모둠 활동] 활동지 모둠별 토의 장면

모둠별 대표 발표하기

모둠별 대표 발표 내용 설명하기

교사 (학생들의 발표가 끝나고)(1)에서 $-4a+6b=2ab$ 아닌가요? (원 딴청부리기)

학생 $-4a+6b$는 서로 동류항이 아니기 때문에 계산할 수 없습니다. 오개념 확인

교사 잘했습니다. (3)에서 $3a-5b-4a+6b=3a-4a-5b+6b$와 같이 덧셈의 교환법칙을 적용한 이유는 무엇일까요? (원 칭찬, 발문)

학생 동류항끼리 모아서 계산하기 위해서입니다.

교사 그렇다면 일차식의 덧셈과 뺄셈은 어떻게 계산하나요? (원 발문, 추론)

학생 동류항끼리 모아서 분배법칙을 이용하여 계산합니다.

수학

⊙ (예제1) 설명하기

교사 교과서 81쪽(예제1)을 통해 일차식의 덧셈과 뺄셈을 연습해 보겠습니다. (1) $(x+5)+(2x-3)$을 관찰해 보면 조금 전 문제와 무엇이 다른가요? (원 발문, 관찰, 대조)

학생 괄호가 있습니다.

교사 그럼 어떻게 할까요?

학생 괄호부터 풀어야 합니다.

교사 학생 (학생들과 함께 질문을 주고받으며 문제를 푼다.)

교사	학생
(1) $(x+5)+(2x-3)$	(1) $(x+5)+(2x-3)$
에서 괄호를 풀면?	$=x+5+2x-3$
동류항끼리 모으면?	$=x+2x+5-3$
분배법칙으로 계산하면?	$=3x+2$

교사 어떤 친구가 (1)의 답을 $5x$라고 했습니다. 어떤 잘못된 개념을 가지고 있을까요? (원 예시, 추론)

학생 $3x$와 2는 서로 동류항이 아닌데 동류항으로 계산했습니다.

교사 그렇습니다. $3x$는 일차항이고 2는 상수항입니다. $3x$와 2는 동류항이 아니므로 계산할 수 없습니다. 그래서 $3x+2$는 그대로 두어야 합니다. 또한, 모든 상수항은 동류항이지요! 동류항을 우리 교실에서 볼 수 있는 사물에서 예시를 들어 볼게요. 지금 왼쪽에 책 2권과 볼펜 3개, 오른쪽에 책 1권과 볼펜 2개가 있는데 이것을 모으면 어떻게 될까요? (원 예시, 서사, 되돌리기) 오개념 확인

오개념 점검을 위한 되돌리기(동류항의 뜻과 동류항끼리 계산을 주변 사물에 비유해 설명)

① 책 2권과 볼펜 3자루(화면 제시)
② 책 1권과 볼펜 2자루(화면 제시)
③ 이것의 합을 식으로 나타내면?
(책 2권 볼펜 3자루)+(책 1권 볼펜 2자루)=(책 3권+볼펜 5자루)
④ 동류항은 책과 볼펜처럼 종류가 같은 것을 말한다. 책은 책끼리, 볼펜은 볼펜끼리 모으는 것처럼 x는 x끼리, y는 y끼리, 숫자는 숫자끼리 모은다. 주변에서 쉽게 볼수 있는 사물에 비유, 설명하여 오개념을 점검한다.

학생 책 3권과 볼펜 5자루입니다.

교사 그렇지요. 이것을 수식으로 적어 보면 (책 2권, 볼펜 3자루)+(책 1권, 볼펜 2자루)=(책 3권+볼펜 5자루)입니다. 책은 책끼리, 볼펜은 볼펜끼리 종류가 같습니다. 이것의 합을 계산할 때 책 8권 또는 볼펜 8자루라고 하지 않고 책은 책끼리, 볼펜은 볼펜끼리 계산해서 책 3권+볼펜 5자루라고 하는 것처럼, 수학에서도 동류항끼리 모은다는 것은 x는 x끼리, y는 y끼리, 상수항은 상수항끼리 모아서 각각이 어떻게 되는지 분류하는 것이 분배법칙으로 계산하는 것입니다. **(원 설명, 대조, 분류하기)**

교사 같은 방법으로 (2) $(2y-1)-(7y-4)$를 풀어 보겠습니다.

교사 **학생** (학생들과 함께 질문을 주고받으며 문제를 푼다.)

교사	학생
(2) $(2x-1)-(7y-4)$	(2) $(2x-1)-(7y-4)$
에서 괄호를 풀면?	$=2y-1-7y+4$
동류항끼리 모으면?	$=2y-7y-1+4$
분배법칙으로 계산하면?	$=-5y+3$

⊙ (문제10) 모둠별로 풀기

교사 그럼 지금부터 【문제10】을 모둠별로 토의하며 연습해 보겠습니다. (예제1)에서 한 것처럼 일차식의 덧셈, 뺄셈을 해 봅시다. 어렵지 않습니다. 모둠별로 토의하면서 풀고 공책에 풀이 과정 필기를 하면서 원리를 익혀 봅시다. 잘 모르는 부분은 손을 들어 질문하세요.(순시하며 개

별 지도한다.) (원 격려, 관찰, 토의, 탐구, 연습)

학생 모둠별로 토의하며 공책에 풀이 과정을 적으며 문제를 푼다. 모둠 내에서 해결되지 않으면 손을 들어 교사에게 질문한다.

교사 (순시하며 개별 지도하다 타이머가 종료하면) 각 모둠의 2번 학생이 나와서 풀어 보세요. (원 발표, 연결)

학생 각 모둠의 2번 학생이 나와서 풀고 설명한다.

(1) $(2a-4)+(3a+11)$
$=2a-4+3a+11$
$=2a+3a-4+11$
$=(2+3)a+(-4+11)$
$=5a+7$

(2) $(b-2)-(5b+3)$
$=b-2-5b-3$
$=b-5b-2-3$
$=(1-5)b+(-2-3)$
$=-4b-5$

(3) $(-3x+5)+(5x-8)$
$=-3x+5+5x-8$
$=-3x+5x+5-8$
$=(-3+5)x+(5-8)$
$=2x-3$

(4) $(5y+7)-(-2y+4)$
$=5y+7+2y-4$
$=5y+2y+7-4$
$=(5+2)y+(7-4)$
$=7y+3$

교사 잘했습니다. (칭찬) 오늘의 학습 목표는 무엇이었나요? (원 발문)

학생 '일차식의 덧셈과 뺄셈을 계산할 수 있다'입니다.

교사 오늘 학습 목표 달성되었지요? (원 발문)

3. 배움 활동 2단계에서의 학생 진단과 교수 처방

배움 활동 2단계에서는 게임(매직비드) 속의 수학적 원리를 학습한다.

배움 활동 2단계(10')

학습 과정 (학습 집단)	교수 · 학습 활동	배움중심 PCK 전략			자료(★) 및 유의점(※)
		배움 주춤	배움 전략	배움 원리	
매직비드 원리 찾기	• **매직비드 원리 찾기** • **[학생 참여 활동] 발표하기**	신개념	매체, 토의 추론, 발표 비교, 단서 도약 도전	가정 예측 연결	★ 플래시 자료 ★ 자석보드

신개념 ① 새로운 내용(게임 속에 들어 있는 수학적 원리 탐구)을 배워야 한다.

게임을 통하여 호기심을 유발한 다음 모둠별 토의 활동으로 매직비드 속의 수학적 원리를 가정하고 추론하게 한다. 모둠별 토의 결과는 자석보드에 기록하여 칠판에 붙여 다른 모둠의 결과도 볼 수 있게 함으로써 논리의 도약을 기대한다.

⊙ 매직비드 게임 원리 찾기

교사 이번에는 실생활 속에서 일차식의 덧셈 원리를 찾는 것에 도전해 보겠습니다. 앞에서 했던 매직비드의 수학적 원리를 탐구해 보겠습니다. 자석보드를 크게 이등분하세요. 이등분한 자석보드의 왼쪽에는 각 모둠별로 각자가 게임을 하면서 선택했던 '두 자리 자연수－각 자릿수의 합＝남은 수'를 적고 오른쪽은 토의 활동을 하는 칸으로 하겠습니다. 자석보드 왼쪽에 적힌 결과를 단서로 하여 어떤 원리가 숨어 있는지 근거를 찾아보세요. 원리를 모둠별로 가정해 보고 추론해서 그 원리가 맞는지 토의해 보겠습니다. 토의가 끝난 모둠은 토의 결과를 자석보드에 적어 자석보드를 칠판에 갖다 붙이세요. 시간은 5분 줄게요. **(원 토의, 가정, 단서, 추론)** (타이머 작동)

학생 (매직비드 속의 수학적 원리를 탐구하여 서로 토의하여 찾아내고 찾아낸 내용은 자석보드에 기록한 후 완료되면 칠판에 자석보드를 붙인다.)

교사 (순시하며 학생들의 활동을 관찰한다. 주어진 시간이 종료되면) 칠판에 있는 각 모둠별 자석보드를 살펴봅시다. 다른 모둠의 자료와 우리 모둠의 자료를 비교해 보세요. **(원 비교)**

학생 (자신의 모둠과 타 모둠의 자석보드 내용을 살펴본다. 이때 학생들의 자석보드를 살펴보면 대부분의 모둠은 자신의 모둠원들이 선택한 숫자를 바탕으로 '선택한 수－각 자릿수의 합＝9의 배수'라고 적는다. 한 모둠쯤은 이것을 일반화한 모둠이 있을 수도 있다.)

교사 (일반화한 모둠이 없으면) 각 자석보드를 보고 덧붙이고 싶거나 좀 더 간단하게 설명할 수는 없는지 한번 생각해 볼까요? **(원 추론, 요약)** (일반화한 모둠이 있으면) 서로 비교해 보고 어느 모둠이 가장 잘 설명하고 있는지 비교하면서 들어 보세요. 어느 모둠의 발표를 들어 볼까요? **(원 발문, 비교)** (일반화하지 않은 모둠을 먼저 지명한 후 일반화한 모둠에서 발표하게 한다.)

학생 (칠판에 붙어 있는 자신의 모둠과 다른 모둠의 자석보드를 비교해 보면서 생각해 본다. 지명받은 학생이 발표한다.)

교사 (발표를 들은 후 첨삭 지도를 한 다음 추가 설명을 한다.) 실생활 속에 숨어 있는 수학적 원리까지 찾아내다니 대단합니다. 두 자리 자연수에서 십의 자리를 a, 일의 자리를 b라고 하면, 두 자리의 자연수는 $10a+b$, 각 자릿수의 합은 $a+b$이므로 '두 자리의 자연수－각 자릿수의 합 $=10a+b-(a+b)=10a-a+b-b=9a$'이므로 매직비드는 어떤 두 자릿수를 선택하든 결과가 항

학생 참여 중심의 도전 과제: 매직비드 게임 원리 찾기(실생활 수학)

① 매직비드 게임하기

[모둠 활동] ② 모둠별로 원리 토의 및 추론하기

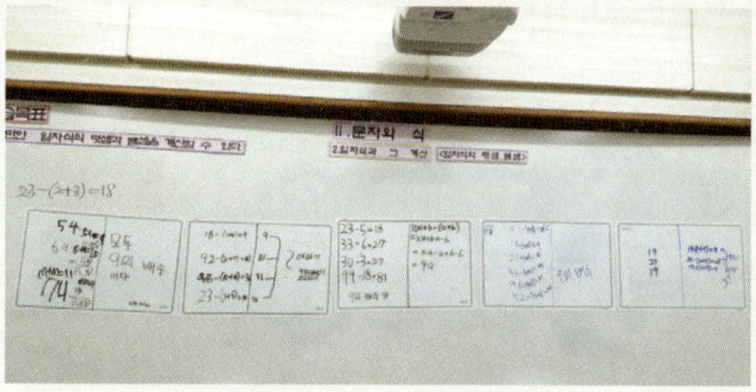

③ 모둠별 토의 결과 칠판에 부착하기

④ 모둠별로 결과물 발표하기

[도전 과제] 매직비드 원리 찾기 토의학습 방법

1) 매직비드 게임을 ①②③(① 두 자리 자연수–② 각 자릿수의 합=③ 남은 숫자 옆 그림 보기)의 과정대로 시행한다.
2) 모둠별로 각 모둠원이 시행했던 게임의 과정(①–②–③)을 자석보드에 기록한 다음, 그 결과를 보고 어떤 원리가 들어있는지 토의한다. 이때 자석보드를 양분하여 왼쪽에는 각 모둠원이 시행했던 게임의 과정을, 오른쪽에는 토의 결과를 기록하게 한다.
3) 토의가 끝난 모둠은 토의 결과물을 기록한 자석보드를 칠판에 부착한다.
4) 칠판에 부착된 모둠의 결과물에 대해 모둠별로 1명씩 나와서 발표하게 한다. 이때 교사는 각 모둠별로 부여된 번호 중 같은 번호 하나를 지명하여 발표자를 선정한다. 예를 들면 모둠원이 4명일 때 각 모둠원에게 1~4의 번호를 미리 부여한 다음 1~4 중 같은 번호(모둠의 3번 또는 2번)에 해당하는 학생이 발표하게 한다. 이렇게 하면 모둠별 토의가 끝나고 누가 발표를 하게 될지 모르니까 발표 전략까지 모둠에서 협의를 한다.

상 9의 배수가 나옵니다. 그래서 9의 배수인 숫자 옆에는 모두 같은 그림이 그려져 있지요. 여러분 모두가 다른 숫자를 선택해도 9의 배수 아무 숫자나 보고 그 그림을 맞힐 수 있습니다. 이렇게 일차식의 계산으로 게임을 만들 수도 있네요! (원 칭찬, 되돌리기, 도전, 근거 제시)

학생 (일차식의 덧셈, 뺄셈으로 게임을 만들 수 있음을 이해한다.)

교사 그런데 9의 배수 옆에는 모두 같은 그림이라고 했는데 90과 99 옆의 그림은 다른 9의 배수와는 다른 그림이 그려져 있는데 그 근거는 뭔가요?(원 추론, 근거, 도전) (학생들이 추론으로 답을 찾을 수 있도록 힌트를 주며 유도한다.)

학생 가장 큰 두 자리 자연수가 99이므로 99−(9+9)=81이고, 그러므로 81보다 큰 수는 나올 수 없어요. 따라서 81 이상의 9의 배수 그림은 달라져도 됩니다. (원 **추론, 도약**)

교사 게임의 원리뿐 아니라 숨어 있는 수학적 지식도 찾아내는 걸 보니 훌륭합니다. 일차식의 덧셈과 뺄셈을 이용한 게임이지요! 이렇게 수학적 원리를 이용하여 게임을 만들 수 있습니다. (원 **칭찬, 요약**)

4. 배움 정리 단계에서의 학생 진단과 교수 처방

배움 정리 단계에서는 학습한 내용을 전체 정리하고 학습에 대해 반성한다.

배움 정리 단계(7′)

학습 과정 (학습 집단)	교수 · 학습 활동	배움중심 PCK 전략			자료(★) 및 유의점(※)
		배움 주춤	배움 전략	배움 원리	
형성 평가 (전체) 차시 예고	• **빙고 형성 평가** – 간단한 일차식의 덧셈과 뺄셈 • **차시 예고** – 복잡한 일차식의 덧셈, 뺄셈	난개념 오개념	매체, 연결 연습, 도전 반성 되돌리기	공유 도전	★ 빙고 학습지

난개념 ① 일차식의 덧셈, 뺄셈의 원리를 분배법칙과 관련지어 계산하기를 어려워한다.

평가에 앞서 난개념을 말로 한 번 확인하고 빙고 형성 평가를 통하여 유사 문항을 연습함으로써 일차식의 덧셈, 뺄셈에 숙달되게 한다.

오개념 ① 일차항과 상수항을 동류항으로 생각한다.

오개념 ② 일차식의 계산 결과를 수의 계산처럼 하나의 값으로 나타내려고 한다.

평가에 앞서 오개념에 대해 한 번 설명하고 빙고 형성 평가 시간 중에 순회하면서 살펴보고 오개념이 수정되지 않은 학생이 있다면 개별 지도한다.

⊙ 게임처럼 하는 형성 평가(빙고 게임)

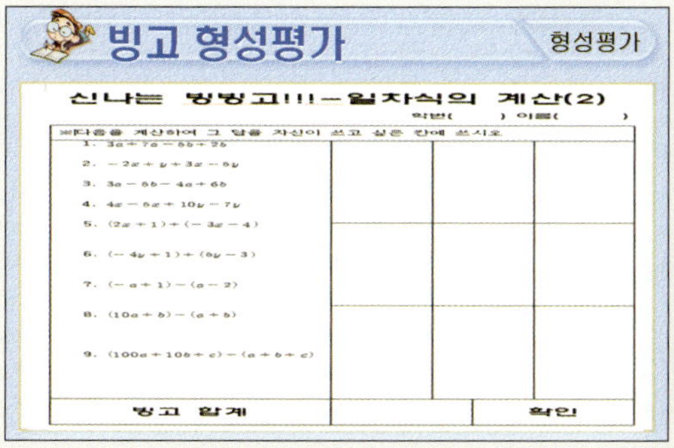

① 빙고 형성 평가지 배부하기

② 빙고 형성 평가지를 풀고 게임 시작하기

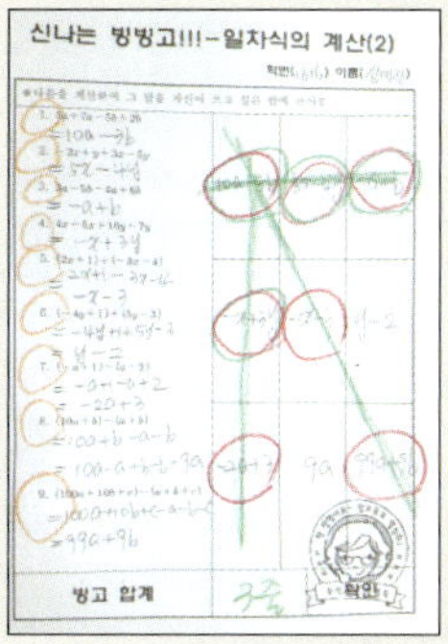

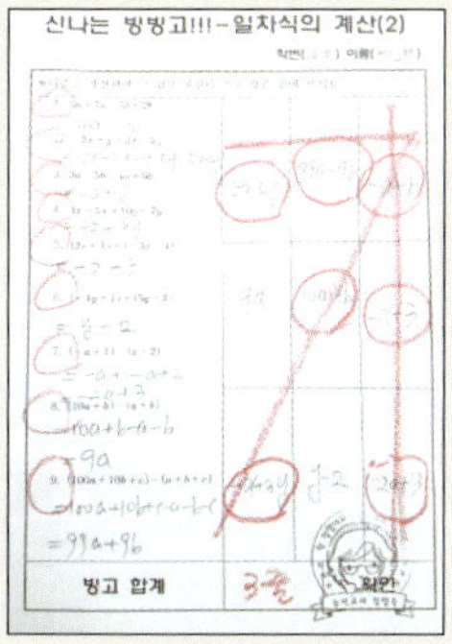

빙고 형성 평가 결과(빙고 3개)

빙고 형성 평가 방법

① 본 수업의 핵심 내용과 관련된 문제 9개를 왼쪽에, 오른쪽에 3×3의 빙고 칸을 만들어 학생들에게 배부한다.
② 학생들에게 문제를 모두 푼 다음 오른쪽의 빙고 칸 중 아무곳에나 문제의 번호와 답을 기록하게 한다. 문제의 종류에 따라 시간을 정한다.(본시에서는 타이머를 2분 작동시켰다.)
③ 타이머가 울리면 빙고 게임을 시작한다. 주어진 9문제 중 임의로 6문제의 답을 부른다. (본시에서는 9개 모두를 불러 주었다.)
④ 교사가 부른 문제의 답과 자신이 적은 답이 가로로 3개면 가로 빙고, 세로로 3개면 세로 빙고, 대각선으로 3개면 대각선 빙고가 된다. 빙고를 이룬 학생은 큰소리로 "빙고"라고 외치고 6개를 다 부를 때까지 되풀이한다.
⑤ 6개 쯤에서 "그만!"이라고 하면 학생들이 1개만 더해 달라고 사정하는데 이때 하나쯤 답을 더 불러도 된다. 교사는 답을 부르지 않은 문항의 답을 가르쳐 주고 게임을 종료한다.
⑥ 9문제를 모두 부르면 빙고는 가로 3, 세로 3, 대각선 2해서 모두 8개가 된다. 이때 한 문제라도 답이 틀린 학생은 빙고 8개를 이룰 수 없다. 익숙해지면 문항 선택권을 교사가 아닌 학생들에게 줄 수도 있다.

※ 빙고 게임으로 형성 평가를 실시하면 문제풀이임에도 학생들이 흥미를 나타낸다. 기본 개념을 연습시킬 때나 단순 지식을 확인해야 할 때 실시하면 좋다.

교사 오늘 학습한 내용을 같이 요약, 설명해 봅시다.(PPT 자료 제시) **(매체)** 일차식의 덧셈과 뺄셈은 어떻게 계산하나요? **(원 연결, 요약, 되돌리기)**

학생 동류항끼리 모아서 분배법칙으로 계산합니다. **난개념 확인**

교사 $2x+3=5x$이지요. **(원 연결, 딴청부리기)**

학생 아닙니다. 일차항과 상수항은 동류항이 아닙니다.

교사 $2x+3x$를 분배법칙으로 계산하면? **(원 질문하기, 되돌리기)** **오개념 확인**

학생 $5x$입니다.

교사 모든 상수항은 동류항인가요? **(원 질문하기, 되돌리기)** **오개념 확인**

학생 네.

교사 오늘 얼마나 열심히 학습했는지 빙고 형성 평가를 통하여 확인해 보겠습니다. (빙고 형성 평가지 배부) 시간은 2분 주겠습니다.(타이머 작동) **(원 연습, 도전)**

학생 (형성 평가지를 받아 문제를 푼 다음 답을 빙고 칸의 적고 싶은 칸에 무작위로 쓴다.)

교사 (빙고 형성 평가가 끝난 후) 9문제 모두 맞힌 사람은 빙고 8개가 됩니다. 빙고 8개인 사람 손 들어 보세요. 빙고 8개가 아닌 사람은 어떤 문제를 왜 틀렸는지 분석하고 틀린 문제를 공책에 다시 풀어 보세요. **(원 연습, 도전, 과제)**

학생 (빙고 개수에 따라 손을 들고 자신이 틀린 문제를 확인한다.)

교사 오늘 학습에서 배운 점, 느낀 점 등을 활동지의 수업 성찰하기에 적어 보겠습니다.

학생 (활동지의 수업 성찰 칸에 배운 점, 느낀 점 등에 관해 적는다.) **(원 반성)**

교사 오늘은 일차식의 덧셈과 뺄셈에 대해서 배웠습니다. 질문이 있나요?(손든 학생이 있으면 질문을 듣고 답변한다.) 다음 시간에는 무엇을 배울지 추측해 보세요. **(원 추론)**

학생 복잡한 일차식의 덧셈과 뺄셈에 대해 배울 것 같습니다. **(원 가정)**

교사 그렇습니다. 다음 시간에는 일차식의 괄호에 1이 아닌 분수나 정수가 곱해져 있는 것, 계수가 분수이거나 소수인 것, 항이 많은 것 등 복잡한 일차식의 덧셈과 뺄셈에 대해서 배우겠습니다. 오늘 열심히 배움에 임하고 적극적으로 발표에 참여해 주어서 고맙습니다. 수업 마치겠습니다.

지도 유의점 06

이 학습 내용을 지도할 때 고려해야 할 유의점은 무엇인가?

학생 발달 수준에 따른 학습 활동

본시 수업에서는 학생 발달 수준을 고려하여 다음과 같은 점에 유의하여 지도한다.

- 문자의 사용과 식의 계산에 대한 용어와 그 뜻을 이해하고 개념을 정리할 수 있도록 지도한다.
- 항에는 수와 문자로 이루어진 항과 수만으로 이루어진 상수항이 있음을 이해하게 하고 상수항과 계수를 구분할 수 있도록 지도한다. 또 상수항은 모두 동류항임을 알 수 있도록 지도한다.
- 전시 학습에서 배운 동류항의 의미를 이해하고 있는지 확인하고 일차식의 덧셈과 뺄셈은 동류항끼리 모아 분배법칙의 원리를 이용하여 계산하게 한다.
- 본시 학습은 개별학습과 모둠별 협력학습을 병행해서 실시하며 모둠별 토의와 도전 수행, 발표 등의 학생 참여 수업을 통해 메타인지를 활성화한다.

수업 전문성 수준에 따른 학습 내용

- 수학은 개별 학생 간의 학력 격차가 큰 교과목이다. 하위수준의 학생들에게는 항, 상수항, 계수, 다항식, 단항식, 차수, 일차식의 뜻을 알고, 문자를 사용한 식에서 찾을 수 있게 순회하며 개별 지도를 한다. 또 일차식의 덧셈, 뺄셈은 이후 학습의 기초가 되므로 동류항끼리 모아서 분배법칙을 이용하여 계산할 수 있도록 반복적으로 연습시켜야 한다. 빙고 게임을 이용한 형성 평가는 게임을 하면서 연습을 할 수 있는 좋은 방법이다.
- 성취 기준에 따른 학습 목표 도달을 위해서는 교과서 기본 개념을 숙지할 수 있도록 하고 수학적 원리가 들어간 게임이나 실생활 자료로 교육과정을 재구성하여 수학의 유용성을 느끼고 수학적 힘을 기를 수 있도록 수업을 설계한다.

• 단항식의 곱셈에서 수는 수끼리 곱하고 같은 문자의 곱은 문자의 거듭제곱으로 나타내며 서로 다른 문자의 곱은 곱셈기호를 생략하고 나타낸다고 배운 학생들이 일차식의 덧셈을 배우면 곱셈과 혼동한다. 이런 학생들에게 본 수업에서 적용했던 $2x \times 3x$, $2x+3x$, $2x+3y$, $2x \times 3y$의 결과를 비교해 보게 하는 전시 학습 문제는 매우 중요하다. 위의 4개의 식을 계산해 보게 하는 활동은 일차식의 계산이 끝날 때까지 지속적으로 필요하다.

학생 평가

07 이 학습 내용에 대한 학생들의 이해도나 어려움을 평가하는 방법은 무엇인가?

평가를 통해 학생들은 자신의 장단점을 진단하고 보완할 수 있는 학습 계획을 수립할 수 있으며 교사는 교수 방법의 효율성을 진단할 수 있다. 평가의 타당성을 높이기 위해서 각 영역의 내용을 포괄적이고 균형 있게 다루며, 학생의 학습 활동 수행 과정과 결과를 보고 교과에 대한 이해, 기능, 태도 등에 대해 종합적으로 판단하는 평가 방식이 되어야 한다.

본시의 평가 계획을 알아보면 다음과 같다.

- 빙고 형성 평가 문항을 풀고 빙고 8개를 만들 수 있는가?(기능적 영역)
- 일차식의 덧셈과 뺄셈의 원리를 설명할 수 있는가?(인지적 영역)
- 모둠 활동시 협력하여 주어진 과제를 수행하는가?(정의적 영역)

<table>
<tr><th colspan="2">평가 관점</th><th colspan="3">학습 목표 달성을 위한 학습 활동 과정에 적극적으로 참여하는가?</th><th>평가 시기</th><th>평가자</th><th>평가 방법</th></tr>
<tr><td rowspan="3">인지적 영역</td><td>평가 항목</td><td colspan="3">• 일차식의 덧셈과 뺄셈의 원리를 설명할 수 있는가?
• 짝이 설명한 전시 학습 확인 문제를 모둠원들에게 설명할 수 있는가?</td><td rowspan="3">정리 단계 정기 고사</td><td rowspan="3">교사/ 동료</td><td rowspan="3">관찰/ 지필 서술</td></tr>
<tr><td rowspan="2">평가 척도</td><td>상</td><td>중</td><td>하</td></tr>
<tr><td>완전히 이해함</td><td>거의 대부분 이해함</td><td>이해가 미흡함</td></tr>
<tr><td rowspan="3">기능적 영역</td><td>평가 항목</td><td colspan="3">빙고 형성 평가 문항을 풀고 빙고 8개를 만들었는가?</td><td rowspan="3">정리 단계</td><td rowspan="3">교사</td><td rowspan="3">형성 평가</td></tr>
<tr><td rowspan="2">평가 척도</td><td>상</td><td>중</td><td>하</td></tr>
<tr><td>매우 잘 수행함</td><td>수행 정도가 보통임</td><td>수행 정도가 미흡함</td></tr>
<tr><td rowspan="4">정의적 영역</td><td rowspan="2">평가 항목</td><td colspan="3">짝의 설명을 열심히 경청하는가?</td><td>열기 단계</td><td>교사/ 동료</td><td>관찰/ 과정</td></tr>
<tr><td colspan="3">본시 학습에 대한 배움 성찰을 하는가?</td><td>정리 단계</td><td>자기</td><td>메모</td></tr>
<tr><td rowspan="2">평가 척도</td><td>상</td><td>중</td><td>하</td><td rowspan="2"></td><td rowspan="2"></td><td rowspan="2"></td></tr>
<tr><td>매우 잘 수행함</td><td>수행 정도가 보통임</td><td>수행 정도가 미흡함</td></tr>
</table>

PCK 본시 교수 · 학습 과정안

수학 Ⅱ-1-2. 일차식과 그 계산

학습 내용

- **교과:** 수학
- **학년-학기:** 중학교 1-1
- **단원:** Ⅱ. 문자와 식 2. 일차식과 그 계산
- **차시:** 7/10
- **주제:** 일차식의 덧셈, 뺄셈

학습 필요

- 일차식의 덧셈과 뺄셈을 계산하여 매직비드 게임 속의 수학적 원리를 알고 수학의 유용성을 느끼게 하고자 함

수학과 PCK 수업 설계

교수 처방

〈배움 전략〉		〈배움 원리〉
□ 설명 – 비유		■ 공감 – 칭찬
■ 설명 – 예시		□ 공감 – 신뢰
■ 설명 – 게임		■ 공감 – 수용
■ 설명 – 정의		□ 공감 – 존중
□ 설명 – 실물		□ 공감 – 격려
■ 설명 – 비교		■ 공감 – 표현
■ 설명 – 대조		□ 공감 – 유머
□ 시범	■ 관찰	□ 지원 – 개발
■ 서사	■ 탐구	■ 지원 – 딴청
■ 발문	□ 추론	■ 지원 – 나누기
■ 연습	■ 요약	□ 지원 – 대기
■ 단서	□ 조작	■ 지원 – 공유
■ 과제	□ 메모	■ 지원 – 도전
■ 매체	■ 발표	■ 지원 – 참여
■ 토의		■ 지원 – 연결
		■ 지원 – 반성

학생 평가

- 일차식의 덧셈, 뺄셈
- 빙고 게임을 이용한 형성 평가

학습 흐름

1. 배움 열기 단계
   - 전시 학습 확인
   - 동기 유발(매직비드)
   - 일차식의 덧셈, 뺄셈
2. 배움 활동 단계
   - 매직비드 게임 원리
3. 배움 정리 단계
   - 일차식의 덧셈, 뺄셈은 동류항끼리 모아 분배법칙으로 계산

학생 진단

- **선개념:** 동류항의 뜻, 동류항끼리의 덧셈, 뺄셈
- **난개념:** 일차식의 덧셈과 곱셈의 혼동, 분배법칙의 원리
- **오개념:** 일차식과 상수항의 계산, 수의 계산과 식의 계산의 차이
- **신개념:** 일차식의 덧셈, 뺄셈

학생 배움중심의 수업 설계 약안

교과	수학(비상교육)	단원(차시)	II-1-2. 일차식과 그 계산
성취 기준	수92013. 일차식의 덧셈과 뺄셈의 원리를 이해하고, 그 계산을 할 수 있다.		
학습 목표	일차식의 덧셈과 뺄셈을 계산할 수 있다.		

단계	학습 내용	교수 · 학습 활동	PCK 전략			자료(★) 및 유의점(※)
			배움 주춤	배움 전략	배움 원리	
배움 열기 (8')	전시 학습 상기	• **전시 학습 상기하기** – 용어의 정의 확인 – 동류항끼리의 덧셈과 뺄셈 – 관련 문제 풀기	선개념 난개념	토의, 정의 연결, 설명 예시, 연습	나누기 참여 칭찬	※ 모둠별 협력학습 ★ PPT 자료
	학습 목표 제시	• **학습 목표 제시하기**				
	동기 유발	• **학습 동기 유발하기** – 매직비드 게임 하기		매체, 추론 게임, 발문	추론	★ 플래시 자료
배움 활동 1 (20')	전개 1	• **개념 열기: 상수항 없는 일차식의 덧셈, 뺄셈** $8x-6y+3x+2y$	선개념 오개념	예시, 비교 설명, 요약 관찰, 탐구 되돌리기	연결 분류하기	★ PPT 자료
	(예제1) 전체	• **개념 익히기(1): 모둠별 협력후 발표** • **학습 목표 확인하기** (1) $3a-7a+9b-3b$ (2) $-10x+9x-5y+2y$ (3) $3a-5b-4a+6b$ (4) $4x-5y+10x-9y$	선개념 신개념 난개념 오개념	매체, 관찰 발문, 토의 설명, 발표 딴청부리기	나누기 도전 공유 참여	★ PPT 자료 활동지
	【문제10】	• **(예제1) 상수항이 있는 일차식의 덧셈, 뺄셈** (1) $(x+5)+(2x-3)$ (2) $(2y-1)-(7y-1)$	신개념 난개념 오개념	설명, 연결 관찰, 추론 비교, 예시	도전 연결	★ 교과서
		• **개념 익히기(2): 모둠별 협력학습 후 발표** • **【문제10】 풀이** (1) $(2a-4)+(3a+11)$ (2) $(b-2)-(5b+3)$ (3) $(-3x+5)+(5x-8)$ (4) $(5y+7)-(-2y+4)$	오개념 난개념	설명, 연결 관찰, 탐구 토의, 발표 격려 되돌리기	도전 참여 연결	★ 교과서
배움 활동 2 (10')	매직비드 원리	• **매직비드 원리 찾기** • **[학생 참여, 활동] 발표하기**	신개념	매체, 토의 추론, 발표 비교, 단서 도약, 도전	가정 예측 연결	★ 플래시 자료 ★ 자석보드
배움 정리 (7')	빙고 형성 평가(전체) 차시 예고	• **빙고 형성 평가** – 간단한 일차식의 덧셈과 뺄셈 • **차시 예고** – 복잡한 일차식의 덧셈, 뺄셈	난개념 오개념	매체, 연결 연습, 도전 반성 되돌리기	공유 도전	★ 빙고 학습지

원리 탐구 활동지

<table>
<tr><td rowspan="2">모둠별
원리 탐구 활동지</td><td>단 원</td><td>II. 문자와 식 1. 문자의 사용과 식의 계산
02. 일차식과 그 계산 〈간단한 일차식의 계산〉</td><td>교과서
(비상교육)</td><td>p.81</td></tr>
<tr><td>주 제</td><td colspan="3">간단한 일차식의 덧셈과 뺄셈을 할 수 있다.</td></tr>
</table>

◈ 매직비드 게임

① 두 자리 자연수 중 하나를 선택한다.

② 각 자리의 수의 합을 구한다.

③ ①−②의 값을 구하여 그 옆의 그림을 본다.

④ ③의 그림과 선생님이 말하는 그림이 일치하는지 확인한다.

시행 횟수	① 선택한 수	② 각 자릿수의 합	③ ①−②	그림 확인
1회				
2회				
3회				

◈ 간단한 일차식의 덧셈과 뺄셈

1. $3a-7a+9b-3b$
2. $-10x+9x-5y+2y$
3. $3a-5b-4a+6b$
4. $4x-5y+10x-9y$
5. 일차식의 덧셈과 뺄셈은 (　　　　)끼리 모아 (　　　　)을 이용하여 계산한다.

정답 1. $-4a+6b$ 2. $-x-3y$ 3. $-a+b$ 4. $14x-14y$ 5. 동류항, 분배법칙

빙고 형성 평가지

신나는 빙빙고!!! – 일차식의 계산(2)

번호(　　　　　　　　) 이름(　　　　　　　　)

다음을 계산하여 그 답을 자신이 쓰고 싶은 칸에 쓰시오.

문제			
1. $3a+7a-5b+2b$ 2. $-2x+y+3x-5y$ 3. $3a-5b-4a+6b$ 4. $4x-5x+10y-7y$ 5. $(2x+1)+(-3x-4)$ 6. $(-4y+1)+(5y-3)$ 7. $(-a+1)-(a-2)$ 8. $(10a+b)-(a+b)$ 9. $(100a+10b+c)-(a+b+c)$			
빙고 합계	______ 개		

정답 1. $10a-3b$　2. $x-4y$　3. $-a+b$　4. $-x+3y$　5. $-x-3$　6. $y-2$　7. $-2a+3$　8. $9a$　9. $99a+9b$

4 CoRe 활용 학생 배움중심의 사회 PCK 수업 설계

학습 내용 01

학생들이 학습해야 할 내용은 무엇인가?

중학교 사회 ❶의 [5. 자연재해와 인간 생활] 단원은 세계의 다양한 자연재해와 인간 생활의 관련성을 이해하는 것을 목적으로 한다.

학년 학기	중학교 1학년 1학기
단원(차시)	5. 자연재해와 인간 생활 1. 자연재해와 인간의 삶(1/5차시)
학습 주제	지진과 화산 활동은 인간 생활에 어떤 영향을 줄까?

- 운영 학기는 중학교 자유학기제 시행으로 단위 학교별 교육과정 편성과 교사의 단원 재구성 지도 계획에 따라 달라질 수 있으며, 해당 차시는 대단원 총 차시 중 교사가 구성한 차시 순에 따른다.
- 학습 주제는 교사가 재구성하여 설정할 수 있다. 본 수업은 대단원 5차시 중 1차시로 지형적 요인에 의한 자연재해를 2차시는 기후적 요인에 의한 자연재해를 다룬다.

단원의 지도 내용

- 자연재해가 빈번히 발생하는 지역을 파악하고, 자연재해가 인간의 삶에 미치는 영향을 종합적으로 이해하기
- 인간에 의해 자연재해의 피해가 증가하거나 감소할 수 있음을 사례를 통해 이해하기

본시의 학습 문제

- 지형적 요인에 의한 자연재해의 종류, 발생 원인, 인간 생활에 미치는 영향을 알아본다.
- 지진과 화산 활동이 빈번하게 발생하는 지역의 지리적 특성을 알아본다.

본시의 학습 요소

- 자연재해의 의미와 종류
- 지진, 화산 활동의 특색과 인간 생활에 미치는 영향

학습 필요 02 이 내용을 학습해야 하는 까닭은 무엇인가?

본시 학습을 해야 하는 까닭은 교육부에서 국가 교육과정에 따라 학생의 학업 성취도를 평가하기 위한 합리적인 기준으로 개발한 교과별 성취 기준을 통해 알 수 있다.

중학교 교과별 성취 기준은 교육부의 성취평가제 지원 홈페이지에 탑재된 중학교 사회과 성취평가제 매뉴얼을 통해 확인할 수 있다.

➡ 중등학교 성취평가제 지원 홈페이지(http://asa.kice.re.kr) → 중학교 운영 지원 → 운영 지원 자료 → 중학교 성취평가제 운영의 실제–사회

중등학교 성취평가제 지원 홈페이지

2009 개정 교육과정에 따른
성취 기준 · 성취 수준 – 중학교 사회

본시의 성취 기준은 교육부에서 제시한 바에 따른다. 단원의 목표 중 '자연재해를 지리적 분포와 인간 생활과의 관계 측면에서 이해' 부분에 가장 부합하는 성취 기준이며 자연재해가 많이 발생하고 있는 최근의 상황을 고려하여 핵심 성취 기준으로 선정된 것이다.

성취기준

사91051. 자연재해(예: 지진 및 지진해일 등)가 빈번히 발생하는 지역을 파악하고, 자연재해가 인간의 삶에 미치는 영향을 설명할 수 있다.

교육과정 교과 지식 03

이 학습 내용과 관련하여 교사가 알아야 할 내용은 무엇인가?

본시 학습 내용을 지도하기 위해 교사가 알아야 할 본시와 관련한 학습의 계열과 교과 핵심 지식 및 기능은 다음과 같다.

사회

학습의 계열

학습의 계열은 본시 학습에서 가르칠 범위를 결정하는 데 도움을 주며, 학교 교육과정 편성을 고려하여 가르칠 범위를 결정한다.

구분	내용
선수 학습	**교육과정 성취 기준** 과4125. 화산과 지진의 피해 사례를 조사하여 발표할 수 있다. • **화산과 지진의 피해를 알아보아요.** – 초등학교 4학년 1학기 과학 3. 화산과 지진
본시 학습	**교육과정 성취 기준** 사91051. 자연재해가 빈번히 발생하는 지역을 파악하고, 자연재해가 인간의 삶에 미치는 영향을 설명할 수 있다. • **지진과 화산 활동은 인간 생활에 어떤 영향을 줄까?** – 중학교 1학년 사회 ❶ 5. 자연재해와 인간 생활 1. 자연재해와 인간의 삶
후속 학습	**교육과정 성취 기준** 사91052. 인간에 의해 자연재해의 피해가 증가하거나 감소할 수 있음을 사례를 통해 설명할 수 있다. • **홍수, 가뭄, 열대 저기압은 인간 생활에 어떤 영향을 줄까?** – 중학교 1학년 사회 ❶ 5. 자연재해와 인간 생활 2. 인간 활동과 자연재해

교과 핵심 지식 및 기능

본시 학습에서 학생들에게 꼭 가르쳐야 할 핵심 지식(기능)의 내용은 다음과 같다.

핵심지식 1 지형적 요인에 의한 자연재해의 종류와 발생 원인 및 인간의 삶에 미치는 영향 설명하기

- 자연재해의 의미와 종류 파악
- 지형적 요인에 의한 자연재해의 발생 원인 및 인간의 삶에 미치는 영향: 지진 활동과 피해, 지진해일과 발생 원리, 지진과 지진해일 피해를 줄이기 위한 방안, 화산 활동의 피해 및 이용

핵심지식 2 지진과 화산 활동이 빈번하게 발생하는 지역의 지리적 특성 설명하기

- 지진 및 화산 활동 발생 지역 특성 파악: 판과 판의 경계부, 조산대(환태평양, 알프스-히말라야)

학생 진단

04 이 내용을 학습할 학생들이 겪을 어려움은 무엇인가?

사회

본시 학습 내용에 대한 성취도를 높이기 위해서는 학습 내용의 핵심 지식(기능)과 이에 대한 학생들의 이해도 및 이를 높이는 데 걸림돌이 무엇인지에 대해 학생 실태를 파악하고, 대비책을 마련해 두는 것이 필요하다. 여기서는 학습 내용의 핵심 지식을 먼저 알아보고, 이에 대한 학생의 이해도 및 기능 습득에 어떤 어려움이 있는지 살펴보도록 한다.

난개념(난기능), 오개념(오기능), 신개념과 핵심 지식과의 연계 지도 방안을 찾기 위해 학생들의 선수 학습 개념을 사전 설문 조사하였다.

본시 학습 주제에 대한 사전 설문 조사 결과

문항		응답 분석
1	자연재해의 종류 및 구분	지진, 지진해일, 화산 활동, 가뭄, 홍수, 태풍 등을 2/3 정도가 알고 있음.
2	지진, 지진해일 명칭	거의 모든 학생이 알고 있으나 과학의 발달로 예측 가능하다고 믿고 있음. 피해 규모를 짐작하지 못하는 학생이 대부분임.
3	지진해일의 발생 원리	명칭과 피해는 알고 있으나 발생 지역과 원리는 정확히 설명하지 못함.
4	지진, 지진해일 피해를 줄이는 방안	3/1 정도만 알고 있으며 내진설계의 의미를 명확히 설명하지 못함.
5	용암과 마그마의 구분	정확히 구분하여 답한 학생이 거의 없음.
6	화산 활동의 피해와 이용	화산 활동의 피해는 대부분 알고 있으나, 이용은 온천 이외에는 구체적인 사례를 들어 대답하지 못함.
7	판구조론과 지구 내부 구조의 이해	대부분 판구조론은 과학시간 선수 학습으로 알고 있으나 지구 내부 구조와 지진, 화산 활동과의 연관성은 잘 이해하지 못함.
8	지진과 화산 활동의 빈번 발생 지역 특색	2/3 이상이 조산대의 뜻과 대표적 조산대(환태평양, 알프스-히말라야)를 지도에서 구분하여 찾지 못함. 판과 판의 경계부가 조산대와 일치하는지를 찾아내지 못함.

학생 실태 분석 결과를 바탕으로 가르치는 내용을 가감하여 제시할 수 있다.

선개념

선개념은 본시 학습 내용과 관련하여 학생들이 이미 알고 있는 개념이다. 핵심 지식을 획득하기 위해 선개념을 바탕으로 난개념, 오개념과 연결 지어 배움 전략을 수립하고 지도한다.

선개념 ① 지형적 요인에 의한 자연재해의 종류와 인간의 삶에 미치는 영향을 일부분만 안다.

선개념 ② 지진과 화산 활동이 빈번하게 발생하는 지역의 지리적 특성은 일부 알고 있으나 정확히는 모른다.

난개념, 난기능

난개념은 본시에서 학습해야 할 내용 중에서 학생들이 이해하기 어려워하는 내용으로, 효과적인 배움 전략과 배움 원리를 실행함으로써 이를 해결하고 학습 목표에 도달하도록 한다.

난개념 ① 지진해일의 발생 원리를 어려워한다.

난개념 ② 지구 내부 구조와 지진, 화산 활동의 발생 원인을 연관 지어 이해하는 것을 어려워한다.

난개념 ③ 지진 및 화산 활동 빈번 발생 지역의 특색 중 조산대의 뜻과 판과 판의 경계부와 조산대의 일치 여부를 파악하는 것을 어려워한다.

난개념 ④ 지진 발생 지역과 지진+화산 발생 지역이 왜 다른지를 어려워한다.

난기능 ① 대표적 조산대(환태평양, 알프스-히말라야)를 지도에서 구분하여 표시하는 것을 어려워한다.

오개념

오개념은 본시에서 학습해야 할 내용 중에서 학생들이 갖고 있는 선개념 중에서 잘못 알고 있거나 본시 학습 중에 잘못 이해할 가능성이 있는 내용으로 교사의 적극적인 지원이 필요한 부분이다.

오개념 ① 지진이 발생하면 반드시 지진해일이 발생한다고 잘못 알고 있다.

오개념 ② 마그마와 용암을 정확히 구분하지 못한다.

오개념 ③ 화산 활동은 피해만 끼친다고 생각하며 그 혜택에 대해서는 잘못 알고 있다.

오개념 ④ 지진 및 화산 활동이 빈번한 대표적인 조산대(환태평양, 알프스-히말라야)의 위치를 지도에서 구분하지 못한다.

신개념

신개념은 본시 학습 내용과 관련하여 학생들이 새롭게 배우게 되는 개념이다. 핵심 지식을 획득하기 위해 선개념을 바탕으로 난개념과 연결 지어 배움 전략을 수립하고 지도한다.

신개념 ① 자연재해를 지형적 요인과 기후적 요인으로 구분함을 배워야 한다.

신개념 ② 내진 설계의 뜻과 원리를 배워야 한다.

신개념 ③ 화산 활동이 큰 피해를 끼치지만 다양한 혜택도 있음을 배워야 한다.

신개념 ④ 지진과 화산 활동의 발생 원인을 과학적 원리를 바탕으로 배워야 한다.

신개념 ⑤ 지진 및 화산 활동 빈번 발생 지역의 특색 중 조산대의 뜻과 판과 판의 경계부와 조산대의 일치 여부를 배워야 한다.

신개념 ⑥ 지필 평가 출제 예상 평가 문제를 푼다.

흥미, 태도

본시 학습 목표 도달을 위해 관련한 학생들의 흥미와 태도를 파악할 필요가 있다.

흥미 ① 최근 발생 빈도가 매년 증가하고 있는 지진, 화산 활동을 예측하고 그 대책을 세워 피해를 줄이려는 노력에 대한 관심도가 높다.

태도 ① 융합 수업에 대한 관심이 높고 매핑 활동과 짝 가르치기 활동을 좋아한다.

교수 처방

05 이 학습 내용을 지도할 때 사용하는 교수법과 사용 이유는 무엇인가?

본시 수업 내용은 '지진과 화산 활동은 인간 생활에 어떤 영향을 줄까?'이다. 앞에서 살펴본 바와 같이 학생들의 난개념, 오개념, 신개념을 지도하기 위해서는 학생 이해도 및 수준에 따른 적절한 표상 방법을 활용한 교수 처방이 필요하다. 본 수업의 대상 학생들은 중학교 1학년 학생들로, 주요한 개념에서 교사의 설명–시범에 이은 부분적인 학생 참여가 이뤄지는 수업을 선호한다.

그러므로 학생들이 이미 알고 있는 선개념과 적절한 매체 활용, 발문을 중심으로 한 수업 대화를 바탕으로 개념을 정의하는 것을 중심 전략으로 수업을 전개하며, 교사의 주요 설명 후 매핑 활동, 지도에 표시하기, 학습지 정리, 짝 가르치기 등의 학생 참여와 복습 활동으로 메타인지를 활성화하고 학습 효과를 극대화하는 전략을 사용한다.

1. 배움 열기 단계에서의 학생 진단과 교수 처방

배움 열기 단계(7′)

학습 과정 (학습 집단)	교수 · 학습 활동	배움중심 PCK 전략			자료(★) 및 유의점(※)
		배움 주춤	배움 전략	배움 원리	
	• 인사하기 – 수업 시작 송으로 학습 준비 점검				★ 컴퓨터, 프로젝션 tv, 수업 시작 송, 종
전시 학습 상기 및 동기 유발 (모둠)	**• 전시 학습 상기하기** – 우리나라 화산 지형의 특징 – 질문하기 하브루타로 전시 학습 확인 – 요인별 자연재해 구분하기	선개념 신개념	과제, 발표 단서, 정의	되돌리기 존중 연결 칭찬	★ 교과서, 학습지, 자석 모둠칠판, 보드마카, 지우개 ★ 씽킹 맵
	• 학습 동기 유발하기 – 지형적 요인에 의한 자연재해 파악하기		서사, 매체 추론		
학습 목표 제시(전체)	**• 학습 목표 제시하기**			연결 공유	

선개념 ① 전시에 우리나라 화산 지형의 특징에 대해 학습하였다.

- 본시 학습과의 연결을 위해 전시 학습의 핵심 내용을 제시해 환기시킨다.
- 지형적 요인에 의한 자연재해를 파악하기 위해 매체와 서사를 활용하여 학습 목표와 연결 짓는다.

신개념 ① 자연재해를 지형적 요인과 기후적 요인으로 구분함을 배워야 한다.

⊙ 전시 학습 상기하기

본시 학습과 연결되는 전시의 핵심 내용을 질문하기 하브루타로 제시해 스스로 상기하도록 한다.

전시 학습 확인 하브루타

교사 지난 시간 학습 내용 중 핵심 내용을 각자 질문으로 만들어 봅시다. 모둠의 베스트 질문을 선정하여 모둠 칠판(자석)에 적고 교실 칠판에 붙여 주세요.(과제)

학생 [모둠 활동] (활동 후 각 모둠장들은 모둠 칠판을 붙인다.)(발표)

교사 다른 모둠의 질문 중 더 알고 싶은 것이 있으면 서로 질문해 주세요.(원 되돌리기)

학생 [모둠 활동] (자유롭게 모둠별로 질문하고 대답한다.)(원 존중)

교사 오늘날 지구 곳곳에서는 인간의 생명과 재산을 순식간에 앗아 가는 다양한 종류의 자연재해가 발생하고 있어요. 그럼 자연재해가 무엇일까요? 교과서 내용을 참고해도 좋습니다.(단서)

학생 자연현상이 인간이나 인간 활동에 피해를 주는 것을 말합니다.

요인별 자연재해 구분

교사 이러한 자연재해는 크게 지형적 요인과 기후적 요인으로 나뉩니다.(원 연결) (교과서 세계의 자연재해 유형별 발생 비중 그래프 제시) 도표 속 자연재해를 구분할 수 있나요?

학생 (지형적 요인과 기후적 요인으로 대략 구분하여 대답한다.)

교사 (격려하며) 자연재해를 요인별로 비교적 잘 구분해 주었군요.(원 칭찬) (학생들이 구분한 자연재해를 명확하게 씽킹 맵(브레이스 맵)으로 정리한다.)(정의)

하브루타는 친구와 '짝'을 지어 함께 대화하고 질문하며 토론 및 논쟁하는 유대인의 교육 방법이다. '서로 설명하기'가 학습 효율성이 가장 높다는 연구 결과를 토대로 최근 교실 수업에 널리 적용하여 학생들의 사고력과 논리력을 키우고 소통을 통한 인성 역량을 키우고 있다. 여기서는 전시 학습 내용을 각자 질문으로 만든 후 모둠에서 베스트 질문을 선정하여 모둠 칠판에 적어 공유하며 자유롭게 질문하고 대답하는 방식으로 전시 학습을 환기시키는 방법으로 활용하였다.

⊙ 학습 동기 유발하기

스토리텔링을 활용해 세 편의 영화 클립 동영상을 제시한 후 학습 목표로 연결한다.

교사 선생님의 중학교 동창 중 영화감독이 된 친구가 있어요. 학창시절부터 학생부장 선생님의 눈을 피해 당시 학생 출입이 금지되었던 영화관을 쫓아 다니더니 결국 꿈을 이룬 셈이죠. 그 친구를 지난 주말 만날 기회가 있어 여러분들에게 보여줄 재난 영화를 세 편 추천받아 왔어요. (서사) 어떤 자연재해를 소재로 한 것인지를 생각하면서 영상을 보도록 합니다.(매체)

재난 영화 클립 동영상 제시: 해운대–지진해일, 단테스 피크–화산 활동, 샌 안드리아스–지진

재난 영화 동영상 클립 제시

학생 (함께 영상을 보고 대답한다.)(추론) '해운대–지진해일', '단테스 피크–화산 활동', '샌 안드리아스–지진'을 소재로 한 영화입니다.

⊙ 학습 목표 제시하기

교사가 설명한 후 핵심 학습 내용을 정리하는 매핑 활동이 있음을 알려주어 수업에 집중해서 듣게 하도록 한다.

학습 목표 제시

교사 (고개를 끄덕이며) 여러분이 영상에서 찾아낸 자연재해들이 오늘 우리가 공부할 내용입니다. (**원 연결**) 화산 및 지진 활동과 지진해일의 발생 원인을 명확하게 알아본 후 빈번하게 발생하는 지역은 어디인지, 또 어떤 지리적 특성이 있는지를 살펴보도록 합시다. 그리고 이러한 자연재해가 인간의 삶에 끼치는 영향도 알아보도록 합시다.

학생 (학습 목표를 큰 소리로 함께 읽는다.)(**원 공유**)

교사 주요 학습 내용은 짝 활동으로 정리하고 서로 배우는 시간이 기다리고 있다는 사실 잊지 않기 바랍니다.

2. 배움 활동 1단계에서의 학생 진단과 교수 처방

배움 활동 1단계에서는 지형적 요인에 의한 자연재해를 탐색한다.

배움 활동 1단계(15')

학습 과정 (학습 집단)	교수 · 학습 활동	배움중심 PCK 전략			자료(★) 및 유의점(※)
		배움 주춤	배움 전략	배움 원리	
	• **지진 활동과 피해 탐색하기**	선개념	매체, 정의 발표	칭찬	★ 동영상 자료, 지진해일 발생 모식도, 교사 여행사진 ★ 교과서, 학습지
지형적 요인에 의한 자연재해 탐색하기 (전체 → 짝)	• **지진해일의 발생 원리 탐색하기** – 지진과 지진해일의 발생 일치 여부	난개념 오개념	매체, 단서, 정의	딴청, 연결	

사회

학습 과정 (학습 집단)	교수 · 학습 활동	배움중심 PCK 전략			자료(★) 및 유의점(※)
		배움 주춤	배움 전략	배움 원리	
지형적 요인에 의한 자연재해 탐색하기 (전체 → 짝)	• **지진과 지진해일 피해 줄이기 위한 방안 제시하기** – 내진 설계	선개념 신개념	정의, 매체	칭찬 연결 되돌리기	★ 동영상 자료, 지진해일 발생 모식도, 교사 여행사진 ★ 교과서, 학습지
	• **화산 활동의 피해 및 이용 탐색하기** – 마그마와 용암의 구분 – 화산 활동이 주는 혜택	오개념 오개념	매체, 단서 탐문, 정의	딴청 연결 유머 도전 칭찬	
	• **지진과 지진해일, 화산 활동 전체 정리하기** – 씽킹 맵 정리 후 짝 가르치기 활동		과제, 요약 토의 동료 교수	공유	★ 타임워치, 종 ★ 씽킹 맵 교사 평가 동료 평가

선개념 1 지진, 지진해일, 화산 활동의 의미와 피해에 대해 일부분만 안다.

한자어를 통해 의미를 정확히 알게 하고 매체를 통해 피해를 파악하도록 한다.

난개념 1 지진해일의 발생 원리를 어려워한다.

매체를 활용해 추론하게 하고 발문으로 학생들의 답을 연결한 후, 발생 과정과 수위 변화를 나타내는 모식도로 원리를 설명한다.

신개념 1 지진 피해를 줄이기 위한 방안(리히터, 내진 설계)과 화산 활동이 주는 혜택은 새롭게 배워야 하는 내용이다.

매체와 단서를 활용해 추론하게 하여 오개념이 생기지 않도록 한다. 화산 활동이 큰 피해를 끼치지만 다양한 혜택도 있음을 실생활과 연계하여 설명하고, 매핑 활동과 짝 활동으로 핵심 내용을 요약하고 서로 가르치기를 통해 보완함으로써 메타인지를 높일 수 있도록 유도한다.

오개념 1 지진이 발생하면 지진해일이 반드시 발생한다. 마그마와 용암의 구분, 화산 활동이 주는 혜택 등을 잘못 알고 있다.

지진과 지진해일이 반드시 함께 발생하는 것이 아님을 발문과 단서로 확인시키고 매체와 딴청 피우기로 마그마와 용암의 차이를 답하도록 한다. 또 화산 활동이 주는 다양한 혜택은 매체, 단서, 발문 등을 활용하여 스스로 답을 찾도록 한다.

⊙ 지진 활동과 피해 탐색하기

교사 (지진 동영상을 보여 주며) 지진은 어떤 현상이며, 또 어떤 피해를 입히는지 자세히 봅시다.(매체)

지진 동영상 제시: 네팔 또는 칠레 지진 등

교사 (동영상을 멈추고 해당 장면을 하나씩 제시하며) 지진은 어떤 현상인지 말해 봅시다.

학생 땅이 갈라지고 흔들리는 현상이에요.

교사 지진의 의미를 정확하게 잘 설명해 주었구나.(원 칭찬) '진(震)'은 움직이다는 뜻의 한자어예요(한자를 칠판에 써준다). 땅이 움직인다는 말이죠.(정의) 그럼 주로 어떤 피해가 생기는지 열거해 봅시다.

지진 동영상 제시

학생 건물이 파괴되고 산사태가 발생하여 큰 피해를 줘요. 화재가 발생하기도 하고요. 사람들이 다치거나 죽어요.(발표)

⊙ 지진해일의 발생 원리 탐색하기

교사 지진과 함께 일어나는 자연재해로는 무엇이 있을까요?

학생 지진해일(쓰나미)이요.

교사 지진해일은 어떤 현상일까요?

학생 높은 파도가 해안에 밀려오면서 큰 피해를 입히는 현상입니다.

교사 그래요. 지난 2011년 발생한 일본 동북부지역을 강타한 지진해일 영상을 잠깐 봅시다.(매체) 영상을 보니 어떤 생각이 드나요?

지진해일 동영상 제시

지진해일 동영상 제시: 일본 또는 태국 지진해일 등

학생 파도의 파괴력이 대단해요. 순식간에 모든 것이 사라져요.

교사 그런데 지진이 일어나면 반드시 지진해일이 발생하는 걸까요?(원 딴청) 최근 발생한 티벳 지진의 경우 지진해일은 발생하지 않았잖아요?(단서)

학생 1 궁금합니다.

학생 2 지진해일은 바다 밑에서 지진이 발생한 경우에만 생기는 것 같아요.**(정의)**

교사 (격려하며) 정확히 알고 있군요. **오개념 확인** (발생 과정과 수위 변화를 나타내는 모식도 제시) 이제 교과서 속 모식도를 보며 확인해 보죠.**(연결, 매체)** 모식도와 같이 지진해일은 해저에서 발생한 지진에 의해 그림과 같이 바닷물이 일시적으로 멀리까지 빠져나갔다가 파도와 합쳐지며 거대한 해일로 해안에 밀려오면서 큰 피해를 입히는 현상입니다. **난개념 확인**

지진해일 발생 과정 모식도 제시

⊙ 지진과 지진해일 피해를 줄이기 위한 방안 제시하기

교사 지진의 크기를 나타내는 단위를 알고 있나요?

학생 리히터입니다. 지진 발생을 알리는 뉴스 등에서 많이 들었어요.

교사 그래요.**(원 칭찬)** 리히터는 1935년 처음 이 개념을 도입한 미국의 지질학자 이름이에요. 1.0의 강도가 폭약 60t의 힘에 해당하며 1.0 증가할 때마다 에너지는 30배씩 늘어나지요.**(정의)** 발생 지역에 따라 차이가 있겠지만 규모 6.0 이상이면 건축물 등에 큰 피해를 입힌답니다. 그럼 지진과 지진해일의 피해를 줄이기 위해 어떤 노력을 해야 할까요?

학생 건물을 지을 때 튼튼하게 지어야 해요.

교사 네, 지진에 견딜 수 있도록 건물의 가로축을 튼튼하게 하거나 흔들림을 흡수하도록 중심 기둥과 연결하여 구조물의 내구성을 높이는 방법들이 필요하지요. (내진 설계 모식도 제시)**(매체)** 이것을 내진 설계라고 합니다. (칠판에 적으며) 내(耐)가 견딜 내이니까 '움직임을 견디다'라는 뜻인 거죠.**(정의)** 또 다른 방법을 제시해 볼까요?

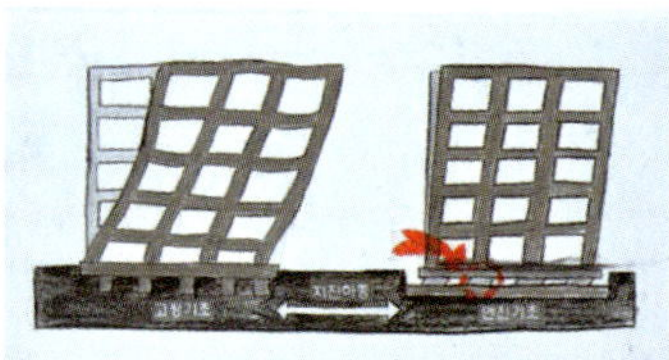

내진 설계 모식도 제시

학생 지진 대피 훈련을 해야 해요.

교사 (미소를 지으며) 우리나라도 더 이상 지진의 안전지대가 아니라는 말에 동의하죠? 그래서 여러분들도 5월 셋째 주 학교에서 대피훈련을 했고요.**(원 연결)** 참, 지진해일은 어떤 경우에 발생한다고 했죠?**(원 되돌리기)**

학생 바다 밑에서 지진이 발생한 경우에만 생겨요.

교사 지진해일의 피해는 줄일 수 있는 방법에는 어떤 것이 있을까요?

학생 1 경보 체계를 갖춰서 신속하게 대피하도록 해야 해요.

학생 2 해안에 방파제를 높게 쌓아야 해요.

교사 다들 좋은 방안입니다.(원 칭찬)

⊙ 화산 활동의 피해 및 이용 탐색하기

교사 이번에는 화산 활동을 살펴보도록 합시다.(매체) (화산 활동 동영상을 보여 주며) 영상 속 솟아오르는 붉은 물질은 무엇일까요?

화산 활동 동영상 제시: 인도네시아 또는 일본 화산 활동 등

학생 마그마입니다.

교사 마그마와 용암은 같은 것인가요?(원 딴청) 누가 구분하여 설명할 수 있을까요?

학생 다른 것 같은데 구분하여 설명하진 못하겠어요.

교사 (동영상 정지 화면과 학습지의 화산 활동 모식도 제시)(매체, 단서) 이제 구분이 되나요?(탐문)

학생 1 마그마는 지하에서 생성된 것입니다.

학생 2 그 마그마가 땅을 뚫고 나와 흐르는 것을 용암이라고 해요.

화산 활동 동영상 제시

교사 차이를 알겠죠. 오개념 확인 화산 폭발 시 마그마와 함께 분출되는 것들로는 또 무엇이 있을까요? (영상 속 자막으로 힌트를 주며) 화산 폭발 시 발생하는 연기는 무엇일까요?(단서)

학생 화산재, 화산 가스, 수증기요.

교사 그래요. 화산 활동은 지하에서 만들어진 마그마가 지각의 약한 부분을 뚫고 가스, 수증기 등과 함께 분출하는 것을 말합니다.(정의) 그렇다면 이러한 화산 활동은 어떤 피해를 줄까요? (원 연결) 힌트로 용암은 온도가 1200℃ 이상으로 굉장히 높답니다.(단서)

학생 1 화재가 발생할 것 같아요.

학생 2 뉴스에서 봤는데 화산재와 가스 때문에 항공 교통 장애가 생긴다고 했어요.

학생 3 건물이 매몰되어 사람이 죽기도 해요.

교사 맞아요. 또 일사량이 감소하여 농작물에 피해를 끼치기도 하고요. 그럼 화산 활동은 이렇

게 피해만 주는 걸까요?(원 연결) 함께 알아봅시다. (교사의 인도네시아 부르모 화산 지대 여행사진 제시) 사진 속 인물은 누구일까요?(매체, 원 유머)

교사의 화산 지대 여행사진 제시

학생 선생님이요.

교사 사진 속 배경은 무엇인가요?

학생 화산이요.

교사 화산 활동이 매우 활발한 인도네시아의 화산 지대를 여행하면서 베이스캠프 마을에서 찍은 사진이에요. 사진 속 마을처럼 많은 사람들이 화산 폭발의 위험을 느끼면서도 화산 지대에서 생활하는 이유가 궁금하지 않나요?(원 연결) 혹시 누가 가르쳐 줄 수 없을까요?(원 딴청) 교과서를 참고해도 좋습니다.(단서)

학생 1 관광 자원으로 수입이 늘어나기 때문인 것 같습니다.(원 도전)

학생 2 화산이 폭발할 때 나오는 화산재 등이 쌓이면 토양이 비옥해져서 농업 활동에 유리하기 때문입니다.(원 도전)

학생 3 온천이나 간헐천으로 관광객을 불러 모을 수 있어요.(원 도전)

학생 4 지열을 이용하여 전력을 공급하기도 하고 관광 상품으로 개발되는 혜택이 있어요.(원 도전)

교사 네, 훌륭해요. 혹시 다른 관점에서 보탤 내용은 없나요?

학생 5 태어난 곳을 쉽게 떠나지 못하는 것과 더불어 과학의 발달로 충분히 예측 가능하여 안전할 것이라는 마음도 한몫을 한다고 봅니다.(원 도전)

교사 화산 활동이 주는 혜택을 잘 제시했네요.(원 칭찬) 오개념 확인

⊙ [복습 활동]: 지진과 지진해일, 화산 활동 요약 정리하기

복습 활동은 매핑 활동(씽킹 맵으로 학습 내용 정리하기) → 짝 가르치기(말하기를 통한 메타인지 활성화, 뇌의 망각 시간을 고려한 수업 중 복습 활동) 순으로 진행한다.

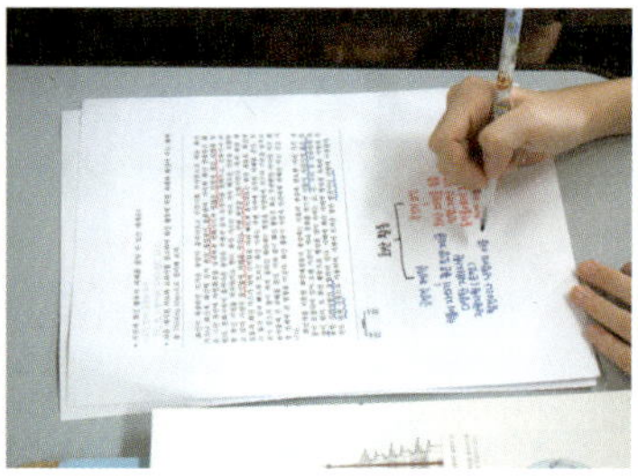

학생 참여 복습 활동: 씽킹 맵으로 학습 내용 정리하기 → 짝 가르치기

교사 (학습지 제시) 지금까지 학습한 지진 및 지진해일, 화산 활동에 대한 내용을 씽킹 맵으로 정리하고 짝과 비교한 후 서로 가르치기를 해 봅시다.

학생 **[짝 활동]** (학습한 내용을 씽킹 맵으로 정리하고 짝과 비교한 후 서로 가르치기를 한다.)**(과제, 요약, 토의, 원 공유)**

씽킹 맵(thinking maps)은 David Hyerle 박사에 의해 고안된 사고 방법 기술로, 시각적 패턴과 사고 과정을 서로 연결해 주어 통찰력을 신장시켜 주고, 사고 패턴의 연결고리와 뇌의 패턴을 강화시킨다. 따라서 사고과정을 기본으로 하는 8가지 종류의 씽킹 맵을 학습 내용에 맞추어 적절하게 활용한다면 인지, 자료처리, 평가와 관련된 기본적인 사고 방법을 기술하고, 사고 능력을 발달시키는 데 유용한 도구로 사용할 수 있다.

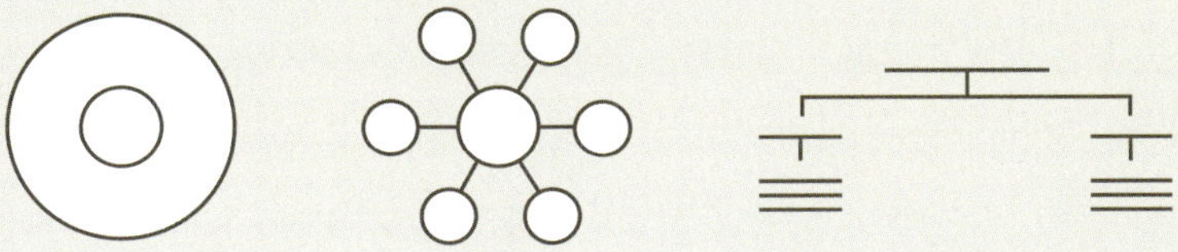

서클 맵 버블 맵 트리 맵

지도 유의 사항

1. 시간 내에 활동을 확인할 수 있도록 타임워치를 제시한다.
2. 매핑 활동은 복습을 위한 것이므로 간략하고 빠르게 그리도록 지도한다.
3. 짝끼리 매핑 내용을 보여 주고 부족한 부분을 서로 가르치는 시간을 갖도록 한다.
4. 교사는 순회하면서 학생들의 상황을 관찰하고 질문에 대해 지원하며, 학습 이탈 학생이 없도록 한다.
5. 교사 및 동료 평가(과정 평가)에 반영한다.

3. 배움 활동 2단계에서의 학생 진단과 교수 처방

배움 활동 2단계에서는 과학교사와 co-티칭으로 지진 및 화산 활동의 발생 원인을 구체적으로 탐색한다.

배움 활동 2단계(8')

학습 과정 (학습 집단)	교수 · 학습 활동	배움중심 PCK 전략			자료(★) 및 유의점(※)
		배움 주춤	배움 전략	배움 원리	
지진 및 화산 활동의 발생 원인 탐색하기 (전체: 융합 수업)	• **과학교사와 co-티칭으로 지진 및 화산 활동의 발생 원인 탐색하기** – 판구조론 이해하기 – 지구 단면 모형으로 지구 내부 구조 살펴보기 – 지진과 화산 활동 발생 원인 파악하기 – 지진 발생 지역과 지진+화산 발생 지역 구분하기	 선개념 난개념 신개념 난개념	서사 정의 실물, 비유 정의, 실물 탐문 추론, 비교 예시	유머 칭찬 되돌리기 도전 유머	★ 지구 내부, 지각 맨틀 모형

선개념 1 판구조론은 일부만 안다.

스토리텔링으로 과학교사(미국 지형학자로 소개)가 등장하여 실물 모형을 제시하며 판구조론을 정의한다.

난개념 1 지구 내부 구조와 지진, 화산 활동과의 발생 원인을 연관 지어 이해하는 것을 어려워한다.

지구 단면 모형 실물을 제시하고 발문과 비유로 지구 내부 구조를 설명하여 지구 내부에서 올라오는 열의 영향으로 유동성을 띤 맨틀이 움직이면서 판을 움직여 지진과 화산 활동이 발생함을 이해시킨다.

난개념 2 신개념 1 지진 발생 지역과 지진+화산 발생 지역이 왜 다른지를 어려워한다.

판과 판이 부딪히는 경계부에서 지진과 화산 활동이 발생함을 정의하고 과학적 지식을 바탕으로 탐문과 예시를 들어 지진 발생 지역과 지진+화산 발생 지역을 구분하여 파악하도록 한다.

⦿ 과학교사와 co-티칭으로 지진 및 화산 활동의 발생 원인 탐색하기

본시 수업의 주제가 과학교과와 밀접하게 관련되어 있어 과학교사와 co-티칭 수업을 실시하였다. 사전 협의를 거쳐 5~6분 정도로 짧게 진행하였으나 과학적 전문지식에 대한 도움을 받기에 충분하였다. 직접 수업에 참여하기가 어렵다면 동영상으로 찍어 제시하는 co-티칭 수업도 가능하다.

교사 (사회+과학 융합수업) 여러분, 놀라지 마세요. 지금까지 살펴보았던 지진 및 화산 활동이 일어나는 원인이 무엇이며, 또 빈번하게 발생하는 지역의 특성이 무엇인지를 정확하게 배우기 위해 미국에서 박사님을 모셔 왔답니다. 환영한다면 박사님을 크게 불러 주세요.(서사)

학생 (박수로 환영한다.) 박사님 ~~

교사 (과학교사가 손을 흔들며 입장) 어제 미국에서 출발해서 좀 전 공항에 도착하여 여러분을 만나려고 달려온 DOCTOR ○○이에요. 하이!(원 유머)

학생 (의아한 표정을 짓는다.) 우와!! 반갑습니다.

교사 여러분 혹시 우리가 살고 있는 지구가 여러 개의 판으로 이루어져 있다는 판구조론을 들어 본 적이 있죠?

학생 네.

교사 그래요. 지구 표면이 여러 개의 판으로 이루어져 있고 지구 내부의 맨틀이 대류하면서 그 판들을 계속해서 움직인다는 이론이에요.(정의) 먼저 우리

과학교사와 co-티칭

가 사는 지구 내부를 이해할 필요가 있겠네요. (지구 내부 모형 제시)**(실물)** 지구 내부는 맨 겉이 지각, 그 아래가 맨틀, 그 아래는 외핵, 그리고 가장 중심은 내핵으로 구성되어 있어요. 그런데 맨틀이 유동성이 있는 고체랍니다. 유동성이란 어떤 상태를 말하는 것일까요?

학생 밀가루 반죽 같은 상태라고 어디서 봤어요.**(비유)**

교사 That's right!! 딱딱한 지각이 밀가루 반죽 같은 맨틀 위에 놓여 있는데 이 맨틀은 지구 내부에서 올라오는 열의 영향으로 서서히 이동하게 된답니다.

참, 지구는 크게 바다와 육지로 구성되어 있다는 사실 알고 있죠? 바다부분의 지각을 해양지각, 해양판이라고 하고, 육지부분의 지각을 대륙지각, 대륙판이라고 해요. 그런데 이 각각의 판들이 맨틀 위에 놓여서 움직이면 어떻게 될까요?

학생 부딪쳐요.

교사 그렇죠. 오!! 멋진 대답이군요.**(원 칭찬)** 판과 판의 충돌에 의해서 지진과 화산 활동이 발생하는 거예요.**(정의)**

과학교사의 지각 맨틀 모형 제시

(지각 맨틀 모형 제시)**(실물)** 좀 더 자세히 설명하자면 판과 판이 충돌하게 되어 지진이 발생하고 여기 이 부분처럼 대개 해양판이 대륙판 아래로 파고들게 돼요. 물론 상당히 긴 시간동안 진행되지만 이때 발생한 마찰열이 주변의 지각과 맨틀의 일부를 녹이게 되면서 마그마 챔브(마그마 집)가 만들어지게 되고 마그마 챔브의 온도가 엄청나게 올라가면서 수증기가 팽창하게 되면 갈라진 지각의 틈새로 마그마도 함께 뚫고 나오게 되죠. 이것이 바로 화산 폭발이랍니다.**(원 되돌리기)** 난개념 확인

학생 1 **(원 도전)** 해양판이 대륙판의 아래로 파고드는 이유가 무엇입니까?

교사 **(탐문)** 해양판을 구성하는 암석과 대륙판을 구성하는 암석의 밀도가 다르기 때문인데요. 쉽게 말해서 해양판이 더 무겁기 때문이죠. 이해되었나요?

학생 1 네.

교사 그런데 여러분, 어떤 곳은 지진만 일어나고 또 어떤 곳은 지진과 화산이 함께 일어나는 이유는 뭘까요? 궁금해요?**(추론)**

학생 궁금해요.

교사 대개 대륙판끼리 부딪치면 지진이 발생하고, 대륙판과 해양판이 부딪치면 지진과 화산 폭발이 같이 일어나게 된답니다. 얼마 전 일어난 네팔 지진의 경우를 보면 유라시아판과 인도판, 즉 대륙판끼리 충돌하여 지진만 발생한 것이죠.**(비교, 예시)**

여러분! 오늘 설명이 공부에 도움이 되었기를 바라면서 박사님은 또 다른 강의 일정이 있어 아쉽지만 이만 돌아가야겠어요. 굿 바이.(웹 유머) 난개념 확인

4. 배움 활동 3단계에서의 학생 진단과 교수 처방

배움 활동 3단계에서는 지진 및 화산 활동이 빈번하게 발생하는 지역의 공통적인 특색을 학습한다.

배움 활동 3단계(8')

학습 과정 (학습 집단)	교수 · 학습 활동	배움중심 PCK 전략			자료(★) 및 유의점(※)
		배움 주춤	배움 전략	배움 원리	
지진 및 화산 활동의 발생 지역 특색 파악하기 (개별 → 짝)	• **지진 및 화산 활동의 발생 지역 특색 파악하기** –'지진과 화산 활동 분포도'에서 화산 지대 찾아 연결하기 –지진 발생 지역과 판의 경계를 찾아 연결하기 –판과 판의 경계부와 조산대의 일치 확인 –지진 및 화산 활동이 빈번한 대표적인 조산대(A, B)의 명칭 확인	신개념 난기능 오개념	과제, 그리기 과제, 그리기 탐문, 추론 정의 정의, 추론	칭찬 되돌리기 2차 시도 도전, 칭찬	★사인펜, 학습지 ★칠판 세계지도

신개념 ① 난개념 ① 지진과 화산 활동이 빈번하게 발생하는 지역의 특색 중 조산대의 뜻과 판과 판의 경계부와 조산대의 일치 여부를 배워야 하며 대표적인 조산대를 지도에 표시하는 것을 어려워한다.

지진과 화산 활동이 빈번하게 발생하였거나 발생 가능성이 높은 지역, 즉 판과 판의 경계부를 조산대로 명명함을 정의하고 지도를 활용한 조작 활동으로 판과 판의 경계부와 조산대가 일치함을 확인하게 한다.

오개념 ① 지진 및 화산 활동이 빈번한 대표적인 조산대(환태평양, 알프스–히말라야)의 위치를 지도에서 구분하지 못한다.

지진 및 화산 활동이 빈번한 대표적인 조산대(환태평양, 알프스–히말라야)를 탐문과 한자로 풀어 정의하여 위치에 대한 혼동이 생기지 않도록 한다.

⊙ 지진 및 화산 활동의 발생 지역 특색 파악하기

교사 지금부터는 (학습지 지진과 화산 활동 분포 지도 제시) 지진 및 화산 활동이 빈번하게 발생하

는 지역이 어디인지 알아보도록 합시다.

학생 (사인펜을 선택한다.)

교사 지진과 화산의 분포에서 (파란색으로) 판의 경계를 연결해 봅시다.

학생 (지도에 표시한다.)(과제, 그리기)

교사 이어서 지진과 화산 활동이 빈번하게 발생하는 지역을 (빨간색으로) 연결해 봅시다.

학생 (빠르게 지도에 표시한다.)(과제, 그리기)

지진과 화산의 분포 지도 제시

교사 어떤 결과가 나타났나요?(탐문) 난기능 확인

학생 모두 거의 비슷, 아니 일치하는 것 같아요.(추론)

교사 거의 일치하지요. 이렇게 판과 판이 부딪치는 경계부를 조산대라고 해요.(정의) 바로 이 조산대에 해당하는 지역에서 지진과 화산 활동이 자주 일어나는 것이죠. 아주 중요한 내용이니 잘 기억하도록 해요. 선생님이 지진과 화산 활동이 가장 활발한 대표적인 조산대를 지도에 표시해 두었지요?

학생 네. A와 B 말이지요?

교사 그래요. 혹시 A(보조칠판 세계지도에 환태평양 조산대를 표시하며)의 명칭을 아는 사람이 있나요?

학생 알프스–히말라야 조산대 아닙니까?

주요 조산대 위치 확인

교사 (오답이 나온 경우) 친구의 답에 반박을 해 볼 친구는 없나요?(㉯ 되돌리기)

학생 태평양을 둘러싸고 있는 지역이니 환태평양 조산대인 것 같습니다.

교사 (조산대 명칭 플래시 카드 제시) 앞으로 나와서 주요 조산대의 위치를 지도에 구분하여 표시해 줄 수 있나요?(㉯ 2차 시도)

학생 (앞으로 나와 플래시 카드를 붙인다.)(원 도전)

교사 잘 알고 제 위치에 표시해 주었네요.(원 칭찬) (환태평양 조산대를 가리키며) 이때 환(環)은 한자로 고리라는 뜻입니다. 반지처럼 태평양 지역을 둘러싸고 있다는 뜻이지요.(정의) 오개념 확인 환태평양 조산대를 흔히 다른 말로는 어떻게 부르는지 알고 있나요?

학생 1 '불의 고리'요.

교사 최근 이 불의 고리 지역에서 지진과 화산 활동이 자주 일어나 세계인의 관심이 집중되고 있지요.

학생 2 그럼, B가 알프스-히말라야 조산대이겠군요.(추론)

교사 맞아요. 신기습곡 산지인 알프스와 히말라야를 연결하는 조산대랍니다. (백지도에서 알프스-히말라야 조산대를 가리키며)

5. 배움 정리 단계에서의 학생 진단과 교수 처방

배움 정리 단계에서는 학습한 내용을 전체 정리하고 학습에 대해 반성한다.

배움 정리 단계(7')

학습 과정 (학습 집단)	교수 · 학습 활동	배움중심 PCK 전략			자료(★) 및 유의점(※)
		배움 주춤	배움 전략	배움 원리	
모둠 인터뷰 활동으로 정리하기	• **모둠 인터뷰 활동으로 학습 내용 정리하기** – 모둠원들이 중요하다고 생각하는 학습 내용을 돌아가며 2개씩 제시하기 – 순서를 정해서 한 명씩 말하고, 먼저 말한 친구가 말하지 않은 내용을 말해서 서로 다른 내용이 되도록 인터뷰하며 학습 내용 정리하기 – 발표하기	선개념	과제 요약 토의 동료 교수 발표	공유 칭찬	★ 학습지 ※ 학생들의 학습 도달도를 확인하고 피드백 제공
형성 평가	• **형성 평가로 확인하기**	난기능	매체 요약	도전	★ 형성 평가 문항
차시 예고 (모둠 → 전체)	• **인성 교육** – 중국 쓰촨성 지진 후 난민촌에서 공부하는 학생들의 사진을 제시하고 느낀 점 나누기 – 나의 성찰 별점 주기 • **차시 학습 예고**		매체	반성 격려	★ 인성 교육 사진 자기 평가

선개념 1 지형적 요인에 의한 자연재해의 종류와 발생 원인, 그리고 이러한 자연재해가 인간의 삶에 미치는 영향을 핵심 학습 내용만 추출하여 서로 설명하게 한다.

모둠 인터뷰 활동으로 학습 내용을 정리하게 한다.

난개념 1 내용은 알지만 지필 평가 문항 풀이를 어려워한다.

전체 학습 내용을 총괄할 수 있는 평가 문항을 통해 적응 훈련을 시킨다.

사회

⊙ 모둠 인터뷰 활동으로 학습 내용 정리하기

교사 (학습지 인터뷰 카드 제시) 오늘 학습한 내용을 모둠의 친구들과 인터뷰해 주세요. 순서를 정해서 한 명씩 말하고, 먼저 말한 친구가 말하지 않은 내용을 말해서 서로 다른 내용이 되도록 합니다.

인터뷰 카드

모둠의 친구들과 인터뷰를 한다. 순서를 정해서 한 명씩 말하고, 먼저 말한 친구가 말하지 않은 내용을 말해서 서로 다른 내용이 되도록 한다.

"친구야, 이번 시간에 배운 내용 중에서 중요하다고 생각하는 내용을 두 가지만 말해 줘! 간단하게 내용을 말해도 좋아."

"그래. 친구야 나는 이번 시간에 (,)을 알았단다."

어깨 짝(이름:)	앞 짝(이름:)	대각선 짝(이름:)

교사 인터뷰가 끝났나요? 그럼, 그 내용을 학습지에 기록해 주세요.

학생 (모둠원끼리 인터뷰 내용을 기록한다.)**(과제, 요약, 토의)**

교사 ○○ 모둠이 대표로 발표해 볼까요?

학생 (발표한다.)**(발표, 원 공유)**

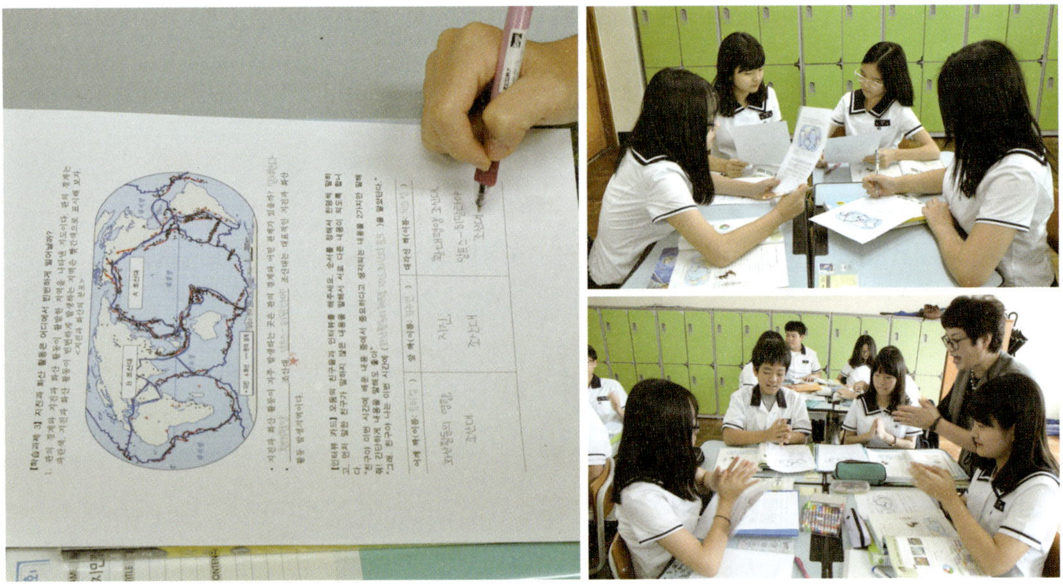

모둠 인터뷰 활동으로 학습 내용 정리하기

학생 교사 (다 같이 칭찬 박수)(원 칭찬)

⊙ 형성 평가

교사 그럼, 오늘 배운 내용에서 시험에 자주 출제되는 평가 문항 3개만 풀고 갑시다.(매체)

학생 [모둠 활동] (모둠끼리 협력하여 문제를 푼다.)(원 도전)

교사 어떤 모둠이 발표해 볼까요?

학생 (정답을 발표한다.)

교사 (보완하여 정리 · 격려한다.)(요약)

형성 평가 실시

⊙ 인성 교육

교사 (중국 쓰촨성 지진 후 난민촌에서 공부하는 학생들의 모습 사진 제시) 자, 이것은 어떤 광경 일까요?(매체)

인성 교육 자료 제시

학생 (공부하는 모습 같아요, 와, 대단해요, 등 자유롭게 대답한다.)(원 반성)

교사 그래요. 거대한 자연재해 앞에서도 희망을 잃지 않은 인간의 의지를 보여 주고 있지요. 마지막으로 오늘 수업에 대한 자신의 성찰 별점 주기를 합니다.

학생 (별점 주기로 자기 평가를 실시한다.)(원 반성, 원 격려)

교사 다음 시간에는 '기후적 요인에 의한 자연재해'(교육과정 재구성)에 대해 학습하겠습니다. 오늘 열심히 배움에 임해 주어서 고맙습니다.

학생 감사합니다.

사회

지도 유의점 06

이 학습 내용을 지도할 때 고려해야 할 유의점은 무엇인가?

학생 발달 수준에 따른 학습 활동

본시 수업과 관련한 학생 발달 수준을 고려하기 위해서는 다음의 내용을 확인할 필요가 있다.

- 초등학교 과학 시간에 지진, 화산 활동에 대해 어느 정도의 개념을 습득하고 있는지를 사전 설문조사 단계에서 확인한 후, 이를 바탕으로 본시 학습 내용과 연결한다.
- 전시에 학습한 우리나라 화산 지형의 특징을 잘 이해하고 있는지는 전개 부분에서 설명 시 발문하면서 확인하고, 미흡한 경우 힌트 등을 통해 사고할 수 있도록 한다.
- 학습 목표 도달을 위해 수업 핵심 지식을 학습한 직후 매핑 활동, 가르치고 설명해 보기 등 학생 주도 활동을 통해 메타인지를 활성화하는 단계를 반드시 거치도록 한다.

수업 전문성 수준에 따른 학습 내용

- 교육부에서 개발한 성취 기준은 학생들이 학습하는 이유를 밝혀 주는 것이며, 학습 목표 설정의 기준이 된다. 학교의 학생 학력 실태에 따라 학년 초 교과협의회, 성적관리위원회를 통해 성취 기준의 정정도 가능하다. 이를 위해 학생 학력 진단이 먼저 정확히 이뤄져야 함은 물론이다.
- 성취 기준에 따른 학습 목표에 도달하기 위해 반드시 교과서에 따라 진행할 필요는 없다. 성취 기준에 도달할 수 있는 내용이라면 교사의 재량으로 다양하게 구성할 수 있다. 전문성이 있는 교사일수록 교과서를 하나의 예시 자료로 보고, 해당 학교 학생들의 흥미, 태도, 선개념, 난개념, 오개념, 신개념 실태 진단을 통해 적절한 재구성과 수업 설계를 한다.

학생 평가

07 이 학습 내용에 대한 학생들의 이해도나 어려움을 평가하는 방법은 무엇인가?

평가를 통해 학생들은 자신의 장단점을 진단하고 보완할 수 있는 학습 계획을 수립할 수 있으며 교사는 교수 방법의 효율성을 진단할 수 있다. 평가의 타당성을 높이기 위해서 각 영역의 내용을 포괄적이고 균형 있게 다루며, 학생의 학습 활동 수행 과정과 결과를 보고 교과에 대한 이해, 기능, 태도 등에 대해 종합적으로 판단하는 평가 방식이 되어야 한다. 본시의 평가 계획은 다음과 같다.

- 지형적 요인에 의한 자연재해의 종류와 발생 원인, 인간의 삶에 미치는 영향을 설명할 수 있는가? 지진과 화산 활동이 빈번하게 발생하는 지역의 지리적 특성을 설명할 수 있는가? (인지적 영역)
- 핵심 학습 내용을 매핑으로 정리하고 짝에게 잘 설명하는가? (기능적 영역)
- 학습지 정리를 잘 하는가? 적극적인 자세로 수업에 임하는가? (정의적 영역)

<table>
<tr><th colspan="2">평가 관점</th><th colspan="3">학습 목표 달성을 위한 학습 활동 과정에 적극적으로 참여하는가?</th><th>평가 시기</th><th>평가자</th><th>평가 방법</th></tr>
<tr><td rowspan="3">인지적 영역</td><td>평가 항목</td><td colspan="3">• 지형적 요인에 의한 자연재해의 종류와 발생 원인, 인간의 삶에 미치는 영향을 설명할 수 있는가?
• 지진과 화산 활동이 빈번하게 발생하는 지역의 지리적 특성을 설명할 수 있는가?</td><td rowspan="3">정리 단계
정기 고사</td><td rowspan="3">교사/
동료</td><td rowspan="3">관찰/
형성
평가</td></tr>
<tr><td rowspan="2">평가 척도</td><td>상</td><td>중</td><td>하</td></tr>
<tr><td>완전히 이해함</td><td>거의 대부분 이해함</td><td>이해가 미흡함</td></tr>
<tr><td rowspan="3">기능적 영역</td><td>평가 항목</td><td colspan="3">• 핵심 학습 내용을 정리하여 매핑할 수 있는가?
• 매핑 내용을 짝에게 설명할 수 있는가? 학습지 정리를 잘 하는가?</td><td rowspan="3">전개 단계</td><td rowspan="3">교사/
동료</td><td rowspan="3">관찰/
과정</td></tr>
<tr><td rowspan="2">평가 척도</td><td>상</td><td>중</td><td>하</td></tr>
<tr><td>매우 잘 수행함</td><td>수행 정도가 보통임</td><td>수행 정도가 미흡함</td></tr>
<tr><td rowspan="4">정의적 영역</td><td rowspan="2">평가 항목</td><td colspan="3">짝의 설명을 열심히 경청하는가?</td><td>전개 단계</td><td>교사/
동료</td><td>관찰/
과정</td></tr>
<tr><td colspan="3">본시 학습에 대한 배움 성찰을 하는가?</td><td>정리 단계</td><td>자기</td><td>별점</td></tr>
<tr><td rowspan="2">평가 척도</td><td>상</td><td>중</td><td>하</td><td rowspan="2"></td><td rowspan="2"></td><td rowspan="2"></td></tr>
<tr><td>매우 잘 수행함</td><td>수행 정도가 보통임</td><td>수행 정도가 미흡함</td></tr>
</table>

PCK 본시 교수·학습 과정안

사회 Ⅰ-5-1. 자연재해와 인간의 삶

사회과 PCK 수업 설계

학습 내용

- **교과:** 사회 ❶
- **학년-학기:** 중학교 1-1
- **단원:** 5-1. 자연재해와 인간의 삶
- **차시:** 1/5
- **주제:** 지진과 화산 활동은 인간 생활에 어떤 영향을 줄까?

학습 필요

- 지형적 요인에 의한 자연재해(지진 및 지진해일, 화산 활동)의 종류와 발생 원인 및 발생 지역의 지리적 특색 탐색을 통해 자연재해가 인간 생활에 끼치는 영향을 이해하도록 함

학생 평가

- 지형적 요인에 의한 자연재해 씽킹 맵으로 정리하기
- 지진 및 화산 활동 발생 지역 특색 설명하기
- 관찰, 교사 및 동료 평가

교수 처방

〈배움 전략〉	〈배움 원리〉
■ 설명 – 비유	■ 공감 – 칭찬
■ 설명 – 예시	□ 공감 – 신뢰
■ 설명 – 그리기	□ 공감 – 수용
■ 설명 – 정의	■ 공감 – 존중
■ 설명 – 실물	■ 공감 – 격려
■ 설명 – 비교	□ 공감 – 표현
□ 설명 – 대조	■ 공감 – 유머
□ 시범 □ 관찰	■ 지원 – 딴청
■ 서사 ■ 탐문	□ 지원 – 나누기
■ 발문 ■ 추론	□ 지원 – 대기
□ 연습 ■ 요약	■ 지원 – 공유
■ 단서 □ 조작	■ 지원 – 도전
■ 과제 □ 메모	□ 지원 – 참여
■ 매체 ■ 발표	■ 지원 – 연결
■ 토의	■ 지원 – 반성
■ 동료교수	■ 지원 – 되돌리기
■ 질문하기	

학습 흐름

1. **배움 열기 단계**
   - 전시 학습 확인 및 동기 유발, 자연재해 구분, 학습 목표 제시
2. **배움 활동 1, 2, 3단계**
   - 지형적 요인에 의한 자연재해 탐색, 지진 및 화산 활동의 발생 원인 탐색(과학교사와 Co-티칭), 발생 지역 특색 파악
3. **배움 정리 단계**
   - 모둠 인터뷰 활동으로 학습 내용 정리, 형성 평가

학생 진단

- **선개념:** 자연재해, 지진 및 지진해일, 화산 활동 일부 명칭, 인간 생활에 끼치는 피해, 판구조론
- **난개념:** 판구조론, 지진 규모, 지구 내부 구조, 지진 및 지진해일, 화산 활동의 발생 원인
- **오개념:** 지진과 지진해일, 마그마와 용암, 화산 활동이 주는 혜택, 환태평양 및 알프스-히말라야 조산대
- **신개념:** 지형적, 기후적 요인 자연재해, 내진 설계, 화산 활동이 주는 혜택, 조산대

학생 배움중심의 수업 설계 약안

교과	사회 ❶	단원(차시)	5-1. 자연재해와 인간의 삶(1/5)
성취 기준	사91051. 자연재해가 빈번히 발생하는 지역을 파악하고, 자연재해가 인간의 삶에 미치는 영향을 설명할 수 있다.		
학습 목표	1. 지형적 요인에 의한 자연재해의 종류와 발생 원인을 설명할 수 있다. 2. 지진과 화산 활동이 빈번하게 발생하는 지역의 지리적 특색을 설명할 수 있다.		

단계	학습 내용	교수 · 학습 활동	PCK 전략			자료(★) 및 유의점(※)
			배움 추춤	배움 전략	배움 원리	
배움 열기 (7')	전시 학습 상기동기 유발 학습 목표 제시(모둠 → 전체)	• **인사하기** – 수업 시작 송으로 학습 준비 • **전시 학습 상기하기** – 질문하기 하브루타 • **학습 동기 유발하기** • **학습 목표 제시하기**	선개념 선개념 신개념	연습, 발문 요약 과제, 발표 단서, 정의 서사, 매체 추론	참여 연결 되돌리기 존중, 연결 칭찬	★ 컴퓨터, TV, 수업 송, 종, 교과서, 학습지, 자석 모둠칠판, 동영상 자료
배움 활동 1 (15')	지형적 요인에 의한 자연재해 탐색하기 (전체 → 짝)	• **지진 활동과 피해 탐색하기** • **지진해일의 발생 원리 탐색하기** • **지진과 지진해일 피해를 줄이기 위한 방안 제시하기** • **화산 활동의 피해 및 이용 탐색하기** • **지진과 지진해일, 화산 활동 전체 정리하기** – 씽킹 맵 정리 – 짝 가르치기	선개념 난개념 오개념 선개념 신개념 오개념	매체, 정의 발표, 단서 탐문 과제, 요약 토의 동료 교수	칭찬 딴청 연결 되돌리기 유머, 도전 공유	★ 교과서, 학습지, 동영상 자료, 지진해일 발생 모식도, 교사 여행사진 ★ 타임워치 교사 평가 동료 평가
배움 활동 2 (8')	지진 및 화산 활동의 발생 원인 탐색 하기(전체: 융합 수업)	• **과학교사와 co-티칭으로 지진 및 화산 활동의 발생 원인 탐색하기** – 판구조론의 이해, 지구 내부 구조 살펴보기 – 지진과 화산 활동 발생 원인, 지진 발생 지역과 지진+화산 발생 지역 구분하기	선개념 난개념 신개념 난개념	서사, 정의 실물, 비유 탐문, 추론 비교, 예시	유머, 칭찬 되돌리기, 도전	★ 지구 내부, 지각 맨틀 모형
배움 활동 3 (8')	지진 및 화산 활동의 발생 지역 특색 파악하기 (개별 → 짝)	• **지진 및 화산 활동의 발생 지역 특색 파악하기** – 대표적인 조산대 확인	신개념 난기능 오개념	과제, 그리기 탐문, 추론 정의	칭찬 되돌리기 2차 시도 도전	★ 사인펜, 학습지, 칠판 세계지도
배움 정리 (7')	모둠 인터뷰 활동으로 정리하기 형성 평가 차시 예고 (모둠 → 전체)	• **모둠 인터뷰 활동으로 학습 내용 정리하기** • **형성 평가로 확인하기** • **인성 교육** – 느낀 점 나누기 • **차시 학습 예고**	선개념 난기능	과제, 요약 토의, 발표 동료 교수 매체, 요약 매체	공유 칭찬 도전 반성, 격려	★ 학습지 ※ 피드백 제공 ★ 형성 평가지 ★ 인성 교육 사진 자기 평가

형성 평가(지필 평가 예상 문항)

1. 지도를 보고 물음에 답하시오.

① A조산대의 명칭은?

____

② B조산대의 명칭은?

____

③ 공통적인 특징은?

____

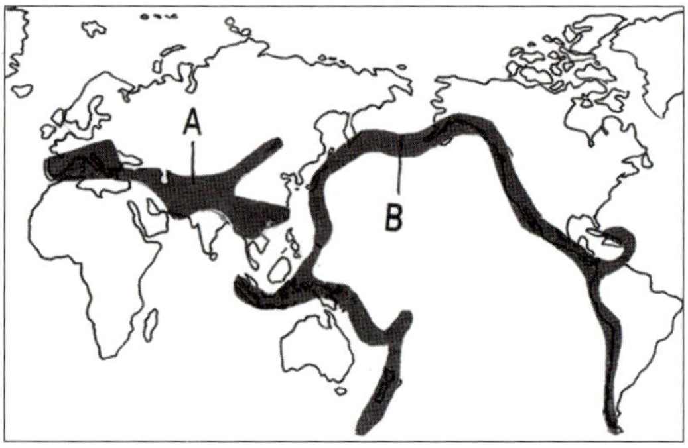

2. (   )에 공통으로 들어갈 자연재해로 적절한 것은?

2011년 3월 11일 일본 동북부 지역의 해저에서 발생한 강진으로 (   )이(가) 해안을 덮쳐 사망자와 실종자가 천 명을 넘어서는 등 일본이 큰 혼란에 빠졌다. 특히 (   )은 A지역을 중심으로 퍼져나가 필리핀, 인도네시아를 비롯해 남아메리카 전역에까지 영향을 미칠 것으로 예상되어 세계를 공포에 떨게 하고 있다. 또 높은 파도로 인한 일본 동북부 해안지역의 원자력 발전소 폭발에 따른 방사능 물질 유출 피해가 우려되고 있다.

〈매일경제, 2011년 3월 12일〉

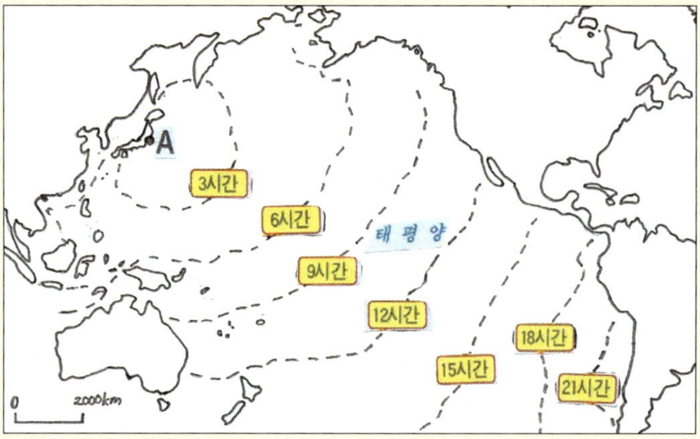

3. 다음 질문에 대한 답변으로 가장 적절하지 못한 것은?

질문: 인도네시아, 뉴질랜드 등 화산 활동이 빈번한 지역에서 살아가는 사람들이 위험을 느끼면서도 생활을 이어가고 있으며, 심지어 화산 폭발이 끝나면 다시 돌아온다고 합니다. 그 이유가 궁금해요.

답변: ______________________________

① 과학기술의 발달로 화산 활동을 완전하게 막을 수 있기 때문이지.
② 화산 활동으로 형성된 암석 속에는 유용한 자원이 포함되어 있기 때문입니다.
③ 지열을 이용한 발전소로 온실가스 배출 없이 발전이나 난방에 이용할 수 있기 때문이야.
④ 독특한 지형과 간헐천, 온천은 관광 자원으로 개발하여 소득을 증대시킬 수 있기 때문이지.
⑤ 화산이 폭발할 때 나오는 화산재 등이 지표면에 쌓이면 토양이 비옥해져 품질이 우수한 농산물이 생산되기 때문이야.

사회

정답 1. ① 알프스–히말라야 조산대, ② 환태평양 조산대, ③ 판과 판의 경계부에 위치하여 지진 및 화산 활동이 빈번하게 발생한다. 2. 지진해일 3. ①

학습지

◈ 자연재해란 무엇일까?

• 의미: 자연현상이 인간이나 인간 활동에 피해를 주는 현상

• 종류: ___ { ___ 기후적 요인–홍수, 가뭄, 폭풍
___ { ___ 지형적 요인–지진, 화산 활동, 지진해일, 산사태
___

◈ 지진, 지진해일과 화산 활동은 인간 생활에 어떤 영향을 줄까?

1. 지진, 지진해일(쓰나미), 화산 활동이란?

구분	뜻 / 발생 원리
지진	판의 충돌에 의해 땅이 흔들리고 갈라지는 현상
지진해일 (쓰나미)	해저에서 발생한 지진에 의해 바닷물이 일시적으로 멀리까지 빠져나갔다가 높은 파도와 함께 해안으로 밀려오면서 피해를 입히는 현상
화산 활동	마그마가 지각의 약한 틈을 뚫고 가스, 수증기, 화산 쇄설물 등과 함께 분출하는 것 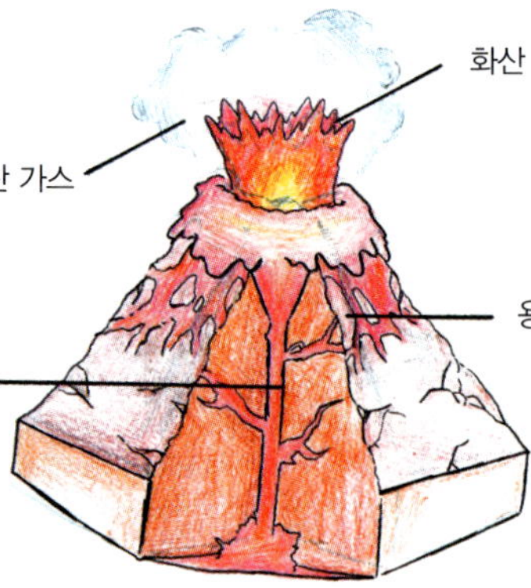

2. 지진, 지진해일(쓰나미), 화산 활동이 인간 생활에 끼치는 영향을 살펴보면?

• 지진과 지진해일(쓰나미)에 의한 피해를 씽킹 맵으로 정리해 보자.

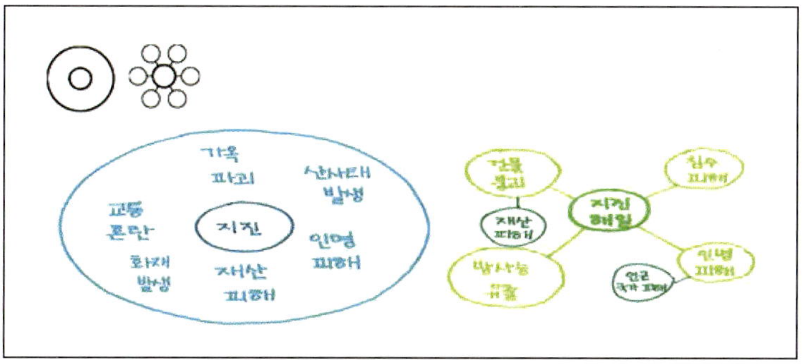

• 지진과 화산 활동의 피해를 줄일 수 있는 대책은?
  – (내진 설계 및 경보 시스템 마련)
  – (지진 및 자연재해에 대비한 체계적인 훈련)

• 다음에 제시된 자료와 교과서를 참고하여 화산 활동에 의한 피해와 화산이 주는 혜택을 씽킹 맵으로 정리해 보자.

화산이 폭발하면 뜨거운 용암이 흘러나오고 수증기를 주성분으로 하늘 화산 가스나 화산재, 화산력 등의 화산 쇄설물이 분출된다. 이러한 화산 분출문은 짧은 시간 동안에 자연환경을 급격하게 변화시키며 수많은 인명과 재산 피해를 입힌다. 분화구에서 흘러나온 용암은 주변의 숲과 농경지를 불태우고, 건물이나 교통 통신 시설을 파괴하기도 한다. 화산 가스는 여러 가지 해로운 성분을 포함하고 있어 사람과 동식물에 피해를 주거나 주변 환경을 오염시킨다. 특히 화산 쇄설물과 화산 가스가 섞여 산비탈을 따라 빠르게 흘러내리는 화산 쇄설류, 화산재가 물과 섞여 빠르게 흐르는 화산 이류는 주변 지역에 심각한 피해를 준다. 또 공기 중으로 높이 퍼져 올라간 화산재는 햇빛을 차단하여 지구의 기온을 낮추고 농작물에 큰 피해를 준다. 이와 같이 화산 활동은 화산 주변뿐만 아니라 지구 환경 전체에 큰 영향을 미친다. 화산 활동이 자연과 인간에게 피해만 주는 것은 아니다.

화산재를 비롯한 화산 쇄설물과 용암에는 식물의 생장에 필요한 여러 가지 성분이 포함되어 있어 오랜 시간이 지나 풍화를 받으면 식물이 자라기에 좋은 토양이 된다. 또 화산 활동으로 형성된 암석에는 금, 은, 구리 등 인류에게 유용한 지하자원이 포함되어 있다. 이밖에 화산 지대에 형성된 독특한 지형과 온천은 관광 자원으로 이용되며, 지하의 뜨거운 열은 발전이나 난방에 이용된다.

사회

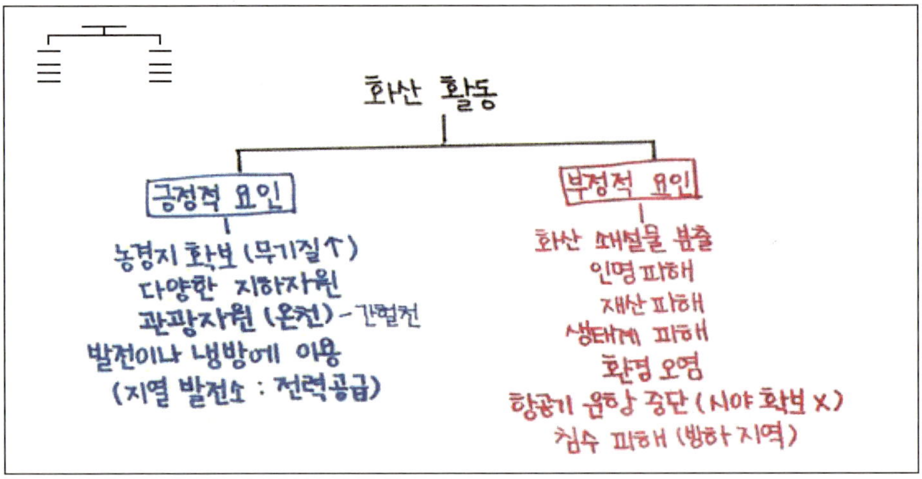

◈ 지진과 화산 활동은 어디에서 빈번하게 일어날까?

1. 판의 경계와 지진과 화산 활동이 활발한 지역을 나타낸 지도이다. 판의 경계는 파란색, 지진과 화산 활동이 빈번하게 발생하는 지역은 빨간색으로 표시해 보자.

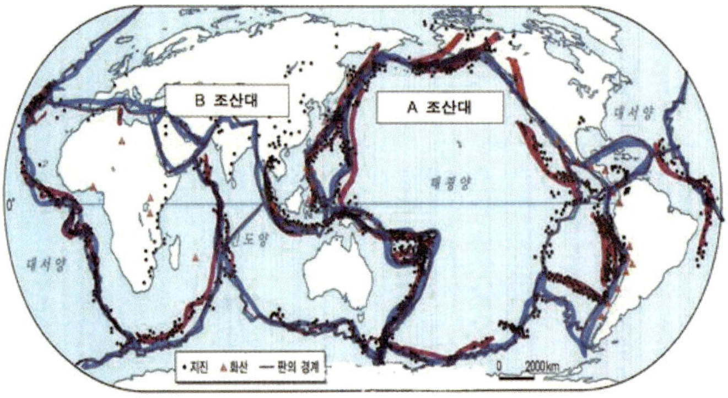

지진과 화산의 분포

- 지진과 화산 활동이 자주 발생하는 곳은 판의 경계와 어떤 관계가 있을까?
  (지진과 화산 활동이 자주 발생하는 곳과 판의 경계가 거의 일치한다.)

- (A 환태평양 조산대, B 알프스-히말라야 조산대)는 대표적인 지진과 화산 활동 발생 지역이다.

【인터뷰 카드】 **모둠의 친구들과 인터뷰를 해 주세요. 순서를 정해서 한 명씩 말하고, 먼저 말한 친구가 말하지 않은 내용을 말해서 서로 다른 내용이 되도록 합니다.**

"친구야, 이번 시간에 배운 내용 중에서 중요하다고 생각하는 내용을 두 가지만 말해 줘! 간단하게 내용을 말해도 좋아."
"그래. 친구야, 나는 이번 시간에 (화산 활동의 혜택, 지진과 화산 활동의 발생 원인)을 알았단다."

어깨 짝(이름: 김○○)	앞 짝(이름: 이△△)	대각선 짝(이름: 최◇◇)
지진과 화산 활동의 피해를 줄일 수 있는 대책	지진해일의 피해 조산대	대표적 조산대의 위치 명칭

교사의 관찰 체크리스트

학습 과제 :

학년: 반: 담당교사: (인)

평가 내용		형성 평가	활동 1 내용			활동 2 내용		
성취 수준	상	80% 이상						
	중	60% 이상 ~ 80% 미만						
	하	60% 미만						
번호	이름	상/중/하	상	중	하	상	중	하
1								
2								
3								
4								
5								
6								
7								
8								
9								
10								
11								
12								
13								
14								
15								
16								
17								
18								
19								
20								
21								
22								
23								

학생 자기 성찰 평가 및 동료 평가서

학습 과제 :

자기 성찰 평가

학년: 반: 번: 이름:	
모둠 친구들	
나의 역할	

1. 나의 역할에 최선을 다했나? ☆☆☆☆☆
2. 친구들을 도우며 활동에 참여했나? ☆☆☆☆☆
3. 모둠원의 역할 분담(과제 분담)이 골고루 이루어졌나? ☆☆☆☆☆
4. 모둠원이 모두 적극적으로 참여했나? ☆☆☆☆☆
5. 모둠별 활동을 수행하며 생긴 어려움과 갈등을 민주적으로 해결했나? ☆☆☆☆☆
6. 이번 학습 활동을 통해 배운 것(자유롭게 기록하기)

동료 평가

학년: 반:

모둠명	발표 내용에서 인상적이거나 좋았던 부분에 대한 한 줄 평	점수(절대평가)
		☆☆☆☆☆
		☆☆☆☆☆
		☆☆☆☆☆
		☆☆☆☆☆
		☆☆☆☆☆
		☆☆☆☆☆

5 CoRe 활용 학생 배움중심의 과학 PCK 수업 설계

학습 내용

01 학생들이 학습해야 할 내용은 무엇인가?

중학교 3학년 과학의 [Ⅳ. 생식과 발생] 단원은 세포 분열의 의미와 염색체와 유전자의 관계, 생물의 생식 방법을 이해하는 것을 목적으로 한다.

학년 학기	중학교 3학년 1학기
단원(차시)	Ⅳ. 생식과 발생 2. 체세포 분열(2/5차시)
학습 주제	체세포 분열의 특징

- 학년과 학기는 중학교 공통 교육과정으로 학교별 교육과정 편성과 교사의 단원 재구성 지도 계획에 따라 달라질 수 있다.
- 단원의 명칭은 교과서의 해당 대단원 시작 쪽에서 알 수 있다. 해당 차시는 중단원 총 차시 중 교사가 구성한 차시 순에 따른다.
- 학습 주제는 본시에 학습할 주제를 교사가 재구성하여 설정할 수 있다. 본 수업은 중단원 5차시 중 2차시로 체세포 분열의 특징에 해당한다.

단원의 지도 내용

- 세포 분열에 의해 생물이 생장과 번식을 하며, 염색체가 유전 물질이라는 것을 이해하기
- 광학 현미경을 이용하여 체세포 분열 과정을 관찰하기
- 체세포 분열과 생식 세포 분열 과정을 설명하고, 차이점을 비교하기

본시의 학습 문제

- 체세포 분열 과정을 염색체의 행동과 관련지어 설명하여 본다.
- 식물 세포와 동물 세포의 세포질 분열 과정의 차이점을 설명하여 본다.

본시의 학습 요소

- 세포 분열의 의미
- 무성 생식과 유성 생식의 차이
- 사람의 생식과 발생

학습 필요 02 이 내용을 학습해야 하는 까닭은 무엇인가?

'체세포 분열'에 대하여 학습하는 까닭은 교육과정에서 제시된 성취 기준과 교사용 지도서에서 살펴볼 수 있다.

단원 학습 개관에 의하면 이 단원의 학습을 통해 체세포 분열 과정을 염색체의 행동과 관련지어 설명하고 체세포 분열의 각 단계의 특징을 이해하도록 하는 것이 본시 학습을 해야 하는 까닭이다.

성취기준

과9182-1. 체세포 분열의 특징을 염색체의 행동을 중심으로 설명할 수 있다.
과9182-2. 체세포 분열 과정을 관찰하면서 각 시기를 구분할 수 있다.

2015 개정 과학 교육과정에서는 생물이 세포 분열 과정을 거쳐 생장하고 자손을 번식하는데, 부모의 형질이 어떤 규칙에 의해 자손에게 전달되는지 이해하도록 하며, 사람이 유전 형질을 자손에게 전달한다는 것에 호기심을 갖도록 하며 생물은 체세포 분열을 통해 세포의 수를 늘려 생장하고, 손상된 부분을 대체하며, 생식 세포 분열을 통해 생식 세포를 만들어 자손을 번식하는 과정을 이해할 수 있도록 한다고 기술되어 있다.

성취기준

[9과21-02] 체세포 분열과 생식세포 분열의 특징을 염색체의 행동을 중심으로 설명할 수 있다.

교육과정 교과 지식 03

이 학습 내용과 관련하여 교사가 알아야 할 내용은 무엇인가?

본시 학습 내용을 보다 잘 지도하기 위해서 교사는 다음과 같은 관련 내용을 미리 알아야 한다. 그 중에서도 가장 먼저 알아 두어야 할 내용은 본시와 관련한 학습의 계열과 교과 핵심 지식 및 기능이다.

학습의 계열

학습의 계열은 본시 학습에서 가르칠 범위를 결정하는 데 도움을 준다.

선수 학습	**교육과정 성취 기준** **과9041-1.** 세포의 구조와 기능을 설명할 수 있다. • **세포의 구조와 기능 – 식물 세포와 동물 세포의 차이점** – 중학교 1학년 과학 Ⅳ. 광합성 1. 식물체의 구성
본시 학습	**교육과정 성취 기준** **과9182-1.** 체세포 분열의 특징을 염색체의 행동을 중심으로 설명할 수 있다. • **세포 분열과 염색체 – 체세포 분열 – 생식 세포 분열** – 중학교 3학년 과학 Ⅳ. 생식과 발생 1. 세포 분열
후속 학습	**교육과정 성취 기준** **생1212.** 세포 주기와 세포 분열을 염색체의 행동과 관련지어 안다. • **세포와 세포 분열** – 고등학교 생명 과학 Ⅰ Ⅱ. 세포와 생명의 연속성 1. 세포와 세포 분열

교과 핵심 지식 및 기능

본시 학습에서 학생들에게 꼭 가르쳐야 할 핵심 지식(기능)의 내용이다.

핵심지식 ① 핵분열 과정을 염색체의 변화와 행동을 기준으로 단계별로 설명하기

- 염색체의 모양 변화와 행동에 따라 전기, 중기, 후기, 말기로 구분

  전기: 핵막이 사라지며 염색체 출현

  중기: 염색체가 세포의 중앙에 늘어서며 염색체 관찰 용이

  후기: 두 가닥의 염색분체가 분리되어 방추사에 의해 각각 양극으로 이동

  말기: 양극으로 이동한 염색체는 염색사로, 핵막이 나타나 두 개의 핵이 형성

핵심지식 ② 식물 세포와 동물 세포의 세포질 분열 과정의 차이점 설명하기

- 식물 세포: 세포 중앙에서 바깥쪽으로 세포판을 형성하여 세포질 분리(세포판 형성)
- 동물 세포: 세포의 가운데 부분이 잘록해지면서 세포질 분리(원형질 만입)

과학

학생 진단

04 이 내용을 학습할 학생들이 겪을 어려움은 무엇인가?

본시 학습 내용에 대한 성취도를 높이기 위해서는 학습 내용의 핵심적인 지식(기능)과 이에 대한 학생들의 이해도 및 이를 높이는 데 방해하는 걸림돌이 무엇인지에 대한 학생 실태를 파악하고, 걸림돌을 제거하거나 이해도(기능 숙달도)를 높이기 위한 대비책을 마련해 두는 것이 필요하다. 여기서는 학습 내용의 핵심 지식을 먼저 알아보고, 이에 대한 학생의 이해도 및 기능 습득에 어떤 어려움이 있는지 살펴본다.

난개념(난기능), 오개념(오기능)과 핵심 지식과의 연계 지도 방안을 찾기 위해 학생들의 선수 학습 개념을 사전 설문 조사한다. 그리고 학생 진단 결과를 활용하여 교육과정 내용을 재구성할 수 있다.

본시 학습 주제에 대한 사전 설문 조사 결과

문항		응답 분석
1	세포 분열의 주된 의미	세포가 생장함에 따라 분열함을 대부분 인식하고 있음.
2	핵분열 과정의 의의	핵분열의 뜻을 잘 인식하지 못하고 있고 분열 과정에서 핵분열이 먼저 일어나는지를 정확하게 인식하지 못함.
3	세포질 분열 과정의 의의	세포질의 의미는 대부분 알고 있으나 구체적으로 세포질이 언제 분열되는지 잘 모름.
4	핵분열 과정의 각 단계 특징	핵분열 과정의 각 단계의 이름을 이론적으로는 구별하나 무엇 때문에 구별 가능한지를 잘 모름.
5	동물 세포와 식물 세포의 차이	엽록체와 세포벽의 유무를 대부분 인식하고 있음.
6	염색약으로 염색되는 범위	핵 속의 물질인 핵과 염색체가 염색됨을 알고 있음.
7	동물과 식물의 세포질 분열 과정의 차이	세포판 형성과 세포질 만입의 의미를 잘 모름.

선개념

선개념은 본시 학습 내용과 관련하여 학생들이 이미 알고 있는 개념이다. 핵심 지식을 획득하기 위해 선개념을 바탕으로 난개념, 오개념과 연결 지어 배움 전략을 수립하고 지도한다.

선개념 1 세포가 생장함에 따라 분열해야 하는 이유는 세포의 물질 교환이 효율적으로 일어날 수 있도록 하기 위함임을 잘 알고 있다.

선개념 2 성장을 하면 세포의 크기가 커지는 것이 아니라 세포 수가 많아지는 것임을 대부분의 학생들이 알고 있다.

과학

난개념, 난기능

난개념은 본시에서 학습해야 할 내용 중에서 학생들이 이해하기 어려워하는 내용으로, 효과적인 배움 전략과 배움 원리를 실행함으로써 이를 해결하고 학습 목표에 도달하게 된다.

난개념 1 고정, 해리 과정에 대한 용어의 개념을 어려워한다.

난개념 2 현미경 관찰을 통해 체세포 분열의 각 단계 특징을 바로 알고 해당하는 세포를 찾아 연결하는 것을 어려워한다.

오개념, 오기능

오개념은 본시에서 학습해야 할 내용 중에서 학생들이 갖고 있는 선개념 중에서 잘못 알고 있거나 본시 학습 중에 잘못 이해할 가능성이 있는 내용이다. 교사의 적극적인 지원이 필요한 부분이다.

오개념 1 세포 분열 과정에서 전기, 중기, 후기, 말기의 과정은 연속적인 과정이나 각 과정이 단절된 것이라고 잘못 이해하고 있다.

오개념 2 간기는 분열을 준비하는 단계로 구분되는데 간기도 세포 분열 과정에 포함되는 것으로 잘못 알고 있다.

오개념 3 방추사가 염색체가 세포 중앙에 늘어선 후 부착되는 것으로 잘못 생각하고 있다.

신개념

신개념은 본시 학습 내용과 관련하여 학생들이 새롭게 배우게 되는 개념이다. 핵심 지식을 획득하기 위해 선개념을 바탕으로 난개념과 연결 지어 배움 전략을 수립하고 지도한다.

신개념 ① 체세포 분열은 핵분열이 먼저 일어난 후에 세포질 분열이 일어나 두 개의 딸세포로 나누어짐을 이해한다.

신개념 ② 핵분열의 각 단계별 특징을 이해한다.

신개념 ③ 세포질 만입과 세포판 형성의 용어를 이해시킨다.

흥미, 태도

본시 학습 목표 도달을 위해 관련한 학생들의 흥미와 태도를 파악할 필요가 있다.

흥미 ① 현미경을 통한 관찰 활동을 선호하고 미세한 세포의 발견에 대한 만족도가 높으며 모둠별 분석에 대한 관심도가 높다.

태도 ① 교사의 설명과 강의식 수업보다는 모둠별 토의 · 토론 활동을 통하여 문제해결 방안을 찾는 것을 선호한다.

교수 처방 05

이 학습 내용을 지도할 때 사용하는 교수법과 사용 이유는 무엇인가?

본시 수업 내용은 '체세포 분열의 특징을 염색체의 행동과 연관 지어 알아보기'이다. 앞에서 살펴본 학생들의 이해도, 즉 선개념, 난개념, 오개념, 신개념을 지도하기 위해서는 학생 이해도의 내용 및 수준에 따라 적절한 표상 방법을 활용한 교수 처방이 필요하다. 본 수업의 대상 학생들은 중학교 3학년 학생들로, 이미 중학교 1학년 과정에서 현미경 사용법과 세포의 개념에 대하여 학습을 하여 어느 정도 알고 있는 상태이다. 그러나 학습한 지 2년이 지나 선개념에 대한 이해가 필요하며 부분적인 교사의 보조설명이 필요한 상태로 실험 관찰을 통해 학생들이 스스로 개념을 형성하는 수업, 교사와 학생의 상호작용이 활발한 수업 전략이 필요하다. 따라서 교수법을 연구할 때에는 배움 전략과 배움 원리를 함께 연구해서 학습 효과가 극대화되는 전략을 사용한다.

1. 배움 열기 단계에서의 학생 진단과 교수 처방

배움 열기 단계(5')

학습 과정 (학습 집단)	교수 · 학습 활동	배움중심 PCK 전략			자료(★) 및 유의점(※)
		배움 주춤	배움 전략	배움 원리	
전시 학습 상기 (전체 – 개별)	**• 전시 학습 주요 내용 떠올리기** – 세포가 분열하는 이유 – 염색체의 의미 – 사람 염색체의 특징	선개념	매체 발문 비교 발표	칭찬	★ PPT – 사진 자료
동기 유발 (전체)	**• 학습 동기 유발 자료 제시하기** – 어릴 때 사진과 성장 후의 사진을 제시하고 몸이 커진 이유를 질문 – 키가 클 때, 상처 부위가 아물 때 우리 몸에서는 어떤 일이 일어나는지 동영상 제시 후 발문		매체 관찰 발문		★ 사진 자료 ★ 동영상 자료
학습 목표 확인 (전체)	**• 학습 내용과 학습 목표, 진행 순서 확인** – 본시의 학습 내용과 학습 목표 확인 – 학습 진행 순서 확인			수용	

과학

선개념 1 전시에 세포가 분열하는 이유와 염색체에 대하여 학습을 하였다.

- 본시 학습과의 연결을 위해 전시 학습의 핵심 내용을 제시해 환기시킨다.
- 염색체와 염색분체 등의 매체와 동영상을 활용하여 학습 목표로 연결한다.

⊙ 전시 학습 상기하기

본시 학습과 연결되는 전시의 핵심 내용을 발문을 통하여 확인하고 PPT로 사진을 제시하여 학생들이 대답하도록 한다.

전시 학습 복습 PPT 제시

교사 오늘 수업에 앞서 지난 시간에 학습한 내용을 확인하겠습니다. 하나의 세포가 어느 정도 커진 후 세포 분열을 하는 까닭이 무엇이라 생각하는지 말해 봅시다.

학생 세포의 물질 교환이 효율적으로 일어날 수 있도록 하기 위해서입니다.

교사 (PPT 제시) 네, 그렇습니다. 그럼 이 사진과 같이 세포 분열할 때 나타나는 유전 물질이 꼬이고 응축된 막대 모양의 물질을 무엇이라고 하나요?**(매체)**

학생 (PPT 보며 함께 대답한다.) 염색체입니다.(일부 학생은 염색분체라고도 한다.)

교사 그렇습니다. 염색체는 복제된 두 가닥의 염색분체로 이루어져 있습니다.(염색체와 염색분체의 차이점을 설명한다.) 그럼, 사람 염색체의 특징을 설명하세요. 누가 말해 볼까요?**(비교)**

학생 (거수를 하는 학생이 있다.)

교사 오, ○○이 발표를 해 보세요.

사람의 염색체 제시

학생 사람의 염색체는 총 46개, 23쌍이고 22쌍은 상염색체이고, 나머지 1쌍은 성염색체입니다. **(발표)**

교사 네, 그렇습니다. 그럼 성염색체의 남자, 여자 차이는 무엇인지 말해 봅시다.

학생 남자의 성염색체는 XY이고 여자의 성염색체는 XX입니다.**(발표)**

교사 네, 발표를 아주 잘하였습니다. 이 사진이 사람의 염색체를 나타냅니다.**(매체, 원 칭찬)**

⊙ 학습 동기 유발하기

어릴 적 모습과 성장 후의 모습을 나타낸 사진과 동영상(유튜브-체세포 분열은)을 제시한 후 발문을 통해 학습 목표에 근접한다.

교사 (PPT 제시) 이 사진은 어릴 때의 모습과 성장 후의 모습을 나타낸 것입니다. 이렇듯 우리 몸이 커진 이유가 무엇이라 생각합니까?**(매체)**

학생 세포의 수가 증가해서 그렇습니다.

교사 네, 잘 알고 있군요. 그럼 이 동영상을 잘 보고 키가 클 때나 상처 부위가 아물 때 우리 몸에서는 어떤 일이 일어나는 지 알아보세요. (30초 정도 동영상 상영 후) 잘 보았나요? 성장이나 피부 재생시 세포가 어떻게 변하는지를 말해 봅시다.**(매체, 관찰)**

학생 (다 함께 말한다.) 세포 분열을 합니다.

성장 전 · 후의 모습

동영상 자료 시청

⊙ 학습 목표 제시하기

PPT를 통하여 학습 목표를 제시하고 본시 학습 진행 순서를 제시하여 학생들이 학습 흐름을 알고 수업에 임하도록 한다.

교사 (PPT로 학습 목표 제시) 그렇습니다. 아주 잘 말했습니다. 이와 같이 우리 몸을 이루는 세포는 끊임없이 세포 분열을 하고 있습니다. 오늘 수업은 세포 분열 중 우리 몸을 구성하고 있는 체세포 분열의 특징에 대해 알아보도록 하겠습니다. 함께 읽어 봅시다.**(원 수용)**

학생 (큰 소리로 함께 읽는다.)

교사 (PPT 학습 진행 순서 제시) 오늘 학습은 이와 같은 순서로 진행하겠습니다.

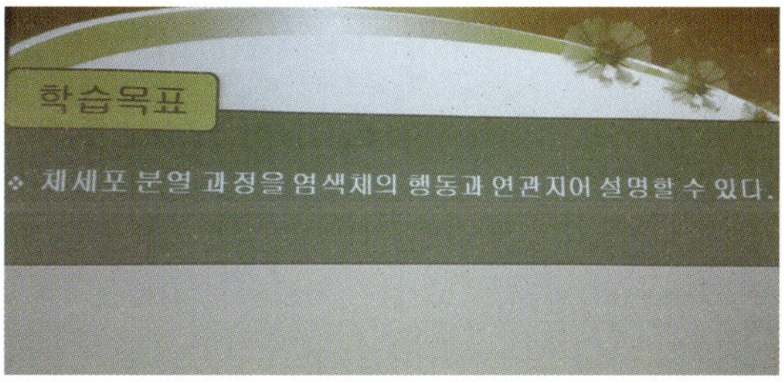

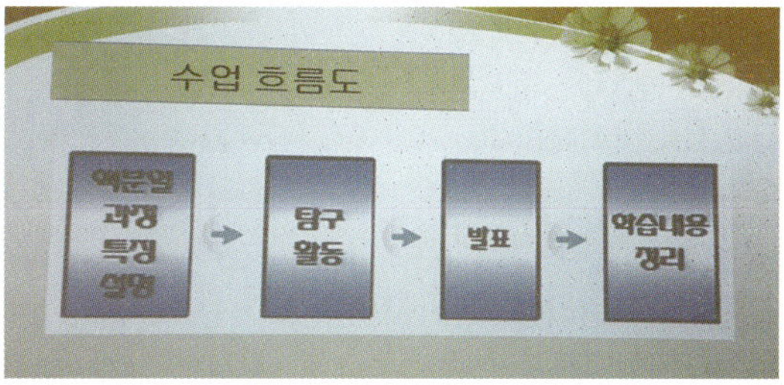

학습 목표 제시

2. 배움 활동 1단계에서의 학생 진단과 교수 처방

배움 활동 1단계에서는 체세포 분열 과정 중 핵분열 과정의 각 단계의 특징을 매체를 통해 설명한다.

배움 활동 1단계(10')

학습 과정 (학습 집단)	교수 · 학습 활동	배움중심 PCK 전략			자료(★) 및 유의점(※)
		배움 주춤	배움 전략	배움 원리	
교사 강의 및 설명 (전체)	• **체세포 분열 과정이 핵분열과 세포질 분열 과정으로 나누어짐을 설명하기** – 핵분열 과정의 의의를 발문 – 핵분열 과정은 염색체의 모양과 행동에 따라 구분됨을 설명 – 세포질 분열은 핵분열 후에 나누어지는 과정임을 설명 – 세포질 분열 결과로 두 개의 딸세포가 만들어짐을 설명	신개념	매체 발문	칭찬	★ PPT–사진 자료
학생 참여 (개별 – 모둠)	• **핵분열 과정인 전기, 중기, 후기, 말기의 특징을 매체를 활용, 발문과 함께 설명하기** – 전기 – 중기 – 후기 – 말기	신개념 신개념 오개념	매체 그림 발문 관찰 매체 발문 토의 발표	수용 되돌리기 도약하기 칭찬 수용 대기 수용	※ 양극에서 나온 방추사가 염색체에 부착된 후 방추사에 의해 염색체가 세포 중앙에 배열되는 내용을 시각 매체를 적절히 사용해 설명함

신개념 ① 체세포 분열시 핵분열이 먼저 일어나는지, 세포질 분열이 먼저 일어난 후 두 개의 딸세포로 나누어지는지를 잘 모른다.

매체를 통해 핵분열과 세포질 분열의 순서를 명확히 이해시킨다.

신개념 ② 핵분열의 각 단계별 특징을 구분하고 익힌다.

매체와 발문, 설명과 그림, 관찰을 통해 각 모둠별로 단계별 특징을 토의하게 하여 그 특징을 이해시킨다.

신개념 ③ 염색분체가 서로 분리되어 방추사에 의해 세포의 양극으로 이동한다.

매체와 발문을 통해 방추사의 역할을 이해시킨다.

오개념 ① 세포 분열 과정에서 전기, 중기, 후기, 말기의 각 과정이 각기 단절된 것이라고 대부분 생각하고 있다.

매체와 설명, 그림을 통해 각 과정이 연속적인 것을 보여주고 이해시킨다.

오개념 ② 간기도 세포 분열 과정에 포함된다고 생각하는 학생이 많다.

간기는 분열을 준비하는 별도의 단계임을 이해시킨다.

오개념 ③ 방추사는 염색체가 세포 중앙에 늘어선 후 부착되는 것으로 생각하기 쉽다.

방추사가 염색체에 부착된 후 방추사에 의해 염색체가 세포 중앙에 배열된다는 사실을 매체를 통해 설명한다.

과학

⊙ 체세포 분열 과정이 핵분열과 세포질 분열 과정으로 나누어짐을 설명하기

1. 핵분열 과정의 의의를 알고 있는지 발문한다. 핵분열을 통해 핵 속의 유전 물질이 두 개의 딸세포에게 나누어지는 것임을 이해시킨다.
2. 핵분열 과정은 염색체의 모양과 행동에 따라 구분됨을 매체를 통해 전달한다. 매체를 사용하여 설명함으로써 핵분열이 끝난 다음에는 세포질 분열이 시작됨을 학생들에게 이해시킨다.

교사 체세포 분열 과정은 크게 2가지로 나눕니다. 2가지 분열 과정을 말해 봅시다.

학생 네, 핵분열과 세포질 분열이 있습니다.

교사 네, 그렇습니다. 체세포 분열 과정은 핵분열과 세포질 분열로 나누어집니다. 그럼, 왜 핵분열이 생기는지를 설명해 봅시다. 누가 발표해 볼까요?

학생 (거수를 하는 학생이 있다.)

교사 오, ○○이 발표를 해 보세요.

학생 핵 속의 유전 물질이 복제되었기 때문에 핵분열을 통해 두 개의 딸세포에게 골고루 나누어지게 됩니다.(발표)

교사 네, 아주 잘 발표하였습니다. 핵분열의 의의는 핵분열을 통해 핵 속의 유전 물질이 두 개의 딸세포에게 나누어지는 것입니다.(웹 칭찬)

⊙ 핵분열 과정인 전기, 중기, 후기, 말기의 특징 설명하기

핵분열 과정의 각 단계의 특징을 매체를 활용하여 발문과 함께 설명하여 이해시킨다.

교사 (PPT 제시) 다음은 핵분열 과정에 대해서 알아봅시다. 사진을 보고 핵분열 과정은 무엇을 기준으로 각 단계로 구분하는지를 말해 봅시다.

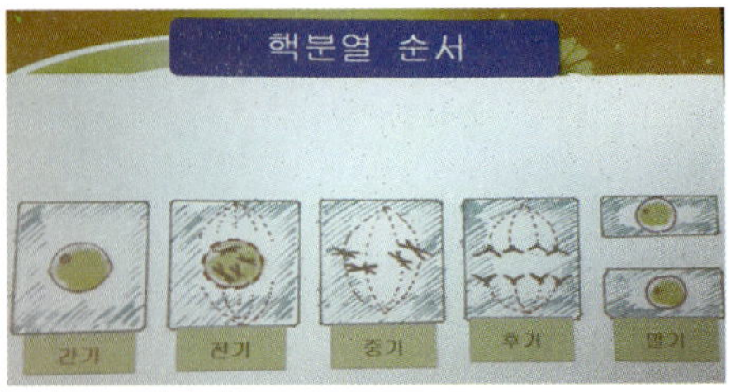

핵분열 과정 제시

학생 네, 염색체의 모양과 행동에 따라 구분합니다.

교사 그렇습니다. 아주 잘 말했습니다. 핵분열 과정은 전기에 나타난 염색체의 모양과 행동에 따라 구분합니다. 또한 그림에서 보다시피 핵분열이 끝난 후 세포질 분열이 시작됩니다.**(원 수용)**

교사 잠깐, 세포 분열 과정에서 전기, 중기, 후기, 말기의 단계가 그림에서 보다시피 단절된 것일까요? 그렇지 않고 연속적일까요? 누가 설명해 보세요.

학생 각 단계는 연속적입니다. 염색체의 모양과 행동을 보면 자연스럽게 진행된다는 사실을 알 수 있습니다.**(관찰)**

교사 네, 그렇습니다. 세포 분열 과정에서 전기, 중기, 후기, 말기의 과정은 단절된 것으로 오해할 수 있으나 사실은 연속적인 각 단계를 거친다는 사실을 알아야 합니다.**(원 수용)** **오개념 확인**

교사 (PPT 제시) 그림에서 세포질 분열 결과로 딸세포가 몇 개 만들어지나요?**(매체)**

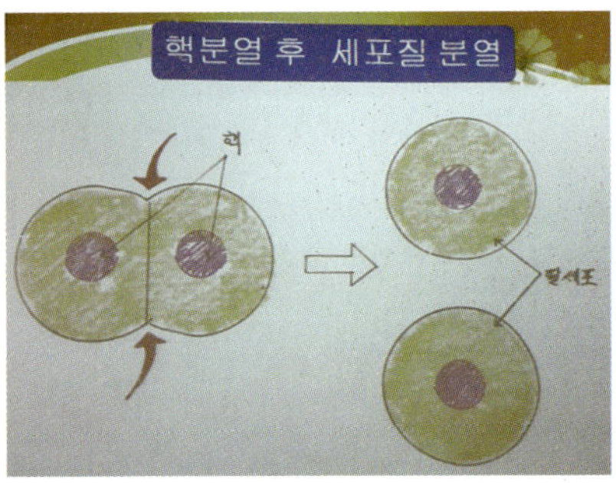

핵분열 후 세포질 분열

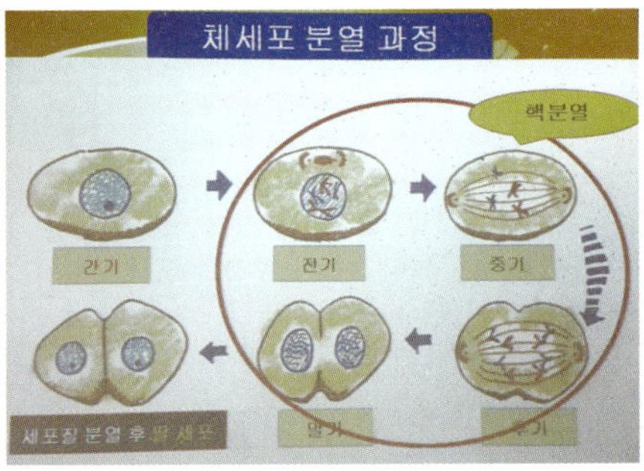

체세포 분열 과정

학생 2개입니다.

교사 그렇습니다. 체세포 분열 결과로 두 개의 딸세포가 만들어집니다.(PPT 화면을 확대) 탐구 관찰을 하기 전에 체세포 분열 과정을 나타낸 그림을 잘 보세요. 지금부터 각 모둠별로 핵분열 과정인 전기, 중기, 후기, 말기의 특징이 무엇인지 토의해 봅시다. 시간은 3분을 주겠습니다.**(매체, 그림)**

학생 **[모둠 활동]** (모둠별로 화면을 보며 진지하게 토의를 한다.)**(토의)**

교사 (3분의 시간이 경과한 후) 핵이 관찰되고 유전 물질이 복제되는 시기를 무엇이라고 하는지 말해 봅시다.

학생 간기입니다.

교사 간기는 체세포 분열 과정에 포함될까요? 어떻게 생각합니까?

학생 네, 당연히 포함됩니다.(대부분 그렇게 생각한다.)

교사 여러분 다시 한 번 화면의 간기 과정의 그림을 보고 생각하세요.(원 되돌리기)

교사 (잠시 시간을 준 후) 어떻습니까? 간기는 체세포 분열 과정에 포함되나요?

학생 아닙니다.

교사 그럼, 그렇게 판단하는 근거를 제시해 보세요.(원 도약하기)

학생 간기는 단순히 유전 물질이 두 배로 복제되는 준비 단계로 염색체가 나타나지 않습니다. 그래서 세포 분열 과정에 포함되지 않습니다.(발표)

교사 네, 아주 잘 발표하였습니다. 간기도 세포 분열 과정에 포함된다고 생각할 수 있으나 간기는 분열을 준비하는 단계로 분열기와 구분됨을 기억하십시오.(원 칭찬) 오개념 확인

교사 그럼, 간기 다음 과정을 무엇이라고 합니까?

학생 전기라고 합니다.

교사 좋습니다. 전기 과정의 그림을 보고 그 특징을 말해 봅시다. 누가 발표해 볼까요?

학생 (거수를 하는 학생이 있다.)

교사 ○○이 말해 보세요.

학생 네, 전기는 핵막이 사라지고 두 가닥의 염색분체로 구성된 염색체가 나타납니다.(발표)

교사 네, 아주 잘 발표했습니다. 다음 중기의 특징을 발표해 볼 사람?(원 칭찬)

학생 (거수를 하는 학생이 있다.)

교사 □□이 발표를 해 보세요.

학생 네, 염색체가 중앙에 서있어 방추사가 염색체에 달라붙습니다. 또한 염색체가 가장 잘 관찰됩니다.(발표)

교사 네, 그렇습니다. 염색체가 사진처럼 세포 중앙에 늘어서므로 염색체가 가장 잘 관찰됩니다. 이때 양극에서 나온 방추사는 염색체에 부착된 후 방추사에 의해 염색체가 세포 중앙에 배열되는 것일까요? 아니면 염색체가 세포 중앙에 늘어선 후 부착되는 것일까요?(매체, 원 수용)

학생 방추사에 의해 염색체가 세포 중앙에 배열됩니다.(일부 학생은 염색체가 세포 중앙에 늘어선 후 부착된다고 말한다.)

교사 방추사에 의해 염색체가 세포 중앙에 배열됩니다. 꼭 기억하세요. 오개념 확인

학생 네.(모두 일제히 대답한다.)

교사 그럼 후기 과정의 그림을 보고 그 특징을 말해 봅시다.(답이 잘 나오지 않으면 힌트를 준다.) 양극으로 이동하는 것이 무엇일까요?(원 대기)

과학

학생 네, 두 가닥의 염색분체가 분리되어 양극으로 이동합니다.

교사 잘 알고 있네요. 그럼 마지막으로 말기의 특징을 누가 말해 볼까요?

학생 네, 염색체가 양극으로 이동을 끝내고 다시 핵막이 나타나 두 개의 핵이 만들어집니다.**(발표)**

교사 네, 그렇습니다. 다시 말하면 말기는 양극으로 이동한 염색체가 풀어져 다시 염색사가 되며, 핵막이 나타나 두 개의 핵이 생깁니다. 지금까지 선생님이 말했던 핵분열의 과정에서 나타나는 특징을 잘 기억하고 잠시 후 탐구 활동시 현미경을 통해 관찰되는 세포와 비교하기 바랍니다.**(원 수용)**

3. 배움 활동 2단계에서의 학생 진단과 교수 처방

배움 활동 2단계에서는 체세포 분열 과정에서 나타나는 특징에 대한 탐구 활동을 실시한다.

배움 활동 2단계(25')

학습 과정 (학습 집단)	교수 · 학습 활동	배움중심 PCK 전략			자료(★) 및 유의점(※)
		배움 주춤	배움 전략	배움 원리	
탐구 활동 (전체 – 개별)	**• 체세포 분열 과정에서 나타나는 특징은 무엇일까?**	선개념	관찰 매체	칭찬	★ PPT – 사진자료 탐구 활동지
	– 교과서의 탐구 활동 과정에 따라 관찰 실시	난개념	발문 발표	칭찬	※ 1. 안전면도날을 사용할 때는 손을 다치지 않게 조심하도록 지도한다. 2. 엄지손가락으로 누를 때는 덮은 유리가 깨지지 않도록 수직으로 누르게 지도한다.
	– 탐구 과정 발문 – 고정 과정 – 해리 과정		정의 발표		
	• 세포질 분열 과정을 동물 세포와 식물 세포로 나눈 사진을 제시하고 그 차이를 발표하게 한 후 정리하기	선개념	탐구 매체	칭찬	
	– 동물 세포와 식물 세포의 차이점 발표	신개념	그림 발표		
	– 동물 세포는 세포질 만입, 식물 세포는 세포판이 형성됨을 이해 – 세포질 만입 – 세포판 형성		비교	연결 칭찬	

배움 활동 2단계(25')

학습 과정 (학습 집단)	교수 · 학습 활동	배움중심 PCK 전략			자료(★) 및 유의점(※)
		배움 주춤	배움 전략	배움 원리	
학생 참여 (개별 – 모둠)	**• 탐구 활동지 정리, 발표하기** – 뿌리 끝 부분을 사용하는 까닭은? – 아세트올세인 용액에 의해 염색된 것은? – 관찰되는 세포를 딸세포와 모세포로 구분할 때의 기준 설명 – 간기와 분열기에 해당하는 세포 수를 각각 세어 어느 시기의 세포가 더 많이 관찰되는가? 그 까닭을 설명하면?	난개념	관찰 과제 발문 토의 발표	칭찬	※ 한 시야 안에 세포 분열의 모든 단계를 관찰하기 어려우므로 현미경 표본을 상하좌우로 이동하면서 관찰하도록 한다. ★ 태블릿 PC, 미러링
	• 탐구 활동지 정리 내용이 우수한 모둠을 선정하여 태블릿 PC를 통해 공개하기		매체 발표	칭찬 공유	

선개념 ① 핵분열 과정이 전기, 중기, 후기, 말기로 나누어짐을 매체 사진을 통해 알고 있다.
탐구 활동을 통해 사진의 각 단계에 해당하는 과정을 찾아 비교, 확인하도록 한다.

선개념 ② 동물 세포에는 세포막, 식물 세포에는 세포벽이 있음을 부분적으로 알고 있다.
세포벽의 유무에 따라 동물 세포와 식물 세포의 세포질 분열 과정이 어떠한 차이점이 있는지 학생들이 참여하여 따라오도록 발문을 사전에 구성하여 이해시킨다.

난개념 ① 세포의 생명 활동을 멈추게 하여 세포의 형태를 그대로 유지하기 위한 과정이 고정 과정으로 용어의 의미를 선뜻 이해하기가 어렵다.

난개념 ② 세포 간의 결합력을 약화시키기 위한 과정이 해리 과정으로 대부분 학생들이 어렵게 생각한다.
용어를 먼저 제시하지 말고 형태를 보고 어떻게 이름을 짓는 것이 좋을지 발문하여 스스로 찾아내게 하고 그 의미를 이해시킨다.

난개념 ③ 현미경 관찰을 통해 체세포 분열의 각 단계에 해당하는 세포를 찾고 그 특징을 밝혀내는 것이 매우 어렵다.
현미경 관찰을 통해 체세포 분열의 각 단계 특징을 바로 알고 해당하는 세포를 찾게 하며 관찰의 결과를 제대로 알 수 있도록 탐구 활동의 내용을 짝 활동을 통해 분석하게 한 후 그 내용을 발표시킨다.

신개념 ① 동물 세포는 세포의 가운데 부분이 안쪽으로 잘룩하게 들어가면서 세포질이 분리되는 것을 세포질 만입이라 한다.

신개념 ② 식물 세포는 세포 중앙에 세포판이 만들어져 세포질이 분리되는 것을 세포판 형성이라 한다. 동물 세포는 세포질 만입, 식물 세포는 세포판 형성이라는 세포질 분열 과정의 차이점을 용어의 의미로 이해하도록 한다.

⊙ 체세포 분열 과정에서 나타나는 특징 알아보기

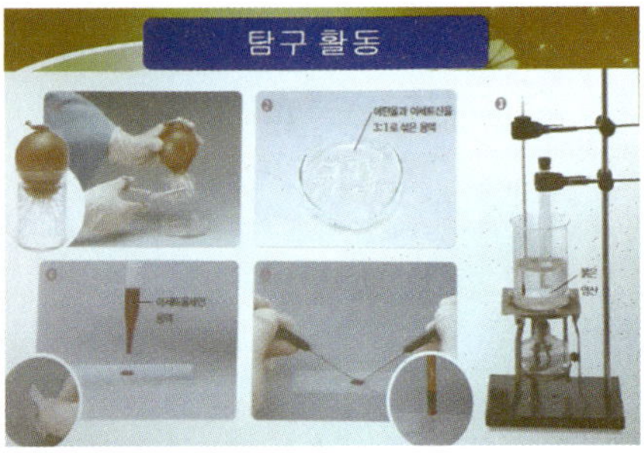

관찰 순서

교사 (PPT 제시) 지금부터 교과서의 탐구 활동 과정에 따라 관찰을 실시하겠습니다. 과정❶은 기른 양파의 뿌리 끝 부분을 1cm 정도 자릅니다. 과정❷는 뿌리 조각을 에탄올과 아세트산을 3:1로 섞은 용액에 하루 정도 담가 둡니다. 여기서 뿌리 조각을 에탄올과 아세트산을 섞은 용액에 담가 두는 까닭을 알고 있는 사람은 말해 봅시다. **(관찰, 매체)**

학생 (거수를 하는 학생이 있다.)

교사 오, ○○이 발표를 해 보세요.

학생 세포 분열을 그대로 멈추기 위해서입니다. **(발표)**

교사 네, 아주 잘 말했습니다. 세포의 생명 활동을 멈추게 하여 세포의 형태를 그대로 유지하기 위한 과정입니다. 이 과정을 두 글자로 줄여서 무엇이라고 하면 좋을까요? 세포 분열 상태를 그대로 유지하는 데 의미가 있습니다. **(원 칭찬)**

학생 (다양한 답을 말한다.)

교사 이 과정을 고정이라 합니다. **(정의)** 난개념 확인

교사 다음 과정❸은 뿌리 조각을 50~60℃의 묽은 염산에 8분 정도 담가 둡니다. 뿌리 조각을 묽은 염산에 담가 두는 까닭은 무엇인가요?

학생 (거수를 하는 학생이 있다.)

교사 ○○이 발표를 해 보세요.

학생 세포가 잘 분리되도록 하기 위해서입니다. **(발표)**

교사 아니, 어떻게 알고 있죠? 네, 아주 잘 발표했습니다. 묽은 염산이 세포와 세포 사이의 결합 물질을 녹여 세포가 서로 잘 떨어지도록 역할을 하는 것입니다. 이 과정을 두 글자로 줄여서

무엇이라고 하면 좋을까요? 풀어진다는 의미가 있습니다.(원 칭찬)

학생 (다양한 답을 말한다.)

교사 이 과정을 해리라고 합니다. 지금까지의 과정이 복잡하고 시간이 많이 걸리기 때문에 오늘 실험은 이 모든 과정을 거쳐 만든 재료를 미리 준비하였습니다. 각 모둠의 페트리 접시 속에 양파 뿌리가 2개 들어 있습니다. 확인했습니까?(정의) 난개념 확인

학생 네, 확인했습니다.

교사 과정❹는 증류수로 씻어낸 뿌리 조각을 받침 유리에 올려놓고 뿌리 끝 부분을 1~2mm 정도 자른 후, 아세트올세인 용액을 한두 방울 떨어뜨립니다. 특히, 안전면도날을 사용할 때는 손을 다치지 않도록 조심해야 합니다. 다들 알겠죠?

학생 네.

교사 뿌리 끝을 해부침으로 잘게 찢은 후, 덮개 유리를 덮고 연필에 붙어 있는 고무로 가볍게 두드립니다. 그리고 덮개 유리에 거름종이를 올려놓고 엄지손가락으로 지그시 누른 후, 현미경으로 관찰하면 됩니다. 오늘 여러분이 관찰할 현미경 배율은 400배로 하겠습니다. 1학년 때 배운 현미경 관찰 방법은 기억하고 있나요?

학생 네, 알고 있습니다.

교사 지금부터 관찰을 실시합니다. 관찰 시간은 5분 주겠습니다.(순회하면서 관찰을 제대로 하도록 지도한다.)(탐구)

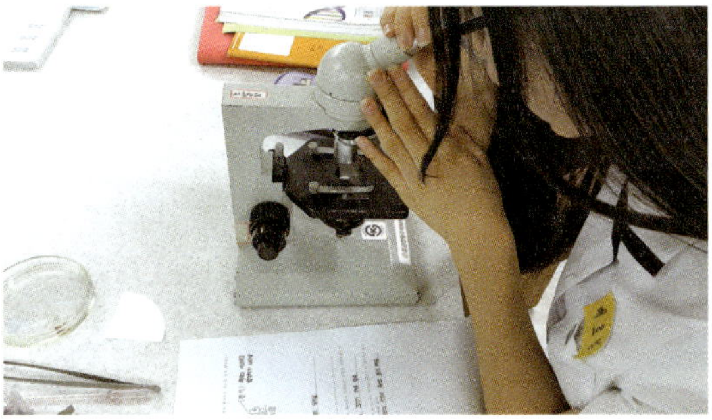

탐구 관찰 모습1

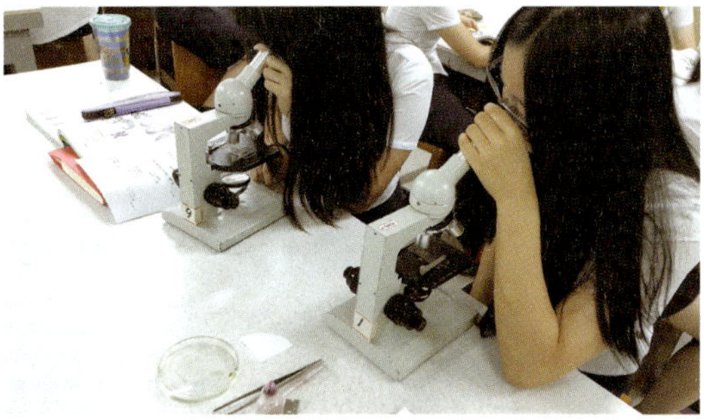

탐구 관찰 모습2

⊙ 동물 세포와 식물 세포의 체세포 분열 과정의 차이점 알아보기

교사 1학년 때 배운 세포 관찰을 통하여 동물 세포에는 없지만 식물 세포에는 있는 것이 무엇인지 말해 봅시다.

학생 세포벽입니다. (그외 다양한 답을 말한다.)

교사 (PPT 제시) 네, 맞습니다. 동물 세포에는 세포막, 식물 세포에는 세포벽이 있습니다. 오늘은

동물 세포와 식물 세포의 세포질 분열 과정의 차이점을 알고자 합니다. 화면의 사진을 보면서 동물 세포와 식물 세포의 차이를 말해 봅시다. 누가 먼저 동물 세포에 대해 발표해 볼까요?**(매체, 그림)**

학생 (거수를 하는 학생이 있다.) 네, 동물 세포는 세포의 가운데 부분이 안쪽으로 잘록하게 들어가면서 세포질이 분리됩니다.**(발표)**

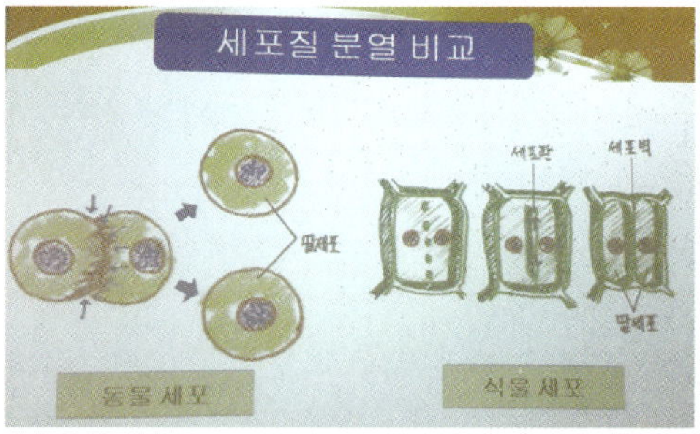

세포질 분열 과정의 차이점

교사 네, 잘 발표했습니다. 그럼 식물 세포에 대해 발표해 볼까요?**(원 칭찬)**

학생 네, 식물 세포는 동물 세포와는 달리 세포 중앙에 세포판이 만들어져 세포질이 분리됩니다.**(발표)**

교사 네, 발표를 아주 잘했습니다. 동물 세포는 세포질 만입, 식물 세포는 세포판이 형성됩니다. 세포질 만입이란 세포질의 가운데 부분에서 세포막이 안으로 들어가 잘록해지면서 세포질이 나누어지는 것이고, 세포판 형성은 세포의 가운데 부분에 세포판을 형성하고 세포판이 바깥쪽으로 성장하여 나누어지는 것입니다. 이 세포판이 나중에 세포벽이 되는 것입니다. 두 개의 차이점을 이해하겠습니까?**(원 칭찬, 비교, 원 연결)**

학생 네, 이해됩니다.(일제히 대답한다.)

⊙ 현미경을 통해 체세포 분열의 각 단계에 해당하는 세포를 찾아 그 특징 알아보기

교사 지금부터 현미경으로 관찰한 모습을 탐구 활동지의 결과 부분에 그리고, 정리❶❷❸❹의 내용을 짝과 함께 토의한 후 정리하도록 합니다. 시간은 7분 주겠습니다.**(관찰)**

학생 **[짝 활동]**(현미경으로 관찰한 모습을 그린다.) **(과제)** (짝 활동을 통해 탐구 활동지의 정리 부분을 기록한다)**(토의)**

짝 토의 모습

교사 (7분의 시간이 경과한 후) 탐구 활동의 정리 ❶ 뿌리 끝 부분을 사용하는 까닭은 무엇인지 말해 봅시다. 누가 발표하겠습니까?

학생 네, 뿌리 끝에는 생장점이 있어 체세포 분열이 일어나기 때문입니다.**(발표)**

교사 그렇습니다. 발표를 아주 잘 했습니다. 그럼 정리❷ 아세트올세인 용액에 의해 염색된 것은 무엇입니까?**(원 칭찬)**

학생 네, 핵과 염색체입니다.

교사 네, 그렇습니다. 간기의 세포에서는 핵이, 분열 중인 세포에서는 염색체가 붉게 염색됩니다. 다음으로 정리❸ 관찰되는 세포를 딸세포와 모세포로 구분한다면 어떻게 구분하였는지 말해 봅시다. 누가 설명해 볼까요?

학생 네, 딸세포는 분열이 끝난 직후의 세포로 크기가 주변의 다른 세포에 비해 현저히 작습니다.**(발표)**

교사 네, 그렇습니다. 여러분도 현미경을 통해 딸세포를 발견했습니까?

학생 네, 발견했습니다.(대부분의 학생들이 일제히 대답한다.)

교사 마지막으로 정리❹ 간기와 분열기에 해당하는 세포 수를 각각 세어보고 어느 시기의 세포가 더 많고 그 까닭이 무엇인지 말해 봅시다.

학생 간기의 세포 수가 훨씬 많습니다. 그 이유는 세포 주기에서 분열기보다 간기가 차지하는 시간이 훨씬 더 길기 때문입니다. **난개념 확인**

교사 네, 아주 잘 발표하였습니다. 다들 열심히 정리했는데 선생님은 탐구 활동지 정리가 가장 우수한 모둠으로 ○조를 선정했습니다. (탐구 활동지를 태블릿 PC로 촬영하여 미러링을 통해 스크린 화면으로 발표한다.) 잘 했지요? 정리가 미흡한 사람은 빨리 마무리합니다.(잠시 시간 여유를 준다.)**(매체, 발표, 원 칭찬, 원 공유)**

탐구 활동지 태블릿 PC로 촬영

미러링 후 설명

4. 배움 정리 단계에서의 학생 진단과 교수 처방

배움 정리 단계에서는 학습한 내용을 전체 정리하고 학습에 대해 반성한다.

배움 정리 단계(5')

학습 과정 (학습 집단)	교수 · 학습 활동	배움중심 PCK 전략			자료(★) 및 유의점(※)
		배움 주춤	배움 전략	배움 원리	
정리하기 (전체)	• **학습 내용 정리하기**	선개념	요약 발표 매체	수용	※ 탐구 활동지의 빈칸을 확인하며 주요 내용을 다시 설명하여 피드백한다.
	• **형성 평가** – 탐구 활동지에 제시된 문제 풀이 – 개인별 성취도 확인 후 격려		과제 발표	공유	★ 형성 평가 PPT
차시 예고	• **생식 세포 분열에 대한 차시 학습 예고**				

선개념 1 체세포 분열 과정은 핵분열과 세포질 분열로 나누어짐을 알고 있다.

선개념 2 핵분열 과정은 전기, 중기, 후기, 말기로 나누어짐을 알고 있다.

선개념 3 세포질 분열 과정은 동물 세포와 식물 세포로 나누어짐을 알고 있다.

선개념 4 체세포 분열 결과로 딸세포 수는 증가하나 염색체 수는 변화 없음을 알고 있다.

오늘 학습한 내용은 학생들에게 배부된 탐구 활동지를 이용하여 주요 내용을 다시 설명하고 피드백하여 정리한다.

⊙ 학습 내용 정리하기

교사 오늘 학습한 내용을 탐구 활동지를 보면서 함께 정리해 봅시다. (탐구 활동지의 빈칸을 확인하며 주요 내용을 다시 설명한다.) (학생을 지명하며) ○○이가 체세포 분열 과정은 무엇으로 나누어지는지 말해 볼래?**(요약, 발표)**

학생 1 체세포 분열 과정은 핵분열과 세포질 분열로 나누어집니다.

교사 네, 아주 잘 말했습니다. 다들 맞습니까?**(원 수용)**

학생 네, 맞습니다. (일제히 대답한다.)

교사 그러면 이번에는 □□이가 핵분열 과정 네 단계를 말해 봅시다.

학생 2 핵분열 과정은 전기, 중기, 후기, 말기로 나누어집니다.

교사 네, 그렇습니다. 모두 그렇게 했습니까?

학생 네. (일제히 대답한다.)

교사 그럼 △△이가 세포질 분열 과정 두 가지를 말해 봅시다.

학생3 세포질 분열 과정은 동물 세포와 식물 세포로 나누어집니다.

교사 네, 다들 잘했습니다. 그럼 체세포 분열 결과로 생기는 딸세포는 몇 개입니까?

학생 두 개입니다.(일제히 대답한다.)

교사 (PPT 제시) 모세포와 딸세포의 염색체 수는 변화가 있는지 없는지 사진을 보고 확인을 해 보세요.**(매체)** (잠시 시간이 지난 후) 염색체 수의 변화가 있습니까?

학생 염색체 수는 변화 없습니다.

교사 그렇습니다. 체세포 분열은 분열 전 · 후의 염색체 수의 변화가 없는 것이 특징입니다.

⊙ 형성 평가

교사 (PPT 제시) 이제 마지막으로 탐구 활동지 형성 평가 문항 풀이를 각자 해 보세요.**(과제)**

학생 (다들 열심히 형성 평가 문항을 풀이한다.)

교사 ○○이가 대표로 풀이해 볼까요?

학생4 1번 문항은 ①, 2번 문항은 마, 나, 라, 다, 가 순입니다.**(발표, 원 공유)**

교사 다들 정답이 맞습니까?

학생 네.(일제히 대답한다.)

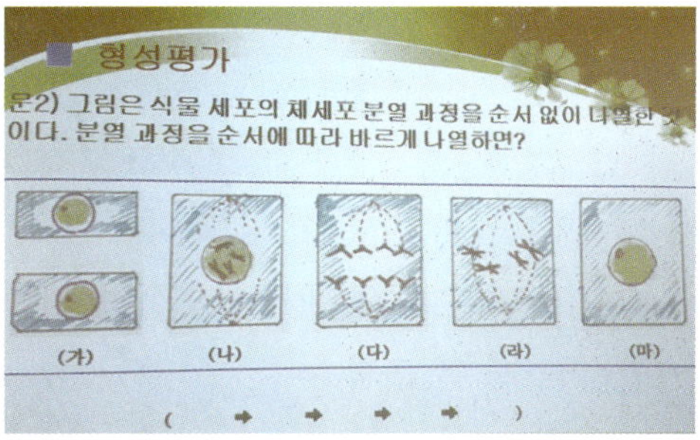

형성 평가 제시

⊙ 차시 예고

교사 오늘 열심히 수업에 참여하여 고맙습니다. 다음 시간에는 '생식 세포 분열'에 대해 학습하겠습니다.

지도 유의점 06

이 학습 내용을 지도할 때 고려해야 할 유의점은 무엇인가?

본시 학습의 내용은 체세포 분열 과정을 염색체의 행동과 관련 지어 설명하고 그 과정을 현미경으로 관찰하고, 각 단계의 특징을 구분하며 체세포 분열의 의의를 이해하는 데 주안점이 있다. 따라서 학생의 발달 수준과 교사의 수업 전문성 수준에서 고려해야 할 유의점을 알고 있어야 한다.

학생 발달 수준에 따른 학습 활동

본시 수업과 관련한 학생 발달 수준을 고려하기 위해서는 다음의 내용을 확인한다.

- 중학교 1학년 과정의 '세포의 구조와 기능'과 '식물 세포와 동물 세포의 차이점'에서 세포에 대해 어느 정도의 개념을 습득하고 있는지를 전시 학습 단계와 동기 유발 단계에서 확인한 후, 이를 바탕으로 본시 학습 내용으로 연결한다.
- 전시에 학습한 세포 분열의 의의와 염색체 및 염색분체의 차이점과 사람의 염색체를 비교적 잘 이해하고 있는지는 도입 단계에서 발문을 통하여 확인하고, 관련 사진을 PPT를 통하여 제시하여 이해를 돕도록 한다.
- 학습 목표 도달을 위해 세포 분열 관련 동영상을 제공하고 체세포 분열의 특징을 이해할 수 있도록 핵분열 과정과 세포질 분열 과정에 대한 핵심 지식을 학습한 후 실험 관찰을 통한 학생 주도적 탐구 활동을 통해 메타인지를 활성화시키는 단계를 반드시 거치도록 한다.

수업 전문성 수준에 따른 학습 내용

- 체세포 분열 과정은 염색체의 행동을 중심으로 여러 단계로 나누지만 각 단계가 연속적인 과정임을 인식하게 하고, 세포 분열 과정을 순서에 따라 지도할 때는 방추사와 염색체 행동의 흐름을 논리적으로 추측할 수 있도록 지도한다.

- 특히 중기는 양극에서 나온 방추사가 염색체에 부착된 후에 방추사에 의해 염색체가 세포의 중앙에 배열되는 점과 그에 따른 염색체 수가 변하지 않는 이유를 염색체의 행동과 관련지어 이해하도록 지도한다.
- 전기에 관찰되는 두 가닥의 염색분체는 복제된 것으로, 유전적으로 동일하며, 후기에 분리되기 시작하면서 각각 하나의 염색체가 된다는 것을 지도한다.

학생 평가 07

이 학습 내용에 대한 학생들의 이해도나 어려움을 평가하는 방법은 무엇인가?

평가를 통해 학생들은 자신의 장단점을 진단하고 보완할 수 있는 학습 계획을 수립할 수 있으며 교사는 교수 방법의 효율성을 진단할 수 있다. 본시 학습의 내용은 체세포 분열 과정을 염색체의 행동과 연관 지어 설명하는 것이다. 따라서 본시 학습 내용에 대한 학생들의 학습 이해도를 확인하려면 세포 분열의 각 단계별 특징을 제대로 인식하고 탐구 활동을 통해 관찰한 내용을 세포 분열의 해당 단계에 정확하게 분류했는지를 확인해야 한다.

일반적으로 학습 이해도의 확인을 배움 정리 단계에서 형성 평가를 통해 실시하는 경우가 많으나, 학습 이해도에 따른 교사의 처방을 강화하기 위해서는 배움 정리 단계의 형성 평가 이외에도 배움 활동 2단계에서 과정 중심의 평가가 필요하다. 이에 따라 본시에 학생들이 도달해야 할 성취 기준을 정하고 학습지, 관찰로 평가한다. 또한 짝 활동을 통한 동료 평가도 실시한다. 수업 과정에서 학생들이 현미경을 제대로 잘 다루고 있는지, 세포 분열에 대한 핵심 지식 내용을 근거로 관찰한 내용과 잘 관련지어 바르게 분류할 수 있는지를 다양한 방법으로 확인함으로써 학생들의 학업 성취도를 판단하고 적절한 피드백을 할 수 있는 자료로도 활용한다.

본시의 평가 계획을 알아보면 다음과 같다.

- 체세포 분열 과정을 관찰하면서 각 시기와 그 특징을 구분할 수 있는가? (인지적 영역)
- 체세포 분열 과정의 관찰과 결과 및 정리를 학습지에 잘 정리하고 설명하는가? (기능적 영역)
- 짝의 설명을 열심히 경청하는가? 본시 학습에 대한 배움 성찰을 하는가? (정의적 영역)

<table>
<tr><th colspan="2">평가 관점</th><td colspan="3">학습 목표 달성을 위한 학습 활동 과정에 적극적으로 참여하는가?</td><th>평가 시기</th><th>평가자</th><th>평가 방법</th></tr>
<tr><td rowspan="3">인지적 영역</td><td>평가 항목</td><td colspan="3">체세포 분열 과정을 관찰하면서 각 시기와 그 특징을 구분할 수 있는가?</td><td rowspan="3">정리 단계
정기고사</td><td rowspan="3">교사/
동료</td><td rowspan="3">관찰/
지필</td></tr>
<tr><td rowspan="2">평가 척도</td><td>상</td><td>중</td><td>하</td></tr>
<tr><td>완전히 이해함</td><td>거의 대부분 이해함</td><td>이해가 미흡함</td></tr>
<tr><td rowspan="3">기능적 영역</td><td>평가 항목</td><td colspan="3">• 체세포 분열 과정의 관찰을 제대로 하는가?
• 관찰 후 결과 및 정리를 짝에게 설명할 수 있는가? 학습지 정리를 잘 하는가?</td><td rowspan="3">활동 단계</td><td rowspan="3">교사/
동료</td><td rowspan="3">관찰/
수행</td></tr>
<tr><td rowspan="2">평가 척도</td><td>상</td><td>중</td><td>하</td></tr>
<tr><td>매우 잘 수행함</td><td>수행 정도가 보통임</td><td>수행 정도가 미흡함</td></tr>
<tr><td rowspan="4">정의적 영역</td><td rowspan="2">평가 항목</td><td colspan="3">짝의 설명을 열심히 경청하는가?</td><td>전개 단계/
수행 평가
(과정 평가)</td><td>교사/
동료</td><td>관찰/
과정</td></tr>
<tr><td colspan="3">본시 학습에 대한 배움 성찰을 하는가?</td><td>정리 단계</td><td>본인</td><td>메모</td></tr>
<tr><td rowspan="2">평가 척도</td><td>상</td><td>중</td><td>하</td><td rowspan="2"></td><td rowspan="2"></td><td rowspan="2"></td></tr>
<tr><td>매우 잘 수행함</td><td>수행 정도가 보통임</td><td>수행 정도가 미흡함</td></tr>
</table>

PCK 본시 교수 · 학습 과정안

과학 Ⅳ-1-2. 체세포 분열

과학과 PCK 수업 설계

학습 내용
- ■ **교과:** 과학
- ■ **학년-학기:** 중 3-1
- ■ **단원:** Ⅳ-1-2. 체세포 분열
- ■ **차시:** 2/5
- ■ **주제:** 체세포 분열의 특징

학습 필요
- ■ 양파 뿌리에 있는 생장점에서 체세포 분열이 활발하게 일어남을 현미경을 통해 관찰하고 각 단계의 특징을 설명할 수 있는 능력을 기르고자 함

교수 처방

〈배움 전략〉	〈배움 원리〉
□ 설명 - 비유	■ 공감 - 칭찬
□ 설명 - 예시	□ 공감 - 신뢰
■ 설명 - 그림	■ 공감 - 수용
■ 설명 - 정의	□ 공감 - 존중
□ 설명 - 실물	□ 공감 - 격려
■ 설명 - 비교	□ 공감 - 유머
□ 설명 - 대조	□ 지원 - 딴청
□ 시범 ■ 관찰	□ 지원 - 나누기
□ 서사 ■ 탐구	■ 지원 - 대기
■ 발문 □ 추론	□ 지원 - 개발
□ 단서 ■ 토의	■ 지원 - 표현
□ 연습 ■ 요약	■ 지원 - 공유
■ 과제 □ 메모	□ 지원 - 도전
■ 매체 ■ 발표	■ 지원 - 참여
	■ 지원 - 연결
	□ 지원 - 반성

학생 평가
- ■ 체세포 분열 과정을 이해하고 각 단계를 잘 설명하기
- ■ 지필, 서술, 자기, 교사 및 동료 평가

학습 흐름
1. **배움 열기 단계**
   - ■ 세포 분열 이유, 염색체의 개념, 동기 유발
2. **배움 전개 단계**
   - ■ 핵분열과 세포질 분열 구분, 핵분열 과정의 특징, 세포질 분열 과정의 차이
3. **배움 정리 단계**
   - ■ 체세포 분열 과정 정리

학생 진단
- ■ **선개념:** 세포 분열, 염색체, DNA, 유전자, 세포 주기, 핵분열 네 과정
- ■ **난개념:** 고정, 해리 과정, 체세포 분열의 각 단계별 세포 찾기 및 분석
- ■ **오개념:** 세포 분열 과정은 연속적인 과정, 간기는 분열 준비 단계, 방추사가 염색체 중앙 배열
- ■ **신개념:** 핵분열 후 세포질 분열 과정, 핵분열 각 단계별 특징

학생 배움중심의 수업 설계 약안

교과	과학	단원(차시)	2. 체세포 분열(2/5)
성취 기준	과9182–1. 체세포 분열의 특징을 염색체의 행동을 중심으로 설명할 수 있다. 과9182–2. 체세포 분열 과정을 관찰하면서 각 시기를 구분할 수 있다.		
학습 목표	체세포 분열 과정을 염색체의 행동과 연관 지어 설명할 수 있다.		

단계	학습 내용	교수·학습 활동	PCK 전략			자료(★) 및 유의점(※)
			배움 주춤	배움 전략	배움 원리	
배움 열기 (5')	전시 학습 상기	**• 전시 학습 주요 내용 떠올리기** – 세포가 분열하는 이유 – 염색체의 의미 – 사람 염색체의 특징	선개념	매체 발문 비교 발표	칭찬	★ PPT–사진 자료
	동기 유발	**• 학습 동기 유발 자료 제시하기** – 어릴 때 사진과 성장 후의 사진 제시 – 키가 클 때, 상처 부위가 아물 때 우리 몸에서는 어떤 일이 일어나는지 동영상 제시		매체 관찰 발문	도전 격려	★ 사진 자료 ★ 동영상 자료
	학습 목표 확인	**• 학습 내용, 학습 목표, 진행 순서 확인** – 본시의 학습 내용과 학습 목표 확인 – 학습 진행 순서 확인			수용	
배움 활동 1 (10')	교사 강의 및 설명	**• 체세포 분열 과정이 핵분열과 세포질 분열 과정으로 나누어짐을 설명하기** – 핵분열 과정의 의의 – 핵분열 과정은 염색체의 모양과 행동에 따라 구분 – 세포질 분열은 핵분열 후에 나누어지는 과정 – 세포질 분열 결과	신개념	매체 발문 매체	칭찬	★ PPT–사진 자료
		• 핵분열 과정인 전기, 중기, 후기, 말기의 특징을 매체를 활용, 발문과 함께 설명하기 – 전기 – 중기 – 후기 – 말기	신개념 신개념 오개념	그림 발문 관찰 매체 발문 토의 발표	수용 되돌리기 도약하기 칭찬 수용 대기 수용	
배움 활동 2 (25')	탐구 활동	**• 체세포 분열 과정에서 나타나는 특징은 무엇일까?** – 교과서의 탐구 활동 과정에 따라 관찰 – 고정 과정의 의미 – 해리 과정의 의미	선개념 신개념 난개념	관찰 매체 발문 발표 정의 발표	칭찬 칭찬	★ PPT–사진 자료, 학습지 ※ 탐구 활동 유의사항
	학습 활동 반성, 차시 예고(전체)	**• 세포질 분열 과정을 동물 세포와 식물 세포로 나눈 사진을 제시, 그 차이를 발표 및 정리하기** – 동물 세포와 식물 세포 차이점 – 세포질 만입 – 세포판 형성	선개념 신개념	탐구 매체 그림 발표 비교	연결 칭찬	

단계	학습 내용	교수 · 학습 활동	PCK 전략			자료(★) 및 유의점(※)
			배움 주춤	배움 전략	배움 원리	
배움 활동 2 (25')	학생 참여 및 복습	• **현미경으로 관찰한 모습, 체세포 분열의 각 단계 특징을 탐구 활동지 기록 및 발표하기** – 뿌리 끝부분을 사용하는 까닭 – 관찰되는 세포를 딸세포와 모세포로 구분 – 간기와 분열기에 해당하는 세포 수 관찰	난개념	관찰 과제 발문 토의 발표	칭찬	
		• **탐구 활동지 정리한 내용이 우수한 모둠 선정 및 발표**		매체 발표	칭찬 공유	★ 태블릿 PC, 미러링
배움 정리 (5')	정리하기	• **학습 내용 정리하기**	선개념	요약 발표 매체	수용	★ 탐구 활동지
	형성 평가	• **형성 평가** – 탐구 활동지에 제시된 문제 풀이		과제 발표	공유	★ 형성 평가 PPT
	차시 예고	• **생식 세포 분열**				

탐구 활동지

단원(차시)	2. 체세포 분열(2/5)	교과서	과학: p.172~173
학습 주제	체세포 분열의 특징		
3 학년 (　　) 반 (　　) 번　이름 (　　　　　　　　)			

■ 목표

체세포 분열 과정을 관찰하고, 각 단계의 특징을 설명할 수 있다.

■ 과정

1. 양파의 뿌리를 기르고, 뿌리 끝부분을 1cm 정도 자르자.

2. 뿌리 조각을 에탄올과 아세트산을 3:1로 섞은 용액에 하루 정도 담가 두자.
   - 뿌리 조각을 에탄올과 아세트산을 섞은 용액에 담가 두는 까닭은 무엇인가?

   ____

3. 뿌리 조각을 50~60℃의 묽은 염산에 8분 정도 담가 두자.
   - 뿌리 조각을 묽은 염산에 담가 두는 까닭은 무엇인가?

   ____

4. 증류수로 씻어낸 뿌리 조각을 받침 유리에 올려놓고 끝부분을 1~2mm 정도 자른 후, 아세트올세인 용액을 한두 방울 떨어뜨리자.

5. 뿌리 끝을 해부침으로 잘게 찢은 후, 덮개 유리를 덮고 연필에 붙어 있는 고무로 가볍게 두드리자.

6. 덮개 유리에 거름종이를 올려놓고 엄지 손가락으로 지그시 누른 후, 현미경으로 관찰하자.

■ 결과

현미경으로 관찰한 모습을 그리고, 체세포 분열의 각 단계에 해당하는 세포를 찾아 해당하는 시기와 특징을 써 보자.

현미경으로 관찰한 모습(　　　　배)

■ 정리

1. 뿌리 끝부분을 사용하는 까닭은 무엇인가?

2. 아세트올세인 용액에 의해 염색된 것은 무엇인가?

3. 관찰되는 세포를 딸세포와 모세포로 구분해 보자. 딸세포와 모세포로 어떻게 구분하였는지 설명해 보자.

4. 간기와 분열기에 해당하는 세포 수를 각각 세어 보자. 어느 시기의 세포가 더 많은가? 간기와 분열기의 세포 수에 차이가 나는 까닭을 설명해 보자.

형성 평가

1. 다음 중 체세포 분열 과정을 관찰하기 위한 탐구활동 과정과 결과에 대한 설명으로 옳지 않은 것은?
   ① 핵분열과 세포질 분열이 동시에 일어난다.
   ② 현미경을 통해 가장 많이 관찰되는 시기는 간기이다.
   ③ 현미경을 통해 가장 드물게 관찰되는 시기는 중기이다.
   ④ 양파 뿌리 끝에는 생장점이 있어 체세포 분열을 관찰하기에 적합하다.
   ⑤ 뿌리 조각에 아세트올세인 용액을 떨어뜨리는 이유는 핵과 염색체를 뚜렷하게 관찰하기 위해서이다.

과학

2. 그림은 식물 세포의 체세포 분열 과정을 순서 없이 나열한 것이다. 분열 과정을 순서에 따라 바르게 나열하면?

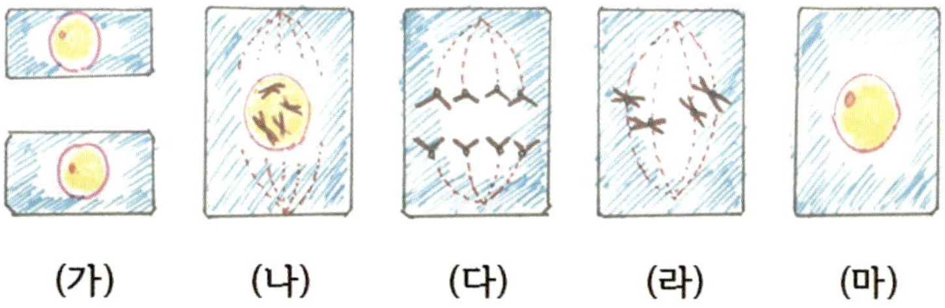

(⇨ ⇨ ⇨ ⇨)

정답 1. ① 2. 마 → 나 → 라 → 다 → 가

교사의 관찰 체크리스트

학습 과제 :

학년:　　반:　　　　　　담당교사:　　　　　　　　　(인)

평가 내용		형성 평가	활동 1 내용			활동 2 내용		
성취 수준	상	80% 이상						
	중	60% 이상 ~ 80% 미만						
	하	60% 미만						
번호	이름	상/중/하	상	중	하	상	중	하
1								
2								
3								
4								
5								
6								
7								
8								
9								
10								
11								
12								
13								
14								
15								
16								
17								
18								
19								
20								
21								
22								
23								

학생 자기 성찰 평가 및 동료 평가서

학습 과제 :

자기 성찰 평가

학년: 반: 번: 이름:	
모둠 친구들	
나의 역할	

1. 나의 역할에 최선을 다했나? ☆☆☆☆☆
2. 친구들을 도우며 활동에 참여했나? ☆☆☆☆☆
3. 모둠원의 역할 분담(과제 분담)이 골고루 이루어졌나? ☆☆☆☆☆
4. 모둠원이 모두 적극적으로 참여했나? ☆☆☆☆☆
5. 모둠별 활동을 수행하며 생긴 어려움과 갈등을 민주적으로 해결했나? ☆☆☆☆☆
6. 이번 학습 활동을 통해 배운 것(자유롭게 기록하기)

동료 평가

학년: 반:

모둠명	발표 내용에서 인상적이거나 좋았던 부분에 대한 한 줄 평	점수(절대평가)
		☆☆☆☆☆
		☆☆☆☆☆
		☆☆☆☆☆
		☆☆☆☆☆
		☆☆☆☆☆
		☆☆☆☆☆

6 CoRe 활용 학생 배움중심의 프랑스어 PCK 수업 설계

학습 내용

01 학생들이 학습해야 할 내용은 무엇인가?

쉬운 프랑스어를 이해하고 표현할 수 있는 기초적 의사소통 능력을 기르며, 프랑스 문화를 올바로 이해하는 태도를 가진다.

학년 학기	고등학교 2학년 2학기
단원(차시)	Leçon 11. Quel temps fait-il?(3/6차시)
학습 주제	동사를 복합과거 시제로 고쳐 과거의 행위를 말할 수 있다.

무엇을 가르치고 배울 것인가 하는 교수 · 학습의 내용은 2009 교육과정에서 '성취 기준'이란 명칭으로 다루고 있고, 교육과정의 기본 방향은 의사소통 능력의 향상을 목표로 삼아 학생 중심의 교육을 실시하는 것이다. 그러나 외국어를 처음 학습하는 단계에서부터 의사소통을 할 수 있도록 가르친다는 것은 불가능하고 단지 외국어로 의사소통을 할 수 있다는 기본자세를 키워주며 의사소통에 필요한 기본적인 언어 구조의 이해에 중점을 두어 지도한다.

단원의 지도 내용

단원의 지도 내용은 교사용 지도서 [단원의 개관]에 서술된 내용에 해당된다.

- 복합과거 문장에서 조동사의 선택이 avoir/être인 경우를 잘 구별하도록 하고, 문장으로 충분히 연습한다.
- 조동사가 être인 경우 과거분사의 변화를 주의 깊게 보도록 지도한다.
- 동사의 과거분사형에 익숙해지도록 지도하고 특히 과거분사의 발음에 유의한다.

본시의 학습 문제

• 현재동사를 복합과거(Ⅱ) 시제로 바꾸어 본다.

• 과거의 사실에 대하여 이야기해 본다.

본시의 학습 요소

• 복합과거 시제로 만드는 방법: 3단계로 나누어 설명하면 이해하기가 쉽다.

① 조동사의 선택: avoir/être + 과거분사(p.p)

② 과거분사의 형태: 각 그룹별 동사의 과거분사를 암기해야 한다.

③ 과거분사의 일치: être + 과거분사 (주어의 성 · 수에 일치한다.)

학습 필요

02 이 내용을 학습해야 하는 까닭은 무엇인가?

사람들이 만나서 대화를 나눌 때 전날이나 주말에 있었던 일을 이야기하는 경우가 많다. 우리들의 대화에서 과거시제는 현재시제 이상으로 빈번하게 쓰이고 있다. 이 단원에서는 복합과거 시제를 다룸으로써, 일상생활에서 과거의 사실들에 대해서 자유롭게 의사소통의 기초를 형성하는 것이 바로 본시 학습을 하는 이유이다.

본시의 성취 기준은 다음과 같다.

성취기준

프1305. 잘 알려진 사실이나 구체적인 사건을 다룬 간단한 글을 읽고 주제, 소재, 내용을 이해한다.

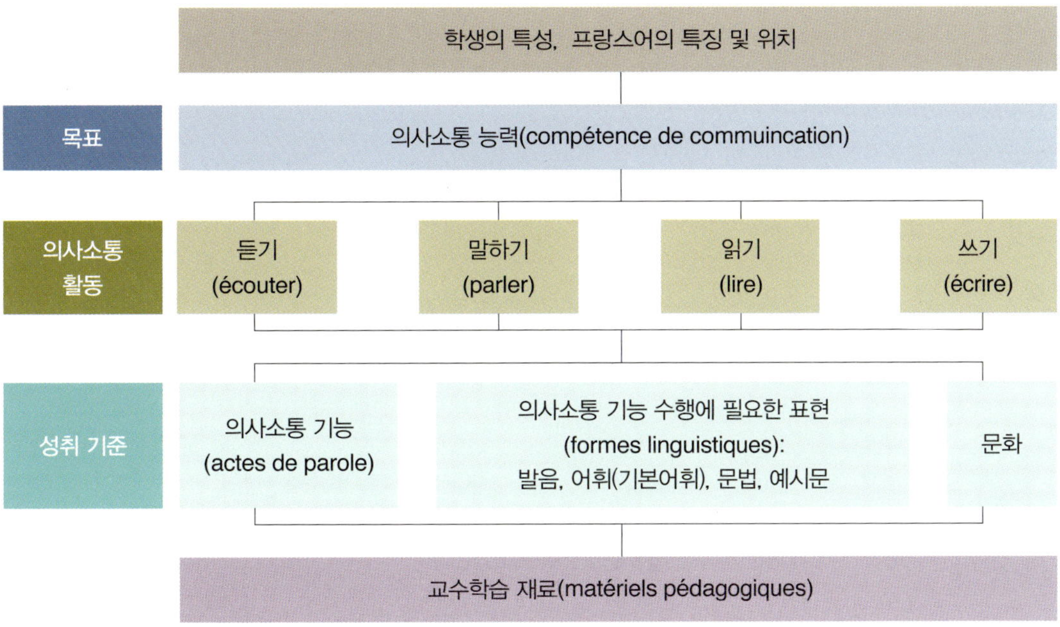

프랑스어 교육과정의 성취 기준 내용 구성 모형

교육과정 교과 지식 03

이 학습 내용과 관련하여 교사가 알아야 할 내용은 무엇인가?

과거 일에 대해 묻고 답하는 표현을 학습할 때 단순히 문법 규칙의 습득을 목표로 하는 것과 교사 주도의 설명을 지양하고, 학생들이 보다 적극적으로 참여하는 역동적인 수업 방법으로 의사소통 능력에 기여할 수 있도록 언어의 문법적 기능을 잘 활용하여 가급적 과제나 과정 중심 수행으로 계획한다.

학습의 계열

학습의 계열은 본시 학습에서 가르칠 범위를 결정하는 데 도움을 준다.

선수 학습	**교육과정 성취 기준** **프1209.** 날씨나 기온, 덥다, 서늘하다 등의 기후상의 특징에 대해 의례적인 표현을 사용하여 간단하게 묻거나 대답할 수 있다. • **말하기:** 짝과 함께 현재, 과거의 날씨에 대해 묻고 대답한다. • **문법적 요소:** 복합과거1 (avoir + 과거분사) 활용
본시 학습	**교육과정 성취 기준** **프1305.** 잘 알려진 사실이나 구체적인 사건을 다룬 간단한 글을 읽고 주제, 소재, 내용을 이해한다. • **읽기:** 짧은 글이나 구체적인 사실을 읽고 내용을 파악한다. • **쓰기:** 의견을 표현하고 과거에 있었던 일을 글로 쓸 수 있다. • **문법적 요소:** (être + 과거분사) 활용
후속 학습	**교육과정 성취 기준** **프1307.** 쉽고 간단한 시나 샹송 가사, 인용문, 속담을 읽고 의미를 이해한다. • **듣기:** 복합과거와 관련된 시와 노래를 듣고 주제, 소재, 의미를 파악한다. • **쓰기:** 주어진 낱말이나 어구를 넣어 문장을 완성한다.

교과 핵심 지식 및 기능

교사가 학생들의 선개념을 점검하고 과거형 문장을 익히는 데 쉽게 이해하고 접근할 수 있도록 도와준다.

과거분사에 대한 이해

과거에 한 일에 대해 묻고 답하는 표현을 배우는 데 있어서 동사의 역할이 매우 중요하다. 그래서 학생들의 이해를 돕고 개념을 확실히 알 수 있도록 동사를 과거분사로 바꾸는 활동을 하면서 선개념을 점검하는 기회로 삼는다.

avoir를 조동사로 취하는 동사에 대한 이해

현재형 동사에 해당되는 낱말의 뜻을 이해하고 있는지 그림과 함께 제시한다.

manger, finir, visiter, regarder, prendre, travailler, aimer, boire, écrire, dîner, penser, donner, demander, acheter, changer, connaître, porter, essayer, faire, plaire, lire, parler, pouvoir, pleuvoir, avoir

être를 조동사로 취하는 동사에 대한 이해

현재형 동사에 해당되는 낱말의 뜻을 이해하고 있는지 그림과 함께 제시한다.

aller, arriver, descendre, (r)entrer, monter, partir, passer, retourner, sortir, tomber, (re)venir devenir, mourir, naître, rester, avoir

동사를 과거분사로 고쳐 보기

현재형 동사를 과거분사로 고쳐 보는 활동을 통해 동사의 모양이 어떻게 변하는지 몇 가지 예를 든다.

- 1군 동사: -er → -é
- 2군 동사: -ir → - i
- 3군 동사: faire-fait / prendre-pris /aller-allé (특정한 규칙이 없음)

복합과거 용법에 대한 이해

프랑스어의 시제에는 복합과거와 반과거가 많이 사용되고 있다. 학생들이 복합과거의 용법을 인식하고 과거 표현을 말할 수 있게 지도한다.

• 완료된 과거의 사실을 나타낸다.

Hier soir, je **suis allé** au cinéma.

(어제 저녁 영화관에 갔다.)

• 사태의 연속

Je **suis rentré** à la maison. Et puis j'ai pris le déjeuner.

(나는 집에 돌아왔다. 그리고 나는 점심을 먹었다.)

• 반복

J'**ai vu** trois fois ce film.

(나는 이 영화를 세 번 보았다.)

• 제한된 지속

Mon pére **a** longtemps **travaillé** dans une banque.

(나의 아버지는 은행에서 오래 근무하셨다.)

• 과거의 경험을 말한다.

Elle **a été** à Busan.

(그녀는 부산에 갔다 왔다.)

학생이 갖고 있는 난개념과 오개념

이 수업에서 학생들이 잘못 이해하고 있는 부분은 다음과 같다.

(1) 타동사의 복합과거와 대명동사의 복합과거의 구분

① Elle lave ses enfants. – Elle a lavé ses enfants. (타동사)

② Elle se lave. – Elle s'est lavée. (대명동사)

③ Elle se lave les mains. – Elle s'est lavé les mains. (대명동사)

①번 laver 동사는 타동사로 사용되었다. 그러나 ②번의 se는 직접목적어를 나타내는 대명사로서 lavée에 성 · 수 일치한다. ③번의 se는 간접목적어이기 때문에 lavé에 성 · 수 일치하지 않는다. les mains이 직접목적어이기 때문이다.

(2) 재귀대명사와 목적보어 인칭대명사의 혼동

Ils se regardent. / Ils te regardent.

(3) passer, sortir, monter 동사의 자동사와 타동사의 구분

Il a passé l'examen. / Il est passé devant la maison.

학생 진단 04 이 내용을 학습할 학생들이 겪을 어려움은 무엇인가?

본시 학습 내용에 대한 성취도를 높이기 위해서는 학습 내용의 핵심 지식(기능)과 이에 대한 학생들의 이해도 및 이를 높이는 데 걸림돌이 무엇인지에 대해 학생 실태를 파악하고, 대비책을 마련해 두는 것이 필요하다. 여기서는 학습 내용의 핵심 지식을 먼저 알아보고, 이에 대한 학생의 이해도 및 기능 습득에 어떤 어려움이 있는지 살펴본다.

난개념(난기능), 오개념(오기능)과 핵심 지식과의 연계 지도 방안을 찾기 위해 학생들의 선수 학습 개념을 간단하게 평가하여 조사한다.

교과 핵심 내용에 대한 학생 이해도

(상◎, 중△, 하○)

학생	프랑스어에 대한 이해				
	동사의 뜻 이해	동사의 원형	동사의 과거분사	복합과거	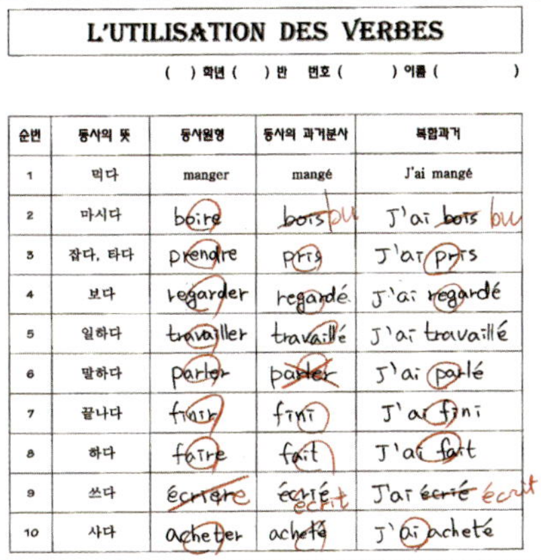
김○○	○	◎	◎	◎	
박○○	△	◎	○	○	
송○○	△	○	△	○	
참고	동사의 뜻을 알고 있어도 과거분사를 모를 경우 복합과거를 고칠 수 없음				

L'UTILISATION DES VERBES

( ) 학년 ( ) 반 번호 ( ) 이름 ( )

순번	동사의 뜻	동사원형	동사의 과거분사	복합과거
1	먹다	manger	mangé	J'ai mangé
2	마시다	boire	bois bu	J'ai bois bu
3	잡다, 타다	prendre	pris	J'ai pris
4	보다	regarder	regardé	J'ai regardé
5	일하다	travailler	travaillé	J'ai travaillé
6	말하다	parler	parler	J'ai parlé
7	끝나다	finir	fini	J'ai fini
8	하다	faire	fait	J'ai fait
9	쓰다	écriere	écrié écrit	J'ai écrié écrit
10	사다	acheter	acheté	J'ai acheté

선개념

선개념은 본시 학습 내용과 관련하여 학생들이 이미 알고 있는 개념이다. 핵심 지식을 획득하기 위해 선개념을 바탕으로 난개념, 오개념과 연결지어 배움 전략을 수립하고 지도한다.

선개념 ① 선개념 형성 정도를 파악하기 위한 활동

동사의 현재형과 avoir + p.p형 복합과거에 대한 개념이 형성되었는지 학습지를 통해 알아보는 것이 필요하다.

선개념 ② avoir 동사의 복합과거 변화

• 타동사 복합과거는 avoir + 과거분사 (Je parle – J'ai parle)
• 동사원형(1,2군 동사)을 과거분사로 고치기 (Je finis – J'ai fini)

난개념

난개념은 본시에서 학습해야 할 내용 중에서 선개념으로 배웠으나 학생들이 이해하기 어려워하는 내용으로, 그 내용이 무엇인지 미리 알아 두어야 한다. 가장 기본적인 난개념을 어떻게 해결하는지를 이해함으로써 학습 목표에 도달하게 된다.

난개념 ① être + p.p의 복합과거에서 과거분사의 변화

• être 동사의 복합과거에서 과거분사에 성 · 수 일치하는 것을 어려워한다.
• 상황에 맞는 조동사를 선택하여 질문하고 답하는 것을 어려워한다.
• 불규칙동사의 과거분사 변화의 이해와 문장에서의 쓰임을 어려워한다.

난개념 ② 대명동사의 복합과거

• 대명동사의 복합과거에서 대명사가 직접목적어일 때 과거분사에 성 · 수 일치하는 것을 어려워한다.
• 직 · 간접 목적보어 대명사와 재귀대명사의 구분을 어려워한다.

오개념

오개념은 본시에서 학습해야 할 내용과 관련하여 학생들이 이미 갖고 있는 선개념 중에서 잘못 알고 있거나 본시 학습 중에 잘못 이해할 가능성이 있는 내용으로 교정을 위해 교사의 적극적인 지원이 필요하다.

오개념 1 복합과거에서 문법적 오류

- 조동사 avoir/ être 동사의 사용에 있어서 성 · 수 일치 문제에 오류를 범한다.
- 대명동사의 복합과거에서 자동사/타동사 모두 과거분사는 성 · 수 일치시켜야 한다는 규칙에 오류를 범한다.

오개념 2 재귀대명사와 목적보어 인칭대명사의 구분

- 목적보어 인칭대명사가 있는 문장을 복합과거로 고칠 때 재귀대명사와의 구분에 오류를 범한다.

흥미, 태도

본시 수업 내용을 통하여 학습 내용에 대한 지식을 배우는 것도 중요하지만 배우는 과정에서 활동에 관심과 흥미를 갖고 적극 참여하여 원활한 의사소통에 의한 대화 능력과 프랑스 문화를 올바로 이해하는 태도를 가져야 한다.

- 프랑스어 과목의 특성상 묻고 답하는 표현은 이해보다는 연습을 통한 암기가 중요하므로 다양한 방법으로 학생들이 표현을 노출하는 것이 중요하다.
- 과제를 통해 배운 내용을 생각해 보고 무엇을 할 수 있게 되었는지 성찰하도록 하는 등 학습 경험에 대한 학생의 피드백을 유도한다.

교수 처방 05

이 학습 내용을 지도할 때 사용하는 교수법과 사용 이유는 무엇인가?

본시 수업 내용은 '과거에 대해 묻고 답하기' 이다. 앞에서 살펴본 학생들의 이해도, 즉 난개념, 오개념을 지도하기 위해서는 학생 이해도의 내용 및 수준에 따라 적절한 표상 방법을 활용한 교수 처방이 필요하고, 이를 뒷받침하기 위해서는 교사 주도 수업이 아니라 학습자들이 보다 적극적으로 참여하는 교사와 학습자의 상호작용을 활발하게 하는 의사소통 능력에 중점을 두어 과정 중심 수행의 교수 · 학습 모형을 기반으로 한다.

1. 배움 열기 단계에서의 학생 진단과 교수 처방

배움 열기 단계(7')

학습 과정 (학습 집단)	교수 · 학습 활동	배움중심 PCK 전략			자료(★) 및 유의점(※)
		배움 주춤	배움 전략	배움 원리	
전시 학습 확인 (전체)	**· Salutation** – 동사를 과거분사로 고치는 방법 확인 – 그림을 보고 미래–현재–과거로 표현하기 – 현재동사를 avoir+p.p 복합과거로 표현하기	선개념	연습 발문 요약	참여 연결	★ PPT ★ 사진
동기 유발 (개별) 생각 끌어내기	**· Motivation** – 지난 휴일에 자기가 한 일에 대해 써 보기(동사 활용하여 단답형으로 쓰기)		서사 매체 과제 탐문	연결 참여 도전	★ 포스트잇
학습 목표 확인 (전체)	**· Objective** – être를 조동사로 삼는 동사목록을 보여주기 – 불규칙한 과거분사 형태의 암기를 위한 활동	신개념	단서		★ 관련어휘 목록 작성

선개념 1 지난 시간에 배운 동사의 복합과거(avoir + p.p형)에 대해 잘 알고 있다.

개념이 형성되었는지 그림과 학습지를 통해 알아보는 것이 필요하다. 앞으로 배울 être+p.p형 복합과거를 쉽게 이해하고 접근할 수 있도록 개념을 정리한다.

⊙ 전시 학습 확인하기

본시 학습과 연결되는 전시의 핵심 내용 현재형 동사와 과거형 동사를 괄호 처리한 PPT를 제시하여 학생들이 대답하도록 한다.

교사 지난 시간에 학습한 내용이에요. 괄호 안 내용을 같이 대답해 볼까요? **(매체, 설명)**

학생 (PPT를 보며 괄호 안의 내용을 같이 대답한다.)

Elle **va** manger

Elle mange

Elle a mang**é**

연결: 진단을 위한 자료를 통해 동사의 가까운 미래, 현재형, 과거형 표현을 그림과 제시하여 연결시켜 보고 동사의 복합과거 형태를 얼마나 알고 있는지 확인한다. 이 과정에서 동사의 개념을 확실하게 한다.

교사 다음에 제시되는 동사를 복합과거로 바꾸어 봅시다. **(연습, 요약, 원 참여)**

학생 (조동사와 과거분사를 접목시켜 인칭에 맞게 말한다.) **(연습)**

교사 (문장을 제시하면서) Qu'est-ce que tu fais?와 Qu'est-ce que tu as fait?에서 발음의 차이가 무엇일까요? **(발문)**

학생 [a]발음이 하나 더 들어갔습니다.

교사 네, 맞습니다. [a]발음이 하나 더 들어갔을 뿐인데 발음 하나 차이로 현재문장이 되고 과거문장이 됩니다. 자, 그러면 지난 시간에 배운 동사의 현재시제와 과거시제를 비교해 보겠습니다. 선개념 확인

Parler			
현재	복합과거	현재	복합과거
je parle	j' ai parlé	nous parlons	nous avons parlé
tu parles	tu as parlé	vous parlez	vous avez parlé
il/elle parle	il/elle a parlé	ils/elles parlent	ils/elles ont parlé

⊙ 학습 동기 유발하기

(교사가 지난 휴일에 했었던 일들을 학생들에게 이야기하면서 학습 목표로 연결한다.)

교사 우리가 지난 주말이나 휴일에 했던 일들을 각자 두 문장만 우리말로 적어 봅시다. (포스트잇을 나누어 준다.) **(서사, 매체)**

학생 (각자 두 문장을 쓴 후 모둠장이 모둠별로 걷어서 취합한다.)

교사 좋습니다. 모둠장은 우리말 동사에만 밑줄을 그어 보세요. **(과제, 원 참여)** 중복되는 동사는 하나만 선택하여 모둠별로 써 보세요. 동사 선정이 다 끝난 모둠은 우리말 동사를 프랑스어로 적어 봅시다. **(원 연결)** (교육과정 범위 내에 한정된 동사를 활용하여 동사원형을 프랑스어로 적어 본다.)

학생 (서로 협업하여 동사를 완성한다. 그러나 배우지 않은 동사가 나올 수 있기 때문에 교사의 도움이 필요하다.) **(탐문)**

교사 자, 잘 했습니다. 모둠별로 어떤 동사들이 나왔는지 말해 봅시다. **(원 도전)**

학생 aller, faire, manger, prendre, rentrer, finir, travailler, rencontrer, regarder.

교사 (모둠별로 발표한 동사들을 이미 배운 동사원형과 과거분사, 그리고 문장으로 적어 본다.)

동사원형	과거분사	동사의 변화
manger	mangé	J'ai mangé du steak.
regarder	regardé	J'ai regardé un film.
aimer	aimé	J’ai aimé le chocolat.

⊙ 학습 목표 제시하기

학생들은 적은 동사를 말하고 교사는 칠판에 동사를 적는다. 이미 배운 동사를 복합과거로 고치고 ‘왕래 · 발착’ 동사가 많이 사용됨을 알려 주어 수업에 집중해서 듣게 하도록 한다.

교사 우리가 복합과거 문장을 잘 듣기 위해서는 avoir, être와 친숙해져야 합니다. 복합과거 문장을 들을 때 반복해서 들리는 부분이 있을 겁니다. 예를 들어 j'ai, je suis, tu as 이런 말들은 복합과거 문장임을 짐작할 수 있는 것들입니다.(단서)

2. 배움 활동 1단계에서의 학생 진단과 교수 처방

배움 활동 1단계에서는 être를 조동사로 취하여 복합과거시제로 바꾸는 것을 학습한다.

배움 활동 1단계(Activité 1)(20')

학습 과정 (학습 집단)	교수 · 학습 활동	배움중심 PCK 전략			자료(★) 및 유의점(※)
		배움 주춤	배움 전략	배움 원리	
암기 활동	• **왕래 · 발착동사 익히기** – Maison d'être를 활용하여 왕래 · 발착동사 외우기 – aller, arriver, descendre, (r)entrer, monter, partir, passer, retourner, sortir, tomber, (re)venir, devenir, mourir, naître, rester	신개념	설명 정의 매체 관찰 그림 발문	공유 공감	★ 활동지
모둠 활동	• **동사의 과거분사 카드게임** – 학생들이 기본적으로 숙지하고 있어야 하는 동사의 변화형을 설명하고 카드게임을 통하여 불규칙 변화형 습득	난개념	추론 메모 시범 과제 연습	참여	★ 과거분사, 카드놀이
	• **노래를 통한 과거분사 익히기 (문법적 형태 암기를 돕는 활동)** – 노래를 활용하여 뜻과 과거분사 외우기				★ 동영상
교사 강의 설명 (전체)	• **복합과거에서 조동사의 선택** – 과거분사의 규칙 형태와 불규칙 형태, être+p.p에서 성 · 수 일치에 대해 자세하게 설명	난개념	매체 설명 비교	연결 칭찬	★ PPT
	• **복합과거(II)와 부정법을 복합과거로 고쳐 보기**		매체 연습	연결	자기 평가

신개념 ① 복합과거에서 être를 조동사로 취하는 동사의 종류를 알지 못한다.

maison d'être 수업 보조 자료와 게임카드를 활용하여 습득하게 한다.

프랑스어

난개념 1 복합과거를 만들 때 조동사의 선택 문제, 과거분사의 규칙 형태와 불규칙 형태, être+p.p의 경우 성 · 수 일치, avoir+p.p의 경우 성 · 수 불일치에 대해 어려워한다.

프랑스어의 복합시제는 라틴어의 'habere + 명사 + 분사' 문형이 프랑스어로 넘어오면서 문법화 과정을 거쳐 의미가 바뀐 것이다. 'J'ai des lettres qui sont écrites'. 고대 프랑스어에서 이 'avoir + 명사 + 과거분사' 문형은 완료시제를 나타내기 위해 점차 'avoir + 과거분사 + 명사'의 어순으로 고정된다. 이처럼 선행하는 목적어에 avoir와 결합된 과거분사가 일치한다. 그래서 과거분사의 성 · 수 일치 문제에 관해 être와 결합한 과거분사는 반드시 일치시켜야 한다든가, avoir와 결합한 과거분사도 선행하는 직접목적보어에 일치시켜야 한다고 규칙 그 자체를 강조하기보다는 être 뒤의 과거분사는 형용사의 역할을 하므로 일치가 일어나고, 'avoir와 결합된 과거분사가 선행하는 목적어에 일치한다.'는 규칙에 대해서는 이 문형이 라틴어 구조에서 유래되어 고대 프랑스어에서는 J'ai des lettres écrites와 같은 식으로 표현했기 때문에 일치가 생겨난 것이라고 간단하게 그 '이유'를 언급한다면 학생들은 더 쉽게 이해할 것이다.

난개념 2 불규칙 동사의 과거분사를 어려워한다.

불규칙 동사의 과거분사는 단순히 암기하는 것보다는 짝을 통해 한 명이 동사원형을 카드로 보여 주면 또 다른 한 명은 그 동사의 과거분사를 말한다. 17가지 동사가 다 끝나면 역할을 바꾸어서 하고 교사는 어려운 발음을 수정해 준다.

가까운 미래 – 현재 – 과거로 표현

왕래 · 발착 동사에 대한 설명

교사 지난 시간에 복합과거라는 용어를 배웠는데요. 복합과거가 쓰이는 이유는 두 단어(avoir + p.p)가 복합되어 만들어지는 시제이기 때문입니다. 복합과거의 형태는 영어의 현재완료와 동일하게 'avoir(have)현재 + p.p'입니다. 하지만 오늘 배우게 될 왕래 · 발착 동사나 대명동사의 복합과거는 'être(be)현재형 + p.p'를 사용해야 합니다. 지금 여러분들이 제시한 동사에서 움직이는 동사들 즉 '왕래 · 발착' 동사가 많이 나왔지요? 이 동사들은 우리가 지나간 일이나 경험을 말할 때 자주 사용하는 동사들이기 때문에 아주 중요한 동사입니다. 그러면 오늘은 이 동사들을 과거시제로 바꾸는 법을 배워 보겠습니다. **(설명–정의)** **신개념 확인**

⊙ 왕래 · 발착 동사와 과거분사 알아보기

교사 (왕래 · 발착 동사를 쉽게 이해할 수 있는 maison d'être 그림을 모둠별로 나누어 준다.) 여러분들이 지금 받은 종이는 왕래 · 발착 동사입니다. 이 동사들은 집을 기준으로 했을 때 나가고 외출하고 들어오고 하는 움직임을 나타내는 동사들입니다. 그러면 이 동사들의 뜻과 과거분사에 대하여 알아보겠습니다. **(매체, 그림, 관찰, 원 공유)**

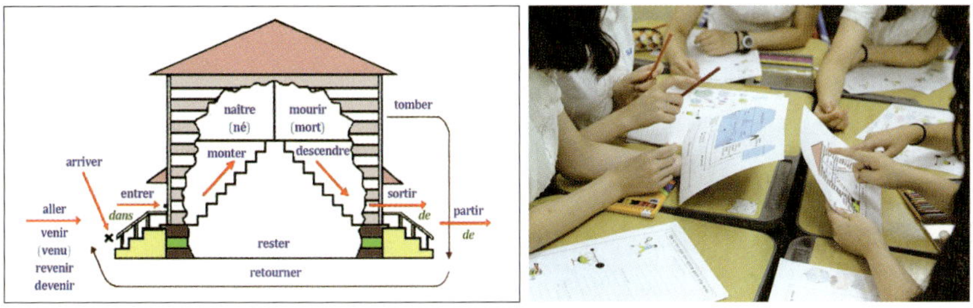

Maison d'être를 활용한 수업

교사 그림을 보고 동사의 뜻을 짐작할 수 있겠습니까? **(발문, 추론)**

학생 네, 그런데 naître와 mourir는 무슨 뜻인가요?

교사 네, 여러분이 아직 배우지 않은 동사인데요. '태어나다/죽다'라는 뜻입니다. 이런 동사는 움직이는 것이 아니라 상태를 나타내는 동사입니다.

학생 선생님, 그러면 devenir도 상태를 나타내는 동사인가요?

교사 네, 좋은 질문입니다. devenir도 역시 상태를 나타내는 동사이기 때문에 복합과거 만들 때 être를 조동사로 사용하여 과거시제를 만듭니다. 예를 들어, '그는 선생님이 되었다'라고 한다면 'Il est devenu professeur'라고 합니다. 또 다른 질문 없나요? 없으면 être를 조동사로 해서 복합과거를 만드는 동사들을 영상으로 보겠습니다.

être를 조동사로 사용하는 동사들을 노래로 듣고 암기하기

교사 잘 보았습니까? 다시 한 번 보여 줄 테니 영상을 보고 자기만 알아볼 수 있도록 속기록 형식으로 써 보세요. **(매체, 메모)**

학생 (영상을 보고 듣는다.) aller, arriver, venir, … **(원 참여)**

교사 (교사는 학생의 답이 나오지 않은 동사를 잘 기억한다.) 잘 했습니다.

(동사를 제시) 우리가 이 동사들을 과거시제로 고치기 위해서는 이 동사들의 과거분사를 알아야만 합니다. 그래서 지금 모둠별로 나누어 주는 카드를 가지고 게임을 할 것입니다. être를 조동사로 취하는 동사들은 17가지가 있어요.

이 카드는 être를 조동사로 취하는 카드입니다. 지금부터 게임을 하겠습니다. 동사의 부정법 17개와 이 동사들의 과거분사 17개를 적은 총 34장의 카드를 모둠별로 가져가세요. 모둠은 카드를 잘 섞은 뒤 뒤집어 가로 17장, 세로 17장으로 배열합니다. 각자 차례가 된 학생이 두 장의 카드를 선택해 뒤집었을 때 부정법과 과거분사 카드가 일치하면 그 학생은 한 쌍의 카드를 소유할 수 있고 일치하지 않으면 다시 원래의 자리에 뒤집어 놓아야 합니다. 모든 카드가 일치하고 나면 게임이 끝나는데 카드를 가장 많이 가진 학생이 승자가 됩니다. **(시범)**

학생 (모둠별로 카드를 뽑아 과거분사의 암기 활동 게임을 한다.) **(원 공감-참여)**

[짝 활동] 짝-모둠별 부정법 동사와 과거분사 암기 카드 게임 활동 장면

교사 모둠별로 카드게임이 다 끝난 모둠은 모둠장이 나와서 카드를 가리키면 모둠원은 과거분사와 뜻을 이야기합니다. **(매체, 연습)**

학생 (모둠별로 충분히 연습을 한 다음에 모둠장이 화면의 카드를 가리키면 동사의 과거분사와 뜻을 말한다.) **(과제, 연습)**

[모둠 활동] 모둠별 동사의 뜻과 과거분사 암기 연습

교사 참고로 3군 불규칙 동사의 과거분사는 1, 2군 동사와 다르게 특정한 기준이 없어서 여러분이 암기해야만 합니다. **(연습, 웬 참여)** 다음에는 여러분들이 이미 다 알고 있는 노래에 맞추어 과거분사를 배워 봅시다. '열 꼬마 인디언' 노래를 동사의 과거분사로 바꾸어 불러 봅시다. 선생님이 먼저 과거분사를 읽어 보겠습니다. 하나씩 따라해 봅시다. **(매체)**

학생 (음악에 맞추어 왕래 · 발착 동사의 과거분사를 외운다.) **난개념, 난기능 확인**

카드 활용 왕래 · 발착 동사원형과 동사의 과거분사 PPT

⊙ être+p.p 복합과거의 문법적 설명

교사 복합과거의 특징을 영어와 비교하면 영어의 현재완료는 그 이름에서처럼 현재와의 연결성을 중시합니다. 예를 들어 'I have lived in Busan since 2005'라고 했을 때 '2005년부터 현재까지

계속 부산에 살고 있다'는 뜻이 됩니다. 그러나 이 경우, 프랑스어는 현재시제를 사용하는 것이 더 자연스럽습니다. 즉 'J'habite à Busan depuis 2005'가 됩니다.

프랑스어의 복합과거는 영어의 현재완료와 형태는 동일하지만 과거를 말하며, 현재와의 연결은 영어처럼 크지 않습니다. 그러므로 프랑스어의 복합과거 avoir+p.p는 형태만 영어의 현재완료이고 '과거시제'라는 점을 기억하세요. 그러나 왕래 · 발착 동사의 복합과거 être+p.p는 현재와의 연계성이 강합니다. 즉 과거의 사건으로 현재 어떤 상태가 되었다는 의미가 됩니다. **(설명, 비교)**

예를 들어 'Il est parti'라고 하면 '이미 떠나고 지금 여기에는 없다', 'Il est mort'는 '이미 죽고 현재는 없다'는 뉘앙스를 가지고 있습니다. être+p.p를 사용한 복합과거는 과거분사를 형용사로 취급하여 주어가 여성이면 –e, 주어가 복수이면 –s, 주어가 여성 복수이면 –es를 붙여 주어의 성과 수에 일치하여야 합니다. **(원 연결)**

주어가 여성 단수이면 과거분사에 –e를, 남성 복수이면 –s를, 여성 복수이면 –es를 첨가한다.

학생 선생님, avoir+p.p 복합과거에서 과거분사는 형용사가 아니라서 성 · 수 일치를 할 수 없는 건가요?

교사 좋은 질문입니다. 우리가 이미 배웠듯이 avoir와 결합된 과거분사는 목적어를 필요로 하기 때문에 성 · 수 일치를 하지 않습니다. 다시 말해서 être(자동사)+보어(형용사, 명사, 과거분사)는 성 · 수 일치를 해야 되지만, avoir+과거분사의 형태에서 과거분사는 주어에 성 · 수 일치를 하지 않습니다. 예를 들어 보겠습니다. 'Elle a joué au tennis hier' 이것을 영어로 하면 (She played tennis yesterday)라고 '그녀는 어제 테니스를 쳤다' '(a joué)'는 주어가 여성임에도 성과 수에 일치하지 않습니다. **난개념 확인** 그러나 'Elle est partie sans aucune parole'(She left without any word)에서는 과거분사 'partie'는 주어의 성과 수에 일치하므로 –e가 붙은 것입니다. **(비교, 예시)**

다른 예를 들어 보겠습니다. 'Nous sommes allés au musée'에서 sommes allés는 주어가 복수이기 때문에 –s가 붙은 것입니다. 그러면 선생님이 여러분에게 질문해 보겠습니다. **(발문, 추론)** Vous êtes sorties de l'école? 문장에서 'vous'는 누구를 말하는 것일까요?

학생 과거분사 sorties에서 어미 –es가 붙었으니까 주어 vous는 여성이 여러 명 있음을 나타냅니다. **난개념 확인**

교사 네, 맞습니다. 참 잘했습니다. **(원 칭찬)**

⊙ 문제 풀어 보기

교사 (학습지 제시) 자, 지금까지 과거분사에 대해 공부해 보았습니다. 여러분이 어느 정도 알고 있는지 알기 위해 주어진 동사를 듣고 복합과거로 고쳐 봅시다. **(매체, 연습, 원 연결)**

학생 (율리시스 시를 듣고 동사원형을 복합과거로 고쳐 본다.)

교사 (오디오 파일을 반복해서 들려준다.)

학생 (귀기울여 듣고 être 동사인지 avoir 동사인지 명확하게 구분하여 과거로 써 본다.)

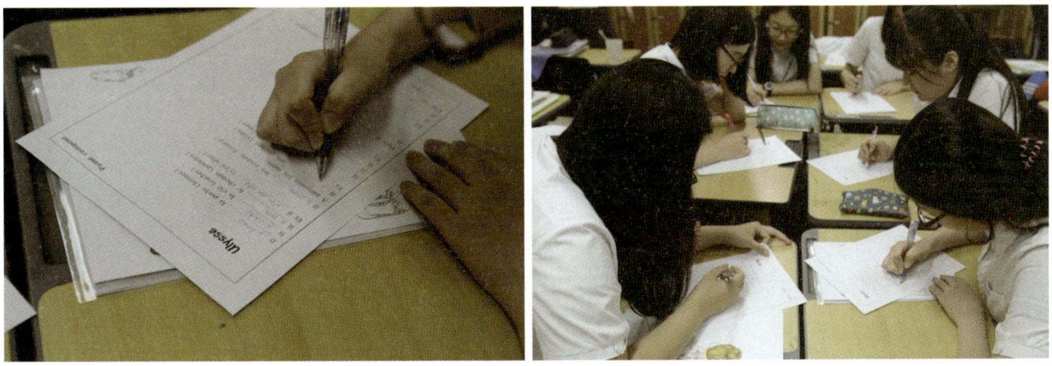

부정법을 복합과거로 바꾸는 연습

지도 유의 사항

1. 시간 내에 활동을 확인할 수 있도록 타이머 등을 교실 전면에 제시한다.
2. 처음에는 학습지나 책을 보고 연습하는 것도 허용한다.
3. 짝 가르치기 중 교사는 순회 지도하면서 학생들의 상황을 관찰하고 질문에 대해 지원하며, 학습 이탈 학생이 없도록 한다.
4. 학생 활동 후 학생 발표를 하도록 하여 학습과 활동이 잘 이뤄졌는지 확인한다.
5. 학생 활동은 동료 평가 및 교사 평가(과정 중심 수행 평가)에 반영한다.

3. 배움 활동 2단계에서의 학생 진단과 교수 처방

배움 활동 2단계에서는 복합과거를 활용해 본다.

배움 활동 2단계(Activité 2)(15')

학습 과정 (학습 집단)	교수 · 학습 활동	배움중심 PCK 전략			자료(★) 및 유의점(※)
		배움 주춤	배움 전략	배움 원리	
학생 (짝 활동)	• **짝하고 복합과거 말해 보기** – 교과서에 나오는 내용을 짝과 바꾸어 말해 보기 – 지난 휴일에 무엇을 했는지 복합과거를 활용하여 문장 쓰고 말해 보기	오개념 난개념	토의 예시 대조 단서 설명	도전 칭찬 격려 유머 공감	★ 교과서 ★ 사진 활용
(과제 실행)	• **모둠별 과제 수행 후 2명이 나와서 발표하기** – (과거의 행위 말하기라는 학습 목표와 연결되는 과제 부과)	오개념	발문 추론 발표	딴청 공유 참여	교사 평가 ※ 모둠별로 구성하여 시나리오 작성

오개념 1 대명동사의 복합과거 사용에 있어서 성 · 수 일치 문제에 오류를 범한다.

être를 조동사로 삼는 동사는 장소 이동을 나타내는 동사(aller, arriver, descendre, (r)entrer, monter, partir, passer, retourner, sortir, tomber, (re)venir)가 있고 상태 변화를 나타내는 동사(devenir, mourir, naître, rester)가 있다. 그러나 대명동사의 복합과거는 자동사, 타동사의 구분 없이 'être + 모든 동사의 과거분사' 즉 타동사와 자동사의 구분 없이 être를 조동사로 쓴다는 것과 과거분사는 성 · 수 일치해야 한다는 것도 덧붙여 설명한다.

오개념 2 'Il (me proposer) d'aller voir ce film'에서 me proposer는 '제안을 받았다'라는 간접목적어를 재귀대명사로 잘못 알고 있는 데서 생긴 오류이다.

여기서 me는 대명동사에 붙는 재귀대명사가 아니라 일반동사 proposer의 간접목적보어로 쓰인 1인칭 단수 대명사이다. 학생들은 그 문장을 'Il m'est proposé d'aller voir ce film'이라고 이해하는 오류를 범한다. me가 간접목적어이기 때문에 복합과거로 고치면 avoir 동사를 조동사로 사용하여 'Il m'a proposé d'aller voir ce film'이라는 것을 구분하여 설명한다.

난개념 1 대명동사의 복합과거에서 재귀대명사가 직접목적어일 때 성 · 수 일치와 간접목적어일 때 성 · 수 불일치를 어려워한다.

[être+p.p: 재귀동사의 예]

① Je me suis levée tard.(I woke up late ; 나는 늦게 일어났다)에서 과거분사 levée에서 –e가 붙었으므로 'Je'는 여자임을 알 수 있다.

② Elle s'est lavée. (se가 직접목적어–성 · 수 일치)

Elle s'est lavé les mains. (les mains이 직접목적어, se가 간접목적어–성 · 수 불일치)

③ Nous nous sommes lavé les mains avant de manger. (우리는 먹기 전에 손을 씻었다.)

오개념 1 복합과거 시제에서 부정대명사 personne의 위치를 자주 틀린다.

Je suis allée를 부정문으로 바꾸면 (Je **ne** suis **pas** allée)가 되어 부정부사 **pas**가 조동사와 과거분사 사이에 놓이고 부정대명사 **rien**은 pas와 마찬가지로 조동사와 과거분사 사이에 놓이지만, personne는 ne와 함께 쓰여 과거분사 뒤에 놓인다는 것을 설명한다.

예) Je **n'**ai **rien** dit. (그는 아무 말도 안 했다.)

Personne **n'**est venu. (아무도 오지 않았다.)

Je **n'**ai rencontré **personne**. (나는 아무도 못 만났다.)(○)

프랑스어

⊙ 모둠별 짝과 대화해 보기

교사 지금까지 복합과거에 대해 공부해 보았습니다. 그러면 여러분이 교과서에 나오는 복합과거 예시문을 옆 짝과 과거시제를 활용하여 이야기해 보겠습니다. **(토의)**

학생 (짝과 서로 마주보고 교과서 내용을 이야기한다.) **(원 참여–공감)**

교사 혹시 이해되지 않는 부분은 선생님한테 질문하세요.

학생 **[짝 활동]** (서로 과거에 한 일에 대해 말하고 내용을 수정하는 과정에서 쓰기 표현에 관한 다양한 의견들을 접하면서 프랑스어로 말하기와 쓰기에 대한 자신감을 키울 수 있게 한다.)

학생 선생님, 질문 있습니다. Je me lève하고 Je me suis levé가 무엇이 다른 건가요?

교사 네, 이 두 문장의 차이를 말하려면 동사 형태에 대한 설명이 필요한데요. 첫 번째 문장은 재귀대명동사 현재형이고, 두 번째 문장은 재귀대명동사 복합과거입니다. 예를 들어 보겠습니다. **(예시-대조)** Je lève un enfant라고 하면 '나는 (잠자리에서) 아이를 일으키다'라는 뜻으로 타동사로 사용된 것입니다. 그렇지만 Je me lève라고 하면, 재귀대명사로 '자기 자신을 일으키다'라는 뜻이 됩니다. 그래서 Je me lève '나는 일어난다'는 뜻이 되고 Je me suis levé는 se lever 동사를 복합과거로 만든 것입니다. 다시 말해서 '나는 일어났다'라는 과거시제가 된 것입니다.**(단서)**

학생 선생님, 모든 대명동사는 복합과거 시제를 만들 때 무조건 être를 조동사로 취해야 되는 건가요?

교사 네, 맞습니다. 대명동사의 복합과거는 어떤 동사라도 être를 조동사로 써야 합니다. 다시 말해서 대명동사 복합과거는 'être + 모든 동사의 과거분사'로 써야 합니다. 오개념 확인

학생 그러면 Il me propose는 복합과거로 고치면 'Il m'est proposé'라고 해야 되는 건가요?

교사 아닙니다. 여기서 me는 대명동사에 붙는 재귀대명사가 아니라 일반동사 proposer의 간접목적보어로 쓰인 1인칭 단수 대명사(나에게)입니다. me가 간접목적어이기 때문에 복합과거로 고치면 Il m'a proposé '그가 나에게 제안했다'라고 해야 됩니다. **(설명-비교)** 오개념 확인

학생 선생님 한 가지 더 질문 있습니다. 대명동사의 과거분사는 être를 조동사로 쓰니까 무조건 주어의 성 · 수 일치할 수 있는 건가요?

교사 반드시 그런 것은 아닙니다. 예를 들어 Je lave un enfant과 Je me lave les mains이 어떻게 다를까요? **(발문-추론)**

학생 Je lave un enfant은 '아이를 씻긴다'이고 Je me lave les mains은 '나는 내 손을 씻는다' 아닌가요?

교사 네, 정말 잘했습니다. 그러면 Elle se lave와 Elle se lave les mains를 복합과거로 고치면 어떻게 될까요? **(발문-비교, 원 딴청부리기)**

학생 첫 번째 문장은 Elle s'est lavée가 되고 두 번째 문장은 Elle s'est lavée les mains이 됩니다.(오류를 범함)

교사 네, 잘했습니다. 그렇지만 바로 이게 함정입니다. Elle s'est lavée(se가 직접목적어–성 · 수 일치)해야 되지만 Elle s'est lavé les mains(les mains이 직접목적어이고 se가 간접목적어이기 때문에 성 · 수 일치)가 되지 않습니다. 오개념 확인

학생 선생님, 교과서 내용 중에서 Tu es allée voir le médecin?에서 allée에 –e가 붙은 것은 Tu(너)가 '여자'이기 때문에 –e가 붙은 것이죠?

교사 네, 맞습니다. 우리가 배웠듯이 être를 조동사로 삼는 동사의 과거분사는 주어의 성 · 수에 일치해야 합니다. **(원 칭찬)** 오개념 확인

또 다른 질문 있나요? 없으면 계속해서 짝과 바꾸어서 말해 봅시다.

학생 네. (짝과 바꾸어 말해 본다.) 선생님 프랑스어로 '아무도 만나지 못했다'는 어떻게 말하나요?

교사 네, 좋은 질문입니다. 지난 시간에 우리가 배운 것 중에 '나는 숙제를 하지 않았다'는 말을 부정문으로 어떻게 고쳤죠? 부정부사 ne~pas가 어디에 위치했죠? **(발문)**

학생 ne는 조동사 앞에 놓이고 pas는 과거분사 앞에 놓입니다. 그래서 'Je n'ai pas fait mes devoirs'가 됩니다.

교사 아주 훌륭합니다. 그런데 ○○가 질문했듯이 '아무도'라는 대명사 personne는 복합시제에서 어떻게 고치면 될까요? ○○가 대답해 볼까요? **(원 칭찬, 도전)**

학생 '만나다' 동사의 복합과거이니까 'je n'ai personne rencontré'입니다.

교사 네, ○○가 참 잘했습니다. 그런데 personne는 부정문에서 과거분사 앞에 놓이는 것이 아니라 과거분사 뒤에 놓입니다. 부정문에서 이 표현을 특별히 주의해야 합니다. **(원 참여, 격려)** 오개념 확인

교사 자, 이제 그만하고 선생님 말에 귀를 기울여 주세요. 지금부터는 수업 시작할 때 여러분들이 포스트잇에 적었던 것을 바탕으로 지난 휴일에 무엇을 했는지 쉬운 문장으로 모둠 짝과 과거시제를 사용하여 말해 봅시다. **(서사, 과제, 발표)** 모둠별 대표가 나와서 발표하고 제일 잘한 팀은 그 모둠 전체에게 선물을 주겠습니다.

학생 (교육과정 범위 내의 배운 어휘를 활용하여 옆 짝과 프랑스어로 과거에 있었던 상황을 이야기한다.) **(과제, 발표, 원 공유)**

주의:

① 'Non, je n'ai rien fait de spécial.'에서 부정부사나 대명사는 복합시제에서 ne~ pas, ne~ rien은 조동사 사이에 온다.

② 'Je suis restée'에 e가 붙은 이유는 두 학생 모두 여자이기 때문에 발음상으로는 알 수 없지만 문장으로 쓸 때는 반드시 주어의 성 · 수에 일치해야 하기 때문이다.

교사 (학생들이 어휘가 부족하여 스마트폰으로 어휘를 찾게 하고 교사의 도움을 주어 동사를 과거시제로 고쳐 보도록 한다.)

학생 (발표가 끝나면 조별로 발표한다.)

4. 배움 정리 단계에서의 학생 진단과 교수 처방

배움 정리 단계에서는 학습한 내용을 전체 정리하고 학습에 대해 반성한다.

배움 정리 단계(8')

학습 과정 (학습 집단)	교수 · 학습 활동	배움중심 PCK 전략			자료(★) 및 유의점(※)
		배움 주춤	배움 전략	배움 원리	
정리하기 (전체)	**• 요약하기(본시 학습의 정리)** – 묻고 답하기 과정 – 특수하게 변화하는 과거분사를 다시 정리한다.		요약 매체 발표	되돌리기 공감 존중 공유	★ PPT
형성 평가 개별 활동	**• 형성 평가** – 현재동사 복합과거로 고쳐보기 – 대명동사 복합과거로 고쳐보기 – 수능형 문항 풀이		연습 발표 토의	도전 반성 칭찬	★ 학습지 및 평가지 동료 평가
	• 학습 활동 반성 및 차시 예고 – 학습 활동 반성(배움 성찰): 알게 된 점 – 학습하면서 느낀 점과 질문받기		탐문 과제 메모	공유	※ 배움 성찰 나누기
차시 예고	**• 과제 부여** – Déjeuner du matin을 영상으로 만들기		과제		

⊙ 정리하기

교사 지금까지 être+p.p 형태의 복합과거를 배워 보았는데 어떤 모둠이 왕래 · 발착 동사의 뜻과 과거분사를 말해 볼까요? **(요약, 원 되돌리기)**

학생 ○○ 모둠요.

교사 네, 그러면 ○○ 모둠 나와 주세요. 여러분들은 ○○ 모둠이 하는 것을 잘 보고 맞는지 틀리는지 말해 주세요. **(매체, 원 공감, 존중)**

학생 (모둠에서 지명된 2명의 학생이 maison d'être의 화면을 보고 묻고 답한다. 다른 학생들은 맞는지 확인하고 잘못된 경우에는 정정해 준다.) **(발표, 원 공유)**

교사 잘했습니다. 이제 과거분사를 '열 꼬마 인디언' 노래에 맞춰 불러 볼까요?

학생 네. (과거분사 노래를 부른다.)

교사 (노래를 부르는 동안 형성 평가지를 나누어 준다.)

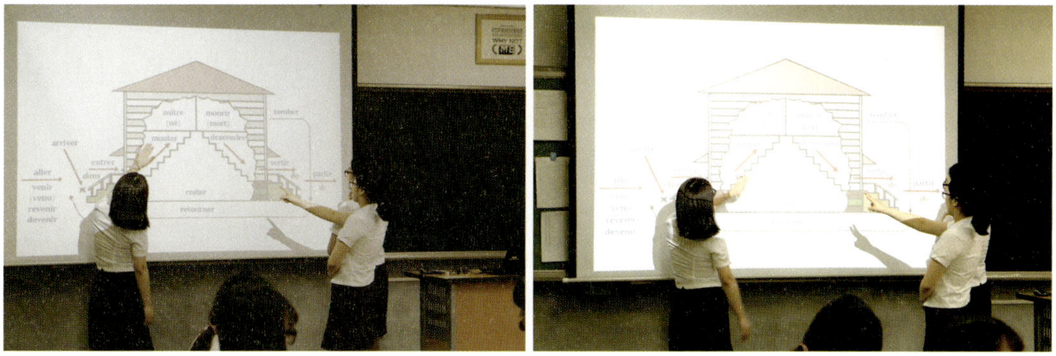

[모둠 활동] 모둠에서 지명된 3명의 학생이 각 동사의 뜻과 과거분사를 이야기한다. → 앉아 있는 학생들은 지켜보고, 틀리면 오류를 지적해 준다. → 교사가 다시 한 번 확인한다.

⊙ 형성 평가

교사 평가지를 다 받았습니까? 다 받았으면 주어진 문장에서 동사가 être/avoir인지 확인해서 주어진 동사원형을 복합과거로 고쳐 보세요. **(연습, 원 도전, 반성)**

학생 네. (평가지를 작성한다.) **(연습)**

형성 평가 활동 - 평가지 작성 후 문법적 오류 검토

교사 다 작성했습니까? 그러면 정답을 확인해 보겠습니다. (정답 PPT 제시) 다 맞은 사람 있나요? 네, 아주 잘했습니다. **(원 칭찬)** 이번에는 오늘 학습 내용을 총괄할 수능형 문제를 짝과 같이 풀어 봅시다. (수능형 문제 화면 제시) **(매체, 원 도전)**

학생 (짝과 같이 문제를 푼 후 정답을 말한다.) **(토의, 원 공유)**

교사 (학생에게 정답의 이유를 묻고 학생이 대답하면 학생의 설명을 보완한다.) **(탐문)**

⊙ 학습 활동 반성 및 차시 예고

교사 오늘 학습하면서 알게 된 것, 느낀 점을 짝과 이야기해 보고 메모지에 적어 보세요.

학생 (2분간 짝끼리 말한 후, 메모지에 배움 성찰을 기록한다.) **(과제, 메모, 원 반성)**

교사 다음 시간에는 복합과거를 활용한 시를 여러분들이 영상으로 제작할 것입니다. 모둠별로 어떻게 제작할 것인지 구상해서 시나리오를 작성하기 바랍니다. 열심히 배움에 적극적으로 참여해 주어서 고맙습니다.

지도 유의점 06

이 학습 내용을 지도할 때 고려해야 할 유의점은 무엇인가?

학생 발달 수준에 따른 학습 활동

본시 수업에서 학습할 과거형 문장에 대한 배움이 잘 일어나게 하기 위한 학습 활동은 다음과 같다.

- 그 동안 배운 현재형 동사변화(특히 avoir와 être)를 활용한 문장 표현을 얼마나 잘 알고 있는지 확인하는 것이 필요하다.
- 타동사와 자동사를 분류한다.
- 불규칙 동사의 과거분사 등 학습자가 배워야 할 어휘 및 문법 사항, 문장 구조 등 일상생활에서 접하게 되는 다양한 언어자료들을 듣고 이해한다.

수업 전문성 수준에 따른 학습 내용

- 교육과정은 교수 · 학습 방법의 일반 지침으로 새로운 내용의 이해와 습득, 적용이 용이하도록 수업을 단계별(학습 준비 단계–학습 단계–학습 후 활동 단계)로 조직할 것을 권장한다. 그러나 교과서의 내용과 방법은 하나의 예시 자료이며 교육부에서 개발한 성취 기준은 학생들이 학습하는 이유를 밝혀 주는 것이며, 학습 목표 설정의 기준이 된다. 이를 위해서는 학생 학력 진단이 먼저 정확히 이뤄져야 한다.
- 성취 기준에 따른 학습 목표에 도달하기 위해서는 학생들의 흥미, 태도, 선개념, 난개념, 오개념 실태 진단을 통해 다양하게 교과서를 재구성하여 전문성을 가지고 수업 설계를 한다.

학생 평가

07 이 학습 내용에 대한 학생들의 이해도나 어려움을 평가하는 방법은 무엇인가?

평가 단계에는 제도상의 평가와 교사의 평가뿐 아니라 학습자 자신이 스스로 행하는 평가까지 포함된다. 수업 과정이나 과제를 통해 배운 내용을 생각해 보고 무엇을 할 수 있게 되었는지 성찰하도록 하는 등 학습 경험에 대한 학생의 피드백을 유도하는 단계이다.

새로 알게 된 내용(어휘, 표현, 문법 등)을 노트에 정리하는 것뿐만 아니라 자신의 결과물에 대한 감상이나 과제 활동 전반에 걸쳐 인상적인 경험을 생각해 본 후 이를 기록하고 말해 보는 시간을 갖는 것이 바람직하다. 교사 역시 언어 형태적 측면의 오류 수정만이 아니라 수업 과정이나 수행 과제 활동에 대하여 관찰한 주요 사항들을 학생들에게 피드백으로 제공하여야 한다.

본시의 평가 계획을 알아보면 다음과 같다.

- 현재시제와 복합과거 시제를 구분하여 설명할 수 있는가? (인지적 영역)
- 복합과거 시제에서 조동사를 선택하여 과거로 말할 수 있는가? (기능적 영역)
- 과정 수행을 잘 하는가? 모둠에서 협업과 설명을 열심히 경청하는가? (정의적 영역)

<table>
<tr><td colspan="2">평가 관점</td><td colspan="3">학습 목표 달성을 위한 학습 활동 과정에 적극적으로 참여하는가?</td><td>평가 시기</td><td>평가자</td><td>평가 방법</td></tr>
<tr><td rowspan="3">인지적 영역</td><td>평가 항목</td><td colspan="3">현재시제와 복합과거 시제를 구분하여 설명할 수 있는가?</td><td rowspan="3">정리 단계/
지필고사</td><td rowspan="3">교사/
동료</td><td rowspan="3">관찰/
지필</td></tr>
<tr><td rowspan="2">평가 척도</td><td>상</td><td>중</td><td>하</td></tr>
<tr><td>완전히 이해함</td><td>거의 대부분 이해함</td><td>이해가 미흡함</td></tr>
<tr><td rowspan="3">기능적 영역</td><td>평가 항목</td><td colspan="3">복합과거 시제에서 조동사를 선택하여 과거로 말할 수 있는가?</td><td rowspan="3">전개 단계/
수행 평가
(과정 평가)</td><td rowspan="3">자기</td><td rowspan="3">참여/
수행</td></tr>
<tr><td rowspan="2">평가 척도</td><td>상</td><td>중</td><td>하</td></tr>
<tr><td>짝에게 잘 설명함</td><td>짝에게 설명하기가 보통임</td><td>짝에게 설명하기가 미흡함</td></tr>
<tr><td rowspan="4">정의적 영역</td><td rowspan="2">평가 항목</td><td colspan="3">• 과정 수행을 잘 하는가?
• 모둠에서 협업과 설명을 열심히 경청하는가?</td><td>전개 단계/
수행 평가
(과정 평가)</td><td>교사/
동료</td><td>관찰</td></tr>
<tr><td colspan="3">본시 학습에 대한 성찰을 하는가?</td><td>정리 단계</td><td>자기</td><td>배움 공책</td></tr>
<tr><td rowspan="2">평가 척도</td><td>상</td><td>중</td><td>하</td><td rowspan="2"></td><td rowspan="2"></td><td rowspan="2"></td></tr>
<tr><td>매우 잘 수행함</td><td>수행 정도가 보통임</td><td>수행 정도가 미흡함</td></tr>
</table>

PCK 본시 교수 · 학습 과정안

프랑스어 Leçon 11. Quel temps fait-il?

프랑스어 PCK 수업 설계

학습 내용

- **교과:** 프랑스1
- **학년–학기:** 2–2
- **단원:** 11과. Quel temps fait-il?
- **차시:** 3/6
- **주제:** 동사를 복합과거로 고쳐 과거의 행위를 말할 수 있다.

학습 필요

- 프랑스어의 과거형의 문법적 기술이나 설명에 있어 교실에서 이루어질 실제의 측면을 고려하여 학생들에게 제시하고 연습을 통해 일상적인 의사소통을 하고자 하는 것이다.

교수 처방

〈배움 전략〉	〈배움 원리〉
□ 설명 – 비유	■ 공감 – 칭찬
■ 설명 – 예시	□ 공감 – 신뢰
■ 설명 – 그림	□ 공감 – 수용
■ 설명 – 정의	■ 공감 – 존중
□ 설명 – 실물	■ 공감 – 격려
■ 설명 – 비교	□ 공감 – 표현
□ 설명 – 대조	■ 공감 – 유머
□ 시범 ■ 관찰	□ 지원 – 개발
■ 서사 ■ 탐구	■ 지원 – 딴청
■ 발문 ■ 추론	■ 지원 – 나누기
■ 연습 ■ 요약	□ 지원 – 대기
■ 단서 □ 조작	■ 지원 – 공유
■ 과제 ■ 메모	■ 지원 – 도전
■ 매체 ■ 발표	■ 지원 – 참여
■ 토의	■ 지원 – 연결
	□ 지원 – 반성

학생 평가

- 현재동사 복합과거로 고치기
- 대명동사 복합과거로 고치기
- 수능형 문항 풀이

학습 흐름

1. 배움 열기 단계
   - 그림 내용을 이해하여 과거형으로 말해 보기
     예) J'ai mangé
2. 배움 활동 단계
   - 왕래 · 발착 동사 익히기
   - 과거분사 익히기
   - avoir / être 복합과거 성 · 수 일치 알기
3. 배움 정리 단계
   - 과거에 한 일에 대해 묻고 답하는 표현 연습

학생 진단

- **선개념:** avoir+p.p 복합과거형으로 표현하기
- **난개념:**
  1) être+p.p 복합과거에서 과거분사에 성 · 수 일치.
  2) 3군 동사의 과거분사
- **오개념:** être / avoir 조동사 선택의 오류

학생 배움중심의 수업 설계 약안

교과	프랑스어 1	단원(차시)	Leçon 11. Quel temps fait-il?(3/6)
성취 기준	프1305. 잘 알려진 사실이나 구체적인 사건을 다룬 간단한 글을 읽고 주제, 소재, 내용을 이해한다.		
학습 목표	동사를 복합과거 시제로 고쳐 과거의 행위를 말할 수 있다.		

단계	학습 내용	교수 · 학습 활동	PCK 전략			자료(★) 및 유의점(※)
			배움 주춤	배움 전략	배움 원리	
배움 열기 (7')	전시 학습 확인	**• Salutation** – 과거분사 확인 – avoir+p.p 복합과거로 표현하기	선개념	연습, 발문 요약	참여 연결	★ PPT, 사진
	동기 유발 (개별)	**• Motivation** – 과거 한 일에 대해 써 보기		서사, 매체 과제, 탐문	연결, 참여 도전	★ 포스트잇
	학습 목표 확인(전체)	**• Objective** – être+p.p 동사목록을 보여주기	신개념	단서		※ 관련어휘 목록 작성
배움 활동 1 (20')	암기 활동	**• 왕래 · 발착 동사 익히기** – Maison d'être로 왕래 · 발착 동사 외우기	신개념	설명, 정의 매체, 관찰	공유 공감	★ 활동지
	모둠 활동	**• 동사의 과거분사 카드게임** – 동사의 변화형을 설명하고 카드게임	난개념	그림, 발문 추론, 메모	참여	★ 과거분사, 카드게임
		• 노래를 통한 과거분사 익히기 – 노래를 활용하여 뜻과 과거분사 외우기		시범, 과제 연습, 비교	연결	★ 동영상
	설명(전체)	**• 복합과거에서 조동사의 선택** – être+p.p에서 성 · 수 일치에 대해 설명	난개념	매체, 연습	칭찬 연결	★ PPT 자기 평가
배움 활동 2 (15')	학생 짝 활동	**• 짝과 복합과거 말해 보기** – 교과서 내용을 짝과 바꾸어 말해 보기 – 과거의 일을 복합과거로 문장 쓰고 말해 보기	오개념 난개념	토의, 예시 대조, 단서	도전, 칭찬 격려, 유머	★ 교과서 학습지
	모둠 (과제 실행)	**• 모둠별 과제 수행 후 2명이 나와서 발표하기**	오개념	설명, 발문 추론, 발표	공감, 딴청 공유, 참여	★ 사진 활용 교사 평가
배움 정리 (8')	정리하기 (전체)	**• 요약하기(본시 학습의 정리)** – 과거분사 정리		요약, 매체 발표	되돌리기	★ PPT
	형성 평가 (개별 활동)	**• 형성 평가** – 현재동사 복합과거로 고쳐 보기 – 대명동사 복합과거로 고쳐 보기 – 수능형 문항 풀이		연습, 발표 토의, 탐문 과제, 메모	공감 존중 공유	★ 학습지 및 평가지 동료 평가
	차시 예고	**• 학습 활동 반성 및 차시 예고** – 학습 활동 반성(배움 성찰)		과제	도전, 반성 칭찬, 공유	※ 배움 성찰 나누기

프랑스어

형성 평가(수능형 문항)

1. 다음의 전자우편 내용과 일치하지 않는 것은?

Cher Réo,
Tu vas bien?
Je suis rentrée hier à Séoul. Mes parents sont venus me chercher à l'aéroport. Mais j'ai attrapé la grippe, Alors je suis allée voir le médecin ce matin. Et j'ai pris des médicaments. Ça va un peu mieux. Mais j'ai encore très mal à la tête. Ici, il fait froid qu'à Paris. C'est bientôt Noël. Passe de bonnes vacances!

Bien à toi

Minsu

① 민수는 어제 서울로 돌아왔다.
② 민수는 감기 때문에 의사한테 갔다.
③ 민수는 약을 먹고 좀 나았다.
④ 파리의 날씨가 서울보다 더 춥다.
⑤ 곧 크리스마스가 다가온다.

서울의 날씨가 파리보다 더 춥다.

2. 빈칸 (a), (b)에 들어갈 말로 알맞은 것은?

Dans le jardin, Mira __(a)__ un roman de son sac.
Mais il __(b)__ à pleuvoir toup à coup.

	(a)	(b)
①	a sorti	a mis
②	a sorti	s'est mis
③	a sorti	s'est mise
④	est sortie	s'est mis
⑤	est sortie	s'est mise

첫 번째 (a)는 그녀의 가방에서 소설책을 "꺼내다"는 타동사이기 때문에 avoir+p.p 문장을 찾아야 되고 타동사의 과거분사이기 때문에 주어의 성 · 수에 일치하지 않는다. 두 번째 (b)에 se mettre à: (~하기 시작하다)는 대명동사이기 때문에 être+p.p를 써야 한다.

정답 1. ④ 2. ②

형성 평가

2학년 (　　) 반 (　　) 번 이름 (　　　　　　　　)

(　　) 동사를 복합과거로 고치시오.

Comment avez-vous fait?

- J(e) ________ beaucoup. (travailler)
- Je ne _______ pas _____ tard. (se lever)
- J(e) _______ au tennis souvent. (jouer)
- J(e) _______ .(gagner)
- J(e) ________ un peu fatigué. (être)
- J(e) ________ faire du tennis. (voir)

Comment a-t-il fait?

- Il ______ des haltères. (faire)
- Il ______ .(courir)
- Il ______ de la volonté. (avoir)
- Il ______ faire le sport pour la santé. (venir)
- Il ______ de l'eau. (boire)
- Il n'(e) ___ pas trop _____.(manger)

Comment a-t-elle fait?

- Elle ______ le ski. (aimer)
- Elle ______ à la montagne. (aller)
- Elle _______ des leçons. (prendre)
- Elle _______ faire du ski. (vouloir)
- Elle _______ par terre. (tomber)
- Elle _________ de la montagne.(descendre)

프랑스어

과정 중심 평가 학습지

보기와 같이 동사를 과거시제로 고쳐 하루 일과를 쓰시오.

보기

Exemple: 6 heures: se lever ➡ Je me suis levé(e) à 6 heures.

ⓐ 10 heures: se promener avec le chien

➡ ____________________

ⓑ 12 heures: déjeuner avec ma sœur

➡ ____________________

ⓒ 14 heures: se reposer

➡ ____________________

ⓓ 16 heures: finir le ménage

➡ ____________________

ⓔ 18 heures: aller au supermarché

➡ ____________________

ⓕ 19 heures: prendre l'apéritif chez des amis

➡ ____________________

ⓖ 23 heures: rentrer à la maison

➡ ____________________

학습지

Les participes passées des verbes français

1. Dictionnaire:
   - aider → aidé
   - aller → allé
   - rencontrer → rencontré
   - … …

2.
   - finir → fini
   - choisir → choisi
   - dormir → dormi
   - partir → parti
   - … …
   - suivre → suivi
   - … …

3.
   - écrire → écrit
   - dire → dit
   - conduire → conduit
   - … …

4.
   - mettre, admettre, … } mis
   - prendre, apprendre, comprendre } pris
   - … …

5.
   - ouvrir, couvrir, découvrir, … } ouvert …
   - offrir offert

6.
   - attendre → attendu
   - entendre → entendu
   - perdre → perdu
   - répondre → répondu
   - connaître → connu
   - venir, devenir, … } venu
   - tenir, obtenir, … } tenu
   - courir → couru
   - lire → lu
   - vivre → vécu
   - vouloir → voulu
   - falloir → fallu
   - recevoir → reçu
   - décevoir → déçu
   - voir → vu
   - boire → bu
   - savoir → su
   - pouvoir → pu
   - devoir → dû
   - pleuvoir → plu
   - plaire → plu

7.
   - peindre → peint
   - plaindre → peint
   - … …

8.
   - être → été
   - avoir → eu
   - faire → fait
   - naître → né
   - mourir → mort

교사의 관찰 체크리스트

학습 과제 :

학년:　　　반:　　　　　　　담당교사:　　　　　　　　　　(인)

평가 내용		형성 평가	활동 1 내용			활동 2 내용		
성취 수준	상	80% 이상						
	중	60% 이상 ~ 80% 미만						
	하	60% 미만						
번호	이름	상/중/하	상	중	하	상	중	하
1								
2								
3								
4								
5								
6								
7								
8								
9								
10								
11								
12								
13								
14								
15								
16								
17								
18								
19								
20								
21								
22								
23								

학생 자기 성찰 평가 및 동료 평가서

학습 과제 :

자기 성찰 평가

학년: 반: 번: 이름:	
모둠 친구들	
나의 역할	

1. 나의 역할에 최선을 다했나? ☆☆☆☆☆
2. 친구들을 도우며 활동에 참여했나? ☆☆☆☆☆
3. 모둠원의 역할 분담(과제 분담)이 골고루 이루어졌나? ☆☆☆☆☆
4. 모둠원이 모두 적극적으로 참여했나? ☆☆☆☆☆
5. 모둠별 활동을 수행하며 생긴 어려움과 갈등을 민주적으로 해결했나? ☆☆☆☆☆
6. 이번 학습 활동을 통해 배운 것(자유롭게 기록하기)

동료 평가

학년: 반:

모둠명	발표 내용에서 인상적이거나 좋았던 부분에 대한 한 줄 평	점수(절대평가)
		☆☆☆☆☆
		☆☆☆☆☆
		☆☆☆☆☆
		☆☆☆☆☆
		☆☆☆☆☆
		☆☆☆☆☆

7 CoRe 활용 학생 배움중심의 세계지리 PCK 수업 설계

학습 내용

01 학생들이 학습해야 할 내용은 무엇인가?

고등학교 세계지리의 [Ⅱ. 세계의 다양한 자연환경] 단원은 세계의 자연환경이 지리적으로 다양함을 파악하고, 자연환경과 주민 생활의 관련성을 이해하는 것을 목적으로 한다. 이를 위해 각 지역의 지형, 기후, 환경 등이 지역마다 다르게 나타나는 원인을 파악하는 동시에, 인간 활동이 자연환경에 미친 영향과 지나친 간섭으로 인해 발생할 수 있는 문제점을 인식하고, 나아가 환경의 가치를 이해하고 보전하는 태도를 기르고자 한다.

학년 학기	고등학교 2학년 1학기
단원(차시)	II. 세계의 다양한 자연환경 6. 세계의 하천 및 해안 지형 – 3. 해안 지형과 이용의 문제점(2/3차시)
학습 주제	해안 지형의 형성(해안 침식 지형과 해안 퇴적 지형)

- 세계지리는 고등학교 선택 과목으로 해당 학년과 학기는 학교별 교육과정 편성과 교사의 단원 재구성 지도 계획에 따라 달라질 수 있다.
- 단원 명칭은 교과서의 해당 대단원 시작 쪽에서 확인할 수 있고, 해당 차시는 중단원 총 차시 중 교사가 구성한 차시 순에 따른다.
- 본시의 학습 주제는 교사가 재구성하여 설정할 수 있는데, 본 수업은 소단원 '해안 지형과 이용의 문제점'을 3차시로 구성한 것 중 제2차시에 해당한다.

단원의 지도 내용

- 지형, 기후 등 자연환경이 지역별로 달리 나타나는 원인을 파악하기
- 인간 활동이 자연환경에 미치는 영향과 자연환경에 대한 인간의 지나친 간섭으로 인해 발생할 수 있는 문제점을 인식하기
- 생태계 보전을 위해 노력하는 태도를 가지기

본시의 학습 문제

- 해안 침식 지형의 형성 원인과 형성 과정 알아보기
- 해안 퇴적 지형의 형성 원인과 형성 과정 알아보기

본시의 학습 요소

- 해안 침식 지형의 형성 원인과 형성 과정
- 해안 퇴적 지형의 형성 원인과 형성 과정

학습 필요

02 이 내용을 학습해야 하는 까닭은 무엇인가?

본시 학습을 해야 하는 까닭은 교육부에서 국가 교육과정에 따라 학생의 학업 성취도를 평가하기 위한 합리적인 기준으로 개발한 교과별 성취 기준을 통해 알 수 있다.

고등학교 교과별 성취 기준은 교육부의 성취평가제 지원 홈페이지에 탑재된 고등학교 사회과 성취평가제 매뉴얼을 통해 확인할 수 있다.

➡ 중등학교 성취평가제 지원 홈페이지(http://asa.kice.re.kr) → 고등학교 운영 지원 → 운영 지원 자료 → 고등학교 성취평가제 운영의 실제–사회

중등학교 성취평가제 지원 홈페이지

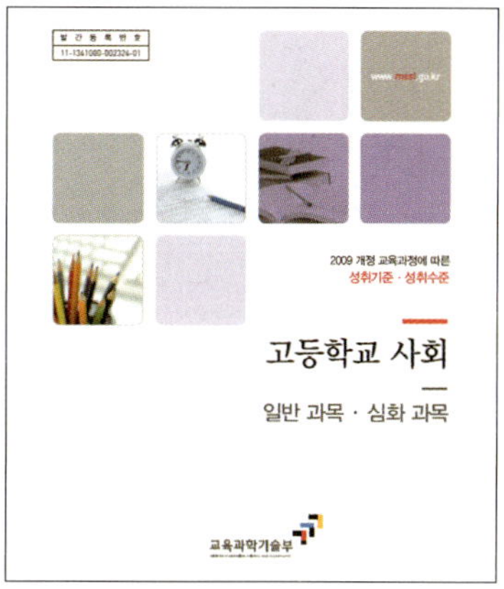

고등학교 성취평가제 운영의 실제–사회

본시의 성취 기준은 교육부에서 제시한 바에 따른다.

성취기준

세지 1226–1. 주요 하천 및 해안 지형의 발달 과정과 해양 환경의 중요성을 설명할 수 있다.

세계지리

교육과정 교과 지식

03 이 학습 내용과 관련하여 교사가 알아야 할 내용은 무엇인가?

본시 학습 내용을 지도하기 위해서 교사가 알아야 할 것은 본시와 관련한 학습의 계열과 교과 핵심 지식 및 기능이다.

학습의 계열

학습의 계열은 본시 학습에서 가르칠 범위를 결정하는 데 도움을 준다.

구분	내용
선수 학습	**교육과정 성취 기준** **사91042.** 지형과 관련하여 세계적으로 유명한 관광지를 찾고 해당 지역의 지형 특징과 그 지형의 형성 과정을 설명할 수 있다. • **세계의 주요 해안 지형 형성 과정 알아보기** – 중학교 1학년 사회 Ⅳ. 자연으로 떠나는 여행 4. 지형 경관을 찾아 떠나는 여행
본시 학습	**교육과정 성취 기준** **세지 1226-1.** 주요 하천 및 해안 지형의 발달 과정과 해양 환경의 중요성을 설명할 수 있다. • **세계의 주요 해안 지형 형성 원인과 특색 알아보기** – 고등학교 2학년 또는 3학년 1학기 세계지리 Ⅱ. 세계의 다양한 자연환경 6. 세계의 하천 및 해안 지형
후속 학습	**교육과정 성취 기준** **한지 1223.** 해안 지형의 형성 과정과 특징을 설명하고 인간의 이용에 의해 발생하는 해결 방안을 제시할 수 있다. • **해안 지형의 형성 작용 및 인간 이용에 의한 문제점과 해결 방안** – 고등학교 2학년 또는 3학년 1학기 한국지리 Ⅱ. 지형 환경과 생태계 3. 해안 지형의 형성 과정과 특징

학교별 교육과정 편성에 따라 본시와 후속 학습 간 학년 순이 바뀌거나 후속 학습이 빠질 수 있으므로 교육과정 편성을 고려하되 성취 기준을 달성하고 가르칠 범위를 결정한다.

본시 주제의 2015 개정 교육과정의 성취 기준 연관성

2015 개정 교육과정 [세계지리] 과목에서의 성취 기준은 다음과 같다.

교육과정 성취 기준

12세지 02-05. 세계적으로 환경 보존이나 관광의 대상지로 주목받고 있는 주요 사례를 중심으로 카르스트 지형, 화산 지형, 해안 지형 등 여러 가지 특수한 지형들의 형성 과정을 이해한다.

- **해안 지형의 형성 과정**
  - 고등학교 2학년 또는 3학년 1학기 세계지리
    Ⅱ. 세계의 자연환경과 인간 생활 5. 독특하고 특수한 지형들

교과 핵심 지식 및 기능

본시 학습에서 학생들에게 꼭 가르쳐야 할 핵심 지식(기능)의 내용은 다음과 같다.

핵심지식 1 해안 침식 지형의 형성 원인과 형성 과정

- 파랑에 의해 형성되는 해안 침식 지형의 형성 원인과 형성 과정: 해식애, 파식대, 해식동, 해식아치, 시스택
- 파랑 및 내적 작용(융기) 또는 기후 변동(빙기의 해수면 하강)으로 인해 형성되는 해안 침식 지형의 형성 과정: 해안단구

핵심지식 2 해안 퇴적 지형의 형성 원인과 형성 과정

- 파랑과 연안류에 의해 형성되는 퇴적 지형의 형성 원인과 형성 과정: 사빈, 사취, 사주, 육계사주, 육계도, 석호
- 바람에 의해 형성되는 해안 퇴적 지형의 형성 원인과 형성 과정: 해안사구
- 조류에 의해 형성되는 해안 퇴적 지형의 형성 원인과 형성 과정: 갯벌

학생 진단

04 이 내용을 학습할 학생들이 겪을 어려움은 무엇인가?

본시 학습 내용에 대한 성취도를 높이기 위해서는 학습 내용의 핵심 지식(기능)과 이에 대한 학생들의 이해도 및 이를 높이는 데 걸림돌이 무엇인지에 대해 학생 실태를 파악하고, 대비책을 마련해 두는 것이 필요하다. 여기서는 핵심 지식에 대한 학생의 이해도 및 기능 습득에 어떤 어려움이 있는지 살펴본다.

난개념(난기능), 오개념(오기능)과 핵심 지식과의 연계 지도 방안을 찾기 위해 학생들의 선수 학습 개념을 사전 설문 조사나 진단 평가 형식으로 알아볼 수 있다.

본시 학습 주제에 대한 진단 평가 결과

분석 결과(상 ⊙, 중 ◑, 하 △)

문항		분석 결과	본시 학습 진단 평가지
1	해안 지형의 형성 위치	⊙	
2	해안 침식 지형의 명칭	◑	
3	해안 침식 지형 명칭의 의미	△	
4	해안 침식 지형의 형성 원인	◑	
5	해안 퇴적 지형의 명칭	◑	
6	해안 퇴적 지형 명칭의 의미	△	
7	해안 퇴적 지형의 형성 원인	△	
8	해안 퇴적 지형의 공급원	△	
9	해안사구의 형성 원인	△	
10	해안사구의 송림 조성 원인	△	
11	갯벌 해안의 형성 원인	◑	
12	갯벌의 주요 기능	◑	

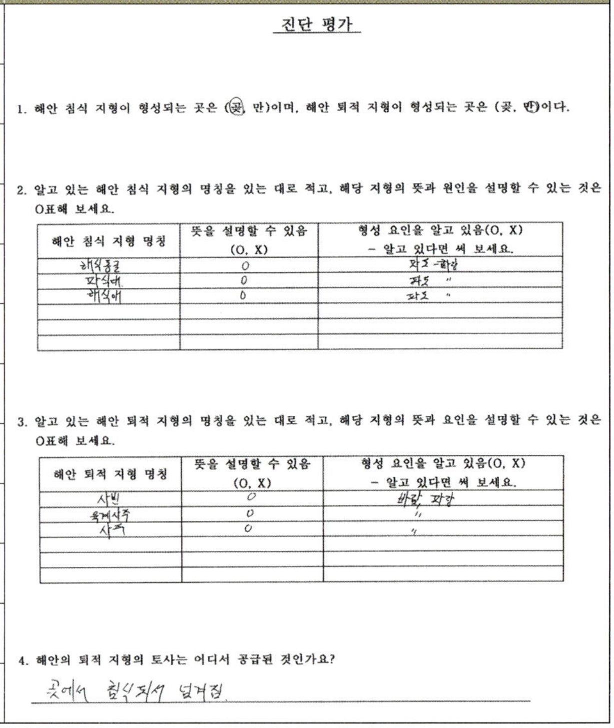

진단 평가

1. 해안 침식 지형이 형성되는 곳은 (곶, 만)이며, 해안 퇴적 지형이 형성되는 곳은 (곶, 만)이다.

2. 알고 있는 해안 침식 지형의 명칭을 있는 대로 적고, 해당 지형의 뜻과 원인을 설명할 수 있는 것은 O표해 보세요.

해안 침식 지형 명칭	뜻을 설명할 수 있음 (O, X)	형성 요인을 알고 있음(O, X) - 알고 있다면 써 보세요.
해식동굴	O	파도-[illegible]
파식대	O	파도 〃
해식애	O	파도 〃

3. 알고 있는 해안 퇴적 지형의 명칭을 있는 대로 적고, 해당 지형의 뜻과 요인을 설명할 수 있는 것은 O표해 보세요.

해안 퇴적 지형 명칭	뜻을 설명할 수 있음 (O, X)	형성 요인을 알고 있음(O, X) - 알고 있다면 써 보세요.
사빈	O	바람, 파랑
육계사주	O	〃
사주	O	〃

4. 해안의 퇴적 지형의 토사는 어디서 공급된 것인가요?

곶에서 침식되서 넘겨짐.

선개념

선개념은 본시 학습 내용과 관련하여 학생들이 이미 알고 있는 개념으로, 핵심 지식을 획득하기 위해 선개념을 바탕으로 난개념, 오개념과 연결지어 배움 전략을 수립하고 지도한다.

선개념 1 해안 지형을 형성하는 요인에 대한 기본 원리는 알고 있다.

선개념 2 파식대, 해식동의 명칭은 알지만, 의미와 형성 원인을 정확히 모른다.

선개념 3 사빈, 사취, 사주, 갯벌의 명칭과 이용 상태 등을 부분적으로 알고 있다.

신개념

신개념은 본시 학습 내용과 관련하여 학생들이 본시에 새로 배워야 할 개념이다.

신개념 1 해안 침식 지형에서 해식아치와 시스택을 새로 배워야 한다.

신개념 2 해안 퇴적 지형에서 육계사주, 육계도, 석호, 해안사구를 새로 배워야 한다.

난개념, 난기능

난개념(난기능)은 본시에서 학습해야 할 내용 중에서 학생들이 이해하기 어려워하는 내용으로, 효과적인 배움 전략과 배움 원리를 실행함으로써 이를 해결하고 학습 목표에 도달하게 된다.

난개념 1 외적 작용(침식)과 내적 작용(지반 융기) 또는 기후 변동(빙기 해수면 하강)의 원인이 복합적으로 작용한 해안단구의 형성 원인과 과정 이해를 어려워한다.

난개념 2 해안 퇴적 지형을 형성하는 원인 중 연안류 작용의 이해를 어려워한다.

난개념 3 해안사구와 갯벌의 생태적 가치 및 전체적인 형성 원리의 이해를 어려워한다.

난기능 1 해안 침식 지형, 퇴적 지형의 형태를 그리고 설명하기를 어려워한다.

난기능 2 학습 주제에 대한 수능형 문항 풀이를 어려워한다.

오개념, 오기능

오개념(오기능)은 본시에서 학습해야 할 내용 중에서 학생들이 갖고 있는 선개념 중에서 잘못 알고 있거나 본시 학습 중에 잘못 이해할 가능성이 있는 내용으로, 교정을 위해 교사의 적극적인 지원이 필요한 부분이다.

오개념 1 해안 퇴적 지형의 공급원 중 하천에 의한 운반을 모르고, 파랑에 의해 먼 바다에서 밀려온 것과 곶에서 침식되어 공급된 것으로만 잘못 알고 있다.

오개념 2 해안사구에 있는 숲의 기능을 미관에 의해 조성된 것으로 잘못 알고 있다.

흥미, 태도

본시의 효과적인 학습 방법을 탐색하고 학습 목표에 도달하기 위해 학생들의 흥미와 태도를 파악할 필요가 있다.

흥미 1 주변에서 볼 수 있거나 관광지로 알려진 해안 지형에 대한 관심이 높다.

태도 1 발문과 탐문으로 이어지는 수업 대화에 참여하기를 좋아한다.

태도 2 교사의 일방적인 설명과 강의 중심의 수업보다는 학생 참여 활동과 짝 가르치기 활동을 좋아한다.

교수 처방 05

이 학습 내용을 지도할 때 사용하는 교수법과 사용 이유는 무엇인가?

본시의 수업 내용은 '해안 침식 지형과 해안 퇴적 지형의 형성 원인과 특색 알아보기'이다. 앞에서 살펴본 대로 학생들의 난개념, 오개념을 지도하기 위해서는 학생 이해도 및 수준에 따른 적절한 내용 표상 방법을 활용한 교수 처방이 필요하다. 본 수업의 대상 학생들은 일반계고 2학년 학생들로, 주요한 개념의 이해에서 교사의 설명에 대한 의존도가 높기는 하지만, 일방 강의보다는 발문을 통한 학생 참여가 이뤄지는 수업 대화를 바탕으로 한 설명을 좋아한다. 따라서 학생들의 선개념과 연결되는 매체를 활용한 발문 중심 수업 대화를 바탕으로 한 설명 전략을 사용한다. 교사의 주요 설명 후에는 약화 그리기, 학습지 정리, 짝 가르치기 등 학생 참여 및 복습 활동을 하게 함으로써 메타인지를 활성화하여 학습 효과를 높이는 전략을 사용한다.

세계지리

1. 배움 열기 단계에서의 학생 진단과 교수 처방

배움 열기 단계(5')

학습 과정 (학습 집단)	교수 · 학습 활동	배움중심 PCK 전략			자료(★) 및 유의점(※)
		배움 주출	배움 전략	배움 원리	
전시 학습 상기	**• 전시 학습 내용 상기하기** – 해안 지형의 형성 요인 – 곶의 침식 작용, 만의 퇴적 작용	선개념	매체	칭찬	★ PPT 사진 동영상
동기 유발	**• 학습 동기 유발하기** – 알고 있는 해안 지형 명칭 파악하기		발문 서사		※ 전시의 원리 복습
학습 목표 제시(전체)	**• 학습 목표 및 학습 순서 제시하기**				

선개념 1 해안 지형을 형성하는 요인에 대한 기본 원리는 알고 있다.

• 본시 학습과의 연결을 위해 전시의 핵심 내용(해안 지형의 형성 원리)을 제시, 상기시킨다.

• 스토리텔링과 함께 지형 사진을 제시하여 학습 목표로 연결한다.

⊙ 전시 학습 내용 상기하기

교사 지난 시간에 학습한 내용이에요. 괄호 안에 들어갈 내용을 같이 대답해 볼까요? **(매체)**

학생 (PPT를 보며 괄호 안에 들어갈 내용을 같이 대답한다.)

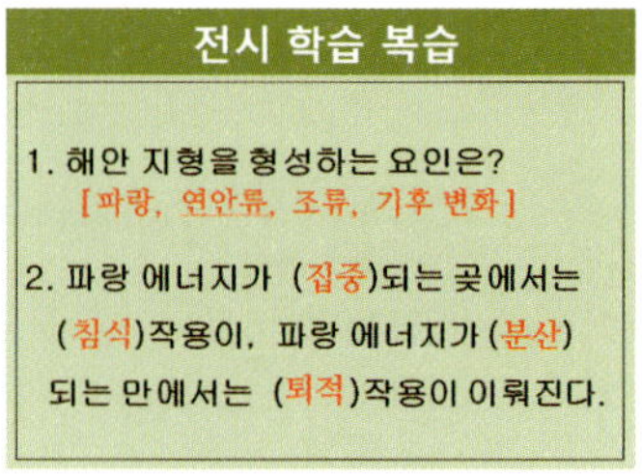

전시 학습 복습 PPT 제시

⊙ 학습 동기 유발하기

교사 (옛일을 회상하는 듯한 어조로) 선생님의 예전 제자 중에 뮤직비디오 감독을 꿈꿨던 친구가 있어요. 그 친구는 고등학교 시절에 미래의 뮤직비디오 촬영지를 찾기 위해 주말마다 좋은 장소들을 찾아 사진을 찍어 포트폴리오로 차곡차곡 엮었어요. 그 덕분에 대학의 영상학과에 수시 전형으로 합격을 했죠.**(서사)** 그 친구가 찍었던 사진들을 보면서 아는 지형 이름을 말해 볼까요? **(사진 제시) (매체)** 선개념 확인

학생 네. (제시한 사진을 보며) 해식애, 해식동…

교사 중학교 때 배운 몇 가지는 아주 잘 알고 있네요.**(웹 칭찬)** 모두 관광지로 이용되고 있는 멋진 지형이죠. (학생들이 대답한 지형 이름을 칠판에 써 준다.) **(매체)**

주변의 해안 사진 제시

⊙ 학습 목표 및 학습 순서 제시하기

교사 오늘은 해안 침식 지형과 퇴적 지형의 형성 원인과 형성 과정을 알아보도록 하죠. 학습 목표를 같이 읽어 볼까요?

학생 (큰 소리로 학습 목표를 함께 읽는다.)

교사 선생님과 함께 학습한 후에는 짝에게 설명해야 한다는 것, 잘 알고 있죠?

학생 네.

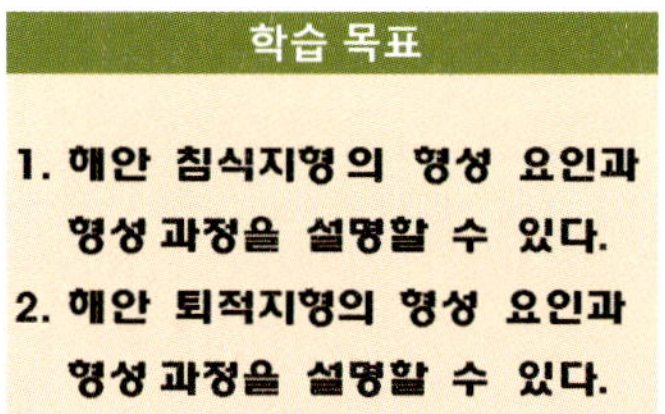

학습 목표 제시

학습 순서

1. 해안 침식 지형(교사 설명 → 학생 활동) ➡ 2. 해안 퇴적 지형(교사 설명 → 학생 활동) ➡ 3. 형성 평가(카드 분류 → 총정리 → 수능형 문항 풀이)

2. 배움 활동 1단계에서의 학생 진단과 교수 처방

배움 활동 1단계에서는 해안 침식 지형의 형성 원인과 형성 과정을 학습한다.

배움 활동 1단계(20')

학습 과정 (학습 집단)	교수 · 학습 활동	배움중심 PCK 전략			자료(★) 및 유의점(※)
		배움 주춤	배움 전략	배움 원리	
해안 침식 지형 (전체 → 짝)	• **암석 해안의 주요 침식 지형 알아보기** – 해식애, 파식대, 해식동, 해식아치, 시스택	선개념 난개념	매체 발문 연습 정의	나누기 칭찬	★사진, 교과서, 학습지, 메모지 교사 평가 동료 평가
	• **해안단구 알아보기**	난개념	매체, 탐문 정의, 단서 추론, 토의 발표	나누기 칭찬 되돌리기	
	• **[학생 참여, 복습 활동] 해안 침식 지형 전체** – 약화 그리기 – 학습지 정리 – 짝 가르치기	난기능	매체, 연습 과제, 요약 토의, 발표 동료 교수 질문하기	표현, 공유 연결	

선개념 1 파식대, 해식동의 명칭은 알지만, 의미와 형성 원인을 정확히 모른다.

한자를 판서하고 설명해 명칭의 뜻을 알게 하고, 명칭을 소리 내어 읽게 한다. 형성 원인과 과정은 모식도를 보고 학생들이 설명하게 하여 익히도록 한다.

신개념 1 해식아치와 시스택을 새로 배워야 한다.

형성 과정을 발문을 통해 사고하여 답하도록 한 후, 교사가 정의를 설명하고 해당 사진을 확인하게 한다.

난개념 1 외적 작용(침식)과 내적 작용(지반 융기) 또는 기후 변동(빙기 해수면 하강)의 원인이 복합적으로 작용한 해안단구의 형성 원인과 과정 이해를 어려워한다.

선개념을 바탕으로 매체를 활용해 발문하고, 사고를 촉진할 수 있는 근거 자료를 제시해 학생들이 스스로 토의와 추론, 발표하게 한 후 교사가 정리, 설명한다.

난기능 1 해안 침식 지형 형태를 그리고 설명하기를 어려워한다.

교사 설명 후에 '약화 그리기'(참여 활동)와 '학습지 정리, 짝 가르치기 활동'(복습 활동)을 실시해 학습 목표 달성을 확인, 촉진한다.

세계지리

⊙ 암석 해안의 주요 침식 지형 알아보기

'해안 침식 지형 알아보기'에서의 학습 내용 [나누기(slicing)] 전략

① 해안 침식 지형 동영상에서 [선개념] 확인하기 → ② 지형 명칭 소리 내어 읽기 연습하기 → ③ 한자 용어의 뜻 익히기 → ④ 형성 과정 그림 보고 학생들이 설명해 보기 → ⑤ [신개념] 해식아치와 시스택에 대한 교사의 설명 → ⑥ 해당 사진 확인하기

교사 앞에서 본 사진과 유사한 지형이 동영상에 있는지 찾으면서 보세요.(매체)

Tip: 유튜브 등에서 12사도상 지형 동영상을 찾아 1분 이내 핵심 장면으로 편집해 제시하는 것이 좋음.

학생 (동영상을 보며 대답한다.) 해식애, 해식동, 파식대…

교사 (교사는 학생의 답이 나오지 않은 지형을 잘 관찰한다.)

교사 (해안 침식 지형의 형성 과정 제시)(매체) 그렇죠. 이러한 지형들은 과거에 왼쪽 그림과 같은 곳이었다가 파랑의 침식으로 현재 오른쪽 지형이 되었습니다. 각 침식 지형의 명칭을 같이 소리 내어 말해 볼까요?(해안 침식 지형 단면도 제시)(매체)

학생 (교사가 짚어 주는 모식도의 지형 명칭을 소리 내어 읽는다.)(연습)

교사 해식애, 해식동, 파식대는 무슨 뜻일까요?

학생 바다가 깎은 절벽, 동굴이요. 파도가 깎은 땅입니다. 등

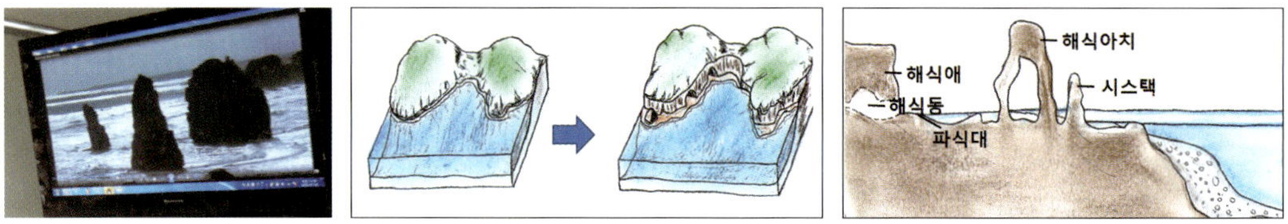

12사도상 동영상 제시 → 해안 침식 지형의 형성 결과와 모식도 제시

교사 해식애의 애는 절벽, 해식동의 동은 동굴, 파식대의 대 자는 '높고 평평하다'는 뜻입니다.(정의) (한자를 칠판에 써 준다.)(매체) 이번에는 해안 침식 지형의 형성 과정입니다.(형성 과정 제시) (매체) 그림을 보면서 하나씩 설명해 보세요.

한자어 명칭 판서, 설명

해안 침식 지형의 형성 과정 제시

학생 (교사가 짚는 그림 순서에 따라) 파랑의 침식을 받아 해식애의 아랫부분이 침식됩니다. → 그 후 침식받은 윗부분이 무너져 내립니다. → 침식된 해식애의 앞부분은 평평해졌습니다.

교사 아주 잘 설명하였습니다. 이런 과정을 거치면서 해안 침식 지형이 만들어졌어요.(원 칭찬) (모식도의 해식아치, 시스택을 짚으며)(매체) 그런데 여기 아치 모양으로 생긴 지형인 해식아치는 돌출된 암석의 약한 부분이 차별적으로 침식을 받아 만들어진 거예요. 그런데 해식아치가 파랑의 침식을 더 받으면 어떻게 될까요? 신개념 확인

학생 막대처럼 남을 것 같아요.

교사 그렇습니다. 암석이 차별적인 침식을 받아서 육지에서 분리되서 고립된 촛대와 같이 형성된 지형을 시스택이라고 합니다.(정의) 교과서를 펴서 해당 사진을 보며 다시 확인해 보세요.(교과서의 쪽 수를 알려주고 TV 화면에도 동일한 사진을 띄워 확인하게 한다.)(매체)

세계지리

⊙ 해안단구 알아보기

'해안단구 알아보기'에서의 학습 내용 [나누기(slicing)] 전략

① 해안단구 모식도 제시 후 명칭과 형성 원인 발문하기 → ② 형성 과정의 근거 자료(둥근 자갈 사진) 제시하기, 학생의 추론 · 토의[짝 활동] 및 발표하기 → ③ 그림을 보고 학생이 형성 과정 설명하기 → ④ 교사의 마무리 정리 설명하기

교사 앞의 지형들처럼 파랑의 침식도 받았지만 또 다른 원인도 함께 작용한 지형을 보겠습니다. (해안단구 모식도 제시)(매체) 교과서의 사진과 함께 보세요. 해수면보다 훨씬 높은 곳에 형성된 계단 모양으로 평평한 이 지형의 명칭은요?(정의)

학생 해안단구입니다.

해안단구의 모식도 제시

교사 그렇죠. 그러면 해안단구는 어떻게 형성되었을까요?

학생 지반의 융기요. 난개념 확인

Tip: 해안단구의 원인에 대한 발문에 답하지 못하면 하천 지형에서 동일 원인에 의해 형성된 하안단구의 형성 원인을 탐문하여 학생의 답을 끌어냄

교사 지난 단원에 학습한 하안단구는 어떤 요인으로 형성되었던가요?(단서, 원 되돌리기)

학생 아하, 지반의 융기로군요.

교사 어떤 지형이 융기한 것일까요?(탐문)

학생 파식대요.

교사 맞습니다. 이번에는 해안단구의 퇴적물로 발견되는 둥근 자갈 그림입니다. (둥근 자갈 퇴적층 그림 제시)(매체) 이를 보고 해안단구가 형성된 과정을 1분간 짝과 같이 추론하고, 의견을 제시할 수 있는 짝들은 손을 들어 발표해 보세요.

학생 (짝끼리 이야기한다.)(추론, 토의), [짝 활동]

(손을 드는 학생들이 발표한다.) 1. 자갈이 둥근 걸로 보아 예전에 바다에서 파도의 침식을 받았던 것 같습니다.

2. 파식대가 지반의 융기로 인해 높은 곳에 있게 된 것이 아닐까요?(발표)

교사 잘 추론해서 좋은 의견들을 내놓는군요.(원 칭찬) 이번에는 형성 과정 모식도를 보고 설명할 준비를 30초간 해 보세요. (해안단구의 형성 과정 모식도 제시)(매체)

해안단구의 형성 과정을 추론한 후 발표하려는 학생

학생 (30초 후 교사가 짚는 단구의 형성 과정도를 보며 순서대로 답한다.) 파랑의 침식을 받아 해식애와 파식대가 형성되었다 → 지반이 융기하거나 해수면이 하강하여 파식대가 높은 곳에 위치하게 되었다.

교사 (답이 잘 나오지 않으면 추가 탐문을 하여 답이 나올 수 있도록 한다.)

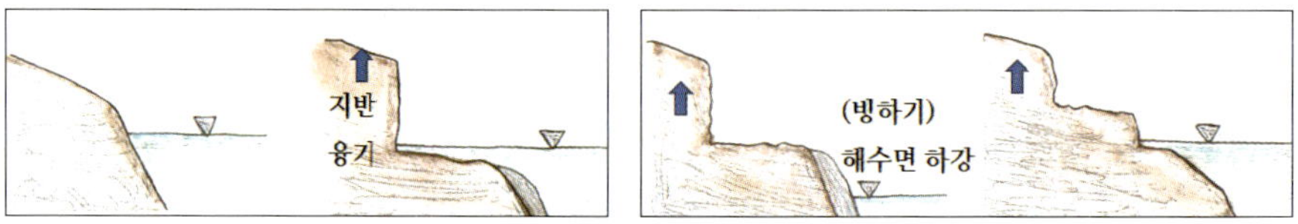

해안단구의 형성 과정 모식도 제시

교사 살펴본 대로 과거의 파식대나 해저 퇴적면이 현재의 해안보다 높은 곳에 계단 모양으로 형성된 지형을 해안단구라고 합니다.(정의) 해안단구는 파랑의 침식뿐만 아니라 내적 요인인 지반 융기나 기후 변동으로 인한 해수면 하강 등의 요인도 작용했기 때문에 출제가 많이 되는 중요한 지형이에요. 꼭 잘 알아 둬야 합니다.

⊙ [학생 참여, 복습 활동] : 해안 침식 지형 전체 난기능 확인

해안 침식 지형 전체 내용에 대한 학생 참여, 복습 활동 순서

① 약화 그리기(학습 내용 실습에 해당) → ② 학습지 정리하기(학습 내용의 자기 주도적 복습) → ③ 짝 가르치기[짝 활동](말하기를 통한 메타인지 활성화, 뇌의 망각 시간을 고려한 수업 중 복습 활동) 순으로 진행한다.
*배움 활동 2단계(해안 퇴적 지형) 학습 시에도 방법은 같다.

지도 유의 사항

1. 활동 시간을 확인할 수 있도록 타이머 등을 교실 전면에 제시한다.(매체)
2. 약화 그리기는 복습을 위한 것이므로 간략하고 빠르게 그리도록 지도한다.(연습, 과제, 원 표현)
3. 학습지는 학습 단계별로 즉시 정리하게 하여 효율적인 복습이 되도록 한다.(요약)
4. 짝 가르치기 전 가르칠 내용과 순서를 교사가 지정해 주면 시간을 절감할 수 있다.
5. 짝 가르치기 전 스스로 연습 시간을 30초 정도 부여하고 학습지나 책을 보고 하는 것도 허용한다.(연습)

① 해안 침식 지형 약화 그리기

② 학습지 정리하기

③ 짝 가르치기 전 스스로 연습하기

6. 짝 가르치기를 할 때에도 처음에는 학습지나 책을 보는 것을 허용하되, 점차 훈련이 되면 안 보고 할 수 있도록 한다. 듣는 짝은 설명하는 짝의 설명에서 부족한 부분이 있으면 다 들은 후 보완, 설명한다.(토의, 동료 교수, 원 공유), [짝 활동]
7. 짝 가르치기 중 교사는 순회하면서 학생들의 상황을 관찰하고 질문에 대해 지원하며, 학습 이탈 학생이 없도록 지도한다.(질문하기)
8. 학생 활동 후 학생이 발표하게 하여 학습 활동이 잘 이뤄졌는지 확인한다.(발표)
9. 학생의 발표 내용을 연결해 교사가 마무리하여 정리, 설명한다.(원 연결)

10. 학생 활동은 과정 평가로 동료 평가 및 교사 평가를 실시한다.

④ [짝 활동] 짝 가르치기

⑤ 교사의 순회 지도

⑥ 활동 후 학생 발표

3. 배움 활동 2단계에서의 학생 진단과 교수 처방

배움 활동 2단계에서는 해안 퇴적 지형의 형성 원인과 형성 과정을 학습한다.

배움 활동 2단계(20')

학습 과정 (학습 집단)	교수 · 학습 활동	배움중심 PCK 전략			자료(★) 및 유의점(※)
		배움 주춤	배움 전략	배움 원리	
해안 퇴적 지형 (전체 → 짝)	• **모래 해안의 퇴적 지형 알아보기** – 사빈, 사취, 사주, 육계사주, 육계도, 석호, 해안사구	선개념 신개념 난개념 오개념	매체, 추론 발문 그림/정의 단서, 연습	나누기 칭찬, 수용 되돌리기 연결, 격려	★ 동영상, 사진 교과서, 학습지 메모지 ※ 교과서 사진 활용 교사 평가 동료 평가
	• **해안사구 더 알아보기**	오개념 난개념	발문, 탐문 비교, 매체 과제, 메모	나누기 칭찬, 딴청 기다리기	
	• **갯벌 해안 알아보기**	난개념	매체, 발문 탐문, 추론 발표, 메모	나누기 칭찬 기다리기	
	• **[학생 참여, 복습 활동] 해안 퇴적 지형 전체** – 약화 그리기 – 학습지 정리 – 짝 가르치기	난기능	매체, 연습 과제, 요약 토의 동료 교수 질문하기 발표	표현, 공유 연결	

선개념 ① 사빈, 사취, 사주, 갯벌의 명칭과 이용 상태 등을 부분적으로 알고 있다.
해안 퇴적 지형 모식도를 통해 전체 지형 명칭을 발문하여 확인한다.

신개념 ① 육계도, 육계사주, 석호, 해안사구를 새로 배워야 한다.
발문을 중심으로 형성 과정과 형성 원리를 설명한다.

난개념 ① 해안 퇴적 지형을 형성하는 원인 중 연안류의 작용 이해를 어려워한다.
전시에 학습한 해안 퇴적 지형의 형성 요인에 대해 되돌리기 발문으로 확인한다.

난개념 ② 해안사구와 갯벌의 생태적 가치 및 전체적인 형성 원리 이해를 어려워한다.
핵심 내용이 잘 정리된 동영상을 학생들이 시청하면서 메모하며 파악하도록 한 후 발문을 통해 내용 이해 정도를 확인하고 중요 부분은 강조, 설명한다.

난기능 ① 해안 퇴적 지형의 형태를 그리고 설명하기를 어려워한다.
교사 설명 후 '약화 그리기'(참여 활동)와 '학습지 정리, 짝 가르치기 활동'(복습 활동)을 통해 학습 목표를 달성할 수 있도록 확인, 지원한다.

오개념 ① 해안 퇴적 지형의 공급원 중 하천에 의한 운반을 모르고, 파랑에 의해 먼 바다에서 밀려온 것과 곶에서 침식되어 공급된 것으로만 잘못 알고 있다.
하천이 어디로 흘러가는지를 발문해 깨닫도록 한다.

오개념 ② 해안사구에 있는 숲의 기능을 미관에 의해 조성된 것으로 잘못 알고 있다.
오답으로 시간을 지체하지 않도록 딴청부리기 발문을 통해 바로 답하면서 파악하도록 한다.

⊙ 모래 해안의 퇴적 지형 알아보기

'모래 해안의 퇴적 지형 알아보기'에서의 학습 내용 [나누기(slicing)] 전략

① [선개념] 사빈, 사취, 사주의 지형 명칭 확인, 교사의 보완 설명하기 → ② [신개념] 육계도, 육계사주, 석호의 명칭과 형성 과정에 대한 교사의 설명하기 → ③ [오개념] 해안 퇴적 지형의 공급원에 대한 발문 확인하기 → ④ [난개념] 연안류의 작용 확인 발문, 되돌리기로 확인하기 → ⑤ [신개념] 사구의 명칭 확인하기 → ⑥ 해안 퇴적 지형의 형성 위치와 형성 원인을 발문, 되돌리기, 연습으로 전체 복습 확인하기

교사 (해안 퇴적 지형의 모식도 제시)(매체) 해수욕장으로 이용되는 사빈을 봤었죠. 만에 잘 발달하는 모래 해안의 다른 퇴적 지형을 알아봅시다. 지형 명칭, 말해 볼까요?

학생 사주, 육계사주, 육계도, 석호… (모식도를 보고 큰 소리로 같이 대답한다.)

교사 이 중 사주가 뭔지 설명해 볼까요? 선개념 확인

학생 모래가 막대 모양으로 퇴적된 것입니다.

교사 (사취와 사주 비교 그림 제시)**(매체)** 그래요. 연안류와 파랑에 의해 퇴적되어 막대처럼 생긴 것을 사주, 사주 중에서 새의 부리처럼 생긴 것을 사취라고 합니다.**(정의)** 사빈이나 사구는 큰 사주 위에 나타나기도 합니다. 사취, 사주가 섬 쪽으로 발달하면 섬은 어떻게 될까요?

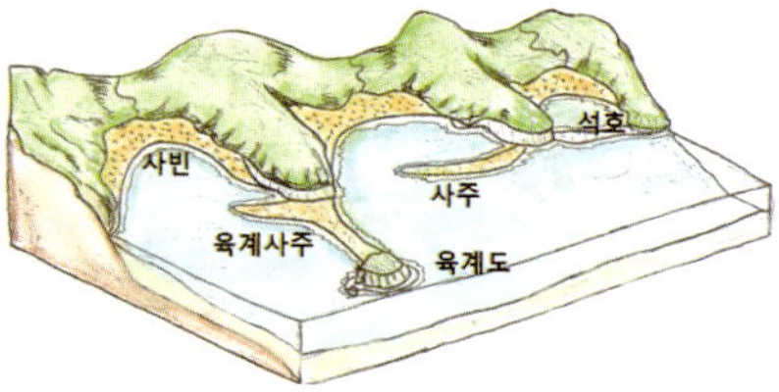

모래 해안의 퇴적 지형 모식도 제시

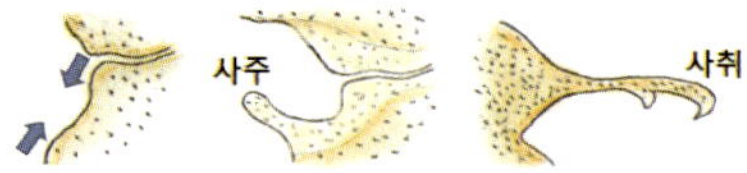

사취, 사주의 구분 그림 제시

학생 섬이 육지가 되겠죠. **신개념 확인**

교사 그렇죠.**(원 수용)** 이렇게 사주가 성장해 육지와 연결된 섬을 육계도라고 합니다. 또한 육지와 섬을 연결한 사주를 육계사주라고 합니다.**(정의)** (해안 퇴적 지형 모식도에서 석호의 형성 과정을 가리키며)**(매체)** 여기 만의 앞에는 사주가 발달하고 있네요. 이후 어떻게 될까요?

학생 만이 막혀서 호수가 되겠죠.**(추론)**

교사 아주 잘 추론하는군요.**(원 칭찬)** (칠판에 석호 그림을 그리며) 이 호수의 형성 과정을 알아봅시다. 빙하기가 끝나고 후빙기가 되면서 해수면이 상승하면 과거 빙하기 때의 골짜기에는 바닷물이 들어와 만이 되죠? 이후 만이 사취, 사주로 막혀 호수가 되는데 이를 석호라고 합니다.**(그림, 정의)** 큰 석호는 관광지로 이용되고 있어요. 교과서에 실린 석호 사진을 볼까요?

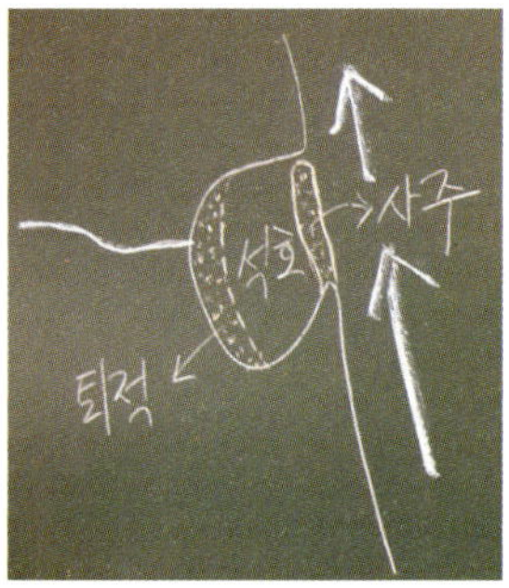

칠판에 석호를 그림

학생 (교과서 또는 지리부도에 실린 사진을 본다.)**(매체)**

교사 이 사주 사이로 바닷물이 들어오니까 대부분의 석호는 염도가 조금 있어요. 그런데 석호에 하천을 통해 계속 토사가 공급되면 아주 오랜 시간 뒤에 호수는 어떻게 될까요?

학생 흙으로 덮여서 작아질 거 같아요.**(추론)**

교사 그렇습니다. 석호는 보이지 않는 가운데 크기가 점점 줄어들고, 규모가 작은 것은 아예 없어져 버린 것도 있어요. 자, 지금까지 우리가 살펴본 사취, 사주, 사빈 등을 퇴적시킨 요인은 무엇이죠? **난개념 확인**

학생 파랑 ?(※연안류를 답하지 못하는 경우가 많음)

Tip: 연안류를 답하지 못하는 경우 칠판에 연안류를 그리며 지난 차시에 학습한 원리를 되돌려 발문한 후 연안류의 정의를 재탐문하여 연결지어 줌

교사 (그림을 판서하며) 지난 시간에 파랑 외에도 해안을 따라 흐르는 해수가 있다고 했었는데요? **(단서), (원 연결, 원 되돌리기)**

학생 아하, 연안류입니다.

교사 그렇죠. 연안류를 다시 누가 설명해 볼까요?

학생 해안을 따라 흐르는 해류입니다.

교사 그렇죠. 아주 잘 대답했습니다.**(원 칭찬)** (판서된 그림을 짚으며) 파랑이 해안에 접근할 때 해안을 따라 흐르는 해수가 연안류이죠.**(그림, 정의)** 파랑뿐만 아니라 연안류가 해안 쪽으로 토사들을 밀어 붙여서 해안의 퇴적 지형이 형성되는 것이죠.

연안류 판서, 설명

교사 그런데 해안 퇴적 지형들의 토사들은 어디서 공급되어 온 거죠? **오개념 확인**

Tip: 해안 퇴적물의 공급원에 대한 오답시 부분적인 답을 인정(격려)해 주고 단서가 되는 발문으로 학생들이 생각해 보고 답하도록 한다.

학생 1 곶에서 깎인 침식 물질이 공급된 것입니다.

학생 2 깊은 바다에서 파랑에 의해 밀려온 것이요.

교사 네, 퇴적 토사 중에는 곶에서 깎인 침식 물질, 깊은 바다에서 밀려온 것도 있어요.**(원 격려)** 그런데 육지의 하천으로부터 운반된 토사는 어디로 갈까요?**(단서)**

학생 바다로요. 아하, 하천에서 공급되는 거군요.

교사 그래요. 공급원 중 비중이 가장 높은 것은 하천으로부터 운반된 것이니 꼭 기억하세요.

교사 이번엔 사빈의 모래가 바람에 의해 날아가서 퇴적된 지형입니다. (해안 퇴적 지형 모식도 제시)**(매체)** 이 지형의 명칭이 뭘까요? 사막에서도 나온 적 있고, 여러분의 교과서에 사진이 있죠?

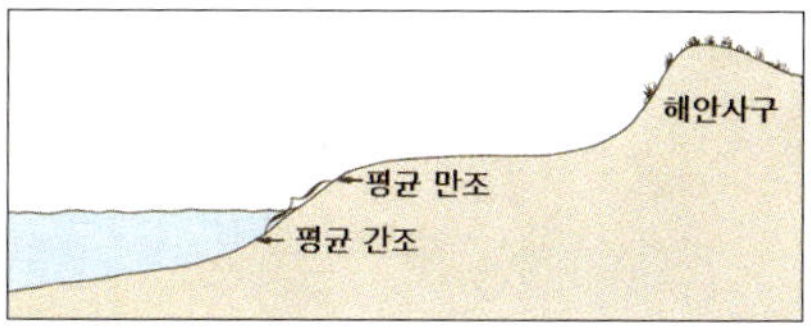

해안사구 모식도 제시

학생 사구, 해안사구요.

교사 네. 해안에 있는 모래언덕인 해안사구지요. 자, 지금까지 학습한 해안 퇴적 지형은 만과 곶 중 어디에 발달하나요? 그리고 이유는 무엇이죠?**(원 되돌리기)**

학생 1 만에 발달합니다.

학생 2 파랑의 에너지가 만에 분산되기 때문입니다.

교사 잘했어요. 만에 형성되는 퇴적 지형의 명칭을 그림을 보며 같이 연습해 볼까요?

학생 (학생 한 사람이 나와서 해안 퇴적 지형 전체 그림 화면을 짚으면 학생들이 이를 보면서 대답한다.) 사빈, 사구, 사취, 사주, 육계도, 육계사주, 석호**(연습)**

해안 퇴적 지형 명칭 전체 연습

⊙ 해안사구 더 알아보기

'해안사구 더 알아보기'에서의 학습 내용 [나누기(slicing)] 전략

① 해안사구의 형성 원인과 형성 과정을 발문으로 알아보기 → ② [오개념] 해안사구에서의 송림의 기능을 딴 청부리기로 알아보기 → ③ [난개념] 해안사구의 생태적 중요성을 동영상 매체를 통해 알아보기

교사 건조 지형의 사구와 해안사구의 공통적인 형성 요인은 무엇이었죠?

학생 바람이요.(비교)

교사 해안사구의 형성 과정을 조금 더 자세히 누가 설명해 볼까요?(탐문)

학생 바다에서 육지 쪽으로 바람이 일정하게 분다면 사빈의 모래는 육지 쪽으로 날아가 해안사구를 형성하게 됩니다.

교사 정확하게 답을 했어요.(원 칭찬) 다른 해안 퇴적 지형과 달리 사구는 형성 원인이 바람인 지형이니 꼭 알아 두세요. 그런데 사구의 모래가 날려서 내륙 마을 쪽으로 불어오지 않게 하는 방법, 혹시 누가 가르쳐 줄 수 없을까요?(원 딴청, 원 기다리기) 오개념 확인

학생 사구에 나무를 심으면 되지 않을까요?

교사 오호라, 해안사구에 있는 소나무 숲이 미관 때문이 아니라 바람과 모래를 막기 위한 거였군요.(사구상의 송림 사진 제시)(매체) 이 나무들은 바다로부터 바람을 막고 모래가 날아다니는 것을 막아 주려는 의도로 심은 것이었군요. (한자를 칠판에 써 주면서) 한자를 한번 읽어 보세요. 무슨 기능이죠?

학생 방풍(防風), 방사(放沙) 기능이군요.

해안사구의 송림 사진 제시

해안사구 동영상 시청

교사 이제 해안사구의 중요성에 대해 동영상 자료를 시청하며 학습지에 메모합시다.

Tip: 포털에서 '해안사구의 생태적 가치'를 검색해 핵심 장면만 편집해 제시하는 것이 효과적임.

학생 (동영상을 보고 해안사구의 중요성을 찾아 학습지에 적는다.)(과제, 메모)

교사 (동영상이 끝나면) 해안사구에는 어떤 생태적 가치가 있었죠? 난개념 확인

학생 지하수를 저장하고 태풍이나 해일 등의 피해를 완충시킵니다.

교사 네. 열심히 보았군요. 그 두 가지 외에도 해안 사구에는 많은 생물들이 서식하는 서식처 기능도 있답니다. 그런데 사구 내에 지하수가 저장될 수 있었던 이유는 무엇이었죠?

학생 염도 차에 의해 민물과 바닷물이 섞이지 않기 때문입니다.

교사 아주 열심히 시청했군요. 이 장면, 기억이 나나요? (해안사구에서의 지하수 저장 원리 장면 제시)**(매체)** 민물과 바닷물의 염도 차에 의해 섞이지 않아 지하수로 활용할 수 있었죠.

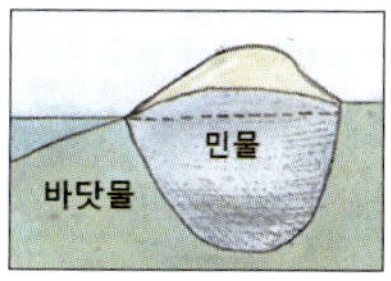

해안사구 지하수 저장 원리 제시

⊙ 갯벌 해안 알아보기

> **'갯벌 해안 알아보기'에서의 학습 내용 [나누기(slicing)] 전략**
>
> ① 갯벌 해안 분포 지역 알아보기(지도를 보고 학생이 추론하기) → ② 갯벌의 형성 과정에 대한 발문하기 → ③ 갯벌의 형성 과정과 생태적 중요성을 해당 동영상 보고 알아보기(시청하면서 메모, 교사는 확인 발문하고 연결 정리함)

교사 (세계 5대 갯벌 분포도 제시) 지도를 보고 어떤 해안의 분포도인지 맞혀 보세요.**(매체, 원 기다리기)**

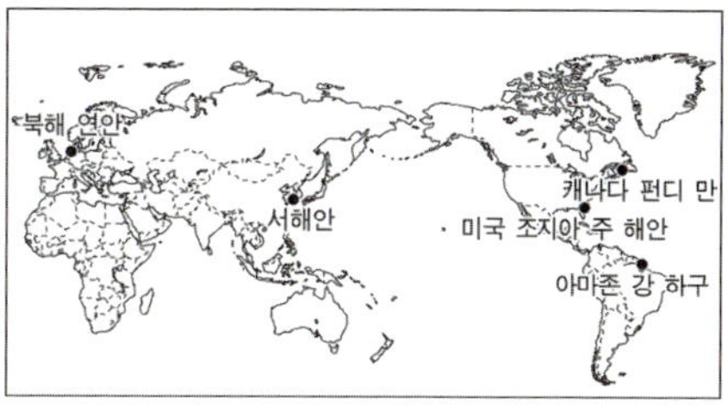

세계적 갯벌 분포도 제시

학생 갯벌 해안인 것 같아요.

교사 왜 그렇게 생각했나요?**(탐문)**

학생 지도에 우리나라 서해안이 있어요. 세계적 갯벌 분포 지역으로 알고 있습니다.**(추론, 발표)**

교사 지도에 있는 우리나라 서해안을 근거로 아주 잘 추론했군요.**(원 칭찬)** 이 갯벌은 어떻게 해서 만들어지죠?

학생 조차에 의해 퇴적되었어요.

교사 조금만 더 자세히 대답해 볼까요?**(탐문)**

학생 밀물과 썰물이 왔다 갔다 하면서 펼쳐 놓아요.

교사 그래요. 조류가 이동하며 바다에 토사를 펼쳐 놓는 거죠. 이제 우리나라의 강화갯벌 동영상에서 갯벌의 형성 원인과 기능을 찾아 메모하면서 보세요.**(매체)**

Tip: 포털에서 'EBS 간석지의 형성과 기능'을 사전 검색해 핵심 장면만 편집해서 제시하는 것이 효과적임.

학생 (2분 정도 갯벌의 동영상을 보며 중요 내용을 메모한다.)**(메모)**

교사 (시청 후) 강화갯벌이 세계적인 갯벌이 된 요인은 무엇이었죠?

학생 하천의 토사 공급이 많아요. 경사도가 낮아 유속이 느립니다.

교사 잘 시청했군요.(칭 칭찬) 큰 하천에 의한 토사의 운반량이 많고, 큰 조차, 유속이 느린 곳에 갯벌이 형성되죠. 또 생각나는 내용은요?

갯벌의 형성 과정 동영상 시청

시청 후 발문으로 내용 확인

학생 만에 형성되어요. 뻘, 흙으로 되어 있어요. 해양 오염 정화, 생물 자원의 먹이 공급 기능이 있어요. 등

교사 그래요. 갯벌이 어떻게 해양 오염을 정화하게 되던가요?(탐문)

학생 갯벌에 사는 생물들이 오염물을 먹어 치워요.

교사 또 다른 기능을 알고 있는 사람이 있나요?(탐문)

학생 태풍과 해일도 완화해 줍니다.

교사 네, 갯벌의 기능도 여러분들이 잘 설명할 수 있겠죠? 그리고 갯벌 해안에는 뻘, 모래 · 진흙의 중간 크기인 실트 등 미세한 미립질 입자가 분포합니다. 이제 세계적 갯벌이 형성되는 곳의 공통점을 같이 설명해 볼까요?

학생 하천에 의한 운반량이 많고 밀물과 썰물의 차이가 큽니다.

교사 네. 아주 잘 설명했어요.(칭 칭찬)

⊙ [학생 참여, 복습 활동] : 해안 퇴적 지형 전체

학습 참여 및 복습 활동 지도 순서는 배움 활동 1단계와 같다.

(수업 대화 예시)

교사 학습한 해안 퇴적 지형 관련 활동을 하겠습니다. '해안 퇴적 지형의 형성 과정을 약화로 빠르게 그리면서 스스로 말해 보기, 세계 5대 갯벌 분포 지역을 백지도에 표시하기, 학습지 정리'까지 3가지를 합니다. 4분간 실시한 후 짝 가르치기를 실시하겠습니다. 난기능 확인

(4분 설정, TV 화면에 해안 퇴적 지형 모식도와 세계 갯벌 해안 분포 지역 지도를 제시한다.)**(매체)** (학생 참여 활동 안내)

학생 (약화 그리고 스스로 말하기, 갯벌 분포도 표시하기, 학습지 내용 정리하기를 한다.)**(연습, 과제, 요약, 원 표현)**

교사 (교사는 순회 점검하고, 정리 후 학생 1명을 지명해 발표시킨다.)

학생 (지명된 학생이 발표하고 나머지 학생들은 쓴 내용과 비교 수정한다.)**(발표)**

교사 이제 짝 가르치기를 할 겁니다. 그림을 보고 해안 퇴적 지형별 형성 원인과 갯벌 및 사구의 생태적 가치를 서로 가르칠 거니까 1분간 각자 연습하세요.

학생 (주어진 과제를 말하면서 사전 연습한다.)**(연습)**

교사 (1분 후) 오른쪽 짝이 해안 퇴적 지형별 형성 원인을 그림을 짚어 가며 설명하세요. 듣고 난 후 왼쪽 짝은 갯벌과 사구의 생태적 가치를 설명해 보세요. 짝의 설명을 열심히 듣고 부족한 부분은 듣는 짝이 보완해서 설명해 주세요. 2분간 실시합니다. 생각이 나지 않으면 학습지를 보고 설명해도 됩니다.

학생 (2분간 짝 가르치기 활동을 실시한다.) **[짝 활동], (동료 교수, 토의, 원 공유)**

교사 (순회하면서 학생들의 활동을 관찰하고 질문에 답하고 지원한다. 학생들의 대표 발표를 시킨 후 부족한 점이나 중요한 점은 보완 언급한다.) **(질문하기, 원 연결)**

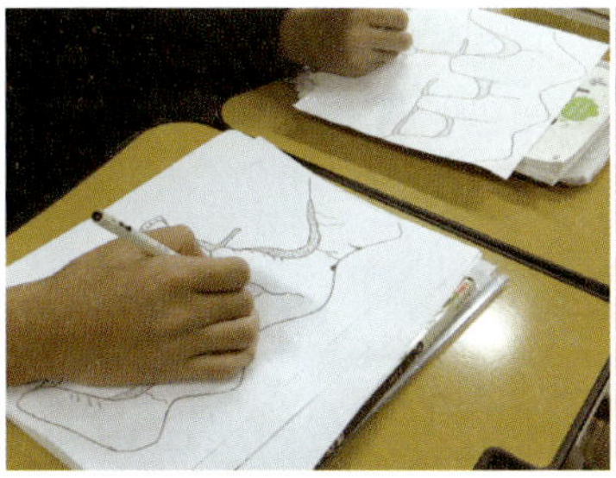

① 해안 퇴적 지형 약화 그리기

② 갯벌 해안 분포 지역 표시하기

③ 학습지 정리하기

④ 과제 정리 중 교사에게 질문하기

⑤ 정리 후 발표하기

⑥ [짝 활동] 짝 가르치기

4. 배움 정리 단계에서의 학생 진단과 교수 처방

배움 정리 단계에서는 학습한 내용을 전체 정리하고 학습에 대해 반성한다.

배움 정리 단계(5')

학습 과정 (학습 집단)	교수 · 학습 활동	배움중심 PCK 전략			자료(★) 및 유의점(※)
		배움 주춤	배움 전략	배움 원리	
형성 평가 (전체)	• **형성 평가** – 해안 침식 지형과 퇴적 지형 구분 정리 – 수능형 문항 풀이	난기능	매체 토의 탐문	공유 도전 연결	★ 자석카드 PPT 학습지 교과서 평가 성찰지 자기 평가
학습 활동 반성, 차시 예고 (짝, 전체)	• **학습 활동 반성 및 차시 예고** – 학습 활동 반성(배움성찰): 알게 된 점, 느낀 점 – 차시 예고: 해안 지형의 개발과 문제점		과제 발표	반성 공유	

난기능 1 해안 지형의 전체적인 구분과 원인 설명을 어려워한다.

지형 명칭, 형성 원인을 쓴 자석 카드를 칠판에 분류하는 연습을 한 후 핵심 내용을 정리한다.

난기능 2 학습 주제에 대한 수능형 문항 풀이를 어려워한다.

본시 전체 학습 내용을 총괄할 수 있는 수능형 문항을 통해 적응 훈련을 한다.

⦿ 형성 평가 난기능 확인

교사 ○○이가 지형 명칭 카드를 퇴적 지형과 침식 지형으로 분류하고, 지형 명칭 옆에 형성 원인에 해당하는 카드를 붙여 보세요.(매체) 여러분들은 ○○이의 분류가 맞는지 잘 보고 틀리면 수정해서 말해 주세요.

형성 평가 활동 – 지형 카드 분류하기: 뒷면에 자석이 부착된 카드를 칠판에 붙여 둠 → 지명된 학생이 각 지형의 형성 원인에 해당하는 자석 카드를 지형 명칭 옆에 부착함(매체, 연습, 발표) → 앉아 있는 학생들은 지켜보고, 틀리면 오류를 지적해 줌(원 공유)

교사 아주 잘했어요. 이제 핵심 내용을 같이 대답해 봅시다.(정리 PPT 제시)**(매체)** (이어서 수능형 문제 화면 PPT 제시) 오늘 학습 내용을 총괄할 수능형 문제를 짝과 같이 풀어 볼까요?

학생 (짝과 같이 문제를 푼 후 정답을 말한다.)**(토의, 원 도전, 원 공유)**

교사 (학생에게 정답의 이유를 묻고 학생이 대답하면 학생의 설명을 보완한다.)**(탐문, 원 연결)**

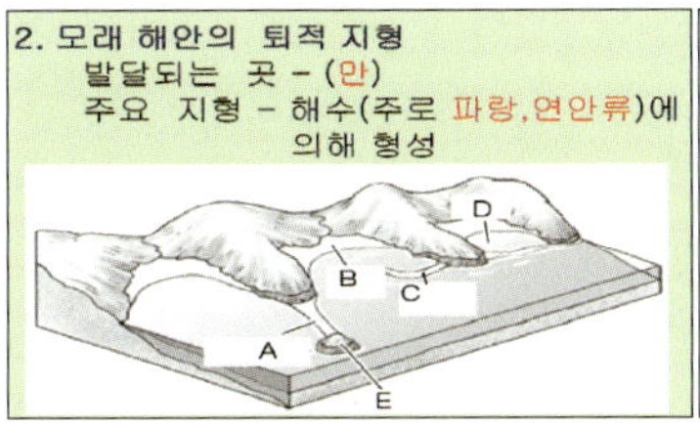

내용 총정리 PPT

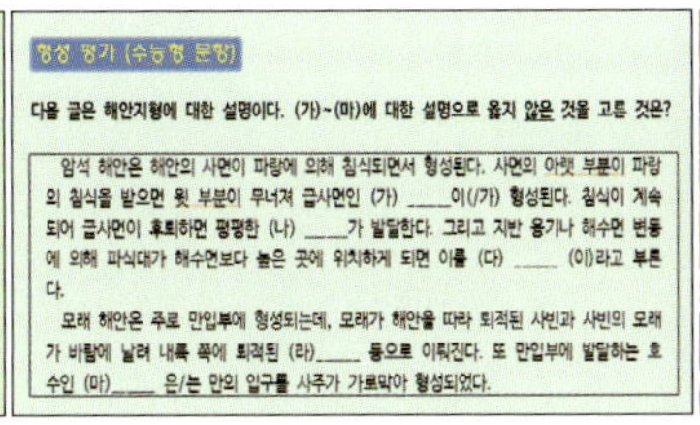

수능형 문항 풀이

배움 성찰 쓰기

⊙ 학습 활동 반성 및 차시 예고

교사 오늘 학습하면서 알게 된 것, 느낀 점을 짝과 이야기해 보고 메모지에 적어 보세요.

학생 (2분간 짝끼리 말한 후, 메모지에 배움 성찰을 기록한다.) **(과제, 원 반성)**

교사 ○○이가 대표로 발표해 볼까요?

학생 (알게 된 점: 해안 침식 지형과 퇴적 지형을 구분할 수 있게 되었다. 각 지형의 형성 원인을 설명할 수 있게 되었다. 등/ 느낀 점: 약화를 그리면서 더 잘 알게 되었다. 바닷가에 가면 지형을 더 관심을 갖고 보게 될 것 같다. 등) **(발표, 원 공유)**

교사 열심히 배움에 임해 주어서 고맙습니다. 다음 시간에는 '해안 지형의 개발과 문제점'에 대해 학습하겠습니다.

세계지리

지도 유의점 06

이 학습 내용을 지도할 때 고려해야 할 유의점은 무엇인가?

학생 발달 수준에 따른 학습 활동

본시 수업과 관련한 학생 발달 수준을 고려하기 위해 다음의 내용을 확인한다.

- 중학교 과정 학습에서 해안 지형에 대해 어느 정도의 개념을 습득하고 있는지를 전시 학습 단계와 동기 유발 단계에서 확인한 후, 이를 바탕으로 본시 학습 내용으로 연결한다.
- 전시에 학습한 해안 지형의 형성 원리, 전 단원에서 학습한 지형 중 비교 가능한 지형 등을 잘 이해하고 있는지는 전개 부분에서 설명시 발문하면서 확인하고, 미흡한 경우 힌트 등을 통해 사고할 수 있도록 촉진한다.
- 학습 목표 도달을 위해 수업 핵심 지식을 학습한 직후에 실습, 과제, 가르치고 설명해 보기 등 학생 주도 활동을 통해 메타인지를 활성화하는 단계를 반드시 거치도록 한다.

수업 전문성 수준에 따른 학습 내용

- 교육부에서 개발한 성취 기준은 학생들이 학습하는 이유를 밝혀 주는 것이며, 학습 목표 설정의 기준이 된다. 학교의 학생 학력 실태에 따라 학년초 교과협의회, 성적관리 위원회를 통해 성취 기준의 정정도 가능하다. 이를 위해서는 학생 학력 진단이 먼저 정확히 이뤄져야 한다.
- 성취 기준에 따른 학습 목표에 도달하기 위해 반드시 교과서에 따라 진행할 필요는 없다. 성취 기준에 도달할 수 있는 내용이라면 다양하게 교사의 재량으로 구성할 수 있다. 전문성이 있는 교사일수록 교과서를 하나의 예시 자료로 보고, 해당 학교 학생들의 흥미, 태도, 선개념, 난개념, 오개념 실태 진단을 통해 적절한 재구성과 수업 설계를 한다.

학생 평가 07 이 학습 내용에 대한 학생들의 이해도나 어려움을 평가하는 방법은 무엇인가?

평가를 통해 학생들은 자신의 장점과 단점을 진단하고 보완할 수 있는 학습 계획을 수립할 수 있으며 교사는 교수 방법의 효율성을 진단할 수 있다. 평가의 타당성을 높이기 위해서는 각 영역의 내용을 포괄적이고 균형 있게 다루며, 학생의 학습 활동의 수행 과정과 결과를 보고 교과에 대한 이해, 기능, 태도 등에 대해 종합적으로 판단하는 평가 방식이 되어야 한다.

본시의 평가 계획을 알아보면 다음과 같다.

- 해안 지형의 형성 원인과 형성 과정을 설명할 수 있는가? (인지적 영역)
- 해안 지형의 약화를 그리고 설명할 수 있으며 학습지 정리를 잘 하는가? (기능적 영역)
- 짝의 설명을 열심히 경청하고 토의와 추론에 열심히 참여하는가? 본시 학습에 대한 배움 성찰을 하는가? (정의적 영역)

<table>
<tr><th colspan="2">평가 관점</th><th colspan="3">학습 목표 달성을 위한 학습 활동 과정에 적극적으로 참여였는가?</th><th>평가 시기</th><th>평가자</th><th>평가 방법</th></tr>
<tr><td rowspan="3">인지적 영역</td><td>평가 항목</td><td colspan="3">해안 지형의 형성 원인과 형성 과정을 아는가?</td><td rowspan="3">정리 단계 정기 고사</td><td rowspan="3">교사/동료</td><td rowspan="3">관찰/지필 서술</td></tr>
<tr><td rowspan="2">평가 척도</td><td>상</td><td>중</td><td>하</td></tr>
<tr><td>완전히 이해함</td><td>거의 대부분 이해함</td><td>이해가 미흡함</td></tr>
<tr><td rowspan="3">기능적 영역</td><td>평가 항목</td><td colspan="3">• 해안 지형의 약화를 그릴 수 있는가?
• 해안 지형의 형성 원인과 특색을 짝에게 설명할 수 있는가?
• 학습지 정리를 잘 하는가?</td><td rowspan="3">전개 단계</td><td rowspan="3">교사/동료</td><td rowspan="3">관찰/과정</td></tr>
<tr><td rowspan="2">평가 척도</td><td>상</td><td>중</td><td>하</td></tr>
<tr><td>매우 잘 수행함</td><td>수행 정도가 보통임</td><td>수행 정도가 미흡함</td></tr>
<tr><td rowspan="4">정의적 영역</td><td rowspan="2">평가 항목</td><td colspan="3">짝의 설명을 열심히 경청하는가?</td><td>전개 단계</td><td>교사/동료</td><td>관찰/과정</td></tr>
<tr><td colspan="3">본시 학습에 대한 배움 성찰을 하는가?</td><td>정리 단계</td><td>자기</td><td>메모</td></tr>
<tr><td rowspan="2">평가 척도</td><td>상</td><td>중</td><td>하</td><td rowspan="2"></td><td rowspan="2"></td><td rowspan="2"></td></tr>
<tr><td>매우 잘 수행함</td><td>수행 정도가 보통임</td><td>수행 정도가 미흡함</td></tr>
</table>

PCK 본시 교수 · 학습 과정안

세계지리 Ⅱ-6-3 해안 지형과 이용의 문제점

세계지리 PCK 수업 설계

학습 내용

- **교과:** 사회(세계지리)
- **학년-학기:** 11-2
- **단원:** Ⅱ-6-3. 해안 지형과 이용의 문제점
- **차시:** 2/3
- **주제:** 해안 침식 지형과 퇴적 지형의 형성 원인과 형성 과정

학습 필요

- 해안 침식 지형과 퇴적 지형의 형성 원인과 형성 과정을 알고, 이들 지형을 이용하며 변화에 대처할 수 있는 능력을 기르고자 함

교수 처방

〈배움 전략〉	〈배움 원리〉
□ 설명 – 비유	■ 공감 – 칭찬
□ 설명 – 예시	□ 공감 – 신뢰
■ 설명 – 그림	■ 공감 – 수용
■ 설명 – 정의	□ 공감 – 존중
□ 설명 – 실물	■ 공감 – 격려
■ 설명 – 비교	■ 공감 – 표현
□ 설명 – 대조	□ 공감 – 유머
□ 시범 □ 관찰	□ 지원 – 개발
■ 서사 □ 탐구	■ 지원 – 딴청
■ 발문 ■ 추론	■ 지원 – 나누기
■ 연습 ■ 요약	■ 지원 – 대기
■ 단서 □ 조작	■ 지원 – 공유
■ 과제 ■ 메모	■ 지원 – 도전
■ 매체 ■ 발표	□ 지원 – 참여
■ 토의	■ 지원 – 연결
■ 동료 교수	■ 지원 – 반성
■ 질문하기	■ 지원 – 되돌리기

학생 평가

- 해안 침식 지형과 퇴적 지형의 형성 원인과 과정 설명하기
- 지필, 서술, 과정 평가(관찰-교사 • 동료 • 자기 평가)

학습 흐름

1. 배움 열기 단계
   - 해안 지형 형성 요인의 환기, 동기 유발
2. 배움 활동 단계
   - 해안 주요 침식 지형 및 퇴적 지형의 형성 원인과 형성 과정 익히기
3. 배움 정리 단계
   - 주요 해안 지형 학습 내용 총괄 정리

학생 진단

- **선개념:** 해안 지형의 형성 원리, 형성 위치, 침식 및 퇴적 지형의 일부 명칭
- **신개념:** 해식아치, 시스택, 육계도, 육계사주, 석호, 해안단구, 해안사구
- **난개념:** 해안단구의 형성 원인, 연안류의 퇴적 작용, 해안 지형 그려서 설명하기, 해안사구와 갯벌의 생태적 기능
- **오개념:** 해안 퇴적 지형에서의 토사 공급원, 사구에 조성된 송림의 기능

학생 배움중심의 수업 설계 약안

교과	세계지리(고 2, 3학년 선택 과목)	단원(차시)	II-6-3. 해안 지형과 이용의 문제점(2/3)
성취 기준	세지 1226-1. 주요 하천 및 해안 지형의 발달 과정과 해양 환경의 중요성을 설명할 수 있다.		
학습 목표	1. 해안 침식 지형의 형성 원인과 형성 과정을 설명할 수 있다. 2. 해안 퇴적 지형의 형성 원인과 형성 과정을 설명할 수 있다.		

단계	학습 내용	교수 · 학습 활동	PCK 전략			자료(★) 및 유의점(※)
			배움 주춤	배움 전략	배움 원리	
배움 열기 (5')	전시 학습 상기 동기 유발 및 학습 목표 확인(전체)	• **전시 학습 내용 상기하기** – 해안 지형 형성 요인 – 곶의 침식 작용, 만의 퇴적 작용 • **학습 동기 유발하기** – 알고 있는 해안 지형 명칭 파악 • **학습 목표 및 학습 순서 제시하기**	선개념	매체 발문 서사	칭찬	★ PPT 사진 동영상 ※ 전시의 원리 복습
배움 활동 1 (20')	해안 침식 지형 (전체 → 짝)	• **암석 해안의 침식 지형 알아보기** – 해식애, 파식대, 해식동, 해식아치, 시스택 • **해안단구 알아보기** • **[학생 참여, 복습 활동]** – 약화 그리기 – 학습지 정리 – 짝 가르치기	선개념 난개념 난개념 난기능	매체, 발문 탐문, 토의 연습, 발표 정의, 추론 단서 매체, 과제 연습, 요약 토의, 발표 동료 교수 질문하기	나누기 칭찬 되돌리기 표현 공유 연결	★ 교과서 사진 학습지 메모지 교사 평가 동료 평가
배움 활동 2 (20')	해안 퇴적 지형 (전체 → 짝)	• **모래 해안의 퇴적 지형 알아보기** – 사빈, 사취, 사주, 육계사주, 육계도, 석호, 해안사구 • **해안사구 더 알아보기** • **갯벌 해안 알아보기** • **[학생 참여, 복습 활동]** – 약화 그리기 – 학습지 정리 – 짝 가르치기	선개념 신개념 난개념 오개념 오개념 난개념 난개념 난기능	매체, 발문 그림, 정의 단서, 연습 추론 비교, 과제 매체, 메모 매체, 과제 추론, 메모 연습, 요약 토의, 발표 동료 교수 질문하기	나누기 칭찬, 수용 되돌리기 격려 딴청 연결하기 기다리기 표현 공유 연결	★ 동영상, 사진, 교과서, 학습지, 메모지 ※ 교과서 사진 활용 교사 평가 동료 평가
배움 정리 (5')	형성 평가 (전체) 학습 반성, 차시 예고 (짝, 전체)	• **형성 평가** – 해안 침식 지형과 퇴적 지형 구분 – 수능형 문항 풀이 • **학습 활동 반성 및 차시 예고** – 학습 활동 반성(배움 성찰) – 차시 예고	난기능	매체, 토의 탐문 과제, 발표	공유, 도전 연결 반성, 공유	★ PPT, 자석카드, 학습지, 교과서, 평가 성찰지 자기 평가

형성 평가(수능형 문항)

다음은 해안 지형에 대한 설명이다. (가)~(마)에 대한 설명으로 옳지 않은 것을 고른 것은?

암석 해안은 해안의 사면이 파랑에 의해 침식되면서 형성된다. 사면의 아랫부분이 파랑의 침식을 받으면 윗부분이 무너져 급사면인 (가) ______이(/가) 형성된다. 침식이 계속되어 급사면이 후퇴하면 평평한 (나) ______가 발달한다. 그리고 지반 융기나 해수면 변동에 의해 파식대가 해수면보다 높은 곳에 위치하게 되면 이를 (다) ______ (이)라고 부른다.

모래 해안은 주로 만입부에 형성되는데, 모래가 해안을 따라 퇴적된 사빈과 사빈의 모래가 바람에 날려 내륙 쪽에 퇴적된 (라)______ 등으로 이뤄진다. 또 만입부에 발달하는 호수인 (마)______ 은/는 만의 입구를 사주가 가로막아 형성되었다.

보기

① (가)의 약한 부분이 더 깊게 움푹 파이면 해식동이 만들어진다.

② (가)와 (나)는 파랑의 에너지가 집중되는 곳에 주로 형성된다.

③ (다) 지형에는 과거 파랑의 침식을 받은 증거인 둥근 자갈이 발견된다.

④ (라)는 사빈에 비해 대체로 고도가 높다.

⑤ (마)는 빙기의 해수면 하강에 의해 형성되었다.

정답 ⑤

학습지

1. 해안 침식 지형

- 주요 발달 지역: 파랑 에너지가 (집중)되는 (곶 : 串)
- 주요 지형

구분(명칭)	특징
(해식애)	해안의 산지나 구릉이 파랑의 침식을 받아 형성된 해안 절벽
(파식대)	해식애가 육지 쪽으로 후퇴하면서 해식애 앞쪽에 발달하는 완경사의 평탄면
(해식동)	해식애 아랫부분에 해수의 침식 작용에 의해 형성된 동굴
(해식아치)	해수의 침식 작용에 의해 형성된 구름 다리 모양의 지형
(시스택)	해식애가 침식에 의해 후퇴할 때 (차별 침식)의 결과로 단단한 암석 부분이 남아 형성된 바위 기둥
(해안단구)	과거의 (파식대)나 퇴적 평탄면이 지반 (융기)나 해수면의 (하강)으로 인해 현 해수면보다 높은 곳에 위치하게 된 계단 모양의 지형

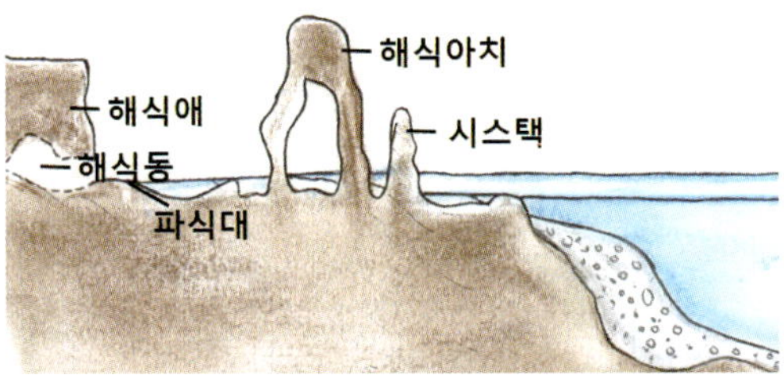

해안 침식 지형의 모식도

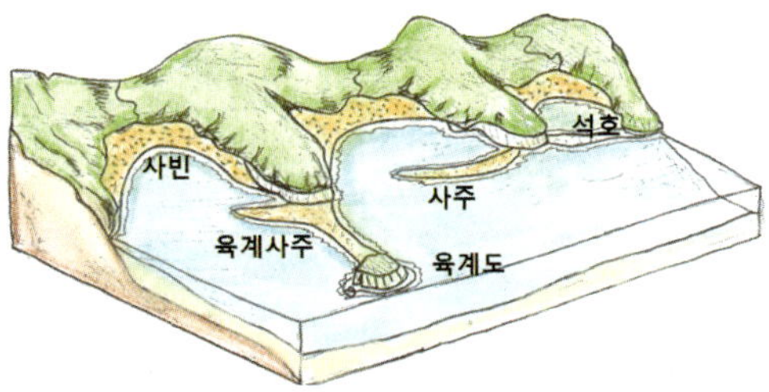

해안 퇴적 지형의 모식도

2. 해안 퇴적 지형

가. 모래 해안

• 주요 발달 지역: 파랑 에너지가 분산되는 (만)입부

• 주요 지형

구분(명칭)	특징
(사빈)	하천이나 배후의 산지로부터 공급된 모래가 파랑과 (연안류)에 의해 해안을 따라 퇴적된 모래사장 – 해수욕장으로 이용
(사취)	파랑과 (연안류)에 의해 운반된 모래가 새부리 모양으로 퇴적된 지형
(사주)	파랑과 (연안류)에 의해 운반된 모래가 둑처럼 길게 퇴적된 지형
(육계도)	사주의 성장으로 육지와 연결된 섬
(석호)	해빙기 해수면 상승으로 형성된 (만)을 (사주)가 막아 형성된 호수
(해안사구)	사빈의 모래가 (바람)에 의해 내륙 쪽으로 이동해 퇴적된 모래 언덕 *주요 기능: (지하수 저장, 태풍과 해일로부터 육지 보호, 다양한 생물의 서식지)

나. 갯벌 해안

• 주요 발달 지역: (조수 간만)의 차가 크고 파랑의 힘이 약한 (만)이나 섬으로 가로막힌 해안

• 형성 원인: (조류)에 의한 퇴적 작용

• 입자 크기: 점토와 같은 (미립)(微粒)질의 비중이 큼

• 주요 기능: (생물의 서식처, 오염 물질의 정화, 관광지, 태풍과 해일의 완충)

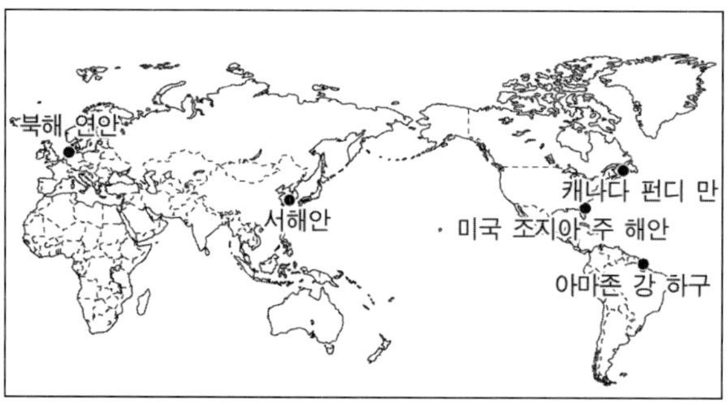

세계 5대 갯벌의 위치 표시

교사의 관찰 체크리스트

학년:　　　반:　　　　　　　담당교사:　　　　　　　　　　(인)

평가 내용		형성 평가	활동 1 내용	활동 2 내용
성취 수준	상	80% 이상	완전히 이해함	수행 정도가 매우 우수함
	중	60% 이상~80% 미만	거의 대부분 이해함	수행 정도가 보통임
	하	60% 미만	이해가 미흡함	수행 정도가 미흡함

일자:　　　월　　　일　　　　　　과제명:

번호	이름	상/중/하	상	중	하	상	중	하
1								
2								
3								
4								

세계지리

동료 평가 및 자기 평가(배움 성찰)

번호:　　　　　　이름:

평가 도달 정도(예시): 상 ★★★★★　중 ★★★　하 ★

동료 평가: 짝의 활동을 평가합니다. 짝 번호:　　　　　　이름:

1. 짝은 지형 약화 그리기와 설명을 잘 했나요?	☆☆☆☆☆
2. 짝은 내 설명을 잘 경청하고 부족한 부분은 보완해 주었나요?	☆☆☆☆☆

자기 평가 및 배움 성찰: 나의 활동을 평가합니다.

1. 토의 및 탐구 활동에 열심히 참여했나요?	☆☆☆☆☆
2. 학습지는 잘 정리했나요?	☆☆☆☆☆
3. 최선을 다해 짝을 가르쳤나요?	☆☆☆☆☆
4. 친구가 가르치거나 발표할 때 열심히 경청했나요?	☆☆☆☆☆
5. 짝이 가르칠 때 부족한 부분은 보완해 주었나요?	☆☆☆☆☆
6. 이번 학습 활동을 통해 배운 것, 더 궁금한 것을 자유롭게 기록하세요.	

8 CoRe 활용 학생 배움중심의 기술·가정과 PCK 수업 설계

학습 내용

01 학생들이 학습해야 할 내용은 무엇인가?

중학교 기술 · 가정의 [Ⅱ-1-3. 균형 잡힌 건강 식생활의 실천] 단원은 영양소의 종류와 기능, 한국인 영양 섭취 기준, 청소년의 식생활 지침을 이해하고 청소년이 스스로 균형 잡힌 식사를 구성하는 능력과 식습관을 익혀서 실천하는 태도 양성을 목적으로 한다.

학년 학기	중학교 1학년 1학기
단원(차시)	Ⅱ-1-3. 균형 잡힌 건강 식생활의 실천(8/9차시)
학습 주제	균형 잡힌 식사 구성

- 학년과 학기는 중학교 기본 과목으로 학교별 교육과정 편성과 교사의 단원 재구성 지도 계획에 따라 달라질 수 있다.
- 단원의 명칭은 교과서의 해당 대단원 시작 쪽에서 알 수 있다. 해당 차시는 중단원 총 차시 중 교사가 구성한 차시 순에 따른다.
- 학습 주제는 본시에 학습할 주제를 교사가 재구성하여 설정할 수 있다. 본 수업은 중단원 9차시 중 8차시로 교사가 구성한 여섯 가지 식품군과 식품 구성 자전거의 이해에서 1차시에 해당한다.

단원의 지도 내용

- 건강과 식생활의 중요성을 이해하기
- 영양소의 종류와 기능을 이해하기
- 균형 잡힌 식사 구성의 방법을 이해하기

본시의 학습 문제

- 여섯 가지 식품군의 이해와 분류를 알아보기
- 식품 구성 자전거의 이해와 분류를 알아보기
- 식사 구성안을 활용하여 이상적인 식단을 작성해 보기
- 자신의 하루 식사를 평가해 봄으로써 올바른 식습관을 계획해 보기

본시의 학습 요소

- 여섯 가지 식품군과 식품 구성 자전거
- 이상적인 식단 작성
- 자신의 하루 식사 평가

학습 필요 02

이 내용을 학습해야 하는 까닭은 무엇인가?

본시 학습을 해야 하는 까닭은 교육부에서 개발한 성취 기준을 통해 알 수 있다. 과목별 성취 기준은 '학생평가지원포털(assess.kice.re.kr)'에 탑재된 '중학교 성취평가제 운영의 실제–기술 · 가정'에서 확인할 수 있다.

본시의 성취 기준은 다음과 같다.

성취기준

가9121–2. 영양 섭취 기준 등을 활용하여 자신의 식생활을 반성 · 평가하고, 균형 잡힌 식생활을 실천할 수 있다.

⬇

연계성취기준

가9121–1. 아침 결식 등 청소년기 식생활 문제를 인식할 수 있다.
가9151–1. 녹색 식생활의 개념과 중요성을 한국형 식생활과 관련지어 설명할 수 있다.
가9151–2. 녹색 식생활을 실천하기 위해 식품 구매 방법과 음식 만들기 과정을 알고 이를 수행할 수 있다.

균형 잡힌 식생활을 하기 위해서 가장 우선적으로 습득해야 할 학습 요소는 영양소에 대한 정확한 이해와 이를 바탕으로 한 식단의 평가임에도 불구하고, 학습자들은 어렵다는 이유로 영양소에 대한 이해를 소홀히 하는 경향이 있다. 이에 반복된 이해 활동과 실제 작성해 보는 여섯 가지 식품군과 식품 구성 자전거의 분류, 이를 근거로 한 식단 작성 · 평가 등은 기본적인 학습 요소의 이해를 돕는 데 큰 역할을 할 것이므로 본시 학습은 의미가 큰 수업 활동이라 할 수 있다.

본시 학습은 2015 개정 교육과정의 주요 학습 요소와도 관련이 있다. 자세한 내용은 교육부에서 제공하는 국가 교육과정 정보센터(www.ncic.go.kr)를 통해 확인할 수 있다.

2015 개정 교육과정의 성취 기준은 다음과 같다.

성취기준

[9기가 02-01] 청소년기 영양의 중요성을 이해하고, 청소년기 식생활 문제를 인식하여 자신의 식행동을 평가한다.

[9기가 02-02] 영양 섭취 기준과 식사 구성안을 고려하여 균형 잡힌 식사를 계획하고, 가족의 요구를 분석하여 식사를 선택한 후 평가한다.

[9기가 02-10] 가족의 건강과 환경을 고려한 식품 선택의 중요성을 이해하고, 식품을 안전하게 관리하고 보관한다.

[9기가 02-11] 가족 구성원의 요구, 영양적 균형을 고려한 한 끼 식사를 계획하고, 위생과 안전을 고려하여 조리한 후 평가한다.

⬇

주요학습요소

- 청소년의 영양과 건강, 청소년기 식생활 문제와 바람직한 식행동, 적절한 체중 유지와 균형 잡힌 식생활
- 영양 섭취 기준, 식사 구성안, 식단 작성과 평가, 식사 선택
- 식품군별 식품 선택, 가공식품의 선택, 식품성분 표시, 식품의 위생적 보관과 관리
- 식사 준비와 평가, 안전한 조리기구의 사용

2015 개정 교육과정에서는 성취 기준에 도달하기 위한 교수 · 학습 방법으로 협동학습, 토의 · 토론학습, 프로젝트 학습, 실천적 문제해결 학습 등을 통해 청소년의 식생활 문제의 원인과 영향에 대해 비판적 사고 과정을 통해 파악하고 개선을 위한 방안을 탐색하여 행동하고 반성해 봄으로써 바람직한 식행동을 실천하도록 하였다. 이에 본시안의 모둠학습을 통한 탐색, 체험, 문제해결 학습은 2015 개정 교육과정의 내용 및 자기관리 능력 함양의 목적과도 그 연관성이 깊다.

교육과정 교과 지식 03

이 학습 내용과 관련하여 교사가 알아야 할 내용은 무엇인가?

본시 학습 내용을 지도하기 위해서 교사가 알아야 할 것은 본시와 관련한 학습의 계열과 교과 핵심 지식 및 기능이다.

학습의 계열

학습의 계열은 본시 학습에서 가르칠 범위를 결정하는 데 도움을 준다.

선수 학습	**교육과정 성취 기준** 가9121-1. 아침 결식 등 청소년기 식생활 문제를 인식할 수 있다. • **청소년의 영양 및 식생활 문제 알아보기** – 7학년 1학기 기술 · 가정 II. 청소년의 생활 1. 건강한 식생활과 식사 구성, 교과서 1학년 기술 · 가정(천재교육)
본시 학습	**교육과정 성취 기준** 가9121-2. 영양 섭취 기준 등을 활용하여 자신의 식생활을 반성 · 평가하고, 균형 잡힌 식생활을 실천할 수 있다. • **균형 잡힌 식사 구성안 방법 알아보기** – 7학년 1학기 기술 · 가정 II. 청소년의 생활 1. 건강한 식생활과 식사 구성
후속 학습	**교육과정 성취 기준** 가9151-1. 녹색 식생활의 개념과 중요성을 한국형 식생활과 관련지어 설명할 수 있다. 가9151-2. 녹색 식생활을 실천하기 위해 식품 구매 방법과 음식 만들기 과정을 알고 이를 수행할 수 있다. • **가족의 건강을 위한 식사 계획하기** – 8학년 2학기 II. 녹색 가정생활의 실천

교과 핵심 지식 및 기능

본시 학습에서 학생들에게 꼭 가르쳐야 할 핵심 지식(기능)의 내용이다.

핵심지식 1 여섯 가지 식품군의 의미와 특징 설명하기

- 영양소의 종류와 기능: 탄수화물, 단백질, 지방, 비타민, 무기질
- 여섯 가지 식품군의 이해 및 분류: 곡류, 고기 · 생선 · 달걀 · 콩류, 채소류, 과일류, 우유 · 유제품류, 유지 · 당류

핵심지식 2 식품 구성 자전거의 의미와 특징 설명하기

- 식품 구성 자전거의 이해 및 분류
- 식품 구성 자전거에 근거한 식단 작성 및 평가

학생 진단

04 이 내용을 학습할 학생들이 겪을 어려움은 무엇인가?

본시 학습 내용에 대한 성취도를 높이기 위해서는 학습 내용의 핵심 지식(기능)과 이에 대한 학생들의 이해도 및 이를 높이는 데 걸림돌이 무엇인지에 대해 학생 실태를 파악하고, 대비책을 마련해 두는 것이 필요하다. 여기서는 학습 내용의 핵심 지식을 먼저 알아보고, 이에 대한 학생의 이해도 및 기능 습득에 어떤 어려움이 있는지 살펴보도록 한다.

난개념(난기능), 오개념(오기능)과 핵심 지식과의 연계 지도 방안을 찾기 위해 학생들의 선수 학습 개념을 사전 설문 조사한다.

기술·가정

본시 학습 주제에 대한 사전 설문 조사 결과

문항		응답 분석
1	영양소의 종류	대부분의 학생이 3대 영양소는 잘 알고 있으나, 비타민, 무기질은 대답하지 못하는 학생이 간혹 있고, 수용성 비타민과 지용성 비타민의 종류와 요오드, 철 등이 무기질의 종류임을 모르는 학생이 있음.
2	영양소의 기능	주된 영양소의 기능은 알고 있는 편이나, 구체적인 영양소의 기능에 대해서는 대답하기 어려워함.
3	여섯 가지 식품군	식품과 식품군의 개념을 잘못 알고 영양소의 개념으로 이해하고 있으며, 콩류, 유제품, 생선류 등의 분류를 어려워함.
4	식품 구성 자전거	식품 구성 자전거에 대한 정의는 이해하나, 구체적으로 서술하지 못하고, 식품의 면적 배분 및 여섯 가지 식품군과의 연계성을 어려워함.
5	식사 구성안 평가	식품 구성 자전거를 활용한 자신의 식사 평가시 영양소와의 연계는 잘 하고 있으나, 여섯 가지 식품군과 식품 구성을 활용한 식사 평가는 잘못 알고 있거나 어려워함.

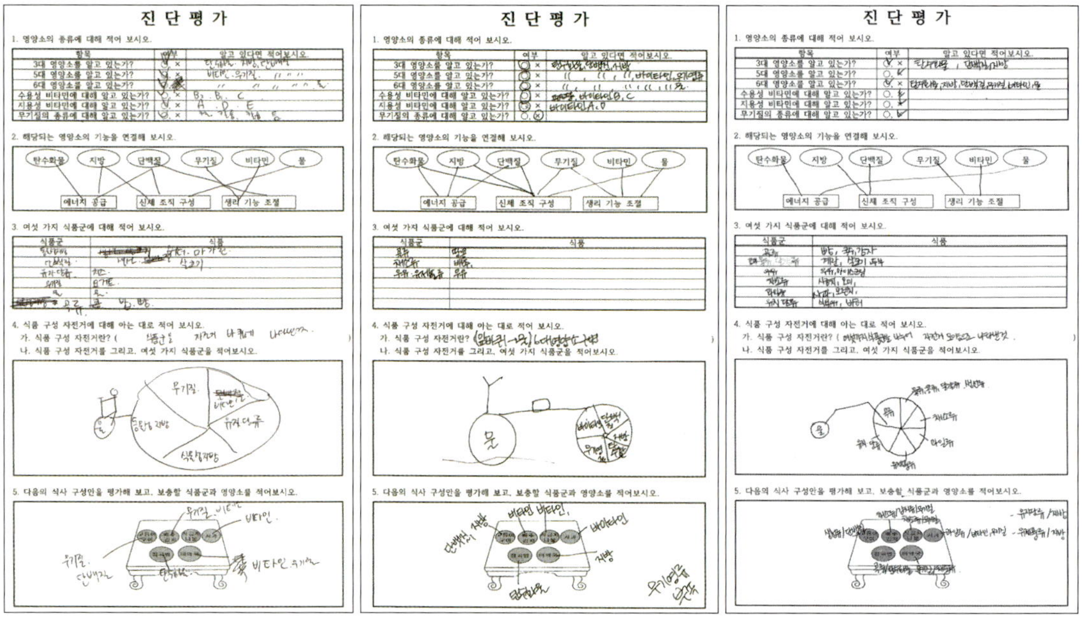

진단 평가 설문지 자료

선개념

선개념은 본시 학습 내용과 관련하여 학생들이 이미 알고 있는 개념이다. 핵심 지식을 획득하기 위해 선개념을 바탕으로 난개념, 오개념과 연결 지어 배움 전략을 수립하고 지도한다.

선개념 1 영양소의 종류와 기능을 일부 알고 있다.

선개념 2 영양소의 기능 중 대표적인 기능은 대체로 알고 있으나, 구체적인 기능을 정확히 알지 못한다

난개념, 난기능

난개념은 본시에서 학습해야 할 내용 중에서 학생들이 이해하기 어려워하는 내용으로, 효과적인 배움 전략과 배움 원리를 실행함으로써 이를 해결하고 학습 목표에 도달하게 된다.

난개념 1 여섯 가지 식품군에 해당하는 식품 종류를 정확히 알지 못한다.

난개념 2 식품 구성 자전거를 정확히 파악하지 못한다.

난개념 3 식품 구성 자전거의 면적 배분 및 분류를 정확히 하지 못한다.

난기능 1 여섯 가지 식품군을 분류하는 것을 어려워한다.

난기능 2 식품 구성 자전거에 근거하여 이상적인 식단 작성 및 자신의 식사를 평가하는 것을 어려워한다.

오개념, 오기능

오개념은 본시에서 학습해야 할 내용 중에서 학생들이 갖고 있는 선개념 중에서 잘못 알고 있거나 본시 학습 중에 잘못 이해할 가능성이 있는 내용이다. 교사의 적극적인 지원이 필요하다.

오개념 1 식품과 식품군의 차이를 잘못 알고 있다.

오개념 2 여섯 가지 식품군의 분류 기준을 영양소의 개념으로만 잘못 알고 있다.

오개념 3 여섯 가지 식품군 중 콩류, 유제품류, 생선류 등의 분류를 잘 하지 못한다.

흥미, 태도

본시 학습 목표 도달을 위한 학생들의 흥미와 태도를 파악할 필요가 있다.

흥미 1 균형 잡힌 영양소의 기준에 근거한 자신의 식사 평가에 대한 관심도가 높다.

태도 1 교사의 설명보다는 학생들이 직접 분류하고 적용한 뒤, 의문점을 토의 · 토론하는 활동을 좋아한다.

교수 처방 05

이 학습 내용을 지도할 때 사용하는 교수법과 사용 이유는 무엇인가?

본시 수업 내용은 '여섯 가지 식품군과 식품 구성 자전거의 이해와 분류하기'이다. 앞에서 살펴본 대로 학생들의 난개념, 오개념을 지도하기 위해서는 학생 이해도 및 수준에 따른 적절한 표상 방법을 활용한 교수 처방이 필요하다. 본 수업의 대상 학생들은 중학교 1학년 학생들로, 주요한 개념에서 시각적인 자료와 예시를 통한 교사의 설명과 학생 참여가 이뤄지는 수업을 선호한다. 그러므로 학생들이 이미 알고 있는 선개념과 학생들이 주변에서 볼 수 있는 식품들을 활용하여 교사가 개념을 정의하는 것을 중심 전략으로 하여 설명을 한다. 전개 단계에서 학생의 선 활동 후 오개념을 자료 제시를 통하여 비교, 설명 후 학생의 참여 활동으로 여섯 가지 식품군 분류하기, 식품 구성 자전거 완성하기, 이상적인 식단 작성하기, 발표하기 등을 하게 하여 메타인지를 활성화하고 학습 효과를 극대화하는 전략을 사용한다.

1. 배움 열기 단계에서의 학생 진단과 교수 처방

배움 열기 단계(15')

학습 과정 (학습 집단)	교수 · 학습 활동	배움중심 PCK 전략			자료(★) 및 유의점(※)
		배움 주춤	배움 전략	배움 원리	
전시 학습 상기	**• 전시 학습 상기하기** – 영양소 홍보물 및 영양소송을 통하여 영양소의 종류와 기능 파악하기	선개념	매체	칭찬	★ PPT 전시 학생 활동물 노래 동영상
동기 유발, 학습 목표 및 순서 확인 (모둠, 전체)	**• 학습 동기 유발하기** – 역사채널 e '임금의 밥상' 시청하기 – 식품의 종류 파악하기 – 균형 잡힌 식사 파악하기		관찰 단서	도전 격려	※ 전시의 학생 과제물 활용, 학습 내용 복습

선개념 1 전시에 영양소에 대한 이해를 바탕으로 '영양소 홍보물'을 제작하는 학습을 하였다.

- '영양소 홍보물' 제작 사진과 '영양소송' 등의 매체를 활용하여 전시 학습의 핵심 내용을 제시해 환기시킨다.
- '임금의 밥상' 매체를 제시하여 학습 목표로 연결한다.

⊙ 전시 학습 상기하기

또래 친구들이 직접 제작한 자료를 통하여 전시 학습을 상기함으로써 성취 욕구를 유발하고, 학생들이 모두 알고 있는 동요에 학습 주제와 관련 있는 노랫말을 삽입하여 친근하게 학습 주제에 다가간다.

교사 청소년기는 몸과 마음이 급격히 성장하고 활동이 매우 왕성한 시기이므로, 영양 관리가 일생 중 어느 때보다 중요합니다. 청소년기에 필요량이 증가한 영양소에는 무엇이 있을까요?

학생 에너지, 단백질, 무기질 비타민입니다.

교사 네, 맞습니다. 지난 시간에 우리가 만들었던 영양소 홍보물을 보고, 어떤 영양소에 관한 홍보물인지 한번 알아맞혀 봅시다.**(매체)** (학생들이 제작했던 영양소 홍보물을 제시한다.)

학생 (영양소 홍보물을 보고 대답한다.)

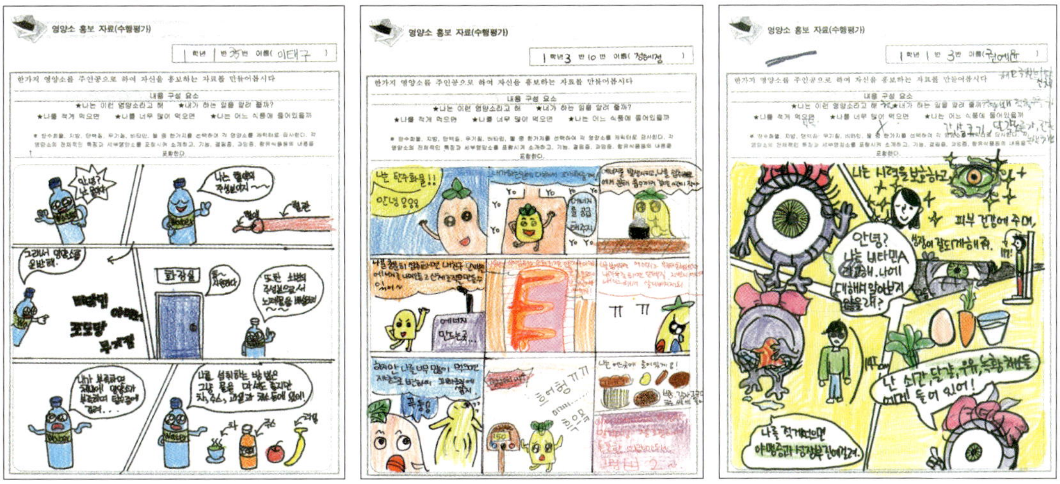

전시 학습 활동물 제시

교사 네, 모두 해당 영양소의 특징을 잘 표현해 주었죠. 이런 영양소가 우리 몸에서 하는 기능에 대하여 영양소송을 들으면서 상기하여 답해 봅시다.**(매체)**

학생 (노래를 함께 부르면서 빈칸을 채워 본다.)

교사 네, 모두 우렁차게 잘 불러 주었습니다.(**원 칭찬**) 오늘은 또 다른 영양소와 관련된 재미있는 수업을 할 것입니다. 즐겁게 수업 여행 떠날 준비가 되었나요?

학생 네.(책, 공책을 들어 보인다.)

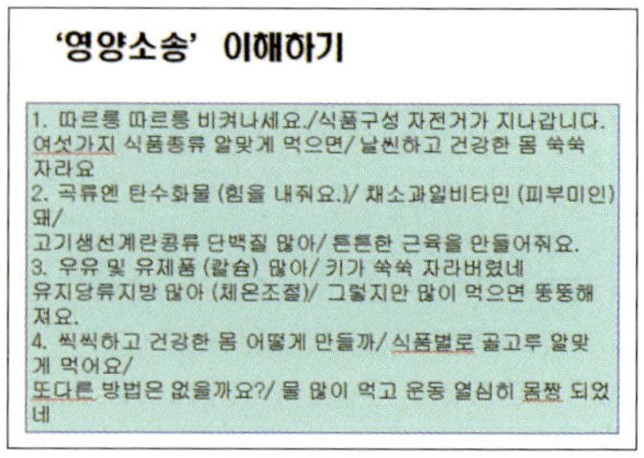

영양소송 PPT 제시

⊙ 학습 동기 유발하기

학습 주제와 관련된 동영상을 제시하고 액션 러닝 기법을 활용하여 모둠원이 함께 논의를 함으로써 집중력을 높이고, 호기심을 갖게 하여 학습 목표로 연결한다.

교사 요즘 '먹는 것'과 관련된 요리 프로그램이나 '쉐프'라는 직업에 대한 관심이 많아지고 있는데, 예로부터 우리가 맛볼 수 있는 최고의 밥상에는 어떤 것이 있을까요?

학생 엄마가 해 준 밥, 내가 먹고 싶은 밥, 임금님 밥상.(자유로이 대답한다.)

교사 네, 다양한 종류의 최고의 밥상이 있네요. 오늘은 그 중 임금의 밥상을 한번 살펴보고 과연 최고의 밥상인지 판단해 보는 시간을 가져 봅시다.

학생 네.

교사 먼저 역사채널 e에 있는 '임금의 밥상'을 시청할 것인데, 임금님이 어떤 종류의 식품을 먹는지에 주안점을 두고 영상을 봅시다.(**매체, 관찰**)

임금의 밥상 시청

역사채널 e 제시: '임금의 밥상'

(모둠 활동지와 포스트잇을 제시한다.) 제시된 영상에서 보이는 왕의 밥상을 구성하는 식재료를 제한 없이 브레인라이팅합시다.

학생 **[모둠 활동]** (모둠원들이 포스트잇에 자신이 본 대로, 생각나는 대로, 떠오르는 대로 최대한 많이 적는다.)(**원 도전**)

교사 동일하게 나온 것은 유목화합시다.

학생 네.(액션 러닝 기법대로 포스트잇에 적어 동일한 것은 유목화 하여 모둠 활동지에 부착한다.)

교사 임금님 밥상은 균형 있는 밥상이었나요?

학생 아니요.

교사 무엇을 보고 그렇게 생각하나요?

학생 골고루 먹지 않았어요.

교사 무엇을 먹지 않았나요?

학생 곡류요, 단백질이요, 잘 모르겠어요.(대답은 하지만 정확하게 대답하지 못한다.)

액션 러닝의 NGT 기법을 통해 생각 정리하기

① 3~4인 1모둠을 조직하여 앉는다.

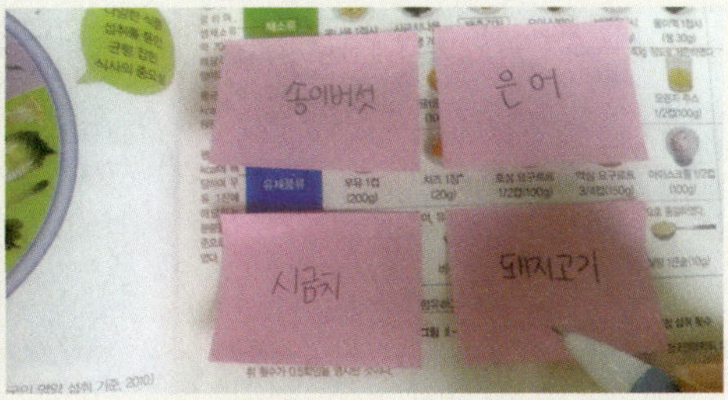

② 4명이 각자 포스트잇에 자신의 생각을 기록한다

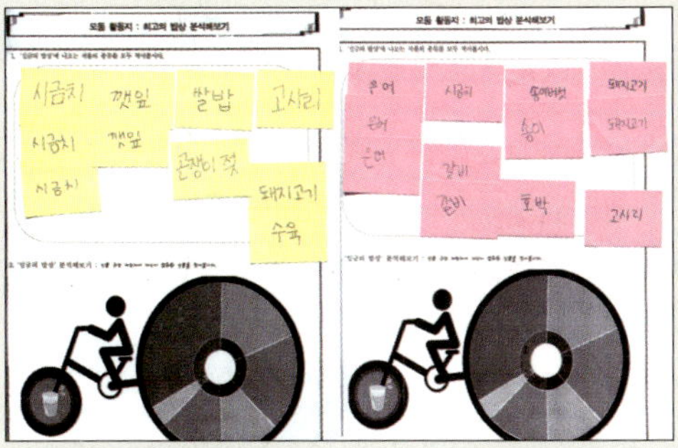

③ 동일한 내용의 포스트잇을 서로 유목화하여 모둠 학습판에 붙인다.

④ 모둠 학습판에 붙인 내용을 보고 브레인스토밍한다.

액션 러닝의 NGT(명목집단법 : Nominal Grouping Technique) 기법

새로운 아이디어 발굴, 원인 분석 또는 새로운 문제해결 방안 모색의 경우 사용하는데, 참가자들이 다른 사람과 일체 이야기하지 않고 포스트잇 등에 정리하도록 일정한 시간을 부여하는 방법이다.

⊙ 학습 목표 확인하기

학습 목표의 핵심 단어를 학생들로 하여금 찾아보게 하고, 모둠별 활동으로 학습 목표에 맞는 활동을 전개할 것임을 알려 주어 수업에 집중해서 듣도록 한다.

교사 동영상과 연계하여 오늘은 무엇에 대한 공부를 할 것 같습니까?

학생 임금님의 밥상을 분석해 볼 것 같습니다.

교사 네, 맞습니다. 오늘은 임금님의 밥상을 영양학적으로 분석해 보는 모둠 활동을 해 볼 것입니다. 학습 목표

> **학습목표**
>
> - ＿＿＿＿과 ＿＿＿＿를 말할 수 있고,
> - ＿＿＿＿에 근거하여 식사를 평가할 수 있다.

학습 목표 제시

기술·가정

에 들어가는 핵심 단어는 무엇일까요? 교과서를 보고 찾아볼까요?(단서)

학생 여섯 가지 식품군, 식품 구성 자전거.

교사 네, 잘 말해 주었습니다.(원 격려) 오늘 수업이 잘 될 것 같습니다. 같이 학습 목표를 한번 읽어 볼까요?

학생 (큰 소리로 함께 읽는다.)

2. 배움 활동 1단계에서의 학생 진단과 교수 처방

배움 활동 1단계에서는 여섯 가지 식품군의 이해 및 분류하기를 학습한다.

배움 활동 1단계(25')

학습 과정 (학습 집단)	교수 · 학습 활동	배움중심 PCK 전략			자료(★) 및 유의점(※)
		배움 주춤	배움 전략	배움 원리	
영양소의 종류와 기능 파악하기 (모둠)	• **알고 있는 영양소의 종류와 기능 파악하기** – 탄수화물, 단백질, 지방 – 비타민, 무기질	난개념	매체 연습	되돌리기	★ 플래시 카드, 식품 구성 자전거 사진, 식품 사진, 아이스크림 성분표, 여섯 가지 식품군
여섯 가지 식품군 파악 및 분류하기 (모둠)	• **여섯가지 식품군 이해하고 분류하기** – 여섯 가지 식품군 – 식품, 식품군 – 곡류, 채소류, 과일류, 고기, 생선, 달걀, 콩류	난개념	관찰, 단서 정의, 추론 토의, 발표 과제	연결 칭찬	
	• **여섯 가지 식품군 정리하기**	오개념 난기능	비교, 정의 발표	딴청	

난개념 1 영양소의 종류는 알지만, 그 기능을 정확히 알지는 못한다.

모둠 짝과 함께 플래시 카드를 통해 이미 알고 있는 영양소와 관련된 개념을 파악하는 활동을 함으로써 어려운 개념을 쉽게 느끼게 하는 활동을 하여 개념 이해를 돕는다.

난개념 2 여섯 가지 식품군에 속하는 식품들을 이해하는 데 혼란을 겪는다.

단서 매체를 제시하여 학생 스스로 추론하게 하고, 발문을 활용해 설명한다.

난개념 ③ 식품 구성 자전거의 구성 이해를 어려워한다.

식품 구성 자전거 그림을 제시하여 형태와 구성요소, 명칭에 대해 발문을 통하여 스스로 깨우치게 한다.

오개념 ① 여섯 가지 식품군의 콩류, 견과류, 생선류 등에 대해 잘못 알고 있다.

그림을 제시하여 이해를 돕는다.

난기능 ① 여섯 가지 식품군을 분류하는 데 몇 가지 식품 분류에 어려움을 겪는다.

모둠별 활동으로 식품 분류하기를 하여 스스로 개념을 이해하는 시간을 가지도록 한다.

⊙ 영양소의 종류와 기능 파악하기

플래시 카드를 통해 영양소와 관련된 개념을 정확히 알게 한다.

교사 각 식품에 어떤 영양소가 함유되어 있다는 것은 전시 학습에서 배웠죠? 다시 한 번 설명해 보도록 합시다.(매체, 연습) (영양소의 종류와 기능이 적힌 플래시 카드를 제시한다.)

학생 [짝 활동] (모둠 짝과 함께 플래시 카드로 영양소의 종류와 기능을 확인한다.)(원 되돌리기)

교사 짝끼리 공부를 다 했으면 모둠원끼리 팀장을 중심으로 스피드 퀴즈를 하도록 합시다.

학생 [모둠 활동] (모둠원끼리 팀장이 문제를 내고, 다른 모둠원이 답한다.)

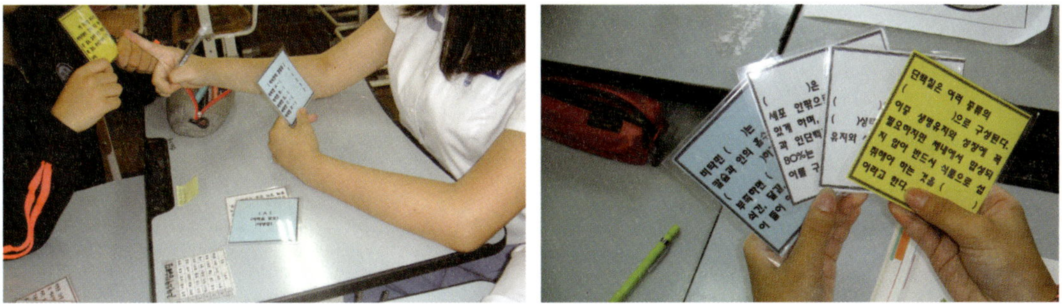

영양소 플래시 카드 활동

Kagan 구조 중심 협동학습 중 플래시 카드 게임

- **내용:** 플래시 카드는 기억력 촉진에 효과적인 기법이다. 우선 실시하기 전에, 앞면에는 설명 및 문제, 뒷면에는 정답이 적힌 플래시 카드를 만들어야 한다.
- **방법:** 가. 교사가 플래시 카드를 모든 학생들에게 나누어 준다.
  나. 개인별로 플래시 카드 내용을 읽고 외운다.
  다. 한 사람이 플래시 카드를 짝꿍에게 보여주면 짝꿍이 알아맞힌다.
  라. 제한 시간 안에 주어진 기준에 따라 많은 플래시 카드를 챙기면 보상을 준다.
  마. 동일한 방법으로 역할을 바꾸어 번갈아 플래시 카드 게임을 한다.

⊙ 여섯 가지 식품군 이해하고 분류하기

1. 식품 구성 자전거 그림을 제시하여 형태와 구성요소, 명칭에 대해 연결하기를 통하여 스스로 깨우치게 한다.
2. 모둠별 활동으로 식품 분류하기를 하여 스스로 개념을 이해하는 시간을 가지도록 한다.

식품 구성 자전거 제시

교사 자. 영양소에 대한 대략적인 이해가 되었죠? (식품 그림이 없고, 배분을 하지 않은 식품 구성 자전거 사진을 제시한다.) 어떤 그림인가요?**(매체, 관찰)**

학생 자전거, 자전거 타는 사람.(그림을 보고 대답한다.)

교사 모양이 어떠한가요?

학생 뒷바퀴는 크고, 앞바퀴는 작아요.

교사 자전거 이름이 무엇일까요? 오늘 학습 목표를 상기한 뒤 설명해 봅시다.**(단서)**

학생 식품 구성 자전거입니다.

교사 네, 맞습니다. 이 식품 구성 자전거의 뒷바퀴는 여섯 개로 나누어져 있습니다. 왜냐하면 우리가 먹는 식품들을 식생활에서의 중요성과 함유된 영양소에 따라 여섯 가지로 나누었기 때문입니다.**(정의)**

학생 아하, 이제 알겠습니다.

교사 여기 여러 종류의 식품 그림들이 있습니다. 모둠원끼리 협력하여 여섯 가지 식품군으로 나누어 보는 활동을 해 봅시다.**(원 연결)** (식품 그림을 모둠에 배분한다.)

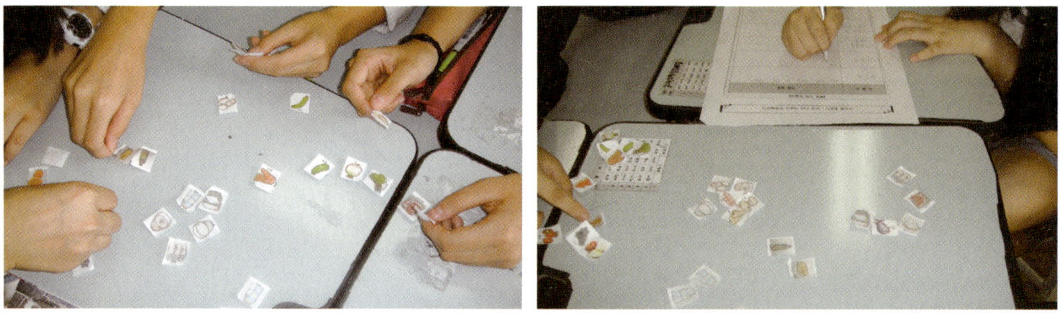

여섯 가지 식품군 분류 활동

학생 **[모둠 활동]** (여러 가지 식품 그림을 여섯 군으로 나눈다.)

교사 (순회하면서 지켜본다. 어떤 식품들을 오해하고 있는지 살핀다.)

교사 잠시 여기를 볼까요? 선생님이 어떻게 묶어 보라고 했습니까? 비슷하게 생긴 것끼리 묶어 보라고 했습니까? 아니면 그 식품에 함유되어 있는 주된 영양소 위주로 묶어 보라고 했습니까?(단서) 난개념 확인

학생 식품에 들어 있는 주된 영양소요.

교사 자. 지금 여러분들은 하나의 식품을 몇 개씩 묶어서 덩어리로 만들었죠? 그 덩어리를 우리는 식품군이라고 부릅니다. 수학의 집합과 원소처럼 식품군 안에 식품이 있는 것입니다.(정의) (칠판에 그림을 그리며 부연 설명한다.)

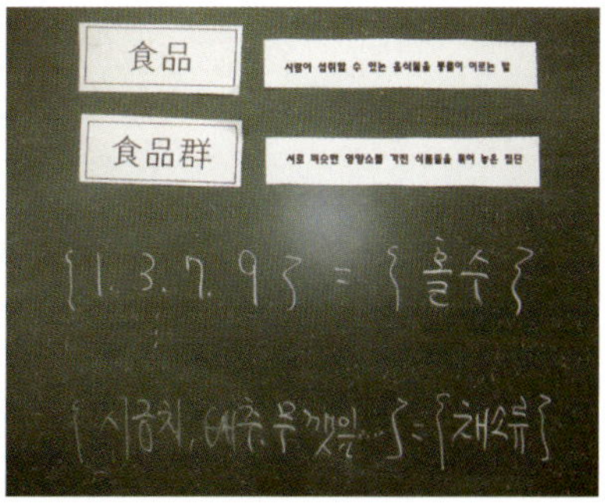

식품과 식품군 설명

학생 (설명을 듣는다.)

교사 여러분은 식품을 어떤 기준으로 묶었나요? 그리고 그 기준에 따라 묶은 식품군의 이름을 무엇이라고 정해야 하는지 모둠원끼리 추론해 보세요.

학생 [모둠 활동] (모둠원끼리 이야기한다.)(추론, 토의)

교사 (1분 후) 자, 의견을 말해 봅시다.

학생 1 각 식품에 들어 있는 영양소에 따라 묶었어요.(발표)

학생 2 곡류, 고기, 생선, 계란, 콩류, 채소류, 과일류, 우유, 유제품, 유지 당류라 정했습니다.(발표)

교사 네, 잘했습니다.(원 칭찬) 조금 있다 확인해 보도록 합시다. 나눈 식품들을 활동지에 적고, 식품군을 적어 봅시다.

학생 (기록이가 활동지에 적고, 이름을 적는다.)(과제)

교사 다 적은 모둠은 칠판에 부착해 봅시다.

학생 (섬김이가 활동지를 칠판에 부착한다.)

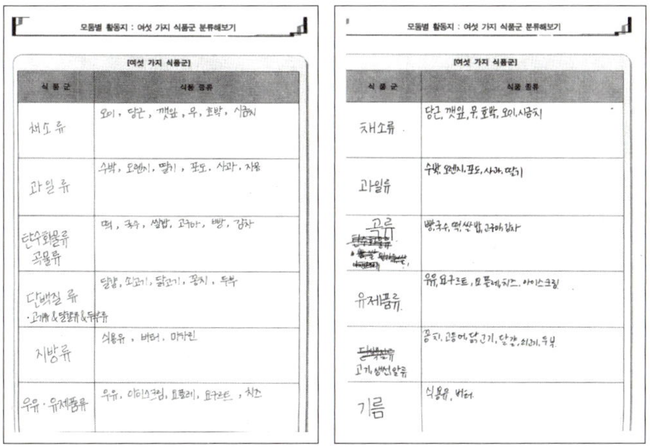

여섯 가지 식품군 분류 활동 산출물

기술·가정

⊙ 여섯 가지 식품군 정리하기

1. 학생들이 분류한 식품군을 보고 오해하고 있는 부분을 함께 확인한다.
2. 그림을 제시하여 비교와 설명을 통하여 식품군에 대한 이해를 돕는다.

교사 모두 어떻게 분류하고, 이름을 붙였는지 살펴보도록 합시다. 어떤 식품군의 분류가 어려웠는지 질문해 볼까요? **난개념 확인**

학생 곡류와 콩류의 구분이 어려웠어요, 아이스크림이 왜 우유인가요? 고기류에 생선은 안 들어가나요?

교사 흠. 분류하기 어려운 식품들이 좀 있었네요. 선생님과 함께 해답을 찾아봅시다. 자. 여기 두 종류의 그림이 있습니다.**(매체)** (곡류와 콩류 그림을 제시한다.) 어느 쪽이 곡류이고, 어느 쪽이 콩류인지 대조해 볼까요?**(비교)**

학생 오른쪽이 곡류이고, 왼쪽이 콩류입니다.

교사 곡류의 종류에는 어떤 것들이 있는지 열거해 볼까요?

학생 조, 보리, 기장 등이 있습니다.

교사 콩류의 종류에는 어떤 것들이 있을까요?

학생 강낭콩, 녹두, 서리태.

교사 네, 맞습니다. 곡류는 주로 탄수화물이 많이 함유된 식품들로 구성되어 있으므로 단백질 함량이 많은 콩류는 곡류에 포함되지 않습니다. 곡류에는 조, 보리, 기장, 귀리 등이 해당됩니다.**(정의)**

학생 네, 이제 알겠어요.

교사 잣, 땅콩은 곡류일까요? 콩류일까요?

학생 콩류인가요?(잘 대답하지 못한다.)

교사 (그림을 제시한다.) 잣, 땅콩 등은 견과류라고 합니다. 예전에는 유지 · 당류군에 넣었으나, 요즘은 고기 · 생선 · 달걀 · 콩류에 포함시킵니다. 종류에는 잣, 땅콩, 아몬드, 호두, 캐슈넛, 피스타치오 등이 있습니다.(정의)

학생 네.

곡류 그림 제시

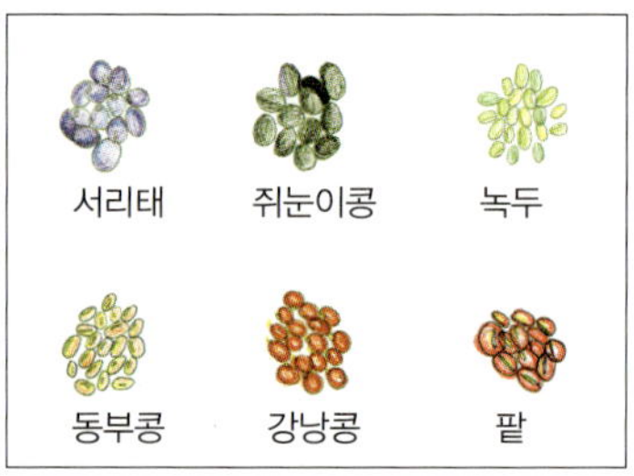

콩류 그림 제시

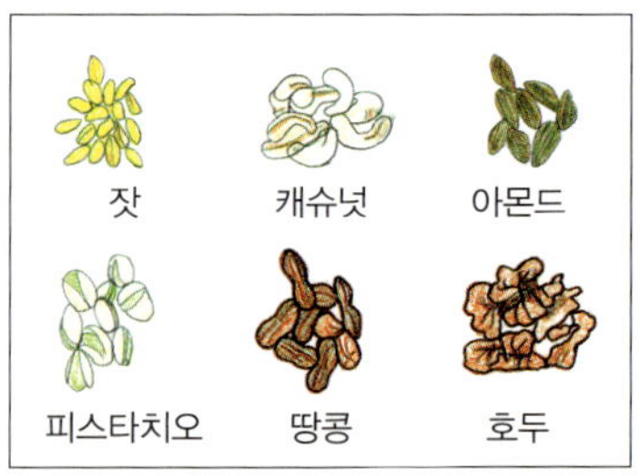

견과류 그림 제시

교사 고기 · 달걀 · 콩류만 적은 모둠이 있네요. 그런데 식품의 종류에는 생선을 적었는데, 왜 그렇게 했을까요?(**원 딴청**)

학생 생선도 고기라고 부릅니다.

교사 비슷한 말이기는 하나, 쓰임에 차이가 있습니다. 물 속에서 살아서 움직이는 물고기는 보통 생선이라고 하지 않습니다. 생선은 먹기 위해 잡은 물고기를 보통 말합니다. 따라서 이 식품군은 물고기와 생선을 구분하여 고기 · 생선 · 달걀 · 콩류라고 해야 정확합니다.(**정의**)

학생 네, 그렇군요. 그런데 저는 아이스크림이 유지 · 당류에 속하는 줄 알았습니다.

교사 자, 여기 사진을 한번 살펴보도록 합시다.(**매체**) 아이스크림 성분표입니다. 아이스크림의 원료가 무엇인가요?

아이스크림 성분표 탐색 활동

학생 우유입니다.

교사 그렇죠. 아이스크림의 주재료가 우유이기 때문에 함유되어 있는 주 영양소인 칼슘으로 인해 우유 · 유제품류에 포함됩니다.

학생 아하, 그렇군요.

교사 네, 이제 이해되었나요? 그 외는 대부분 식품군별로 잘 분류하고 묶었습니다. 이렇게 우리가 먹는 식품들을 식생활에서의 중요성과 함유된 영양소에 따라 여섯 가지로 나눈 것을 여섯 가지 식품군이라고 합니다.(**정의**) 여섯 가지 식품군에 함유되어 있는 영양소는 어떻게 되어 있나요? 발표해 봅시다.(한 명을 지목한다.)

학생 곡류는 탄수화물, 채소류는 비타민, 무기질, 우유 · 유제품류는 칼슘, 고기 · 생선 · 계란 · 콩류는 단백질, 과일류는 비타민, 무기질, 당분, 식이섬유소, 유지 · 당류는 지방, 당분이 들어 있습니다.(**발표**)

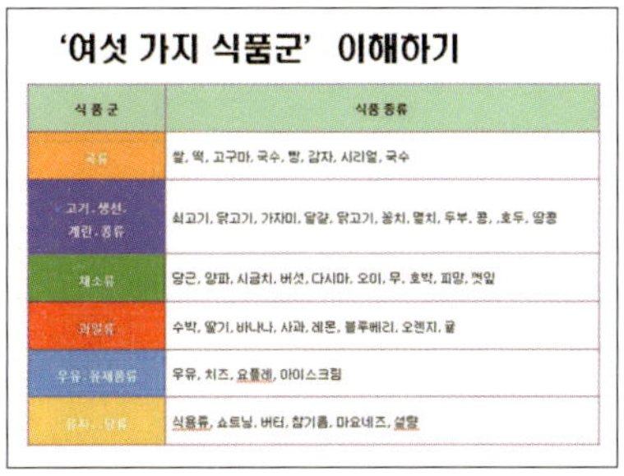

여섯 가지 식품군 제시

교사 네, 아주 잘 말해 주었습니다.(**원 칭찬**) 지금까지 학습한 대로 여섯 가지 식품군을 분류한 것을 정리해 봅시다.

학생 (제시된 자료를 보고 모둠의 여섯 가지 식품군 분류가 맞는지 점검한다.)

여섯 가지 식품군 이해 활동

3. 배움 활동 2단계에서의 학생 진단과 교수 처방

배움 활동 2단계에서는 식품 구성 자전거 이해 및 완성하기와 이를 바탕으로 이상적인 식단 작성하기를 학습한다.

배움 활동 2단계(35')

학습 과정 (학습 집단)	교수 · 학습 활동	배움중심 PCK 전략			자료(★) 및 유의점(※)
		배움 추출	배움 전략	배움 원리	
식품 구성 자전거 파악하기 (모둠 및 전체)	• **식품 구성 자전거 이해하기** – 식품 구성 자전거 면적 배분하여 그리기 – 식품 구성 자전거 이해하기(짝과 함께 질문에 답하기)	난개념	단서, 탐문 정의, 매체 토의, 그리기	도전	★ 식단 및 부연 자료 모둠 활동지
식품 구성 자전거 완성하기 (모둠)	• **식품을 식품 구성 자전거에 분류하기** – 식품 구성 자전거 완성하기 – 개인별 정리하기	난기능	매체, 과제 발표	연결 칭찬, 공유	※ 사고를 확산할 수 있는 자료 제시로 스스로 개념 이해를 하도록 이끄는 것이 효율적임
	• **이상적인 식단 작성하기**	난기능	토의 발표	도전 도약 칭찬	교사 평가 동료 평가

난개념 1 식품 구성 자전거의 의미를 잘 파악하지 못한다.

발문과 설명을 통하여 식품 구성 자전거를 파악하게 한다.

난개념 2 식품 구성 자전거의 배분율을 정확히 알고 있지 못한다.

식단 제시 및 설명을 통해 식품 구성 자전거의 배분율을 파악해 보게 한다.

난기능 1 여섯 가지 식품군을 식품 구성 자전거에 분류하는 것을 어려워한다.

교사의 설명과 모둠의 활동지를 비교 분석한 뒤 토의하게 하여 앞으로의 오류를 줄이도록 한다.

난기능 2 여섯 가지 식품군과 식품 구성 자전거에 근거해 식단을 작성하는 것을 어려워한다.

연꽃 기법과 아이디어 계통도를 통해 모둠원이 협동하여 스스로 식단 작성을 체험해 보게 한다.

⊙ 식품 구성 자전거 이해하기

1. 식단을 제시하여 섭취율에 대한 이해를 하도록 한다.
2. 식품 구성 자전거의 뒷바퀴를 임의로 배분하게 하여 식품 구성 자전거의 이해를 스스로 깨우치게 한다.

교사 이제부터 식품 구성 자전거의 바퀴들을 채워 보도록 하겠습니다. 우리가 나눈 여섯 가지 식품군을 식생활에서 가장 많이 먹고, 중요한 일을 하는 식품군 순서대로 면적을 배분해서 넣어 보도록 하겠습니다.**(원 도전)** (식품 그림이 없고, 배분을 하지 않은 식품 구성 자전거 그림을 제시한다.)**(매체)** 뒷바퀴 면적을 배분해 볼까요?

학생 **[모둠 활동]** (모둠원들이 식품 구성 자전거의 뒷바퀴 면적 배분에 대하여 토의하여 배분한다.) **(토의, 그리기)**

교사 (자전거 바퀴의 면적을 배분하지 못하는 모둠이 있는지 잘 살핀다.) 우리가 흔히 먹는 식단을 한번 보고 활동을 다시 할까요? 자. 제시된 식단을 한 번 보도록 합시다.**(매체, 단서)** (2개의 식단을 제시한다.) 이 식단에서 우리가 주로 먹는 음식인 주식은 어떤 식품들이며 어떤 영양소가 많습니까?

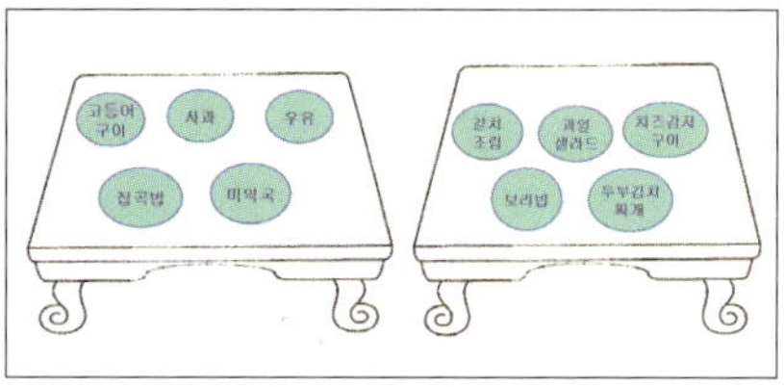

식단 제시

학생 1 잡곡밥, 보리밥입니다.

학생 2 탄수화물을 공급하는 곡류입니다.

교사 그럼 주식과 함께 먹는 반찬은 어떤 것이 있으며 어떤 영양소가 많습니까?

학생 1 고등어구이, 시금치나물, 배추김치, 갈치조림 등이 있습니다.

학생 2 단백질과 비타민을 공급하는 고기 · 생선 · 달걀 · 콩류와 채소류입니다.

여섯 가지 식품군 섭취 관련 설명

교사 네, 맞습니다. 고기 · 생선 · 달걀 · 콩류는 반찬으로 많이 섭취하는 동물성 식품군이고, 채소류는 비타민, 무기질을 공급하는 식품군으로 주로 김치와 나물로 많이 섭취합니다. 그렇다면 사과와 같은 과일류는 식사 중 언제 주로 섭취할까요?

학생 후식으로 섭취합니다.

교사 네, 맞습니다. 비타민, 무기질을 공급하는 과일류는 주로 후식, 간식으로 섭취하므로 그 양이 그다지 많지 않습니다.

기술·가정

교사 이 식단을 보면 유지 · 당류가 있습니까?

학생 보이지 않습니다.

교사 그렇죠. 유지 · 당류는 버터, 마가린, 참기름 등인데, 이 식품들은 조리할 때 필요한 만큼 첨가하고, 지방, 당분을 주로 공급하므로 적게 섭취하는 것이 좋습니다. 그렇다면 어떤 음식에 들어 있을까요?

학생 시금치나물, 고등어구이 할 때 사용합니다.

교사 네, 잘 찾았습니다. 그렇다면 이 식단에 나타나 있듯이 우리가 평소에 가장 많이 섭취하고, 중요한 것부터 순서를 매겨 보도록 할까요?

학생 곡류, 채소류, 고기 · 생선 · 달걀 · 콩류, 우유 · 유제품류, 과일류, 유지 · 당류순입니다.

교사 네, 맞습니다. (식품 구성 자전거의 여섯 가지 식품군의 면적 비율(%)을 제시한다.)**(매체)** 식품군별 상징색은 미국의 식품 피라미드에서 따온 것입니다.**(정의)**

학생 (자료를 보며 설명을 이해한다.)

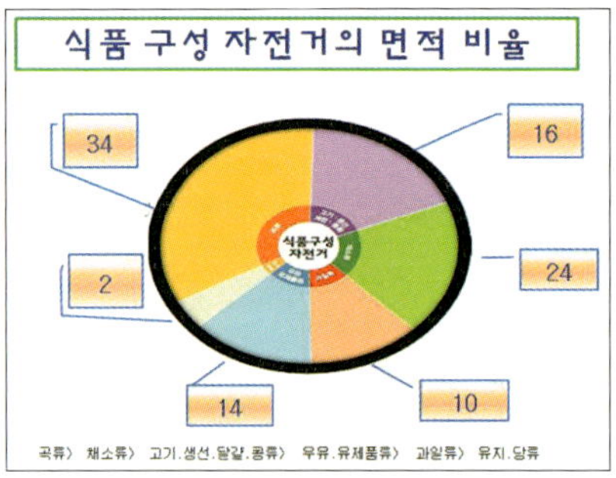

여섯 가지 식품군의 면적 비율 제시

식품 피라미드 제시

교사 각 모둠이 배분한 식품 구성 자전거와 교과서에서 제시한 식품 구성 자전거를 비교해 보면서 얼마큼의 차이가 있는지 한번 살펴볼까요? 왜 그렇게 배분했는지 모둠원과 분석해 봅시다.**(탐문)**

학생 **[모둠 활동]** (모둠원과 분석한 결과에 대해 이야기한다.)**(토의)**

교사 이번에는 선생님이 배분된 식품 구성 자전거 그림을 주겠습니다.**(매체)** 식품 구성 자전거의 그림을 자세히 보고 다음의 질문에 짝과 함께 토의하여 설명해 보도록 합시다.

학생 **[짝 활동]** (모둠 짝과 제시되는 질문에 대하여 토의한다.)**(토의)**

교사 식품 구성 자전거의 의미를 함께 정리해 볼까요?

학생 식품 구성 자전거는 여섯 가지 식품군의 적절한 섭취 비율을 자전거 바퀴의 면적 배분으로 나타낸 것입니다. 또한 균형 잡힌 식사, 수분 섭취의 중요성, 적절한 운동이 우리 몸을 건강하게 만들 수 있다는 것을 의미합니다.**(정의)**

교사 네, 아주 잘 요약 · 발표해 주었습니다.

짝 활동 토의 주제

식품 구성 자전거 설명

식품 구성 자전거 제시 단계

⊙ 식품을 식품 구성 자전거에 분류하기

여섯 가지 식품군을 식품 구성 자전거에 분류한 뒤 발표해 보도록 하여 학습 내용을 이해하였는지 확인한다.

교사 식품 그림 카드를 식품 구성 자전거에 분류 · 부착하고, 각 식품군에 함유되어 있는 주된 영양소와 역할도 기록해 보는 활동을 해 봅시다.(매체)

학생 [모둠 활동] (여섯 가지 식품군별로 분류해 둔 식품 그림 카드를 식품 구성 자전거에 붙인다.)

식품 구성 자전거 완성

교사 (여섯 가지 식품군별 식품들을 식품 구성 자전거에 잘 부착하는지를 살핀다.) 여섯 가지 식품군 속에 함유되어 있는 영양소를 잘 찾을 수 있나요?(원 연결)

식품 구성 자전거 완성 활동 순회

학생 네.

교사 칠판에 부착된 식품 구성 자전거를 모둠별로 한 식품군씩 대표가 나와 완성해 보도록 합니다.

학생 (각 조의 대표가 나와 식품 그림 카드 및 영양소와 역할 카드를 부착한다.)

교사 각 대표가 한번 발표해 볼까요?

학생 (각 대표가 식품군, 식품, 영양소, 영양소의 기능에 대하여 발표한다.)**(발표, 원 공유)**

교사 네, 아주 잘 발표해 주었습니다. 고생한 친구에게 격려의 박수를 보내 줍시다.**(원 칭찬)** 올바른지 확인해 보겠습니다.(PPT를 제시한다.) 개인 활동지를 완성해 봅시다.

학생 (개인별로 식품 구성 자전거를 완성한다.)**(과제)**

식품 구성 자전거 활동 장면

식품 구성 자전거 완성 모습

[식품군별 대표 식품]

식 품 군	식품 종류	영양소	기능	특징
곡류	국수, 고구마, 빵, 쌀, 떡, 감자, 시리얼	탄수화물	에너지공급	주식으로 섭취
고기.생선.계란.콩류	닭고기, 두부, 소고기, 달걀, 낙지, 콩, 된장, 견과류	단백질	몸의 조직 구성	부식(반찬)으로 섭취
채소류	깻잎, 무, 호박, 시금치, 오이, 당근, 콩나물, 배추, 버섯, 미역	비타민 무기질	생리기능조절	김치와 나물로 섭취
과일류	사과, 포도, 딸기, 오렌지, 수박, 귤, 복숭아, 망고, 블루베리	비타민 무기질	생리기능조절	후식과 간식으로 섭취
우유.유제품류	우유, 요플레, 아이스크림, 치즈, 요구르트	칼슘	뼈와 이 구성	칼슘섭취중요
	버터, 식용유, 마요네즈, 설탕, 참기름, 들기름	지방	내장기관 보호	적게섭취.

식품 구성 자전거 개인 활동지 자료

⊙ 이상적인 식단 작성하기

1. 연꽃 기법과 아이디어 계통도를 활용하여 식단 작성에 대한 아이디어를 도출해 내도록 한다.
2. 식품 구성 자전거에 대한 이해를 바탕으로 이상적인 식단 작성을 모둠원이 협동하여 작성해 보게 한다.

교사 균형 잡힌 식단이란 식품 구성 자전거의 여섯 가지 식품군이 골고루 포함되어야 함을 잘 알아보았죠? 그렇다면 우리는 우리 몸을 건강하게 하기 위해 어떤 식단을 작성하면 좋을까요? 연꽃 기법을 이용해서 생각해 봅시다.**(원 도전)**

학생 [모둠 활동] (연꽃 기법을 활용하여 토의한다.)(토의)

교사 그럼, 이제부터 식품 구성 자전거에 근거한 최고의 밥상을 작성해 보도록 하겠습니다. 완성된 식품 구성 자전거에서 각 식품군별로 한 가지씩 식품을 선택하도록 합시다.

학생 [모둠 활동] (모둠이 의논하여 여섯 개의 식품을 선택한다.)(토의)

교사 모둠이 선택한 여섯 개의 식품을 이용하여 아이디어 계통도를 활용하여 요리법을 정하고 음식명을 적어 각 모둠별로 식품 구성 자전거에 근거한 '이상적인 식단'을 작성해 봅시다. (원 도약)

학생 [모둠 활동] (식단을 완성하여 밥상판에 적는다.)

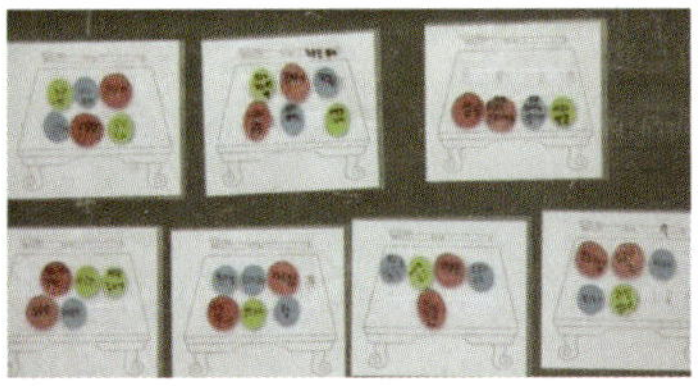

이상적인 식단 작성하기 활동 장면

교사 완성된 식단을 각 조의 이끔이가 발표해 보도록 합시다.

학생 (이끔이가 나와 발표한다.)(발표)

교사 발표한 조의 식단이 이상적인 식단에 근거한 것인지 발표를 듣고 분석해 봅시다. ○○조가 발표한 식단은 이상적인 식단이 맞나요? 근거를 제시해 볼까요?(분석)

학생 아닙니다. 왜냐하면 '볶기'의 조리법이 여러 군데 들어 있어서 지방의 함유량이 많습니다. 따라서 비만이 될 가능성이 많습니다.

교사 또 다른 의견이 있습니까?(토의)

학생 ○○조가 작성한 식단은 능률과 비용면에서 너무 많은 시간과 돈이 낭비되는 비싼 것이라서 이상적인 식단에 맞지 않습니다.

이상적인 식단 작성하기 발표 장면

교사 네, 모두 잘 발표해 주었고, 분석도 잘 참여해 주었습니다. 각 조의 칭찬이가 나와서 모둠에서 의논한 최고의 밥상 한 조에만 스티커를 부착하도록 합니다.

학생 (각 조의 칭찬이가 스티커를 부착한다.)

교사 네, 오늘 최고의 밥상을 차린 조는 ○○조입니다. 가산점을 드리도록 하겠습니다. 고생한 ○○조에게 칭찬의 박수를 보내 줍시다.(원 칭찬)

학생 (박수를 친다.)

4. 배움 정리 단계에서의 학생 진단과 교수 처방

배움 정리 단계에서는 전체적인 정리가 필요하다.

배움 정리 단계(15')

학습 과정 (학습 집단)	교수 · 학습 활동	배움중심 PCK 전략			자료(★) 및 유의점(※)
		배움 주춤	배움 전략	배움 원리	
평가 및 정리하기 (모둠)	• '임금의 밥상'을 식품 구성 자전거에 근거하여 평가하기	난기능	토의, 매체 탐문, 정의	공유	★ 형성 평가 문항 깔끄미판 보드마카
	• '자신의 밥상'을 식품 구성 자전거에 근거하여 평가하기		과제		
	• 퀴즈 형식의 형성 평가 • 학습 활동 반성 – 배움 성찰 • 다음 차시 학습 내용 예고 – 청소년의 올바른 식습관		토의	도전 공유	※ 함께 협동하여 본시 학습 목표의 달성도를 스스로 확인하게 함

난개념 ① 여섯 가지 식품군과 식품 구성 자전거에 근거하여 식단을 평가하는 것을 어려워한다.
'임금의 밥상'을 식품 구성 자전거에 근거하여 평가해 보게 하여 부족한 식품을 찾아보게 한다.

난개념 ② 여섯 가지 식품군과 식품 구성 자전거를 설명하는 것을 어려워한다.
모둠별로 형성 평가를 풀게 하여 식품 구성 자전거를 이해하게 한다.

※ 형성 평가를 마친 후 학습한 내용과 느낌을 오늘의 수업 일기에 적고 의견을 공유한다.

⊙ 식단 평가

교사 우리가 수업 시작할 때 봤던 동영상 '임금의 밥상'을 기억하죠? 임금님의 밥상을 식품 구성 자전거에 근거하여 평가해 봅시다.

학생 [모둠 활동] (활동지에 브레인라이팅한 식품을 식품 구성 자전거에 근거하여 평가해 본다.)(토의)

교사 임금님 밥상의 음식에 포함되지 않은 영양소는 무엇인가요? 어떤 음식을 첨가하면 좋을까요?(탐문)

학생 우유가 없습니다. 칼슘이 부족하므로 우유로 만든 음식을 첨가해야 합니다. 그런데 옛날에 우유가 있었나요?

교사 네, 옛날에는 우유가 귀하긴 했지만, '타락죽'이라고 우유로 만든 음식이 있습니다. 이와 같은 음식을 첨가하면 '임금의 밥상'도 '최고의 밥상'이 될 수 있겠습니다.(매체)

타락죽 사진 제시

학생 아하, 그렇네요.

교사 여러분은 평소 이상적인 식단에 근거한 밥상을 먹고 있나요? 만약 필요한 영양소가 과잉 또는 부족하게 섭취된다면 식품 구성 자전거의 형태가 어떤 모양이 될까요?

학생 찌그러지게 됩니다.

교사 그렇겠죠. 여기 제시하는 그림을 보고 어떤 영양 불균형인지 이야기해 봅시다.

학생 (제시된 그림을 보고 답한다.) 채소, 과일을 적게 먹어요. 유지 · 당류를 많이 먹어요. 고기류를 많이 섭취해요.

교사 네, 잘 알고 있네요. 과일과 채소를 너무 적게 먹을 경우 피로감, 변비가 생길 수 있으며, 우유를 섭취하지 않을 경우 키가 잘 자라지 않고, 골다공증 등 뼈에 이상이 올 수 있습니다. 반대로 지방 식품을 너무 많이 섭취하면 당뇨병, 고혈압, 동맥경화 등의 성인병이 생길 수 있고, 고기류의 섭취가 많을 경우 비만, 신장질환 등을 유발할 수 있습니다.(정의) 따라서 우리는 식품 구성 자전거의 모양이 어떻게 되도록 먹는 것이 좋을까요?

학생 모양이 찌그러지거나 부풀지 않고 바퀴가 잘 굴러가도록 골고루 먹어야 합니다.

영양 균형 식품 구성 자전거 그림 제시

영양 불균형 식품 구성 자전거 그림 제시

기술·가정

교사 그렇겠죠. 이제 여러분의 식품 구성 자전거를 한번 살펴보도록 합시다. 어제 저녁에 먹었던 나의 밥상을 식품 구성 자전거에 근거하여 평가해 보고 앞으로 실천할 사항을 말해 보도록 합시다.

학생 (제시된 활동지에 자신의 밥상을 평가해 본다.)(과제)

교사 ○○이가 대표로 발표해 볼까요?

학생 (발표한다.)(㉤ 공유)

'자신의 밥상 평가해 보기' 활동

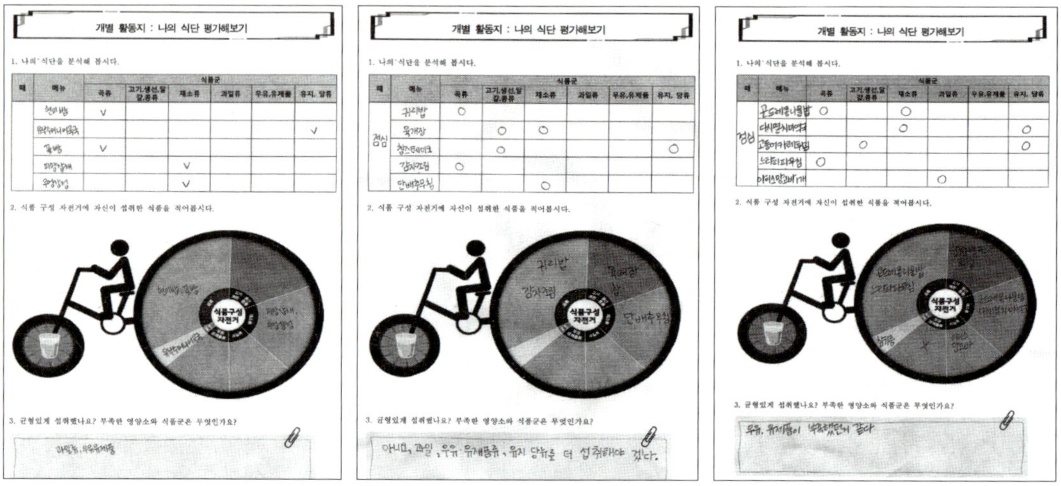

'자신의 밥상 평가해 보기' 활동지

⊙ 형성 평가 및 차시 예고

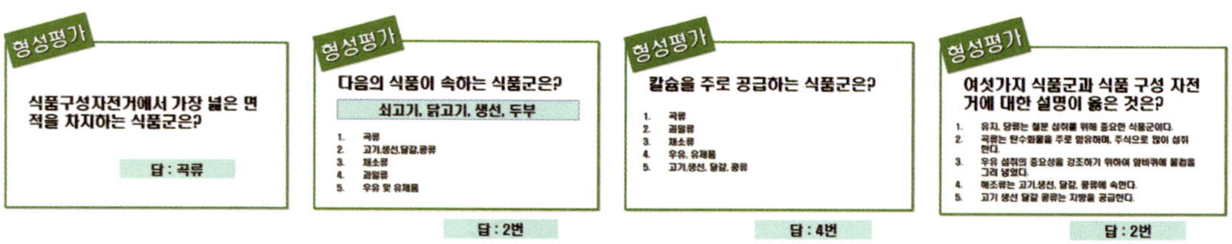

형성 평가 PPT 제시

교사 오늘은 식품 구성 자전거에 근거하면 균형 있는 식생활을 할 수 있음을 배웠습니다. 오늘 학습한 내용을 같이 정리해 봅시다.(원 도전) (모둠별로 보드마카와 깔끔이판을 배부한다.) 다음 화면에서 제시하는 4개의 문제에 대한 답을 의논하여 적어 보도록 합시다.

학생 **[모둠 활동]** (깔끔이판에 의논하여 정답을 적는다.)**(토의)**

교사 다 풀었나요? 정답을 알아맞히지 못한 모둠은 서로 의논해서 수정해 보도록 합시다.

학생 (정답이 맞는지 확인하고 틀릴 시에는 의논하여 정정한다.)(원 공유)

교사 오늘 수업 일기를 공책에 적어 봅시다. 오늘의 주제는 '올바른 식생활을 하려면 ~해야 한다'로 하겠습니다.

학생 (공책에 수업 일기를 적는다.)

교사 오늘 열심히 배움에 임해 주어서 고맙습니다. 다음 시간에는 '청소년의 올바른 식습관'에 대해 학습하겠습니다.

학생 교사 (다 같이 인사한다.)

지도 유의점 06

이 학습 내용을 지도할 때 고려해야 할 유의점은 무엇인가?

학생 발달 수준에 따른 학습 활동

본시 수업과 관련한 학생 발달 수준을 고려하기 위해서는 다음의 내용을 확인한다.

- 중학교 과정 학습에서 영양소의 종류와 기능에 대해 어느 정도의 개념을 습득하고 있는지를 전시 학습 단계와 동기 유발 단계에서 확인한 후, 이를 바탕으로 본시 학습 내용으로 연결한다.
- 전시에 학습한 영양소의 종류와 기능을 잘 이해하고 있는지는 전개 부분에서 설명시 발문하면서 확인하고, 미흡한 경우 연습 활동 등을 통해 사고할 수 있도록 촉진한다.
- 학습 목표 도달을 위해 수업 핵심 지식을 학습한 직후 실습, 과제, 설명해 보기 등 학생 주도의 활동을 통해 메타인지를 활성화하는 단계를 반드시 거치도록 한다.

수업 전문성 수준에 따른 학습 내용

교육부에서 개발한 성취 기준은 학생들이 학습하는 이유를 밝혀 주는 것이며, 학습 목표 설정의 기준이 된다. 학교의 학생 학력 실태에 따라 학년초 교과협의회, 성적관리위원회를 통해 성취 기준의 정정도 가능하다. 이를 위해서는 학생 학력 진단이 먼저 정확히 이뤄져야 한다.

성취 기준에 따른 학습 목표에 도달하기 위해 반드시 교과서에 따라 진행할 필요는 없다. 성취 기준에 도달할 수 있는 내용이라면 다양하게 교사의 재량으로 구성할 수 있다. 전문성이 있는 교사일수록 교과서를 하나의 예시 자료로 보고, 해당 학교 학생들의 흥미, 태도, 선개념, 난개념, 오개념 실태 진단을 통해 적절한 재구성과 수업 설계를 한다.

학생 평가

07 이 학습 내용에 대한 학생들의 이해도나 어려움을 평가하는 방법은 무엇인가?

평가를 통해 학생들은 자신의 장단점을 진단하고 보완할 수 있는 학습 계획을 수립할 수 있으며 교사는 교수 방법의 효율성을 진단할 수 있다. 평가의 타당성을 높이기 위해서 각 영역의 내용을 포괄적이고 균형 있게 다루며, 학생의 학습 활동 수행 과정과 결과를 보고 교과에 대한 이해, 기능, 태도 등에 대해 종합적으로 판단하는 평가 방식이 되어야 한다. 본시의 평가 계획을 알아보면 다음과 같다.

- 여섯 가지 식품군과 식품 구성 자전거를 설명할 수 있는가? (인지적 영역)
- 여섯 가지 식품군 및 식품 구성 자전거를 분류하고, 설명할 수 있는가? (기능적 영역)
- 학습지 정리를 잘 하는가? 모둠원의 활동에 성실히 참여하고 있는가? (정의적 영역)

<table>
<tr><th colspan="2">평가 관점</th><td colspan="3">학습 목표 달성을 위한 학습 활동 과정에 적극적으로 참여하는가?</td><th>평가 시기</th><th>평가자</th><th>평가 방법</th></tr>
<tr><td rowspan="3">인지적 영역</td><td>평가 항목</td><td colspan="3">여섯 가지 식품군과 식품 구성 자전거의 의미와 특징을 아는가?</td><td rowspan="3">정리 단계/
지필고사,
서술형 고사</td><td rowspan="3">교사/
동료</td><td rowspan="3">관찰/
지필</td></tr>
<tr><td rowspan="2">평가 척도</td><td>상</td><td>중</td><td>하</td></tr>
<tr><td>완전히 이해함</td><td>거의 대부분 이해함</td><td>이해가 미흡함</td></tr>
<tr><td rowspan="3">기능적 영역</td><td>평가 항목</td><td colspan="3">• 여섯 가지 식품군과 식품 구성 자전거를 분류할 수 있는가?
• 분류한 여섯 가지 식품군과 식품 구성 자전거에 대해 설명할 수 있는가?</td><td rowspan="3">전개 단계/
수행 평가
(과정 평가)</td><td rowspan="3">교사/
동료</td><td rowspan="3">관찰/
수행</td></tr>
<tr><td rowspan="2">평가 척도</td><td>상</td><td>중</td><td>하</td></tr>
<tr><td>매우 잘 수행함</td><td>수행 정도가 보통임</td><td>수행 정도가 미흡함</td></tr>
<tr><td rowspan="4">정의적 영역</td><td rowspan="2">평가 항목</td><td colspan="3">• 학습지 정리를 잘 하는가?
• 개별 및 모둠 활동에 성실히 참여하는가?
• 적극적으로 학습하고 활동한 내용을 적극적으로 발표하는가?</td><td>전개 단계/
수행 평가
(과정 평가)</td><td>교사/
동료</td><td>관찰</td></tr>
<tr><td colspan="3">본시 학습에 대한 성찰을 하는가?</td><td>정리 단계</td><td>자기</td><td>배움 공책</td></tr>
<tr><td rowspan="2">평가 척도</td><td>상</td><td>중</td><td>하</td><td rowspan="2"></td><td rowspan="2"></td><td rowspan="2"></td></tr>
<tr><td>매우 잘 수행함</td><td>수행 정도가 보통임</td><td>수행 정도가 미흡함</td></tr>
</table>

PCK 본시 교수 · 학습 과정안

기술 · 가정 II–1–3. 균형 잡힌 건강 식생활의 실천(8/9)

기술 · 가정 PCK 수업 설계

학습 내용

- **교과:** 기술 · 가정
- **학년–학기:** 7–1
- **단원:** II–1–3. 균형 잡힌 건강 식생활의 실천
- **차시:** 8/9
- **주제:** 균형 잡힌 식사 구성

학습 필요

- 여섯 가지 식품군과 식품 구성 자전거를 알고, 이를 이용하여 청소년이 스스로 균형 잡힌 식사를 구성하는 능력과 올바른 식습관을 익혀서 실천하는 태도를 기르고자 함

학생 평가

- 여섯 가지 식품군과 식품 구성 자전거 설명하기
- 지필, 서술, 관찰, 교사 및 동료 평가

교수 처방

〈배움 전략〉	〈배움 원리〉
□ 설명 –비유	■ 공감 –칭찬
■ 설명 –예시	□ 공감 –신뢰
■ 설명 –그림	■ 공감 –수용
■ 설명 –정의	□ 공감 –존중
□ 설명 –실물	□ 공감 –격려
■ 설명 –비교	■ 공감 –표현
□ 설명 –대조	□ 공감 –유머
□ 시범 ■ 관찰	□ 지원 –개발
□ 서사 ■ 탐구	■ 지원 –딴청
■ 발문 ■ 추론	□ 지원 –나누기
■ 연습 □ 요약	□ 지원 –대기
■ 단서 □ 조작	■ 지원 –공유
■ 과제 □ 메모	■ 지원 –도전
■ 매체 ■ 발표	■ 지원 –참여
■ 토의	■ 지원 –연결
	□ 지원 –반성

학습 흐름

1. **배움 열기 단계**
   - 임금님 밥상의 영양학적 분석을 통한 동기 유발
2. **배움 전개 단계**
   - 여섯 가지 식품군과 식품 구성 자전거의 이해 및 분류
3. **배움 정리 단계**
   - 식단 평가를 통한 균형 잡힌 식생활의 정리

학생 진단

- **선개념:** 건강, 영양, 균형 잡힌 식사, 영양소의 종류와 기능, 청소년의 식생활 문제, 영양 섭취 기준
- **난개념:** 여섯 가지 식품군과 식품 구성 자전거의 이해 및 식품 분류, 식단 작성 및 평가
- **오개념:** 식품과 식품군, 여섯 가지 식품군 분류
- **신개념:** 여섯 가지 식품군, 식품 구성 자전거

학생 배움중심의 수업 설계 약안

교과	기술 · 가정	단원(차시)	Ⅱ-1-3. 균형 잡힌 건강 식생활의 실천(8/9)
성취 기준	가9121-2. 영양 섭취 기준 등을 활용하여 자신의 식생활을 반성 · 평가하고, 균형 잡힌 식생활을 실천할 수 있다.		
학습 목표	1. 여섯 가지 식품군과 식품 구성 자전거를 말할 수 있다. 2. 식품 구성 자전거에 근거하여 균형 잡힌 식사를 평가할 수 있다.		

단계	학습 내용	교수 · 학습 활동	PCK 전략			자료(★) 및 유의점(※)
			배움 주춤	배움 전략	배움 원리	
배움 열기 (15')	전시 학습 상기 동기 유발, 학습 목표 확인 (모둠, 전체)	• **전시 학습 상기하기** – 영양소 홍보물 및 영양소송을 통하여 영양소의 종류와 기능 파악하기 • **학습 동기 유발하기** – 역사채널e '임금의 밥상' 시청하기 – 식품의 종류 파악하기 – 균형 잡힌 식사 파악하기 • **학습 목표 확인하기**	선개념	매체 관찰 단서	칭찬 도전 격려	★ PPT, 전시 학생 활동물, 노래, 동영상 ※ 전시의 학생 과제물 활용, 학습 내용 복습
배움 활동 1 (25')	여섯 가지 식품군 이해 및 분류하기 (모둠 → 전체)	• **영양소의 종류와 기능 파악하기** – 탄수화물, 단백질, 지방 – 비타민, 무기질 • **여섯 가지 식품군 이해하고 분류하기** – 여섯 가지 식품군 – 식품, 식품군 – 곡류, 채소류, 과일류, 고기, 생선, 달걀, 콩류 • **여섯 가지 식품군 정리하기**	난개념 난개념 오개념 난기능	매체 연습 관찰 단서 정의 추론 토의 발표 비교	되돌리기 연결하기 칭찬 딴청	★ 플래시 카드, 식품 구성 자전거 사진, 식품 사진, 아이스크림 성분표, 여섯 가지 식품군
배움 활동 2 (35')	식품 구성 자전거 이해 및 완성하기 (모둠 → 전체)	• **식품 구성 자전거 이해하기** – 식품 구성 자전거 면적 배분하여 그리기 – 식품 구성 자전거 이해하기(짝과 함께 질문에 답하기) • **식품 구성 자전거 분류하기** – 식품 구성 자전거 완성하기 – 개인별 정리하기 • **이상적인 식단 작성하기**	난개념 난기능 난기능	단서 정의 토의 탐문 그리기 매체 발표 과제 토의	도전하기 연결 칭찬 공유 도약	★ 식단 및 부연 자료, 활동지 교사 평가 / 동료 평가
배움 정리 (15')	형성 평가 (모둠) 학습 활동 반성, 차시 예고(전체)	• **'임금의 밥상' 평가하기** • **자신의 식사 평가하기** • **형성 평가** – 여섯 가지 식품군과 식품 구성 자전거 – 퀴즈 형식의 형성 평가 • **학습 활동 반성 및 차시 예고** – 학습 활동 반성(배움 성찰) – 차시 예고	 난기능	토의 탐문 매체 정의 과제 토의	 공유 도전	★ 형성 평가 문항, 깔끄미판, 보드마카 ※ 함께 협동하여 본시 학습 목표 달성도를 스스로 확인하게 함

학습지

모둠별 활동지 : 최고의 밥상 분석해 보기

1. '임금의 밥상'에 나오는 식품의 종류를 모두 적어 봅시다.

2. '임금의 밥상' 분석해 보기

개별 활동지 : 나의 식단 평가해 보기

1. 나의 식단을 분석해 봅시다.

때	메뉴	식품군					
		곡류	고기, 생선, 달걀, 콩류	채소류	과일류	우유, 유제품	유지, 당류

2. 식품 구성 자전거에 자신이 섭취한 식품을 적어 봅시다.

3. 균형 있게 섭취했나요? 부족한 영양소와 식품군은 무엇인가요?

기술·가정

모둠별 활동지 : 여섯 가지 식품군 분류해 보기

여섯 가지 식품군

식품군	식품 종류

모둠별 활동지 : 식품 구성 자전거 완성해 보기

식품 구성 자전거

모둠별 활동지 : 이상적인 식단 작성하기

1. '이상적인 식단'과 관련하여 떠오르는 단어들을 모두 적어 봅시다.

2. 내가 만약 식단을 짜게 된다면 어떤 점을 생각할지 적어 봅시다.[연꽃 기법]

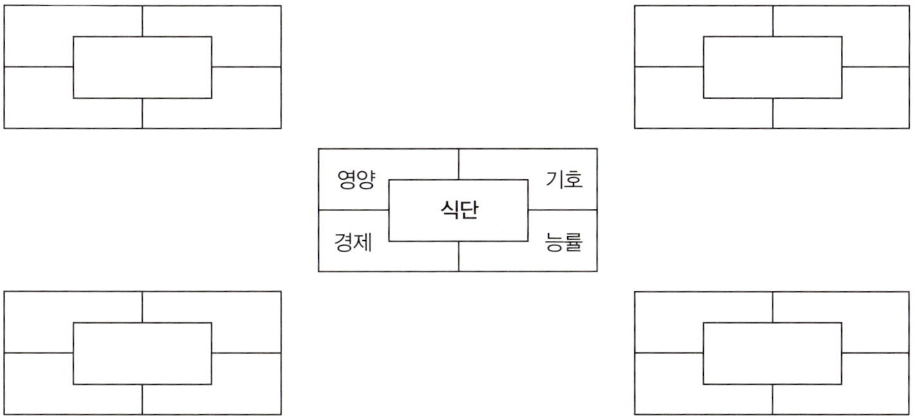

3. 주어진 식재료를 이용하여 이상적인 식단을 작성해 봅시다.

식품군	식품명	요리법	음식명
곡류			
고기, 생선, 계란, 콩류			
채소류			
과일류			
우유, 유제품류			
유지, 당류			

교사의 관찰 체크리스트

미션 수행 평가표(개별용 평가)

주제	여섯 가지 식품군과 식품 구성 자전거 이해하기
학습 목표	여섯 가지 식품군과 식품 구성 자전거를 말할 수 있고, 식품 구성 자전거에 근거하여 식사를 평가할 수 있다.

1. 여섯 가지 식품군과 식품 구성 자전거에 대한 자신의 이해도를 점검해 봅시다.

평가 준거	평가 척도		
	그렇다	보통이다	그렇지 않다
여섯 가지 식품군과 식품 구성 자전거의 의미와 특징을 아는가?			
여섯 가지 식품군과 식품 구성 자전거를 분류할 수 있는가?			
분류한 여섯 가지 식품군과 식품 구성 자전거에 대해 설명할 수 있는가?			

2. '여섯 가지 식품군과 식품 구성 자전거 이해하기' 활동을 되돌아보며 자신의 태도를 점검해 봅시다.

평가 준거		평가 척도		
		그렇다	보통이다	그렇지 않다
성실도	학습지 정리를 잘 하였다.			
	본시 학습에 대한 성찰을 잘 하였다.			
참여도	나의 역할을 성실하게 수행했다.			
협업 능력	모둠 활동에서 협동하고 서로 가르쳐 주며 활동하는 분위기를 만들었다.			
적극적 태도	적극적으로 학습하고 활동한 내용을 적극적으로 발표하였다.			

3. 모둠 협동학습을 한 후, 다음 항목에 해당하는 친구의 이름을 쓰시오

평가 내용	관찰 항목	해당 학생 이름
참여	모둠에서 주도적으로 이끌어 간 사람은 누구인가요?	
책임감	모둠에서 자신이 맡은 역할을 완수하기 위해 끝까지 노력한 사람은 누구인가요?	
상호작용	모둠에서 모둠원들의 의견을 경청하고 배려하며 협력하는 태도를 보인 사람은 누구인가요?	

학생 상호 평가표(모둠별 평가)

평가 기준 / 모둠명	과제 완성도	내용과 창의성	발표	합계
	학습 주제에 맞게 작성하였는가?	내용이 알차고 성실한가?	1. 목소리가 크고 속도가 적당하여 전달력이 분명한가? 2. 발표 태도가 진지하고 성실한가?	
1조	5 4 3 2 1	5 4 3 2 1	5 4 3 2 1	
2조	5 4 3 2 1	5 4 3 2 1	5 4 3 2 1	
3조	5 4 3 2 1	5 4 3 2 1	5 4 3 2 1	
4조	5 4 3 2 1	5 4 3 2 1	5 4 3 2 1	
5조	5 4 3 2 1	5 4 3 2 1	5 4 3 2 1	
6조	5 4 3 2 1	5 4 3 2 1	5 4 3 2 1	
7조	5 4 3 2 1	5 4 3 2 1	5 4 3 2 1	

참고 문헌

강기원(2003). “수업 딜레마에 관한 해석학적 사례 연구”－초등 사회과를 중심으로－, 서울대학교 대학원 박사학위논문.

강기원(2004). “초등 사회과 교실 수업 이해”, 『열린교육』, 제12권 2호, 한국열린교육학회, pp.57~58.

강기원(2006). “수업연구 발표대회에 관한 질적 사례 연구”, 『사회과 교육』, 제45권 3호, p.242.

강인애(1997). 왜 구성주의인가?: 정보화시대와 학습자 중심의 교육환경. 문음사.

경상남도교육청(2012). 과학과 PCK 중심 수업설계. 경남교육 2012－035.

곽영순(2007). 교육과정 개정에 따른 과학과 내용 교수 지식(PCK) 연구, 한국교육과정평가원 연구보고 RRI－2007－3－3, 한국교육과정평가원.

곽영순(2008). “과학과 교과교육학 지식 유형별 교사 전문성 신장 특징 연구”, 『한국과학교육학회지』, 제28권 6호, pp.592~602.

곽영순 · 강호선(2005). 교사평가 수업평가, 도서출판 원미사.

권낙원 역(2001). 교수 방법. 원미사.

김덕희(2006). 학교단위 수업장학 평가 도구 개발, 경북대학교대학원 박사학위논문.

문공주(2009). 교학교사 교수내용지식(PCK)의 구조와 형성 과정 탐색: 근거 이론에 의한 접근, 이화여자대학교 대학원 박사학위 청구 논문.

민현식(2001). “교수 화법론”, 『국어 화법과 담화 전략』, 한국화법학회.

박남수(2004). “수업관찰 및 분석방법”. 대구대학교 강의자료.

박성혜(2003). “교사들의 과학 교과교육학 지식과 예측 변인”, 『한국과학교육학회지』, 제23권 6호, 671~683.

박태호(1996). 사회구성주의 패러다임에 따른 작문 교육 이론 연구, 한국교원대학교 대학원 석사학위 논문.

박태호(2004). “좋은 국어 수업을 위한 수업 대화 전략과 수준”, 『어문교육연구』, 제13집, 한국교원대학교 어문교육연구소.

박태호(2009). 초등 국어 수업 관찰과 분석, 정인 출판사.

박태호(2011). “국어 수업에 나타난 PCK 교수 변환 사례”, 『학습자중심교과교육연구』, 제11권 4호, pp.103~121.

박태호(2013). 학생 배움 중심의 PCK 수업 컨설팅. 학생배움중심수업코칭전문가직무연수 자료.

백조현 · 박수홍 · 강문숙(2010). 스토리텔링기반 수학과 수업설계전략 모형개발: 확률과 통계를 중심으로, 『교육혁신연구』, 제20권 1호, pp.113~141.

변홍규(1996). 질문제시의 기법, 교육과학사.

서근원(2004). 산들초등학교의 교육공동체 형성에 관한 교육인류학적 접근, 서울대학교 대학원 박사학위 논문.

서근원(2007). 수업을 왜 하지, 우리교육.

서근원(2011). “아이의 눈으로 수업보기-교육적 실천으로서의 교육인류학의 수업 이해”, 교원능력개발 현장지원 맞춤형 연수, 전라북도교육청.

설양환 · 박태호 외 역(2005). 효과적인 수업 관찰 기법, 아카데미프레스.

양윤정(2007). 교육과정 개정에 따른 미술과 내용 교수 지식 연구(PCK), 연구보고 RRI-2007-3-6, 한국교육과정평가원.

이경은(2007). 수업 실제에 나타나는 교사의 Pedagogical Content Knowledge에 관한 사례 연구: 중학교 도형의 성질을 중심으로, 서울대학교 대학원 석사학위 논문.

이경화(1996). “교수학적 변환론의 이해”, 『대한수학교육학회 논문집』, 제6권 1호. 대한수학교육학회, pp.203~212.

이병석 역(1999). 교수 원리와 실제. 서울: 원미사.

이연숙(2006). 교수학적 내용지식(PCK) 및 그 표상(PCKr)의 개념적 정의와 분석 도구 개발: 예비 과학 교사의 ‘힘과 에너지’ 수업 사례를 중심으로, 서울대학교 대학원 교육학 석사학위 논문.

이용숙 · 조영태(1987). 국민학교 수업방법, 배영사.

이주섭 외(2002). “학교 교육 내실화 방안 연구(Ⅱ) 국어과 교육 내실화 방안-좋은 수업 사례에 대한 질적 연구-”, 한국교육과정평가원.

이혜순(2006). 상징적 상호작용을 통한 수업문화 연구, 경인교육대학교 교육대학원 석사학위 논문.

이흔정(2009). “교사지식의 교수학적 변환 연구”, 『교육의 이론과 실천』, vol. 14. no.1. pp.145~166.

임성규(2008). “좋은 문학 수업의 기준과 요건-문화 현상으로로서의 초등학교 문학 수업”, 『한국초등국어교육학회』. vol. 36, pp.389~418.

임찬빈 외(2004). 수업 평가 기준, 한국교육과정평가원, pp.64~65.

장은아(1999). 수업 중 교사 · 학생의 대화 전략, 한양대학교 교육학 석사학위 논문.

장효순(2009). CORE 개발 과정을 통한 과학 교사의 PCK 변화에 관한 사례 연구, 한국교원대학교 대학원 석사학위 논문.

정유정(2010). CORE를 활용한 교육실습 수업지도 과정의 의미 탐색, 한국교원대학교 대학원 석사학위 논문.

정정훈 · 김영천(2005). "초등학교 초임교사의 전문성 발달과 딜레마에 관한 사례 연구", 『열린교육연구』, 제13권 2호, pp.71~100.

조벽(2001). 조벽 교수의 명강의 노하오 & 노와이, 해냄.

최현섭 · 박태호 · 이정숙(2000). 구성주의 작문 교수 · 학습론, 박이정.

한희정(2010). 교육과정의 설계와 실행에 구성된 PCK 분석: 초등 영어 교사 사례를 중심으로, 한국교원대학교 대학원 박사학위 논문.

Abell, S.K.(2007). Research on science teacher knowledge. In S.K. Abell and N.G. Lederman (Eds.), *Handbook of Research on Science Education*. Mahwah, NJ: Lawrence Erlbaum Associates, Publishers.

Andrews, D., Hull, T. E., & DeMeester, K. (2010). *Storytelling as an instructional method: research perspectives*. 정옥년, 김동식 역(2013). 스토리텔링 수업 연구. 강현출판사.

Ball, D., L.(1988). Knowledge and reasoning in mathematical pedagogy : examining what prospective teachers bring to teacher education. Unpublished doctoral dissertation, Michigan State, Michigan State University.

Borich, G., D.(2003). Observation skills for effective teaching, Pearson Education.

Brophy, J., & Good, T.(1986). Teacher behavior and student achievement. in M. C. Wittrock(ed.), *Handbook of research on teaching* (3rd ed), New York: Macmillian, pp.328-375.

Chen,W., & Ennis, C. D.(1995). Content knowledge transformation: An examination of the relationship between content knowledge and curricular. *Journal of Teaching & Teacher Education*, *11*, pp.389-401.

Chevallard, Y.(1985). La Transposition Didactique, Grenoble: La Pensee Sauvage.

Clark, H. H., & Schaefer, E. F.(1989). Contributing to discourse. cognitive science, 13, 259-254.

Cochran, K., De, Ruiter., J., & King, R.(1993). Pedagogical content knowing-an integrative model for teacher preparation. *Journal of Teacher Education*, 44(4), 263–272.

Danielson, C., Axtell, D., Bevan, P., Cleland, B., Mckay, C., Phillips, E., Wright, K.(2009). Implementing The Framework for Teaching in Enhancing Professional Practice an ASCD Action Tool, ASCD.

Delaney, K., D.(1997). Understanding social studies for teaching: A sociocultural approach to teacher–interns' learning pedagogical social studies knowledge. Unpublished doctoral dissertation. University of North Carolina.

Duffy, G., Roehler, L., & Herrman, B.(1988). Modeling mental process helps poor readers become strategic readers. The Reading Teacher, 41(8), pp.762–767.

Egan, K.(1990). Educational Development, New York: Oxford University Press.

Fisher., D., & Frey., N.(2008). Better Learning through structured teaching, ASCD.

Florio–Ruane, S., & Lensmire, Timothy, J.(1989). Transforming Future Teachers' Ideas about Writing Instruction P. 28, ERIC Number: ED309440

Gallimore, R., & Tharp, R.(1992). "Teaching Mind in society : Teaching, schooling, and literate discourse" In Moll, L. C(ed), *Vygotsky and education : the instructional implication and applications of sociohistorical psychology*, NY : Cambridge University.

Gess–Newsome, J.(1999). Pedagogical content knowledge: An introduction and orientation. In J. Gess–Newsome and N. G. Lederman (Eds.), *Examining pedagogical content knowledge*. Boston: Kluwer Academic Publisher.

Graeser, A. C., Pearson , N. K., & Magliano, J.P.(1995). Collaborative dialogue patterns in naturalistic one to one tutoring, Applied Cognitive Psychology, 9, pp.359–387.

Grossman, P.(1990). *The Making of a Teacher: Teacher Knowledge and Teacher Education*. New York: Teachers College Press.

Hume, G. D., Evens, M. W., Rovick, A, & Michael, J. A.(1996). Hinting as a tactic in one–on–one, The Journal of Learning Science, 5, pp.23–47.

INTASC(2008). *Interstate New Teacher Assessment and Support Consortium*, *〈online〉*, *available*, http://www.ccsso.org/intascst.

Lee, E.(2007). Literature review: Pedagogical content knowledge as specialized knowledge for teaching. *Journal of the Korea Association for Research in cience Education*, 27(8), 699–710.

Lee, E., & Luft, J.(2008). Experienced secondary science teachers' representation of pedagogical content knowledge. *International Journal of Science Education*, 30(10), 1343–1363.

Magnusson, S., Krajcik, J., and Borko, H. (1999). Nature,sources,and development of pedagogical content knowledge for science teaching. In J. Gess-Newsome and N. G. Lederman (Eds.), *Examining pedagogical content knowledge*, Boston: Kluwer Academic Publishers.

Marks, R.(1990). Pedagogical content knowledge: From a mathematical case to a modified conception. *Journal of Teacher Education*, 41, 3-11.

McArthur, D., Stasz, C., & Zmuidzinas, M.(1990). Tutoring techniques in algebra, cognition and instruction, 7, pp.197-244.

National Board for Professional Teaching Standards.(2001). Five Core proposition, 〔online〕, available: http://www.nbpts.org.

NCATE(1998). *Program standards for elementary teacher preparation(review and comment edition)*, Washington DC : Author.

Park Soonhye(2007). "Teacher efficacy as an affective affiliate of pedagogical content knowledge" 한국과학교육학회지, 제27권 8호, pp.743~754.

Park(2005). A study of PCK of science teachers for gifted secondary students going through the National Boards certification process. unpublished doctoral disseration, University of Georgia, Athens.

Park, S., and Oliver, S.(2008). Revisiting the conceptualization of pedagogical content Knowledge(PCK) : PCK as a conceptual tool to understand teachers as Professionals. *Research in Science Education*, 38(3), pp.261-284.

Roehler, L., & Duffy, G.(1991). Teacher's instructional action. In R. Barr, M Kamil, P. Mosenthal, & P.D.

Rosenshine, B., & Stevens, R.(1986). *Teaching functions*, in M. C. Wittrock(ed.), Handbook of research on teaching(3rd ed), New York: Macmillan, pp.376-391.

Rowe, M., B.(1974). Wait-time and rewards as instructional variables, their influence in language, logic and fate control. Part 1: wait time. J. Res. Sci. Teaching 11, pp.1-94.

Shulman, L., S.(1986). Those who understand: Knowledge Groth in Teaching, Educatonal Researcher, Vol, 15, No. 2, pp. 4-14.

Shulman, L., S.(1987). Knowledge and teaching: Foundations of the new reform. Harvard Educational Review, 57(1), 1-22.

Shulman, L., S.(2004). The wisdom of practice: essay on teaching, learning, learning to teach, Jossey-Bass A Wiley.

William, R., Veal., & James, G., MaKinster. (1999). "Pedagogical content knowledge taxonomies". *Electronic Journal of Science Education*, 3(4). Retrieved February, 26, 2003.

Wilson, S., M.(1988). Understanding historical understanding : Subject matter knowledge and the teaching of U.S. history. Unpublished doctoral dissertation. Stanford University.

Zemelman, S, Daniels, H., & Hyde A.(1998). *Best practice new standard for teaching and learning in America's school(2nd edition)*, NH : Reed Elsevier, Inc.

저자 약력 박태호 | 공주교육대학교 교수

신호정 | 부산 중앙고등학교 수석교사

김경애 | 부산 동양중학교 수석교사

김재우 | 부산 화명고등학교 수석교사

서정임 | 부산 동백중학교 수석교사

송원춘 | 부산 사직여자고등학교 수석교사

정영숙 | 부산 연일중학교 수석교사

최금종 | 부산 연천중학교 수석교사

한선영 | 부산 가람중학교 수석교사

삽화 영어 | 부산 경혜여자고등학교 1학년 김빈
부산 백양고등학교 1학년 김혜정

수학 | 연일중학교 2학년 장지성

사회 | 부산 동양중학교 2학년 김윤지

세계지리 | 부산 중앙고등학교 2학년 송재민

가정 | 부산 동백중학교 3학년 김영경, 이지우, 조희주

수석교사와 함께하는 학생 배움중심의

중등 PCK 수업설계

발행일 2015년 2월 26일 초판 발행
지은이 박태호, 신호정, 김경애, 김재우, 서정임, 송원춘, 정영숙, 최금종, 한선영
발행인 홍진기 | **발행처** 아카데미프레스 | **주소** 413-756 경기도 파주시 문발동 출판정보산업단지 507-9
전화 031-947-7389 | **팩스** 031-947-7698 | **이메일** info@academypress.co.kr
웹사이트 www.academypress.co.kr | **출판등록** 2003. 6. 18 제406-2011-000131호

ISBN 978-89-97544-80-6 93370

값 23,000원